타이완의 근대문학 3

운동·제도·식민성

지은이

스수施淑, Shih, Shu-Nu 타이완 담강대학淡江大學 중문과 명예교수
천밍타이陳明台, Chen, Ming-Tai 타이완 국립중정대학國立中正大學 타이완문학연구소 부교수
류지후이劉紀蕙, Joyce C.H. Liu 타이완 국립교통대학國立交通大學 사회문화연구소 교수
천치우陳祈伍, Chen, Chi-Wu 타이완 남영기술학원南榮技術學院 교양교육중심 강사
징즈신荊子馨, Leo Ching 미국 듀크대학Duke University 아시아 아프리카 어문학과 부교수
쉬리팡許麗芳, Hsu, Li-Fang 타이완 국립창화사범대학國立彰化師範大學 국문학과 교수
왕쉐링王學玲, Wang, Hsueh-Ling 타이완 국립기남대학暨南大學 중문과 교수
장야후이張雅惠, Chang, Ya-Hui 타이완 국립사범대학國立師範大學 타이완문화와 언어문학연구소 박사

옮긴이

장동천張東天, Zang, Dong-Chion 고려대학교 중문과 교수
고점복高點福, Ko, Jum-Bok 서울대학교 중어중문학과 박사후 연구원
김종석金鍾碩, Kim, Jong-Seok 고려대학교 BK21 중일언어문화교육연구단 연구교수
이현복李賢馥, Lee, Hyun-Bok 고려대학교 강사
성옥례成玉禮, Sung, Ok-Rye 한림대학교 강사
진혜정秦惠貞, Jin, Hye-Joung 고려대학교 중일어문학과 박사과정 수료

엮은이

최말순崔末順, Choi, Mal-Soon 타이완 국립정치대학國立政治大學 타이완문학연구소 조교수

타이완의 근대문학 3 운동·제도·식민성

초판 인쇄 2013년 2월 25일 **초판 발행** 2013년 2월 28일
지은이 스수·천밍타이·류지후이·천치우·징즈신·쉬리팡·왕쉐링·장야후이 **엮은이** 최말순
펴낸이 박성모 **펴낸곳** 소명출판 **출판등록** 제13-522호
주소 서울시 서초구 서초동 1621-18 란빌딩 1층
전화 02-585-7840 **팩스** 02-585-7848 **전자우편** somyong@korea.com **홈페이지** www.somyong.co.kr

값 30,000원

ISBN 978-89-5626-824-8 94890
ISBN 978-89-5626-821-7 (세트)

이 책은 타이완 교육부의 지원을 받아 출판되었음(2011.11~2013.2, 『日據時期台灣文學研究論文集』 韓文出版計畫).

Modern Taiwanese Literature 3

타이완의 근대문학 3

Movement · Institution · Colonization

운동 · 제도 · 식민성

최말순 엮음

소명출판

책머리에

이 책은 타이완 교육부의 지원을 받아 진행한 '타이완 문학・역사・예술 국제교류계획'의 성과물이다. 2007년부터 5년에 걸쳐 진행된 이 계획은 2000년대 초부터 타이완의 각 대학에서 시작된 이른바 '타이완학'의 성과를 대외에 소개하고 학술적 대화와 교류의 분위기를 마련하기 위해 기획되었다.

'타이완학'은 1945년 이후 오랜 기간 다양한 경로를 통해 진행된 타이완인의 자아 찾기 과정의 일환으로 형성되었다. 사회민주화에 대한 타이완인들의 열망은 38년간 지속된 계엄통치를 종식시켰다. 그 와중에서 타이완인의 정체성을 내세운 정당이 집권하게 되었고, '타이완학'은 비로소 기존의 타이완 학술과 교육의 제도권 안으로 진입할 수 있었다. 1987년 계엄해제 이후 20여 년이 지난 현재 23개 대학에 '타이완학' 관련학과와 대학원과정이 생겨났고, 타이완문학 및 타이완역사 연구에 투입되는 인원만도 연간 오륙백 명에 달하고 있다.

타이완문학에 대한 연구도 이러한 흐름 속에서 본격화되었다. 1960년대 중반부터 식민지시기 문학 자료와 작품이 발굴되기 시작하였고, 1970～1980년대에는 타이완 문학사의 초보적인 구도가 세워졌다. 1990년대에 들어와서는 '중국문학'과는 다른 '본토문학' 내지 '타이완문학'의 개념 정립이 이루어졌으며, 2000년 이후 각 대학에 '타이완문학과'와 대학원 과정이 설치되었다. 이로써 타이완문학에 대한 연구는 타이완 아카데미즘의 일부로 공식적인 인정을 받게 된 것이다. 최근 5년간 타이완문학 관련 학술회의는 한 해 평균 약 20여 차례가 개최될 정도로 활발한 상황이다.

이러한 역사적 배경으로 인해 타이완문학의 연구는 '타이완성'의 문제, 예컨대 중국과 구별되는 타이완의 특수한 경험과 지역성을 규명하는 것에 초점을 두게 되었다. 타이완은 경제성장과 민주화 성취를 바탕으로 냉전체제에서 벗어나 다족군사회多族群社會에 기초한 독립적인 주권국가를 지향하고 있으며 이를 위해 학술, 교육, 문화 등 각 분야에서 '타이완적인 것'에 대한 해명이 점점 더 중요한 사회적 의미를 갖게 된 것이다.

일제강점기의 문학이 연구자들의 각별한 주목을 받은 것은 이 때문이었다. 1920년대에 들어와 성장세를 보이기 시작한 타이완 근대문학은 근대적 문학어의 확립, 계몽의 문학적 방식, 문학과 대중미디어의 관계, 전통문학과 근대문학의 충돌과 연대, 식민지배에 대한 반발과 비판, 자본주의의 수용과 인간소외 문제, 사회변혁의 문학적 형상화, 황민화 수용여부를 둘러싼 내면 갈등과 같은 다양한 쟁점들을 생산했다. 이 책에 수록된 28편의 논문은 그러한 식민지기 타이완문학의 다양한 면모를 드러낸다.

1권 1부는 '타이완문학사'의 추이를 개괄한 천팡밍 교수의 글을 포함해 근대지식의 관점에서 본 타이완의 풍속문제, 전통문인들의 서구문명과 근대문학에 대한 시각, 식민성과 근대성 문제에 대한 1920년대 작가들의 이해방식, 황민화에 대한 이질적 태도를 다룬 소설 분석 등의 논문을 묶어 식민지시기 타이완문학 전체를 일별할 수 있게 했다. 1권 2부는 좌익문학운동의 형성과정과 변화 맥락, 작가와 작품으로 본 좌익문학의 계보, 소설 속의 좌익청년 형상, 타이완 좌익문학이론과 비평 등 좌익문학운동을 집중 조명한 논문으로 구성했다.

2권 1부는 식민지기 타이완문학의 주요쟁점이던 전통과 근대, 문학어의 선택, 황민화 문제를 둘러싸고 전개된 신구문학논쟁, 타이완화문논쟁, 현실주의논쟁을 분석한 논문들을 통해 신문학의 성과와 전통(문학)에 대한 평가, 언어 선택으로 본 타이완문학의 특수한 국면, 창작방법의 갈등과 대립으로 드러난 제국정치와 식민지문단의 관계 등을 조감하고자 했다. 2권 2부는 근대문학 형성의 터전이던『타이완민보』계열 신문의 입장변화와 20～30년대 주요 소설을 대상으로 식민성의 의미를 해석한 논문들을 모았다.

3권 1부에서는 감각적 세계와 퇴폐의식, 그리고 30년대 모더니즘 시의 기원과 내용을 논의한 글을 통해 현실비판의 경향과는 다른 차원에서 타이완인의 내면세계에 대한 탐구를 보여주고자 했으며, 3권 2부는 제국주의 전쟁 이데올로기인 황민담론으로 인한 타이완인들의 정체성 혼란과 심리적 갈등을 드러내고자 했다.

논문집이라는 어쩔 수 없는 한계로 인해 식민지기 타이완문학에 대한 체계적이고 일관성 있는 내용을 갖추지는 못했다. 수록된 논문이 2008년 이전에 나온 것이어서 최근의 연구 성과를 보여주지 못한 점도 편자로서는 매우 아쉽다. 하지만 한국의 독자들이 이 책을 통해 타이완문학의 역사성을 어느 정도 이해하게 되리라는 희망도 없지 않다. 특히 타이완문학 연구가 한국에 소개됨으로써 한국 근대문학 연구와의 대화 가능성이 생겨날 수 있다는 점에 각별한 주목을 하고 싶다. 이 책의 출판을 계기로 보다 심도 있는 식민지문학 비교연구가 타이완과 한국의 학계 안에서 함께 일어날 수 있게 되기를 기대해 본다.

이 책에 실린 논문의 한국어 번역은 고려대학교 중어중문학과 선생님들과 박사과정 연구생들이 맡아 주었다. 번역팀을 꾸리고 직접 번역에 참여해주신 장동천 교수께 특별한 감사의 말씀을 올린다. 고점복, 김종석 선생과 이현복, 성옥례, 김희경, 진혜정 동학께도 우정 어린 인사를 드린다. 논문집 체제 구성에 대한 조언을 해주고 타이완문학과 한국문학 비교연구의 필요성을 일깨워준 성균관대학교 동아시아학술원 한기형 교수께도 고마움을 전한다. 끝으로, 한국학계에 생소한 타이완문학 연구서 출판을 흔쾌히 허락해 준 소명출판 박성모 사장님과 책을 만드느라 수고한 편집부 여러분께 깊은 사의를 표한다.

2013년 새해 첫날

타이베이에서

최말순

차례

2부 황민문학

제 1 부

타이완인의 내면세계

감각세계—30년대 타이완의 또 다른 소설들

양츠창 · 풍차시사 · 일본시조—해방 전 타이완 신시의 모더니즘 고찰

30년대 타이완 퇴폐의식의 보이는 것과 보이지 않는 것—'진보의식'과 '음울한 관찰'을 다시금 탐색한다

상처 입은 영혼—전쟁기 우신룽의 사상과 문학

감각세계*

30년대 타이완의 또 다른 소설들

스수施淑

1.

1934년 7월 '타이완문예협회'의 기관지 『선발부대』에 회원인 궈추성郭秋生의 평론 「발생기의 관념을 해소하고 행동의 본격화를 꾀하자解消發生期的觀念, 行動的本格化建設」[1]가 게재되었다. 이 평론은 일제강점기 타이완문학비평에서 보기 드문 장편 논문이었다. 이 글에서 궈추성은 30년대 초 이전의 타이완 신문학의 발전성과를 검토하고 당시 소설 창작의 문제점을 분석하였다. 아울러 『선발부대』의 창간을 계기로 이후 창작 경향에 대한 약간의 의견을 제시했다. 그의 논점은 아래와 같이 정리할 수 있다.

* 이 글은 이현복이 번역하였다.

1 『先發部隊』, 『台灣新文學雜誌叢刊』 제2권, 東方文化書局復刻本, 1937.7, 18~29면.

첫째, 타이완 신문학이 발생할 수 있었던 내재적 관념의 바탕은 반봉건 이데올로기와 자유주의 정신이었다. 이들 관념은 당시 '벽에 부딪쳐'있었다. 이 때문에 작품의 표현 형식은 유형화되고 공식화되어 있었다. 그는 다음과 같이 말했다.

> 타이완 신문학의 난관은 그 내재적 관념의 문제인 동시에 표현 형태상의 문제이기도 하다. 이는 의심할 필요가 없는 정석이다. 현재 전진하고자 하나 전진되지 않고 있는 내재적 관념이라는 것은 전진하고자 하지만 전진되지 않는 표현 형식을 의미할 뿐이다. 새로운 형식은 새로운 내용만이 결정할 수 있다. 즉 새로운 내재적 관념을 발견한다면 필연적으로 동시에 새로운 표현 형식이 나타나기 마련인 것이다.

> 어떤 주의 혹은 주장에 근거해 탄생한 문학은 결국은 내재적 의식에 따라 외재적 형식이 정해지기 마련이다. 주의와 주장을 바꾸지 않는다면 행동의 양태를 바꿀 수 없고 행동의 양태를 바꿀 수 없다면 형식이 유형화되거나 공식화되는 것을 피할 수 없는 것은 당연하다 할 것이다.

둘째, 당시 타이완의 객관적 상황은 이미 반봉건의 단계를 넘어서 있었다. 작품이 시대적 경향에 호응하지 않은 채 봉건적 병태와 죄악을 폭로하기만 한다면 타이완의 신문학은 퇴화될 수밖에 없고 "약진할 수 있는 출로를 상실하고 목적의식으로부터 유리되어 생존선 바깥으로 탈선했을 것이다." 그리고 결국은 삶의 오락물이나 피난처로 전락했을 것이다.

> 타이완의 신문학은 그 방향을 바꾸지 않으면 안 된다. 이 전환은 약진을 의미하는 동시에 발생기에 바탕이 되었던 행동을 폐기하고 제2기로 뛰어드는 건설적이고 본격적인 행동을 말한다. 이렇게 했을 때 우리는 타이완 신문학을 전면적인 발전의 길로 이끄는 여정에 들어설 수 있으며 타이완 신문학의 새로운 출발점을 찾을 수 있다. 이것이 기성의 생활양식에 불만을 품고 있지만 남의 말을 들을 수밖에 없는 타이완인 전체의 고민과 초조감에 호응하는 길일 것이다.

셋째, 본격적 행동을 취하기에 앞서 발생기의 폭로적이고 파괴적인 태도를 지워버려야 한다. 그래야 '사물을 직관하여 내밀한 본질에 이르는' 새로운 태도, 새로운 시야를 확보할 수 있다. 이전의 타이완 신문학은 단지 객관적 사실에만 시선을 집중했지 자아의 주관적 활동에는 소홀했다. 그것은 '감각의 세계를 결코 고려하지 않았다.' 미래의 창작 방향은 감각 세계 및 인간 내부의 심리 세계를 충분히 탐색하고 '인간의 주관적 감각으로부터 현실의 진실에 육박하는 의식을' 확보하는 것이어야 한다. 이에 대해 궈추성은 다음과 같은 의견을 피력했다.

> 발생기의 시선은 이미 사용한 '씨드페이퍼seedpaper'라고 할 수 있다. 그것은 사람들이 새로운 현실적 인식을 갖지 못하게 방해하고, 이로 인해 새로운 관념을 정확히 인식하지 못하도록 만든다.

> 벽에 부딪친 후 새로이 도래할 타이완의 신문학에 신선하고 청신한 공기를 불어넣기 위해 감각 세계를 충분히 탐색해야 함을 인식하고 또 탐구해야 한다.

그렇게 해서 새로운 경지를 발견해야 하며 내부의 심리 세계를 탐구해야 한다. 감각의 세계는 다가올 타이완 신문학의 광대하고 새로운 근거지이며 내부 심리의 근저는 다가올 타이완 신문학의 아득한 신대륙이라고 할 수 있다.

넷째, 감각과 심리 세계의 신대륙을 강조하는 동시에 재출발하는 타이완 신문학은 창작활동 자체에 대해서도 건설적인 태도를 견지해야 한다. 그것은 바로 '창작의 본격화와 창작의 본질'에 대한 인식이다. 이에 대해 궈추성은 문학예술은 '작가가 정감을 연소시킴으로써' 생산하는 것이라고 말했다. 작품은 기계적인 사진 혹은 기록이 아니라 작가의 창작물이라는 것이 그의 생각이었다.

창조는 결코 허구를 의미하지 않는다. 작품 속에 나타나는 형태나 세계는 어떤 하나의 사건, 혹은 하나의 사물의 사실만을 의미하는 것이 아니다. 그것은 하나의 인생이 세계에서 생활하는 현실을 의미한다.

현실생활로부터 유리되어서 인생과 관련된 갖가지 현실을 다루지 않는 문학적 활동은 현대문학의 전당에서 중시될 수 없다. 현대문학은 한 시대의, 혹은 한 사회의 인생의 단면 혹은 파편화된 영상인 셈이다.

이와 같은 인식에 근거해서 궈추성은 "문학은 현실의 진실을 창조하고 표현하며 묘사해야 한다. 현실을 모방하거나 기술하는 것에 국한돼서는 안 된다"는 말로 당시의 문학현상을 비평했다. 그는 당시의 작품에서 가장 두드러진 현상이 '창작을 위한 노력이 약화된 점'이라고 말했다. 작가들은 자기의 체험, 심경 혹은 신변에서 발생한 사건을 글쓰기의 소재로 삼았는데 그는 이것을 '사작품私作品'이라고 불렀다. 이들 작품은 개인생활의 특수한 상을 그릴 수 있을 뿐, 개인의 세계를 넘어 설 수도 없고 생활의식 혹은 '목적의식'을 가질 수도 없으며 이 때문에 '작자의 구상 속에서부터 창출된 소재를 가지고 표현한' '본격적 작품'의 경지에는 이를 수 없다고 보았다. 이 밖에 궈추성은 그의 당대 작가와 작품의 존재조건에 대해서도 언급했다.

> 작품의 주요 조건은 보편성과 사회성을 분명히 드러내야 한다는 것이다. 근대사회의 조직은 개인 생활의 존재를 극단적으로 약화시켜 개인은 집단생활을 통해 존재할 수밖에 없게 되었다. 집단에는 집단의 생명이 있고, 집단의 의지가 개인의 의지를 지도한다. 개인은 그 의사와 상관없이 집단생활을 하지 않을 수 없다. 때문에 인생현실의 진실에 육박해 들어가려면 사회집단에서 개체의 존재만을 중시할 수가 없다. 개인의 생활이 사회생활의 한 부분이 될 수 없다면, 그리고 작품 속의 개인이 집단 속의 보편적 개인이 되지 못한다면 작품의 존재가치 역시 기대하기 어렵다고 할 수 있다.

타이완 신문학 발전에 대한 궈추성의 의견에서 사회주의 문예사상의 색채를 발견하기는 그리 어렵지 않다. 그가 속한 '타이완문예협회'의 사상적 입장이 좌익 지식인들이 1930년부터 창립한 '오인伍人', '적도赤道', '타이완전선台灣戰線', '타이완문예작가협회' 등의 문예노선과 이어져 있었기 때문이다. 이 밖에 그의 글에서 사용한 발생기, 목적의식, 방향전환, 정확한 인식, 집단생활 등의 주요 개념은 당대 좌익 문예론에서 주로 사용되던 것들이다. 이 개념들은 1930년 전후 중일 양국의 프로문예운동을 주도하던 아오노 스에키치青野秀吉, 구레하라 고레히토藏原惟人의 저작에서 기원을 찾을 수 있었다.[2] 그러나 사회주의 문예사상보다 시선을 끄는 것은 따로 있었다. 내재적 관념과 표현형식의 곤경으로부터 타이완문학의 출로를 찾으려 한 그의 논문이 백화 중국어, 타이완화문話文, 일어 어휘가 뒤섞인 난해한 언어형식과 관념을 그대로 드러냈다는 점이다. 그의 글은 30년대 타이완문학사의 식민지적 모순과 곤경을 담고 있었다.

세기 전환기에 태어난 궈추성 세대는 문협 계몽운동 후에 전통적인 타이완과 단절하고 '새로운 현실관념'을 최초로 경험하고 실천한 자들이었다. 궈추성은 논문에서 '반봉건 이데올로기와 개인 자유의 신장이라는 정신에 기초한' 새로운 현실 관념은 타이완문화 발전의 페이지를 여는 것이었지만, 역사의 무대에 나타나자마자 일본식민통치에 기댈 수밖에 없는 이 특수하면서도 근본적인 사실에서 벗어날 수 없었다. 사회사 연구자들은 식민지 타이완의 경제구조가 일반적인 자본주의 발전의 양상을 따르지 못하고 시작과 동시에 세계 '최후의 제국'인 일본자본주의의 '후진성'과 '조숙성'을 그대로 답습하게 되었다고 지적했다.

여기서 후진성은 국가권력의 강한 개입을 의미하는데, 이것은 타이완 총독부를 대표로 한 '독재적 척식제도'와 관련 법규에 집중적으로 나타났다. 조숙성은 일반적으로 강조되거나 높은 평가를 받는 식민 경영하에서 이루어진 타이완의 자본주의화 혹은 '근대화'를 일컫는다. 이 후진적이고 조숙한 정치경제구조로 인해 일제강점기 타이완은 여타의 식민지와는 다른 특징을 띠게 되었다. 예를 들어 상품경

---

2 施淑, 「書齋・城市與鄉村－日據時代的左翼文學運動及小說中的左翼知識分子」, 『文學台灣』 第15期, 文學台灣雜誌社, 1995.7, 74~87면.

제가 고도로 발달한 점이나 토착자본이 크게 쇠퇴한 점, 강력한 관료 통치적 성격을 띤 중앙집권 국가 권력 구조가 형성된 점, 그리고 경제구조가 다원화된 점들이 그것이다.[3]

타이완 신문학의 발생배경이자 묘사 대상인 타이완 경제의 조숙성은 1920년부터 타이완인의 생활과 사상에 작용하기 시작했다. 1920년대는 타이완 사회의 전환기였다. 토지 및 상업 방면에서 실시된 중요한 조치 외에 의료와 위생시설의 기초적 건설, 새로운 생산기술의 도입, 사망률의 저하, 인구의 자연 증가율 상승, 우편 시스템과 교통사업 등 기초 인프라의 구축, 타이완인의 차량 이용량 및 서신 왕래의 현저한 증가 등은 타이완이 점차 폐쇄적이고 자족적인 전통사회로부터 개방적이고 유동적인 사회로 변모했음을 보여준다.

이에 상응하여 근대적 사회운동, 예를 들어 문화협회, 농민조합, 노동자연맹 등이 이 시기에 나타났다. 동시에 인민의 태도 즉 사물에 대한 관점, 사회학에서 말하는 '인격personality'에도 변화가 일어났다.[4] 1930년 이후 특히 30년대 후반기 일본의 식민지 공업화정책이 시행되면서 타이완의 소규모 지역사회가 점차 감소하고 대규모 지역 사회가 상대적으로 증가했으며 전체 인구에서 도시 인구가 차지하는 비율도 급격히 증가했다. 도시 행정구역의 확대는 화폐유통 경제시스템과 함께 타이완인의 일상생활에 국민사회national society 혹은 공민사회civil society의 성격이 가미되는 원인으로 작용하였다.[5]

이러한 모든 사실은 궈추성이 1934년 작성한 논문의 현실적 기초

---

3 涂照彦, 李明俊 譯, 『日本帝國主義下的台灣』, 人間出版社, 1994, 535~539면.

4 陳紹馨, 『台灣的人口變遷與社會變遷』, 台北 : 聯經出版社, 1985, 122~127 · 384~388면.

5 위의 책, 171~172 · 496~497면.

가 되었다. 그는 논문에서 전위적인 태도로 당시 타이완의 "객관적 상황"이 이미 "반봉건적 관념형태의 흥분기"를 넘어섰다고 공언했다. 그러면서 발전하고 있던 타이완 신문학이 "낡은 방식의 죄상과 반동적 색채를 아직까지도 반복해서 폭로할 필요는 없다"는 생각을 표했다. 심지어는 '봉건적 병인을 많이 찾아내는 것은 타이완 신문학의 퇴화를 촉진하는 것 말고 다른 무엇을 얻을 수 있겠는가'라고 단언하기까지 했다. 이러한 주장은 조숙한 경제구조하에서 나타난 30년대 타이완 사회의 신생 시민, 특히 진화론을 사상적 기저로 삼고 있던 문화 계몽자들이 새로운 물질적 기초 및 그로 인해 발생한 새로운 현실 관념 앞에서 정신적인 흥분 상태에 있었다는 것을 보여준다.

앞에서 언급한 '진보'의 그림과 비교해서 타이완 식민사회의 후진성과 조숙성을 복합적으로 반영하는 것은 문학발전과 밀접한 관계가 있는 신지식인의 형성이었다. 그들은 1920년대에 역사의 주역으로 등장했다. 일제강점 초기 타이완의 지도계층은 여전히 청대淸代의 연장선에 있었다. 그들은 과거科擧로 공명을 얻은 신사, 대지주 그리고 상인이었다. 그러나 1915년 타이완 총독부의 '신사수여 장정授紳章'에 기술된 '학식과 인망學識資望'을 갖춘 지도 계층은 부상富商, 지주, 신흥 실업가들이 대부분이었다.

그 외에 식민정책의 엘리트교육 시스템에 의해 양성된 신지식인들도 있었다. 일제강점 초기 타이완의 옥스퍼드와 캠브리지라고 불리던 타이베이의학교와 국어학교 출신들이 그들이었다. 교육제도가 점차 확충되고 이 교육제도의 육성 대상인 타이완 중상류층 자제들이 이 시기에 부상했다.[6] 1920년 이후에는 일본 위주의 유학생이 급증했다. 이들은 타이완으로 돌아와 타이완 본토의 식민교육을 담당하기 시작하여 일제강점 후기 타이완 지도계층의 주류가 되었다.[7] 선진 지식을 갖춘 식민 사회의 엘리트로서, 20년대 이후 성숙하기 시작한 이들 신지식인은 신사상의 수용자이자 전파자였고 새로운 사회 현실을 앞서 인식한 선각자였다. 이러한 조건하에서 궈추성이 신문학의 내재적 관념과 표현 형식이 벽에 부딪친 상황을 비판했던 것이고 "이러한 문제를 구체적으로 해결할 수 있는 신형식과 신세계를 창조하도록 노력해야 한다"고 성급하게 요구했던 것이니, 이러한 그의 비판과 조급함이 이해되지 않는 것은 아니다.

그런데 타이완사회의 엘리트에 관해 주의할 점이 있다. 성격상 그들은 그람시가 말한 자본주의시대의 유기적 지식인the organic intellectual으로서 전문기술과 지식을 갖추고 타이완 자본주의의 건설에 일역을 담당했다. 하지만 그들을 양성한 엘리트 교육은 통치자들의 목표와 요구에 따라 기획된 것이었다.[8] 그리고 폐쇄적이고 독점적인 일본 식민지 관료체계 안에서 그들은 기층 행정관리일 뿐이어서 직능상 식민지 행정 임무를 수행하는 보조 도구에 지나지 않았다. 그들은 청대 타이완 지도계층이 본래 갖고 있던 지방사무에 대한 정책 결정

6 吳文星, 「殖民教育與新社會領導階層之塑造」, 『台灣社會領導階層之研究』, 台北 : 正中書局, 1992, 70~71 · 97~98 · 131~133면. 일본 통치계층 내부에서 타이완의 초급교육에 일본 국내와 동일한 의무교육을 시행할 것인가에 관한 논쟁이 있었다. 1904년 타이완총독부 학무과장을 역임한 持地六三郎은 타이완에서 의무교육을 시행하는 것을 반대했다. 그는 타이완 "보통교육의 목표는 중상류층의 자제를 교육하는 것에 있다. 때문에 타이완의 보통 교육은 '보통교육'으로 불리지만 사실상 '엘리트교육'이다. 교육정책에 있어서 우리는 우리가 얻으려고 하는 것이 무엇인가를 반드시 고려해야 한다"라는 이유를 제시했다. 1908년에 총독부 초대학무부장을 역임한 이자와 슈지伊澤修二 역시 타이완 교육의 성과를 검토하면서 "내지(일본을 가리킨다)에서 의무교육제도를 실시하고 있지만 타이완에서는 그럴 필요가 없다. 가능한 상류 혹은 중류 이상의 가정의 자제들을 교육하는 것이 식민정책에 있어서 양책이라고 할 수 있다"라고 강조했다. 이러한 주장은 식민지 엘리트 교육정책의 모델이 되었다.

7 위의 글, 125면.

8 吳文星, 앞의 글, 1992. 持地六三郎의 말 인용.

권과 영향력을 완전히 상실했다.[9]

이미 결정되어 있던 이들의 선천적, 사회적 인격은 일제강점기 타이완 지식인들의 내향적인 지성의 풍모 혹은 지성의 체질intellectual physiognomy을 결정했다. 그들은 작가와 작품 속 인물의 주요한 기원의 하나였다. 이 문제와 관련해서 궈추성의 논문은 약간의 정보를 제공해준다. 좌익 지식인의 어투로 "약진할 수 있는 출로를 잃고 목적의식에서 벗어나 생활선 바깥으로 타락했다"고 당대작품들을 비판했을 때, 그가 제기한 구체적 '방향 전환'의 전략은 추상적으로 집단 의지를 강조해서 '인생의 현실에 육박(逼進)하는' 것이 아니었다. 오히려 그는 목적의식과 현격히 유리된 세계, 감각세계와 심리세계와 같은 광대하지만 '아득한 신대륙'으로 전향하고자 했다. 그러나 궈추성이 지적한 감각적이고 심리적인 '새로운 바탕'에서 출발한 작품은 오히려 궈추성으로 대표되는 『선발부대』의 문예전선을 거스르고 프로문예운동의 집단의지와 목적의식에 반하는 또 다른 소설들이었다.

2.

1930년 이후 타이완 소설계에는 궈추성이 말했던 '본격적' 작품이 출현했다. 20년대 맹아기 소설이 봉건 전통 및 식민지의 죄악상을 폭

9 위의 글, 372 · 374면.

로했던 것과 달리 이들 작품의 주제는 도시 생활의 여러 모습에 집중되었다. 이들 작품에서 인물들은 대부분 시민적 기질을 갖춘 쁘띠부르주아 지식층이었다. 예술적 처리에서 이들 작품은 궈추성이 요구했던 '사물을 직관하여 내밀(심처)에 이르는' 표준에 이르지는 못했다. 하지만 표현에 있어서는 그가 말했던 새로운 시선, 새로운 태도로 '현실의 진실에 육박'하는 방식과 다소 부합하는 모습을 보여 주었다. 그러나 서술의식에 있어서는 그가 언급했던 '활력이 넘치는 생활력으로 냉혹한 환경을 극복함으로써 인생의 개선가를 울리는' 낙관적 선율과는 괴리되거나 심지어는 대립하였고 오히려 이상과 생활에 대한 참담한 실의로 끝을 맺고 있다.

1930년대 타이완문단에 두각을 나타낸 또 다른 소설들의 발생 원인은 1930년대 전후의 역사적 대사건, 예를 들어 참혹한 결말을 맞았던 타이완 최후의 무장항일투쟁인 우서사건霧社事件, 농민 조합과 노동 운동이 입은 타격, 일본 식민 통치자들이 공산당 숙청을 명분으로 자행한 타이완 좌우익 진보 문화인사들에 대한 숙청과 탄압, 세계적인 경제 대공황 등이었다. 그러나 이들 소설에 나타난 회의적 언어와 인간 내면은 타이완 식민 정치제도의 낙후성과 경제구조의 조숙함이 빚어낸 도시생활에서 비롯된 것이며, 타이완 지식인의 특수한 지성이 만들어 낸 것이었다. 왜냐하면 이런 종류의 소설은 타이완 내부의 작가들이 창작하기 전에 이미 20년대 유학생소설 속에서 조짐이 보였기 때문이다.

이러한 풍조가 일기 전에 유학파 엘리트들의 심리상황을 자전적으로 풀어낸 작품들이 이미 존재하고 있었다. 이 작품들에서는 도시생활이 전경이 되어 계몽적이고 개인주의적인 사상가들의 감정 상실이라든가, 이상의 동요와 환멸, 도회의 유혹, 고민과 적막 등이 표현되었다. 양윈핑楊雲萍의 「이향에 이르다到異鄕」(1926), 「카레밥加里飯」(1927), 「청년」(1930), 장워쥔의 「유혹」(1929) 등이 여기에 속한다. 그리고 이러한 일련의 작품들이 발전해 나오는 과정에서 가장 대표적인 작품이 왕바이위안王白淵의 「돈 후안과 카포네唐璜與加彭尼」(1933), 웡나오翁鬧의 「잔설」(1935), 「동트기 전의 러브스토리天亮前的戀愛故事」(1937) 등이었다.

왕바이위안의 「돈 후안과 카포네」는 우언의 형식을 빌려 유럽 역사에서 에로스의 성인聖人으로 불리는 돈 후안과 30년대 미국 시카고의 마피아 두목 카포네 간의 가상의 대화를 통해 자본주의 사회 및 그 도덕적 신조信條를 비판했다. 이야기의 배경은 카포네가 수감된 감옥이다. 천국에서 감옥을 찾아온 돈 후안은 먼저 그들이 서로 '유사하다'고 말하고는 그의 심경의 역정을 고백하듯이 길게 풀어내었다. 그의 고백에 따르면 일생동안 여인의 꽃밭에 빠져 살았던 에로스의 성인 자신은 죽을 때까지도 "진정으로 사랑한 여인이 없었다."

> 내가 그녀들을 사랑할수록 그녀들은 점점 더 나를 떠나갔지. 어떤 이는 사회의 낡은 제도에 묶여 있었기 때문에, 어떤 이는 금전적인 압박으로, 어떤 이는 권력에 굴복해서, 또 어떤 이는 가치라고는 조금도 없는 도덕의 희생양이 되어서 그래서 다들 울면서 나를 떠나갔지.

여성에게 '인생에서 사랑이 얼마나 숭고한 것인가'를 가르쳐 주기 위해 그는 여성들 사이를 유랑하는 나그네가 되었고 이 때문에 비도덕적이라는 욕을 먹어야 했다. 자신의 실패를 받아들여야 했을 때 미국으로 오게 되었는데 그곳에서 그는 쓸모없는 존재였다고 한다. 미국의 여성들은 이미 해방되어 있어서 그의 구원이 필요 없었기 때문이다. 돈 후안은 이를 두고 자신의 승리라고 여겼다.

카포네는 그의 폭력행위의 동기가 힘 있는 자들은 악행을 저지르면서도 법의 보호를 받으며 상류사회에서 살아가고 이들에게 수탈당하는 민중들은 절망스러운 상황에 떨어지고 심지어는 감옥에까지 가는 현실을 보았기 때문이라고 설명했다. 이것은 그의 도덕 철학의 근원이 되었다.

> 큰 도둑은 도덕적인 자가 되지만 좀도둑은 죄인이 돼. 이게 도대체 무슨 법이란 말이야? 그래서 나는 내 한 몸 바쳐 설법을 해보겠다고 결심한 거지. 조직을 갖춘 강도들이 어떻게 범법을 저지르는지를 사람들에게 보여주기 위해 직접 그들을 연기해 보기로 한 것이란 말이야.

이에 대해 돈 후안은 카포네에게 스스로를 불행하다고 생각할 필요가 없다고 말했다. "경제 공황기에 강도들의 본모습이 탄로 나는 바람에 사람들에게서 쫓겨났고 그들에게 종말의 날이 다가왔으니 당신이 직접 설법할 필요가 없기" 때문이라는 것이었다. 이어서 그들은 둘 다 소련에 간다면 분명 동지들을 찾을 수 없을 것이라고 확신했다. 소설의 결말에 앞서 카포네는 의미심장한 말을 남긴다. "당신과 나는 세상에서 잉여인간이다. 얼마나 통쾌한가!"

왕바이위안이 일본에 머물고 있을 때 '타이완문화동호회', '타이완예술연구회' 등 사회주의 사상 조직에 참여했던 이력을 본다면, 이 사회적 우언소설이 결말에서 '통쾌한' 소련의 모델로 해결의 길을 찾은 것은 예상할 수 있는 일이다. 그러나 이 변증적 사유로 가득한 인류 해방의 우언은 전통도덕과 자본주의 자체의 구조적 죄악을 고발하는 한편 애정 해방의 문제에 있어서 미국과 소련을 동일한 자리에 놓고 바라봄으로써 타이완 식민지 엘리트의 암울한 현실과 심리적 곤경을 표현했다.

이 소설의 플롯이 굴절시킨 반봉건과 조건부 반자본주의 이데올로기는 문협계 계몽운동과 함께 성장해온 신지식인이 자본주의 시대의 인도적 자유사상을 처음 인식하고, 자본주의의 최고 발전 단계인 식민 제국주의의 통치를 겪으면서, 봉건적 압박을 넘어서는 일본 식민 정권이 막을 내리기 전에 사랑, 즉 인간의 독립과 자유를 상징하는 최후의 방어선을 추구하지 않을 수 없음을 환기시켜 준다. 왜냐하면 이것이 그들에게 유일한 출구였기 때문이다. 그러므로 소설이 돈 후안과 카포네와 같은 봉건시대와 자본주의 사회의 체제 반역자를 주인공으로 삼은 것은 우연한 일이 아니었다. 다만 왕바이위안이 환상을 가지고 있던 소련체제하에서 이 두 명의 체제 반역자들이 '잉여의 존재'가 되기에 앞서 타이완의 식민지 엘리트들이 먼저 일제강점 후기의 소설 속에서 '잉여인간'이 되어야 했고 자신들을 불구자와 같은 신세로 인식하기 시작했던 것이다. 귀추성의 「왕두샹王都鄉」(1935)은 이것을 표현한 대표적 작품이다.

「왕두샹」 역시 우언소설이다. 주인공 왕두샹은 어릴 때 병으로 인해 두 다리를 쓰지 못하는 불구자이다. 소설은 4절로 나뉘어 있다. 1절에서, '불구'를 자각한 왕두샹은 가정의 보호를 받으며 세상 물정을 모른 채 성장해 결혼까지 한다. 하지만 부모를 잃은 후 자신이 '지나간 사회'에서 사는 자가 아닌 '현대의 자신'임을 깨닫고 생명의 의의와 사회적 책임에 대해 사색하기 시작한다. 먼저 그는 아내의 행복을 위해 이혼을 자청한다. 그러나 인습으로 인해 뜻을 이루지 못한다. 자신의 '인간성의 위엄' 때문에 그리고 무엇보다도 아내의 미래를 위해 왕두샹은 자살하기로 마음먹는다. "그녀가 노예의 근성을 버릴 수 있도록 해 주어야지. 그녀가 인간의 참모습을 되찾을 수 있도록 해 주어야지." 자살을 시도했다가 구조된 후, 자신이 결국은 여전히 '사회의 군더더기'일 수밖에 없다고 생각한 왕두샹은 의사를 향해, 사회를 향해 비판을 퍼부어 댄다.

> 너희는 멀쩡한 사람 하나를 독살한 거야. 그 대신 일하지 않고 먹기만 하는 방조범 하나와 일하지 않고 먹기만 하는 중범죄자 하나를 만들어낸 거야. 너희는 자선의 가면을 쓴 사기꾼들이야. 너희는 기껏해야 우리를 매매하는 장사꾼에 지나지 않는다고. 너희는 사기를 치기 위해서, 아니면 너희가 하는 장사가 영원히 지속되도록 하기 위해서 우리 같은 죄인이 사라지는 것을 온갖 방법으로 막아야 하거든.

이러한 그의 주장이 '정신이상'으로 진단되자 왕두샹은 반박한다. "너희는 인간이 아니야. 그래서 너희는 인간의 마음을 이해할 수 없는 거야."

소설의 두 번째 절에서 진정한 '인간'이 되기를 갈망하는 왕두샹은 타이베이로 간다. 그는 번화한 도시의 모습과 '숭고한 땀을 흘리며 부지런히 그들의 영광된 일에 종사하는' 사람들의 모습에 진심으로 찬탄해마지 않는다. 그러면서 그는 불구이기 때문에 동정 받아야 하고 남들에게 은혜를 입어야 하는 자신에 대해 치욕감을 느낀다. "나는 사람이 아니다. 나는 너무나 부끄럽고 불쌍한 기생충이다." 그는 심지어 낡고 퇴락한 타이베이 북문을 대상으로 '불구의 일신을 십자로에서 드러내 사람들에게 보이는 것'으로써 자신과 동일시한다.

> 효용은 다했다. 생기도 잃었다. 존재하는 것은 쓰레기에 지나지 않는다. 진즉에 사회에서 사라져야 할 존재였다. 깔끔하게 이 무의미한 반쪽짜리 생명을 끝냈어야 했다.

그렇지만 반쪽짜리 생명이라고 자각한 왕두상은 여전히 남에게 '쓸모없는 물건'으로 인식되고 있다는 굴욕감을 느끼면서도, 장사가 잘 되지 않는다고 끊임없이 원망의 말을 늘어놓는 장사꾼에게 '생산과다'니 '자연조절'이니 하는 경제학이론을 들먹이면서 장사꾼의 잘못된 관념을 고치려 든다. 그는 자신이 사람들을 계몽하고 사회의 건강을 유지할 책임이 있다고 생각한다.

3절에서 왕두상은 꿈의 세계로 들어간다. 꿈에서 "그는 뜻밖에도 걷기 시작한다." 게다가 '의기양양하게 타이완의 심장'인 타이베이로 '걸어 들어간다.' 그러나 기쁨이 지나가자 자신이 존경해 마지않던 '건강하게 작동하고 있는' 사회의 약육강식을 발견하고 실업과 기아에 허덕이는 사람들 속에서 '지옥의 축소판, 공포의 축소판'을 경험한다. 마지막 절에서 그는 꿈에서 깨어난 후 땅을 기어 다니는 왕두상으로 돌아와 자신에게 말한다.

> 그래, 난 내 병에 대해 제대로 생각하지 못했었다. 일하지 않는 자 먹지도 말라는 생각은 수정되어야 한다. 지금은 일해도 먹을 수 없는 시대지 않은가. 아

직도 일하지 않는 자 먹지도 말라는 헛소리에 빠져 있을 이유가 어디에 있단 말인가?

그렇다. 개인도 사회에 일할 수 있게 해달라고 요구할 권리를 가지고 있지 않고 사회도 개인의 최저 생활을 보장할 책임이 없다고 한다면 무엇이 인간의 사회란 말인가? 무엇이 인간의 사회란 말인가? 현대 사회는 인간의 사회라고 할 수 없다.

고민하던 왕두상은 결국 결론에 도달한다. 그것은 인습의 그물에서 벗어나 동지를 규합하여 빼앗긴 '생존의 자료'와 침해받은 생존권을 회복하자는 것이며 "과거의 모든 나쁜 근성을 혁파하여 진정한 인간으로 부활하자는 것이다." 소설도 '새로운 성좌를 발견한 듯이 자신의 존재를 발견한' 왕두상이 절뚝거리는 몸뚱이를 이끌고 거리 한 끝에서 다른 한 끝으로 걸어가는 것으로 끝맺는데 이는 그의 사상을 간절하게 표현한 것이다.

궈추성의 「발생기의 관념을 해소하고 행동의 본격화를 꾀하자」에 근거한다면 왕두상은 심리적 곤경을 해소하려는 여정을 보여주었다. 소설적 관념의 발전 측면에서도 논문이 요구한 목적의식을 갖춘 계급 혁명의 인식에 부합한다고 할 수 있다. 1930년대 타이완에서 대규모 사상 숙청이 일어난 후 양서우위楊守愚, 양쿠이楊逵, 뤼허뤄呂赫若 등의 작품 속 인물들이 왕두상 식의 길을 걸었다. 하지만 그 보다 더 많은 작품들은 여전히 우언 속 식민지 타이완의 조숙하지만 불구적인 물질적 기초를 보여주었다. 또한 전술한 타이완 식민지 엘리트들의 현실로부터 유리된 사회적 인격과 불철저한 반자본주의 사상의 상호 작용하에 30년대의 소설계는 미숙한 인도주의와 개인주의의 꽃송이를 피워 올렸다. 우톈상吳天賞의 「용」, 「꽃봉오리蕾」(1933), 「외로운 기러기野雲雁」(1935), 궈수이탄郭水潭의 「어떤 남자의 수기某個男人的手記」(1935), 우융푸巫永福의 「흑룡」(1934), 「동백나무꽃山茶花」(1935) 등의 작품이 이러한 특징을 비교적 잘 보여준다. 이러한 계열의 작품에서 가장 주목을 끄는 것은 웡나오의 소설들인데, 특히 이질적인 모습으로 등장한 「동트기 전의 러브스토리」가 그렇다.

「동트기 전의 러브스토리」는 처음부터 끝까지 주인공의 독백으로 구성되어 있다. 일인칭 '나'로 등장하는 인물은 서른 살 생일 전야에 시종 모습을 드러내지 않는 '너'를 만나서 그의 청춘시절의 애욕, 결론을 맺지 못한 연애, 엉망진창인 삶, 그리고 인류 문명 전체에 대한 혐오와 저주를 수다스럽게 늘어놓는다. 두서없이 뒤죽박죽 쏟아놓는 독백에서 '쓰레기', '생존 부적응자'로 자칭하는 독백자는 단속적으로 자신의 자화상을 그려낸다. 어려서부터 정신병자가 되기를 갈망했다거나, 이상도 희망도 없으며 의지와 행위는 극단적으로 분열되어 있다고 하며, 이치에 맞지 않는 일이란 일은 다 해 보았고, 언제 두려운 파멸의 길로 빠질지 모른다는 등등의 말을 두서없이 이야기한다.

이런 혼란스러움 주변에는 그로 하여금 광기에 빠져들게 한 도시생활이 있었고 또 그의 30년 인생이 있었다. "사람들을 전율케 하는 기존의 도덕, 떨쳐 버려야 할 관습 같은 것을 따르다보면 조금의 가능성도 찾지 못하지." 이 모든 상황에 대해 그는 원시 상태로 돌아가길 희망한다. 지상에 다시 한 번 야수만이 충만하기를, "현대의 인류가 그들의 생활방식과 일체의 문화를 잊어버리고 야수의 상태로 다시 한 번 돌아가기"를 희망한다. 나아가 그는 호소하는 대상에게 자신을 해부해 보여준다.

다방면으로 생각했을 때, 나는 내 자신이 완전히 생존에 부적응한 인간이라고 생각한다. 이건 진심이다. 나는 진즉부터 하나하나 조금씩 내 자신이 그렇다고 느껴왔다. 이러한 느낌이 언제가 되어야 두려운 파멸의 정점에 이를 것인가? 그건 나 자신도 모른다. 아마 그리 멀지 않은 장래에 그렇게 되지 않겠는가? 그렇지만 나의 파멸은 당신과 조금의 관계도 없다. 심지어 나 자신과도 관계없는 일이다.

향이 좋던 술이 눈살을 찌푸리게 하는 초로 변질되는 것처럼 나의 정신 내부에 존재하던 인간 세상에 대한 지고한 애정은 이제 발효되어 극심한 미움으로 바뀌려 하고 있다. 내 인생과 청춘이 유구한 세월 속에서 거의 영에 가까워진다 해도 이 작디작은 미움이 우주를 파괴시킬 수 있을 것이라고 확신한다.

1920년대 이후 '사소설'이 일본 문단에서 유행했음을 참고할 때, 웡나오가 1937년 발표한 이 작품은 아마도 그것에 영향을 받지 않았을까 생각된다. 왜냐하면 이 소설의 내적 성찰, 퇴폐와 과장 등에는 사소설적인 기조가 녹아있기 때문이다.[10] 당시 비평가 류제劉捷에 의해 '환영의 인간幻影之人'으로 지칭된, 문학계의 혜성으로 등장한 그의 창작 생애로 보아 이 소설이 표현한 허무와 파멸의 욕망은 어쩌면 필연적인 것이었다. 웡나오와 관련된 소소한 전기 자료들, 예를 들어 맹목적으로 일본 여성을 숭배했다거나 일본문단에 진출하고 싶어

10 伊藤虎丸, 「『沈淪』論－從『沈淪』和日本文學的關係看郁達夫的思想和方法」, 『魯迅, 創造社與日本文學』, 北京; 北京大學出版社, 1995, 181～227면.

했다거나, 도쿄의 낭인들이 모여 있던 코엔지高圓寺 지역에 숨어들었다거나[11] 하는 모든 것들은 그의 사회적 주변인으로서의 성격을 보여준다.

그의 창작 이념과 관련해서 비교적 분명한 것은 두 가지이다. 먼저, 그는 향토문학과 식민지문학의 문제에 있어 "형식상으로는 일본문학과 상통하지만 내용상으로는 타이완문학에 속해야 한다"고 주장하였다. 다음으로 문자 표현은 '일어와 타이완어의 절충'이어야 한다고 하였다.[12] 그의 작품이 모두 도쿄에서 완성된 상황을 고려한다면 그의 작품은 '소수자 문학minor literature' 계열에 놓아야 한다. 들뢰즈G. Deleuze와 가타리F. Guattari의 관점에서 소수자 문학은 결코 사회 속의 소수자의 언어로 쓰인 것이 아니다. 그것은 자신에게 속하지 않는 다수인의 언어문자를 운용하여 창작한 문학을 가리킨다. 이러한 작품들은 근본적으로 정치적 의의와 집단적 가치 이외에 보다 더 중요한 특징으로 문자 표현과 의식상의 탈영토화deterritorialization를 들 수 있다. 왜냐하면 소수자 문학작가들에게 있어서 그들이 동원 가능한 모든 언어문자를 통해서 표현하는 것은 그저 지면상의, 인공적인 존재일 뿐이기 때문이다.[13]

이런 의미에서, 일제강점기 동년배 작가 중 유창한 일본어로 일본

---

11 劉捷,「幻影之人－翁鬧」,『台灣文藝』 제95기, 1985. 7; 楊逸舟, 張良澤,「憶夭逝的俊才翁鬧」,「關於翁鬧」. 이들 논문은 張恒豪 편『翁鬧・巫永福・王昶雄合集』, 台北 : 前衛出版社, 1991에 수록.

12 이것은 翁鬧가 1936년 타이완문예연맹 도쿄 지부에서 진행한「台灣文學當前諸問題」라는 좌담회에서 행한 발언이다.『台灣文藝』 제3권 제7・8호 합간(1936.8)에서는「台灣文學當面の諸問題」라는 제목으로 좌담회를 기록했다. 翁鬧는 '鄉土文學・報告文學・殖民地文學', '關於小說的趣味' 등의 부분에서 발언했다.

13 Gilles Deleuze and Felix Guattari, Translation by Dana Polan, *Kafka-Toward a Minor Literature*, University of Minnesota Press, Minneapolis, 1986, pp.16～18.

소설의 형식을 도입한 웡나오의 창작활동과 작품에서 소수자 문학과 그것에 담긴 표현상, 의식상의 탈영토화가 두드러져 보이지 않을 수 없는 것이다. 또 그런 의미에서 그의 마지막 작품인 「동트기 전의 러브스토리」의 독백체 형식과 억제할 수 없는 파멸의 욕망은 역설적으로 주변인으로서의 웡나오 본인과 동시대 타이완 작가들이 감각의 세계로 도피해도 해결할 수 없었던 현실적이고 실존적인 고뇌의 표현인 것이다.

양츠창楊熾昌 · 풍차시사風車詩社 · 일본시조日本詩潮*

해방 전 타이완 신시의 모더니즘 고찰

천밍타이陳明台

1.

한국, 일본과 마찬가지로 타이완의 신시新詩 또한 '횡적 이식' 즉 서구문학 이식과 함께 시작되었다. 타이완 신시의 출발은 몰락한 고전 한시漢詩에 대한 반동적 지향에 기반을 둔 것이며 새로운 형식과 내용을 달성하기 위해 새로운 기법과 정신적 세례, 변혁을 통과해야만 했다. 타이완 신시 발전의 초기에 장워쥔張我軍은 중국 5 · 4운동기에 서구의 영향을 받은 신시조新詩潮를 도입하려 노력하였다. 양윈핑楊雲萍은 타고르의 시를 번역한 적이 있으며, 신문, 잡지들은 해외의 낭만시, 서정시를 소개하였다. 그러나 타이완 신시에서 모더니즘을 본격적으로 도입하고 수용한 시기는 1930년대 '풍차시사風車詩社' 결성

---

* 이 글은 김종석이 번역하였다.

이후이다.

이는 물론 해방 전 타이완 시의 주류인 리얼리즘의 발달이 모더니즘에 대한 경시를 초래한 결과이기도 하다. 하지만 성숙기의 도래를 기다려야 했던 것도 사실이다. 예컨대 문학잡지 간행을 포함한 문학활동의 활성화, 세계문단 진입을 향한 작가들의 기획, 세계 아방가르드 문예를 수용하려는 정서 등 이른바 해방 전 성숙기의 문학환경이야말로 1930년대 타이완문학계에서 중요한 역할을 했다. 따라서 '풍차시사' 시인군은 동시대에 사실주의를 지향한 '염분지대鹽分地帶' 시인군과 대조적인 위치에 있었다. 본토 전통에 저항하려는 문학적 흐름, 동시대 주류문학의 정신과 사조에 대한 민감한 인식, 세계시의 흐름에 보조를 맞추려는 의도, 풍차시사 시인들의 문학적 전위의식과 모더니즘 정신 등이 해방 전 타이완 신시의 '횡적 이식'에 대한 실험의 전범이 되기에 충분했다.

문학의 변혁은 통상 새롭고 선구적이며 전위적인 것의 발단을 거쳐 참신한 가능성을 발견하면서 가능해진다. 시의 변혁 역시 마찬가지이다. 한 시기, 한 시대의 발단을 거쳐 작품이 창작되고 새로운 경향이 배태되며 새로운 가치를 형성시킨다. 그리고 이러한 발단은 신흥 사조를 수용하는 방식이며 그 모습은 대체로 순응adaption, 병존pluralism, 반발reaction, 혼합syncretism의 차이를 지닌다. 시인 개인으로 말한다면 단순히 모방과 영향에 그치는 소극적인 수용과 용납의 자세로부터 흡수, 융합, 창조의 적극적이고 주동적인 자세까지 약간씩의 태도 차이가 있다. 당시 타이완시단을 일본시단과 동일시하는 경향이 있었기에 순응, 혼합의 가능성이 극히 컸다. '풍차시사'의 경우 시 창작과 실험 과정에서 적지 않은 창조의 계기를 가질 수 있었다.

그러나 현지 시단의 주류인 '염분지대' 시인과 리얼리즘 시풍의 비판에 직면하여 신시논쟁이 유발되었다.[1] 이 논쟁은 타이완 신시 모더니즘의 형성과 발전과정에 나타난 저항의 일면을 보여준다. '풍차시사'에 속하는 시인들은 모두 동시대 일본과 세계의 신흥사조의 세례를 받았다. 하지만 필요한 자양분의 섭취와 그로 인해 형성된 풍격은 각자 달라서 매우 다양하고 다채로운 모습을 보여준다. 이러한 변혁 과정에 근거해 '풍차시사'의 시와 시인, 그들이 지향한 변혁 정신을 이해하고자 한다. 나아가 그들의 문학적 업적과 해방 전 타이완 신시사에서 차지하는 위상 등에 대해 고찰해 보는 것은 의미가 있다 하겠다.

본고는 '풍차시사'의 경향 및 참여시인의 개인적 작풍을 검토할 것이다. 그로부터 해방 전 타이완 신시의 모더니즘 수용배경, 특히 그것과 일본 신흥 아방가르드 시 조류와의 상호 관련을 고찰하겠다. 그리고 타이완 신시사의 모더니즘 수용과정에서 있었던 순응, 혼합의 양태를 살펴볼 것이다. 마지막으로 주요시인 양츠창楊熾昌(즉 수이인핑水蔭萍)의 시와 시론의 분석을 통해 해방 전 타이완 모더니즘 시의 모습과 윤곽을 탐구함으로써 그 역사적 위상을 찾고자 한다.

---

1 당시 풍차의 시풍을 둘러싸고 여러 차례의 시 논쟁이 일어났다. 羊子喬, 『蓬萊文章台灣詩』, 1983.9, 遠景版, 44면 참조.

2.

해방 전 타이완 시단과 모더니즘의 최초 수용과 관련된 문제를 이해하려면 우선 당시 타이완이 놓여있던 총체적 문학환경과 상황, 즉 모더니즘을 수용하게 된 조건과 시대적 동인을 이해해야 한다. 예컨대 '풍차' 동인들의 상황 파악, 문학 정보, 세계문학에 대한 인식, 모더니즘의 도입과 수용을 견인한 동인 등에 대한 이해가 필요하다. 린페이펀林佩芬이 편집한 「양츠창연보楊熾昌年譜」의 기록을 살펴보자.

> 1935년, 27세의 나이로 장량뎬張良典, 리장루이李張瑞, 린융슈林永修 등과 '풍차시사'를 조직하고, 시 잡지 『풍차風車』를 발간하였다.[2]

이 동인들의 조합은 1년 전 양츠창이 『타이난신보』 문예란 편집인으로 취임하고 신문에 작품을 발표하면서 이루어졌다. 하지만 더욱 주목을 끄는 것은 주요 동인들이 모두 일본 유학경험을 가지고 있었으며, 그 시기는 1929년에서 1935년 사이라는 점이다. 예를 들면 양츠창은 1929년 일본으로 건너가 1931년 일본문화학원日本文化學院에 들어갔고 린융슈는 1953년에 게이오대학에 입학했다. 이들은 민감한 문학 청년기를 일본에서 보내며 당시 일본문학환경의 영향을 깊이 받았다. 또한 동시대 일본 국내의 전위적 시 잡지 활동에 참여한 경험도 있었다. 양츠창은 모모타 소지百田宗治가 주관한 『모밀잣밤

2 林佩芬, 「楊熾昌年譜」, 『文訊』 第九期, 1984.3, 414면 참조.

나무椎の木』, 기타조노 가츠에北園克衛가 주재한 『시학詩學』, 『고베시인神戸詩人』 등에 작품을 발표했고 신감각파 작가들과도 왕래했다. 린융슈는 게이오대학 학교 간행물 『미타문학三田文學』에 작품을 발표했다. 그들은 당시 일본문단이 추구했던 전위적 문예경향을 잘 알고 있었다. 일본문단의 동향을 통해 세계문학, 그중에서도 시의 주류적 방향과 내용을 관찰하고 이해하며 인식할 수 있었다. 이렇듯 외재적이고 개방적인 문학환경과 문학적 인식은 '풍차시사'의 동인들을 공명시켰다. 타이완 섬 내부에서만 줄곧 거주했던 작가들과 비교할 때 그들은 전위적 문학을 추구할 수 있는 예민한 후각과 충분한 조건을 구비하고 있었다.

나아가 1929~1935년 그들이 심취했던 당시 일본의 문학 환경과 주도적 문학 경향을 고찰해 보면 '풍차시사'가 추구한 시풍과 경향은 물론 그들이 세계문학의 유행 추세에 대해 어떻게 인식했는지 이해할 수 있을 것이다. 1909~1925년 구미에서 불기 시작한 각양각색의 신흥 시 조류는 모더니즘, 미래파, 표현주의, 이미지즘, 다다이즘, 초현실주의, 신즉물주의 등을 포함한다. 이들 다수는 새로운 문학을 모색하고 시 표현 기법의 갱신을 추구하였으며 새로운 시정신esprit nouveau의 실천이념을 높이 들었다.

그러나 일본에서는 1919년에 들어서야 진정한 전위시의 실험작, 즉 야마무라 보쵸山村暮鳥의 「풍경」이[3] 발표되었다. 그 후 1920년대에 미래주의, 상징주의, 입체주의, 다다이즘, 표현주의, 이미지즘이 소개되었다. 1921~1926년에는 크게 유행하여 문학의 주류가 되었

3 「풍경」은 형식주의와 한 행의 시구를 중복하는 수법을 채택했다. 일본 전위 시 운동의 시말에 관해서는 졸저, 『詩和詩論研究』, 1990 참조.

으며 초보적인 성과도 거두었다. 따라서 1920년대 중후반에 들어서야 비로소 일본 신시의 모더니즘이 완성되었다고 하겠다.

이때 모던하고 전위적인 시인군인 '시와 시론詩和詩論' 집단과 그들이 추진한 새로운 시 정신운동이 시작된다. '시와 시론'이 활약한 기간은 1928~1931년이었으며, 중요 멤버는 하루야마 유키오春山行夫, 안자이 후유에安西冬衛, 기타가와 후유히코北川冬彦, 니시와키 준자부로西協順三郎, 기타조노 가츠에北園克衛, 다키구치 슈조瀧口修造, 무라노 시로村野四郎 등이었다. '시와 시론' 집단은 결성 당시 주요 전위시인들과 각 유파를 모두 포함한 대통합의 성격을 가지고 있었다. 주지주의로 시관詩觀을 통일했지만 그 내용은 사실상 형식주의, 초현실주의, 신즉물주의 등 세 가지 경향으로 나뉘며 이 집단의 최대성과는 초현실주의 시와 시론의 실천, 실험 및 소개와 수용이라 하겠다. 1931년, '시와 시론'은 시관의 불일치로 해산을 선포하였다. 하지만 주요 멤버들은 각자 모더니즘 시를 추구하며 지속적으로 창작에 매진하였다.

'시와 시론' 해산 이후 1930년대 모더니즘 시풍을 이끌었던 이들은 1934년 결성된 '사계四季' 시파이다. '사계' 시파가 추구한 방향은 '일본의 전통 정신과 유럽의 상징시 정신의 교차점'이라고 규정할 수 있다. 주요 동인들로 미요시 다쓰지三好達治, 마루야마 가오루丸山薰, 나카하라 쥬우야中原中也, 다치하라 미치조立原道造 등이 있다. 그들의 시풍은 '우주 지향'의 형이상학적 색채와 온화한 중산계급의 분위기를 지녔으며 허구적 형식을 통해 자연 물상物象을 매개로 미를 추구하고 순수한 표현에 도달하였다. 1920년대 중반부터 잇달아 일어난 이 양대 시 조류가 1930년대 중반 이후 일본시의 흐름을 지배했다고 할 수 있다.

마침 이 시기에 '풍차시사'의 주요 멤버들이 일본에 체류하였기에 일본문단의 이러한 경향은 그들의 문학적 성숙에 깊은 영향을 미쳤다. 그들은 일본문학의 주류 사조를 탐닉했으며 이를 통해 세계문학의 최신 동향을 파악하고 뒤따르게 되었던 것이다. 이를 종합해 보면, 풍차시사 구성원들이 일본의 신흥 시 조류를 학습, 실천하고 실험, 변주하면서 모더니즘 시가 타이완에 도입된 것이다. '풍차'시인 각자의 기호에 따라 시풍이 다르지만, 여러 모더니즘의 유파 중에서 초현실주의('시와 시론' 집단이 주력한 방향)와 상징주의('사계'파가 주력한 방향)가 타이완 모더니즘의 주류였다는 점은 위와 같은 결론을 뒷받침한다.

이러한 일본과 세계의 문학 상황이 '풍차' 시인들로 하여금 모더니즘 시를 제창하게 만든 외재적인 환경이라면, 당시 타이완 내부의 문학 환경, 다시 말해 풍차 시인들이 고취시키고 도입하려 했던 새로운 시정신esprit nouveau의 내용과 발생 원인 역시 탐구할 필요가 있다. 문학 변혁의 형성과 촉진은 대부분 기성문단과 문학 흐름이 활성화되지 못한 데 대한 반성에서 비롯된다. 이로부터 새로운 변화를 추구하고 새로운 주장으로 남들과 다름을 표현하려는 요구가 생겨난다. 이는 또한 용속화庸俗化한 당대 문학에 대한 비판정신에서 비롯된 것이기도 하다. 일본의 '시와 이론' 집단이 쇼와 초기에 성립된 것은 1920년대 이래 당대 시단의 황폐한 현상現狀을 타파하기 위한 것이었다. 마찬가지로 전위적 시풍의 기치를 내건 '풍차시사' 시인들도 당시 시단을 주도하던 주정시파와 민중시파의 시가 공허함과 산만함으로 흐르는 현상을 바로잡고 신기원을 개척하고자 하였다.

또한 '풍차' 시인들의 그러한 지향이 시인의 자각과 사명감을 포함하고 있었음도 의심의 여지가 없다.

> 오늘날의 신문학은 사상이 진부하고 사고가 통속적이며 온통 감탄만을 늘어놓고 문자는 이러쿵저러쿵 말이 많으며 내용은 공허하니 개선되기를 희망한다. (…중략…) 오늘날 타이완의 시인들은 민감한 촉각이 있어야 한다. 그래야 세상의 사물을 느낄 수 있고 무엇보다 역사에 대한 인식을 할 수 있다. 만약 깊이 있게 느끼지 못한다면 야수野獸와 다르지 않다.[4]

이와 같은 타이완 시단에 대한 불만과 비판이 새로운 시 정신을 제창하여 시단을 쇄신하려고 했던 내재적 원인이라고 하겠다. 이 밖에도 피식민 통치하의 현실에 대한 인식이 고민과 복잡한 심리를 낳았다.

> 타이완문학이 백화제방했을 당시 필자는 조금도 거리낌 없이 문학 종사자들에게 식민지 문학의 발양과 정치의식의 실행 가능성, 신문학의 정의, 목표, 특색과 표현 기교 등에 관한 질문을 제기하였다. 당시 필자는 문학을 위한 문학만이 일본 경찰의 마수에서 벗어날 수 있다고 생각했다.[5] (…중략…) 나는 문학적 글쓰기의 기교와 방법이 매우 많다는 것을 잘 안다. 리얼리즘은 필연적으로 일본인의 잔혹한 문자옥을 야기하므로, 프랑스에서 발전하고 있는 초현실주의의 수법을 들여와 은폐해야 한다고 생각했다.[6]

'풍차시사'의 주도적 시인 양츠창의 이 소감은 어쩌면 해방 전 타이

---

4 「楊熾昌訪問記」, 『台灣文藝』 102號, 113～115면 참조.

5 林佩芬, 「永不停息的風車」, 林衡哲 等編, 『復活的群像』, 前衛, 1994.6, 298～300면.

6 위의 글 참조.

완 전위시 운동의 발전 과정에서 겪었던 곤경을 드러내는 것일지도 모른다. 이른바 '문학을 위한 문학만이 일본 경찰의 마수에서 벗어날 수 있으며,' "프랑스에서 발전하고 있는 초현실주의의 수법을 들여와 은폐한다"는 견해는 당시 정치적 압박을 받은 문학가들의 심리를 보여준다. 문학적 비유를 통해 어두운 정치적 그늘에서 벗어나 자유로운 정신세계로 비상하고자 한 것은 시인이 현실에 저항하고, 자아의 진실과 직면하기 위해 선택한 어쩔 수 없는 방법이었다. 그들은 '몽환적 감응과 자유 연상으로 현실의 질곡에서 벗어나는'[7] 모더니즘의 밀폐된 미학을 도입하고, 외부세계에 대한 직시와 적나라한 표현방법을 폐기하려 했다. 이는 시인이 자신으로 회귀하여 무제한적으로 '세계에 대한 내면 표현'을 얻을 수 있는 방식이었다. 이렇듯 타이완 모더니즘 시인들은 정치적 압력을 피하기 위해 내면세계로 침잠하여 영혼의 절대적 자유를 찾고자 했다. 이것이 타이완 모더니즘 시 운동의 내적 조건이다.

3.

지금까지 '풍차시사' 성립의 외재적, 내재적 조건과 '풍차시사'의 시인들이 신시 모더니즘을 제창한 배경을 고찰하였다. '풍차시사' 시

7 위의 글.

인들은 이렇듯 일본문학계를 통해 당대 세계문학과 시의 흐름을 학습했을 것이다. 이제 '풍차시사' 시인들의 시관과 작품을 통해 모더니즘을 제창하고 도입, 수용하는 과정의 문제들을 고찰하려 한다. 특히 '풍차시사' 시인들이 일본의 신흥 전위시 흐름과 그 시의 영향을 받은 실제 상황 및 해방 전 타이완 모더니즘 신시가 드러내고 있는 독특한 면모에 치중하여 논의를 전개하기로 한다.

먼저 '풍차시사'를 주도한 시인 양츠창의 시론과 그의 시를 통해 일본 신흥 전위시와의 관련성을 살펴보자. 양츠창은 1929년에 일본으로 유학을 가서 1934년에 타이완으로 돌아왔다. 문학청년기 5년간 일본을 체험하면서 당시 일본 전위문학인 신감각파 작가 류탄지 오龍膽寺雄, 이와토 유키오岩藤雪夫 등과 교분을 맺었다. 전위시 잡지 『모밀잣밤나무』, 『고베 시인』, 『시학』의 활동에도 참여하고 작품을 발표하였다. 그는 당시 일본문단의 주류였던 신흥 전위문학을 깊이 이해했으며 세계문학, 특히 초현실주의에 관심을 두고 있었다. 이것이 이후 그의 문학 생애에 결정적인 영향을 미쳤다. 그는 자신의 문학관 및 시관의 형성과 일본 전위문학과의 관련성에 대해 다음과 같이 회고했다.

> 당시 나와 관계가 있던 일본 시단은 쓰지 준辻潤, 다카하시 신기치高橋新吉의 다다이즘이었는데 시의 형식을 파괴하고 기존 질서를 부정한 운동이었다. 『시와 시론詩和詩論』의 하루야마 유키오春山行夫, 안자이 후유에安西冬衛, 니시와키 준자부로西脇順三郎 등은 초현실주의 계보에서 개화된 시, 새로운 이미지와 형식, 일종의 주지적 모더니즘 시풍을 내걸었다. 언어의 약동, 첨예한 감각, 인생의 야성미 등의 측면에서 공통점이었다. 이러한 폭풍이 시단을 휩

쓴 것은 자연스러운 현상이었다.[8]

양츠창은 동시대 일본 신흥 전위시와 시인들에 대해 이해하고 있었으며 그들의 모더니즘에 공명하는 문학적 취향을 가지고 있었다. 글에 언급된 다카하시 신기치는 1927년에 『다다이스트 신기치의 시達達主義者新吉的詩』를 출판했으며 1920년대 일본 전위시 운동을 강력하게 제창하고 실천한 시인이었다. 그에 대해 시인 사토 하루오佐藤春夫는 '다카하시의 예술과 생활은 곧 불철저하고 범속한 행복 및 고리타분한 예술 형태에 대한 철저한 도전과 반항이며' 그가 '뚜렷하면서 강렬한 개성을 지녔다'[9]라고 평한 적이 있다.

『시와 시인』의 대표 시인 세 명 중 하루야마 유키오는 『시와 시인』의 편집장으로 주지주의의 제창자이자 실천자이다. 그의 형식주의 시 실험은 당시 시단에 거대한 파문을 일으켰으며 양츠창에게도 큰 영향을 끼쳤다. 또한 니시와키 준자부로西脇順三郎는 당시 일본에 서구 초현실주의를 처음 도입한 초현실주의 이론가이자 시인이었다. 그의 시 역시 양츠창에게 뚜렷한 영향을 주었다. 안자이 후유에는 초기에 단시短詩 운동을 제창하다가 전위시 실험을 거쳐 모더니즘적 색채가 가장 강한 시인이 되었다. 그의 시는 강렬한 환상성을 표현하고 이질적인 이미지들을 잘 융합시켰으며 암울한 감각을 드러내었다.

이들과 비교해보면 양츠창 시의 몇몇 특징들이 안자이의 작품 경향과 매우 비슷함을 발견할 수 있다. 위 인용문에 근거하면 양츠창의

---

8 楊熾昌, 「『燃燒的臉頰』後記」, 『笠詩刊』 149期, 1978.2, 132면.

9 陳明台 譯註, 『日本抒情詩選』, 1966.11, 91면 참조.

문학이 각종 모더니즘 유파의 이해를 통해 수련되고 형성되어 왔음을 알 수 있다. 양츠창의 문학 형성에서 일본의 영향을 고찰하기 위해 그가 남긴 문학 논저를 실마리로 삼아 검증하고자 한다.

양츠창은 1930년대 '풍차' 모더니즘 시 운동의 고조기에 몇 편의 문학론과 시론을 썼다. 「토인의 입술」(1934.3), 「제임스 조이스의 문학운동」(1936.3), 「에스프리 누보와 시정신」(1936.5), 「고독한 시인 장 콕토」(1937.11) 등이 그것이다. 그중 일본 전위문학에 대한 견해를 가장 뚜렷이 보여주는 것이 「에스프리 누보와 시 정신」이다. 여기서 그는 20세기 문학이 추구한 새로운 정신을 설명하고, 서구 모더니즘의 모든 유파의 기원까지 거슬러 올라가 일본의 신흥 전위, 현대시의 근원을 탐색한다. 그중 한 단락을 살펴보자.

> 하루야마 (유키오)씨는 시론에서 "자유시는 시이기 때문에 소멸되었는데 산문이 아니었던 탓이다"라고 말했다. 그는 자신도 명백히 알 수 없는 것을 추구하는 사람이라고 말했으며 이는 결코 시인의 치욕이 아니라고 했다.[10]

『시와 시론』에 대한 긍정적인 견해를 볼 수 있다. 그의 하루야마 문학에 대한 공명, 『시와 시론』의 경향에 대한 이해와 인식을 다시 한 번 보여준 것이라 하겠다. 그 밖에 서구 모더니즘에 대한 이해를 가장 뚜렷하게 보여주는 문장으로 「제임스 조이스의 문학운동」을 들 수 있다. 그는 조이스의 대표작 『율리시즈』로 논지를 전개하며 일본에서 나온 관련 연구의 중요성을 재삼 언급하였다.

10 양츠창의 일본어판 수필인 「新精神和詩精神」, 『紙の魚』, 1985.11, 249~257면의 인용문 참조.

> 조이스를 이해하는데 있어 하루야마 유키오의 거작 『조이스를 중심으로 하는 문학운동』은 매우 중요한 연구 서적이다. 내용이 방대한 이 저작은 조이스를 이해하는 키포인트이며 훌륭한 대작이다. (…중략…) 이 책을 읽고 우선 머릿속에 떠오르는 것은 니시와키 준자부로西脇順三郎 교수의 대작 『유럽의 문학』이다. (…중략…) 이 책(하루야마의 제임스론을 가리킴)과 같이 유럽의 새로운 정신을 상세히 논하는 저작은 더 이상 없다 할 수 있는데 니시와키 교수의 비평적 태도와 매우 유사하다.[11]

하루야마와 니시와키는 『시와 시론』의 주요 동인이었다. 그들의 모더니즘 문학운동은 대부분 서구 문학의 표현기법을 학습하고 흡수하려는 필요성에 의해 시작되었으므로 체계적이고 깊이 있는 소개를 진행하였다. 예컨대 조이스는 '시와 시론' 집단의 대표적 문학 간행물 『문학』에 특집으로 다루어졌는데 이 특집에는 모두 17편의 관련 논술, 연구 문장이 수록되었다. 양츠창 역시 이러한 경로를 통해 서구 모더니즘 문학 관련 정보를 획득했다. 따라서 모더니즘에 대해 비교적 깊이 있는 이해가 가능했음을 짐작할 수 있다.

위에서 언급한 논저에 대한 검증을 통해 양츠창의 일본 신흥 전위시와 시인들에 대한 관심을 알 수 있다. 그는 이렇게 일본 문단을 매개로 삼아 서구 신흥 모더니즘 문학의 정신을 간접적으로 흡수하였을 것이다. 1910년대 이래 일본은 보들레르, 랭보, 아폴리네르, 장 콕토, 베를렌, 릴케 등 모더니즘 대가들의 문학을 도입하고 소개하였다. 일본에 체류중이던 그가 이런 상황을 모를 리 없었으며 그 경험

11 위의 글, 241~248면 참조.

이 이후 타이완에서 모더니즘을 제창하는 데 초석이 되었던 것이다.

양츠창이 도입한 모더니즘의 내용을 그의 문학론과 시론을 통해 파악할 수 있다. 그는 「에스프리 누보와 시 정신」에서 서구와 일본의 신흥 전위시, 모더니즘 시 흐름에 대한 체계적인 조감 외에도 여러 곳에서 자신의 문학관을 제기하였다.

> 이 일군의 사람들이 새로운 시 정신에 근거해 세운 미학관은 내재적인 형이상학으로 귀결되는데 자신의 내부로부터 미의 기준을 일깨우며 '다른' 상상력에 영향을 주는 것으로 표출된다.[12]

이러한 내부로 침잠하는 미학관에서 양츠창의 순수시에의 경도와 내면 표현에 치중하는 전위문학의 정신적 기반을 발견할 수 있다. 양츠창 문학론의 정신은 초현실주의 시론에 있으며, 그의 초현실주의에 대한 이해를 보면 아래와 같다.

> 초현실주의는 순수한 무의식의 활동이다. 무의식의 활동에 의지해 언어, 문장 혹은 다른 방법으로 내면의 진실한 움직임을 표현한다. 동시에 이성의 독촉을 받지 않으며 심미적, 논리적인 번뇌에 의해 씌어진 서술에서 완전히 벗어난다.[13]

'풍차시사'의 성립 목표는 이렇다.

---

12 위의 글, 254면 참조.
13 林佩芬, 앞의 글, 1984.3, 298~300면 참조.

주지적인 현대인의 정감을 표현하며, 시는 시간과 공간을 초월하여 사상의 대지에서 비약해야 함을 주장하는 바이다.[14]

상당히 명쾌하고 분명한 논조로 소위 '내면의 진실한 움직임, 사상, 정감의 표출'을 강조하고 있음을 볼 수 있다. 그가 추구하는 시와 표현은 무의식적이고 공허한 것이 아니며 또한 표층이나 기법에 그치는 것이 아니다. 기법을 빌려 고도의 예술시를 창조하기 위해 내면을 강조하고 있는 것이다.

양츠창의 몇 안 되는 시론 속에서 그와 일본 전위시론의 뿌리를 발견할 수 있다.

정회情懷라는 언어는 지・정・의 및 감각의 각 범위와 널리 관련된다고 나는 생각한다. 사람이 창작의 세계에 진입하려면 이러한 정회의 조화가 필요한데 정회의 큰 강을 건너지 않으면 도달할 수 없는 것이다.[15]

이러한 관점은 니시와키 준자부로西脇順三郎의 시론과 대비해 보면 방법은 다르지만 똑같은 효과를 가진다.

인간의 감정의 힘은 자신과 조화를 이루며 마치 기상氣象과 같이 운동한다. (…중략…) 인간 감정의 유동은 조화로운 형태를 채택하는데 그 규범 중에서 미감美感은 주요한 것이다. 고유한 감정의 경향을 조화시키는 인간은 현실을 시로 변형시킨다.[16]

---

14 羊子喬, 앞의 책, 1983.9, 44면 참조.

15 楊熾昌, 앞의 글, 1978.2, 132면.

양츠창의 시관으로 다음과 같은 것이 있다.

> 회의하고 불복하는 가운데 시인은 전진할 것이며 새로운 문학은 지금까지 존재하던 통속적인 사고를 파괴하고 그것에 대한 수정적 사고를 창조해낼 것이다. 시적 재능은 시의 순수성에 근거해 생동적인 지성의 표현이 되어야만 한다. 시가 지닌 표현은 감성과 패기이다. 연상의 비약은 사고의 음악이 되며, 반드시 문화 전통을 불사르는 교묘한 기법을 지녀야 한다.[17]

이러한 논점들로부터 그와 '시와 시론' 시인들이 제창한 주지 정신·순수시의 관점이 일맥상통함을 발견할 수 있다.

양츠창의 시론이 전위적이고 새로움을 추구하는 시 정신을 도입했다는 점은 의심의 여지가 없다. 안타까운 것은 그의 논의가 대부분 신흥 예술과 문학의 일반 논점에 편향돼 있어, 체계적이고 깊이 있는 초현실주의 시론을 발견할 수 없다는 점이다. 그럼에도 그의 주장은 당시 타이완 시단에서는 대단한 일에 속했다. 어찌 됐건 간에 일본을 거쳐 도입한 전위시 이론은 결국 당시 시단에 새로운 기풍을 불어넣을 수 있었다. '풍차'의 시인군은 이러한 시론을 강력히 지지하고 보급했다. 이 과정은 일반적으로 새로운 문학과 시 운동의 창조자들이 반드시 거쳐야 하는 길이기도 하다. 양츠창의 작품은 당시에 일종의 실험 혹은 이단으로 간주되었다. 그의 시는 시대와 어울리지 않았지만 한편에서 전에 없던 신선한 매력을 드러냈다.

양츠창의 모더니즘 시 중에 일본 전위시의 영향을 받은 것을 제시한다.

---

16 西協順三郎, 「PRPFANUS」, 村野四郎 編, 『現代の詩論』, 1954.11, 81면.

17 「土人の口唇」, 『紙の魚』, 1985.11, 258~262면 인용문 참조.

술과 노래 속의

달

토기의 음향과 토인의

입술

포에지를 품은

탄생

이 보헤미안 식의 아침에

뒤집힌 보석과 같은 아침

누가 입구에서

어떤 이와 나지막이 속삭이는가

그건

신이 탄생하는 날

양츠창의 「토인의 입술土人之脣」이다. 니시와키 준자부로의 명작 「날씨天氣」와 주제는 다르지만 기법이 상당히 유사하고 표현 방식 또한 동일한 효과를 내고 있다.

창백한 경악 때문에

진홍빛 입술은 공포에 젖은 소리를 지른다

바람은 죽은 것처럼 가장하며

고요한 아침에

내 육체는 피범벅인 채

상처 입고 열이 났다

나는 늦게 도착했다
세토世土의 종소리가 다 울린 뒤에
나는 비로소 이르렀다
나는 이미 상처 입었다……

앞 단락은 양츠창의 작품 「내일 밤明夜」이며, 다음 단락은 히시야마 슈조菱山修三의 작품 「여명黎明」이다. 표현에서 느낌의 유사성을 어렵지 않게 발견할 수 있다.

가을 안개는 부드러운 화훼花卉처럼 가로등을 껴안는다
증오와 후회는
모두 유동하는 희미한 불빛 속에서
뺨이 고도의 고독으로 인해 불타게 한다

가을 안개는 부드러운 화훼로 가로등을 껴안는다
증오보다 후회보다 더 가깝다
낙엽이 쏟아진다
손과 손 사이에서
뺨은 참억새 이삭처럼 빛난다

앞 단락은 양츠창의 시 「불타는 뺨燃燒的臉頰」의 한 절이며 뒷 단락은 기타조노 가츠에의 시 「인도行人道」의 전문이다. 사용된 구절, 행수, 이미지를 막론하고 두 작품은 매우 유사하다. 앞의 인용보다 유사성이 더 눈이 띄는데 실험과정에서 일어난 '영향 현상'으로 볼 수 있다. 따라서 이 시는 일종의 '모방'에 속하는 것이다. 물론 이를 이식과정 중에서 흔히 보이는 피할 수 없는 현상으로 간주할 수도 있다.

그렇다면 모방과 영향의 흔적이 드러나지 않는 작품을 살펴보겠다. 양츠창의 주요 작품들은 모두 상당한 성공을 거두었다. 그는 치밀한 표현기법과 언어운용으로 복잡한 이미지를 표현하여 다채로운 작품세계를 창조했다. 또한 예민한 감성과 지성으로 내면세계로 깊이 침잠하여 자유자재로 자신의 세계를 창조했다. 특히 이질적이고도 강렬한 서정성으로 매혹적인 시의 분위기를 주조하였다. 이러한 작품 세계는 초현실주의의 절단, 연결기법과 상징주의의 관능적 감각이 융합된 결과였다. 이를 통해 그는 잠재의식의 세계로 깊이 파고들 수 있었다. 「비구니尼姑」를 예로 들어 보자.

젊은 비구니가
단정히 창문을 연다

밤기운이 집요하게 엄습한다
단정히 뻗은 하얀 팔뚝에

가슴을 끌어안은 끔찍한 밤기운 속에서
신단의 우상은

여전히 그렇게 엄숙하게 웃고 있다
단정한 시선은 더욱 냉철하게 밤경치를 뒤쫓는다

그림자가 잠잠해졌다
등잔은 저녁을 연소시킨다
밤의 질서 속에서

놀란 단정함
성의 퇴로를 지나

내 유방은
왜 다른 여인들처럼 아름답지 않나
내 눈구멍 속엔

왜 잊혀진 색채만이 비치고 있을까

붉은색
유리로 된 여의등如意燈은 계속 타고 있다
청동색의 종은
차디찬 에스프리를 떠다니고 있다
비구니 암자의 대청은
주차장처럼
적막하다

붉은 비단의 그림자 속에서
신상은 흔들거렸다

베다의 얼굴은 번쩍번쩍 빛나며
십팔나한은 신호神虎를 타고
단정히 합장한 자세로
넋이 나가 쓰러졌다
여명의 종소리를 따라
단정히 섰다
선향線香과 향신香薪의 연기는
자욱하게 용솟음친다
단정하게 앉은 채
울었다

염불하는 소리가 한바탕 전해온다
어머니여, 어머니여

단정히 젊은 비구니의 처녀성을
신에게 바쳤다

이 시는 여인의 내면 깊은 곳에 잠재된 욕정(정념)을 주제로 삼았다. 현실과 환상이 뒤얽힌 묘사를 통해 비구니의 욕망이 드러나고 있다. 상징, 절단, 연결기법과 매개 물상(얼굴, 나한, 종, 유방, 등)을 운용하여 감각기관(색과 향의 감각)에 호소하는 세계(밤경치, 하얀 손, 선향, 붉은 비단, 차가움)를 직조했다. 명과 암, 정과 동의 대비, 억제와 해방의 조응이 성공적이다. 양츠창은 결미에 슬픔을 이기고 신에게 제 몸을 바치는 장면을 통해 동양적이고 서민적인 여인상을 표현했다. 표현기법의 차원을 넘어 견고한 서정과 사상성을 형상화했다. 이색적이고 탐미적인 걸작이라 하겠다.

이 시에서 최고의 경지에 이른 작시기법을 볼 수 있다. 동시에 작가가 발굴하려 한 '내면의 사실적 흐름', '서정'과 '사상', '시공의 초월' 등의 요소가 작가 자신이 요구한 시 이념과 부합됨을 발견할 수 있다.

4.

이상 양츠창의 시와 시론에서 '풍차시사'의 모더니즘 도입 과정과 모방양태 그리고 문제점 등을 볼 수 있었다. 그런데 '풍차시사'의 다른 동인들의 작품도 개별적 연구대상으로 삼을 필요가 있다. 물론 '풍차시사'의 구성원이 적고 그들이 직면한 문제가 대체로 비슷했으며 일본문학을 수용했다는 공통점도 있다. 하지만 각자의 개성에 따라 수용한 대상이 다르기도 했으므로 그들의 작품을 비교, 분석하여 대략적인 면모를 고찰하고자 한다.

양츠창의 다양한 작품세계에 가장 큰 영향을 준 것은 초현실주의와 상징주의였다. 그러나 다른 동인들의 작품은 조금 다르다. 그들의 작품성향은 비교적 단일하다. 이는 양츠창이 초현실주의를 학습, 모방한 반면 다른 동인들은 상징주의에 의지하였기 때문일 것이다. 린융슈의 시가 전형적이다.

바다 속을 표류하는 오래된 술과 여색의 향기를 잊은 채
선장이 응시하는 푸른 바다의 흰 갈매기가 비상하고 있다

—「출항」

노랑나비가 오솔길을 나풀나풀 날아가고
오솔길은 자작나무 숲을 지나가는 데까지 뻗어있다

—「고원에서在高原」

내 동공의 빛은
황혼의 정취 속에서 야광충夜光蟲처럼 한동안 빛을 발했다

—「황혼」

내게 보이지 않는
어둡고 먼 곳에서
응시하고 있던 갈매기가 지저귀고 있다

— 마루야마 가오루, 「등불 가수燈歌者」

병사가 깃발을 들고 있고
나귀와 말은 방울을 긁어 흔든다

— 다치하라 미치조, 「소담시小談詩」

내 상처는
분노를 지속시키며
아름다운 나뭇가지를 향해 손을 뻗는다

—다치하라 미치조, 「바람이 읊는 노래風吟唱之歌」

나열한 시구들에서 자연의 풍경과 경치로 충만한 화면을 느낄 수 있다. 또한 이 장면들에는 애수와 감상적 분위기가 가득하다. 이는 일본 '사계'시파의 특색이다. 앞서 언급했듯이 린융슈의 일본 유학기는 사계파가 성립된 이듬해(1935)였다. '사계' 시인들은 '사물에 기탁해 깊이 생각하는 데' 능숙했다. 사물을 빌어 내면의 정서를 담고 '사물'과 '형체'를 수렴하는 영상을 선택해 '미와 순수'를 나타냈다. 취미로 회상의 정서를 포착했고 색감과 향기, 청각같은 상징주의적인 감각의 미학을 운용하여 '일종의 정신적 분위기'를 표현했다.

린융슈의 「해변」은 그중 성공적인 작품이다.

> 푸른 바닷바람이 육체의 아치형 문을 가로질러간다
> 감미로운 바다향기가 내 유백색 꿈을 조용히 적신다
> 흰 조가비의 투명한 그리움을
> 모래언덕은 소년의 환상을 배양하였다
> 가을바람의 우울함을 품은 채

이 작품은 짧은 소품형식, 자연 풍경, 그리움과 추억의 정서로 담담한 시의 향기를 퍼뜨리고 있다.

장량뎬, 리장루이의 작품 역시 농후한 상징성과 서정성을 보여준다. 그중 장량뎬의 시는 강렬한 감상적 정서를 지니지만 리장루이의 언어는 비교적 강건한 남성미를 보여준다. 예를 들어 "창을 닫는다 / 나는 우주의 음향으로부터 승화된다 / 두뇌의 비애의 유희 / 흰 연기

보랏빛 흰색" 등에서 이를 볼 수 있다. 또한 그의 몇몇 시들은 타이완의 풍토를 성공적으로 녹여내 독특한 풍모와 의미를 드러낸다.

잡초가 무성한 방파제 흙에 비친 햇빛
발산할 길 없는 무료함은 바로 호두비虎頭埤의[18] 꿈이로구나

호두산 전설에 반역하려는 의도가 없는 태공망太公望들
짬이 없지만 오히려 한가하다. 산보하러 나온 사람 어깨에 삽을 메고 그곳을 지나가는 아가씨의 수수께끼는?

물이 흐르는 사이에 때때로 물을 다투는 소리를 듣는다
하지만 비는 여전히 내리지 않는다
농부들은 방법을 생각해내지 못하고 무리지어 수위가 내려갔는지 보러간다

13살에 마을에서 팔려간 여자아이
어느 하루 여행객의 강요에 못 이겨 뱃놀이 나왔는데
자기도 모르게 눈물이 흘러 화장이 지워지니 남자들은 이를 보고 비웃는다

백합이 만개했을 때 수건으로 얼굴을 가리고
삿갓 쓴 여자아이 향기에 취할 여유도 없다
오히려 도시의 변화무쌍한 아가씨들에게 함부로 꺾여 흩어져 떨어진다

18 타이완 타이난현 虎頭山에 있는 성곽.

이들 시에서도 물상物象에 의지해 자연풍경을 드러내는 방식을 택하고 있다. 하지만 타이완 시골을 배경으로 삼아 형이하학적 생활 감정을 표현하고 있다. 이는 사계파의 상징시풍과는 그 분위기가 크게 다르다. 그의 작품 「이 집這個家」의 일부 "뜰의 유자나무 아래 추억은 이미 죽었다 / 이 집의 전통이 겹겹이 쌓여있다 / (…중략…) 장삼長衫을 입은 아가씨 쾌활한 얼굴조차 암담해진다"에서도 역시 향토적 정회를 드러내고 있다. 시의 기법과 토속성이 통일을 이루고 있음을 발견할 수 있다.

이상을 종합하면 '풍차'시인의 작품들은 비교적 화려한 시에 속하며 기법과 표현을 중시하고 있다. 그중 대부분은 형이상학적 사유와 복잡한 이미지, 다채로운 환상과 상상 등 초현실적이거나 상징적인 수법을 이용하여 탐미적인 세계를 보여주고 있다. 그들은 일본을 매개로 서구의 모더니즘 시풍을 도입하여 당시 사회에서 기괴하고 현실에서 벗어난 이단적 작품으로 간주되었다.

5.

양츠창을 중심으로 한 '풍차시사'의 시인들은 타이완 시단에 처음으로 모더니즘 시풍을 도입했다. 그러나 '풍차시사'의 작품과 시인들은 동시대는 물론 해방 후까지 합당한 평가와 인정을 받지 못했으며, 해방 후에는 한동안 그들의 존재가 잊혀지기도 했다. 이는 매우 유감스러운 일이다. 오늘날 '풍차시사'의 시와 시인들을 재조명하려면 적어도 다음 두 가지를 고려해야 한다.

첫째, '풍차시사'의 평가문제이다. '풍차시사'의 시와 시인들은 처음으로 타이완 시단에 모더니즘 전위시와 시론을 도입하여 타이완 시와 시인의 국제적 시야를 확대했다. 뿐만 아니라 타이완 시인들에게 표현 기법의 중요성을 환기시켰으며 작품을 통해 본보기를 보임으로써 시단에 많은 공헌을 남겼다. 하지만 한계도 존재한다. 우선 그들은 서구 문예사조의 전반적인 면모를 접촉, 흡수할 수 없었다. 그리하여 초현실주의와 상징주의에 편향되었고 이론 도입과 작품 소개 역시 체계화되지 않았다. 그로 인해 풍부한 문학유산으로 남지 못했고 이후의 시인들에 대한 영향력도 한계가 있었다. 또한 참여자의 수가 많지 않았고 지속 기간도 짧았으며 간행물 발행 수량도 적어서 문학운동으로서 영향력을 확대하기 어려웠다.

둘째, '풍차시사'가 그 이후 타이완 신시사에서 차지하는 위치와 의의이다. 해방 후 문학사의 단층현상으로 인해 '풍차시사'는 오랫동안 잊혀져 있었고 상술했듯이 그 자체의 한계도 존재하여 해방 후 시인들에게 직접적인 영향력이 없었다. 그러나 1980년대에 들어와 본토화의 물결이 고양되면서 '풍차시사'에 대한 긍정적인 평가가 생겨났다. 또한 타이완 신시의 변혁에서 '횡적 이식'의 전범으로서 순응과 접합('풍차시사'의 전위문학 도입, 소개, 실천과 관련된 모든 문제), 병존과 반발(동시대의 배척, 서로 다른 시풍의 병립과 평가의 모든 문제) 등의 수용방식을 고찰할 수 있는 좋은 자료이기도 하다.

해방 후 타이완 신시의 모더니즘 운동은 해방 전에 비해 모더니즘 각 유파의 이론 수용과 작품 활동 모든 면에서 '풍차'를 넘어섰다고 할 수 있다. 예를 들어 린헝타이林亨泰가 주도한 현대파운동, '창세기시사'가 주도한 초현실주의운동, '순수시운동', 그리고 '입시사'笠詩社의 '신즉물주의운동, 신현실주의운동, 신표현주의운동 등이 그것이다. 이들은 전위문학 전반을 종합적으로 도입하고 소개했다. 나아가 타이완 본토문학의 혈통 속으로 녹아드는 경지에까지 이르렀다.

그러나 이식과정에서 '풍차'가 직면했던 여러 문제 즉 도입과 소개, 모방과 영향에서 독창으로 나아가는 방법 및 시대적, 정치적 원인이 초래한 시인의 정신적 고민 등은[19] 여전히 존재했다. 이런 점에서 '풍차시사'의 '횡적 이식'의 방식을 살펴보는 것은 타이완 신시의 역사에서 의미 있는 일이라고 하겠다.

19 예컨대 해방전후 '현대파' 모더니즘 운동을 주도한 린헝타이는 자신이 '현대파'를 발기한 내부 동인에 대해 다음과 같이 설명한 적이 있다. "당시 타이완 시인들이 갈망한 것은 충분한 표현의 자유였다. 시인들은 약속이나 한 듯 그들에게 더욱 자유로운 하늘을 제공할 수 있는 문예와 시 흐름을 찾았으니, 이는 자연스러운 추세였다. 이것이 바로 현대파 운동의 직접적인 원인이다." 여기서 모더니즘을 도입한 내재적 동인이 시대적・정치적 요소를 내포하고 있음을 발견할 수 있다. 본고 2절에서 지적한 것처럼 '풍차시사'의 주도자 양츠창 역시 동일한 설명을 한 적이 있다. 린헝타이의 설명은 林亨泰, 『見者之言』, 彰化文化中心, 1982, 242면 참조.

30년대 타이완 퇴폐의식의 보이는 것과 보이지 않는 것*

'진보의식'과 '음울한 관찰陰翳觀看'을 다시금 탐색한다

류지후이劉紀蕙

1. 들어가며

본고는 문화사의 맥락에서 '퇴폐'를 담론에 의해 구축된 하나의 개념어로 보고자 한다. 이 어휘에는 진보와 퇴화 및 내외의 경계를 구분하는 것과 관련된 문화심리가 집중되어 있다. 그리고 두 가지 역사관의 정치적 조작이 관련되어 있으며 대립적인 관찰모델이라는 미학적 수사를 보여준다.[1] 본고는 1930년대 타이완 신문학운동, 『남음

* 이 글은 이현복이 번역하였다.

1 최근 '퇴폐'에 관한 연구는 순수 미학 형식이나 비평 토론에서 문화 연구의 범주로 전환하여, '퇴폐'라는 정의하기 복잡한 어휘를 서로 다른 문화적 환경과 역사적 맥락 속에서 어떻게 운용할 것인가, 그리고 정치권력의 일진일퇴를 어떻게 드러낼 것인가에 대해 탐구하고 있다. 가장 대표적인 연구로는 Babara Spackman, *Decadent Genealogies-The Rhetoric of Sickness from Baudelaire to D'Annunzio,* Ithaca : Cornell UP,1989; Matei Calinescu, "Versions of Decadence",

南音』, 양츠창楊熾昌이 구성하는 역사의 횡단면을 탐색하고자 한다. 그럼으로써 이 시기 문화담론 중 하나였던 '퇴폐 의식'이 근대성담론과 서로 얽힌 과정, 퇴폐의식이 발생하고 사용되며 관찰모델이 된 과정 등을 탐구하고 그것이 지니는 의의를 논하고자 한다.

'타이완 신문학' 운동사에서 '퇴폐를 보는 것'이 문화생리유기론 cultural organism에서 말하는 관찰의 입장에 서는 것과 같은 이유는 무엇일까? 타이완 문화 공간에서 퇴폐를 비판하는 것이 당시 일본에서 성행하던 사회진화론과 문화생리유기론을 확대하고 복제하는 셈이 되는 이유가 무엇일까? 신문학운동에 의해 '퇴폐시인'으로 비판받았던 양츠창이 사토 하루오佐藤春夫, 니시카와 미쓰루西川滿와 만나는 지점은 어디인가? 양츠창의 퇴폐미학인 '음울陰鬱의 미감'과 당시에 유행했던 타오름의 미학燃燒美學, 생리유기론은 어떠한 변증적 관계에 놓이는가? 음울한 곳에서 행한 퇴폐적 관찰은 총체화의 조직적 역량에 어떻게 대응할 수 있었으며 어떻게 저항의 정치적 힘이 될 수 있었을까? 본고는 이 지점에서 담론모델의 차이에 근거하여 20세기 보편적으로 확장된 생물정치론이 어떻게 미학적 범주를 확립했고 진보와 퇴폐의 관찰 모델과 문예 담론을 구분했는지에 대해 진일보한 토론을 할 수 있기를 희망한다.

Five Faces of Modernity-Modernism, Avant-Garde, Decadence, Kitsch, Postmodernism, Durham : Duke UP, 1996; ed. Liz Constable, Dennis Denisoff, and Matthew Potolsky, *Perennial Decay-On the Aesthetics & Politics of Decadence,* Philadelphia : U of Pennsylvania P, 1999; Charles Bernheimer, *The Decadent Subject,* Baltimore : Johns Hopkins UP, 2002 등이 있다.

2. 30년대 퇴폐의식과 진보론

스수施淑는 일찍이 일제강점기 타이완 소설 속의 퇴폐의식의 기원에 대해 논하면서 30년대 타이완문학 속에 나타난 타이완 지식인이 다음과 같다고 지적하였다. 그들은 대부분 애정이 가로막힌 '창백한 청년蒼白青年'(翁鬧, 「잔설」) 혹은 '쓰레기廢料', '생존 부적응자不適於生存'(웡나오, 「동트기 전의 러브스토리天亮前的戀愛故事」 속의 독백자)로 자칭하거나 혹은 일본 유학에서 고향으로 돌아온 후 '고민'과 '덩어리처럼 뭉친 우울함鬱積的壞壘'을 느끼는 자(張文環, 「일찍 시든 꽃봉오리早凋的蓓蕾」), 고향에서 오히려 이방인 취급을 받는 '들개 같은 유랑자'(郭水潭, 「어떤 남자의 수기某個男人的手記」) 같다는 것이다.

'부르주아의 퇴폐적 낭만'의 모습을 하고 출현한 이들은 식민지 타이완의 조숙한 자본주의 경제 구조에 처해 있었다. 심리적으로는 타이완에 연결되어 있으면서 내지를 동경하는 '쌍향의식雙鄉意識'을 갖고 있었다. 그렇기 때문에 이들 지식인들의 이미지는 '처음에는 반역적이다가 퇴폐적으로 변하고 끝에 가서는 허무적'이 되는, 그래서 부득이 '환영幻影의 인간' 처럼 타이완문단을 떠나야하는 사람이 될 수밖에 없다.[2]

일제강점기 타이완문학은 줄곧 반식민과 반제국주의적 사상으로 가득했다고 인식되어 왔다. 하지만 해당 문예담론은 30년대 타이완

2 施淑은 吳天賞의 「蕾」·「龍」, 翁鬧의 「殘雪」·「天亮前的戀愛故事」, 呂赫若의 「婚約奇譚」, 郭水潭의 「謀個男人的手記」, 張文環의 「早凋的蓓蕾」, 巫永福의 「山茶花」·「首與體」 등을 예로 들었다. 施淑, 「日據時代台灣小說中頹廢意識的起源」, 『兩岸文學論集』, 台北 : 新地文學, 1997, 115～119면 참고.

문학에 중국의 30년대처럼 퇴폐적인 모더니즘 문학이 출현했었다는 것을 실증한다. 스수의 연구가 우리의 호기심을 자극하는 것은 이 때문이다.

그러나 여기서 논한 '퇴폐의식'을 한걸음 더 깊이 들어가 탐색해야 한다. '퇴폐'적인 텍스트의 특징을 연구하기 보다는 '퇴폐'를 일종의 이데올로기, 담론모델 혹은 관찰시각으로 보는 것이 당시의 시대적 심리 상태를 이해하는 데 도움이 될 것이다. 퇴폐를 의식하고 퇴폐를 바라보고 퇴폐에 대해 비판하는 것은 일종의 심리 상태와 시각을 보여주기 때문이다. 이러한 심리 상태와 시각 내부에서부터 묘사를 시작해야 한다. 그래야 이러한 시야의 범주와 그 입각점을 그려낼 수 있고 이러한 시야 내에서 원근과 대소의 등급을 관통하고 이끄는 소실점도 보여줄 수 있다.

시대 담론의 복잡한 변형은 보이지 않고 상호모순적인 다중적 소실점이 동일한 담론장에서 상호 침투하고 교체된다는 것을 보여준다. 이러한 다중적 소실점의 구성력과 그것들이 상호 교체되면서 나타나는 변형을 추적해 가야 한다. 그랬을 때 텍스트에 국한된 실증의 틀에 얽매이지 않고 텍스트가 말하는 진술이 어떠한 시야와 소실점의 관계 속에서 역사적으로 구성되었는가를 한층 심도 있게 검토할 수 있다.

스수가 문장에서 인용한 '부르주아의 퇴폐적 낭만'이라는 어휘는 뤼허뤄呂赫若의 「혼약기담婚約奇譚」에서 나왔다. 좌익사상의 세례를 받아 여성해방을 강조하는 '마르크스 소녀' 친친琴琴은 입센의 노라와 비슷하다. 집안에서는 그녀를 마르크스주의를 믿지 않는 부르주아의 '탕아'와 결혼으로 묶어두려고 한다. 그녀는 그것을 원하지 않았기 때문에 가출하여 변호사 시험을 보기로 결심한다. 이 소설의 어휘 사전 속에 담겨 있는 퇴폐, 부르주아, 낭만, 방탕 등은 거의 동의어처럼 쓰이는데 진보와는 상반된 언어로 쓰이고 있다.

이와 유사한 비판적 태도들이 1930년대 타이완 문단의 담론을 채우고 있었다. '퇴폐'는 구별과 공격의 척도가 되었다. 『선발부대』의 「선언」(1934)은 '문화의 규칙'은 '오랜 시간 정체되거나 음란과 퇴폐의 상태'에 처해서는 안 되며 거기에 '개조의 폭탄'을 던져야 한다고 말한다.[3] 추뉘楚女는 「선발부대를 평한다」(1934)에서 풍자적이고 '신랄한' 어조로 황스후이黃石輝를 '세상의 바깥에서' '푸념이나 하는' '퇴폐주의자'라고 비판하였다. 때문에 추뉘는 황스후이가 개입이라는 방식을 보다 더 많이 취함으로써 '노력해야' 한다고 요구했다. 추뉘는 그 밖에도 위원毓文이 쓴 사랑의 상처를 묘사한 이야기를 '퇴폐적 색채'를 띤 '매우 위험'한 일이라고 비판했다. 이 같은 '애원소설哀怨小說'이 독자를 '감상주의적 노선'에[4] 빠지도록 유혹할 수 있다고 보았기 때문이다. 양쿠이는 「행동주의 검토行動主義檢討」(1935)라는 글에서 행동주의에 관해 논했다. 그는 능동적인 정신 발전이 사회의 근거이므로, 행동하는 '정신이 대두'하여 문학이 '고답적인 퇴폐'에서 벗어나야 한다고 호소했다.[5]

30년대 타이완의 문학비평에 관한 문장 속에 '퇴폐'라는 어휘는 빈번하게 출현했다. 이를 통해 당시의 많은 문학작품이 감상과 비관,

---

3 無名, 「宣言」. 원래는 『先發部隊』(1934.7.15)에 실림. 이후 『日據下台灣新文學明集第5卷文獻資料選集』, 台北 : 明潭, 1979, 140~142면에 수록.

4 楚女, 『台灣文藝』 1.1(1934.11) 5~11면; 『日本統治時期台灣文學 文藝評論集』 제1권, 東京 : 綠蔭書房, 2001 295~301면에 수록.

5 楊逵, 「行動主義檢討」, 『台灣文藝』 2.3, 1935.1.31, 62~64면; 『日本統治時期台灣文學 文藝評論集』 제2권, 東京 : 綠蔭書房, 2001, 122~124면.

연애 그리고 허무의 색채를 띠고 있었으며 이것이 비판자의 절박한 심리를 촉발했다는 사실을 알 수 있다. 타이완 문예의 상황에 상당한 관심을 갖고 있는 대륙의 비평가 레이스위雷石瑜는 『타이완문예』에 게재된 시를 대상으로 자신이 검토한 바를 발표했다. 그는 1934년의 『타이완문예』에서 주목을 끄는 것들은 모두 '비관, 감상, 연애의 탐닉, 신변잡기 타령'이라고 보았으며 1935년의 『타이완문예』에는 '비교적 의미' 있는 작품이 많아졌지만, 여전히 '한정閒情과 감상感傷, 비관, 무료함'이 대부분을 차지한다고 보았다.[6]

레이스위의 평론에 대해 뤼허뤄는 신중한 반응을 보였다. 그는 레이스위의 글에 인용된 모리야마 게이森山啓의 관점에 동의하였다. 시는 '특정한 사회 계급의 역사적 진보라는 임무'를 실현하여야 하며 이를 좌우명으로 삼아야 한다는 것이 그 생각이었다. 뤼허뤄는 당시 타이완 문단에 '두 종류의 공기'가 퍼져 있었음을 지적하였다. 하나는 예술을 위한 예술이라는 '공기'였고 다른 하나는 현실적 관찰을 중시하는 것으로 생활 속에서 출발해야 한다는 것이었다. 그는 후자야말로 '진보적' 문학이라고 보았으며 두 가지 공기를 하나로 만들고 '보조를 정돈하여 계속해서 전진'[7]하기를 기대했다.

이러한 비평과 자아 검토는 타이완문학운동의 두 번째 흐름이 재출발할 때의 전반적인 분위기를 설명해 준다. 1934년 『선발부대』의 「선언」이 '개조'를 추동할 수 있었던 것은 그들이 당시의 문단이 지나치게 산만하고, 타이완 신문학이 '벽에 부딪혔다'고 보았기 때문이었

---

6 雷石瑜, 「我所切望的詩歌－批評四月號的詩」, 『台灣文藝』 2-6, 1935.4.12 123~126면; 『日本統治時期台灣文學 文藝評論集』 제2권, 東京 : 綠蔭書房, 2001, 162~165면.

7 呂赫若, 「兩種空氣」, 『台灣文藝』 3-6, 1936.6; 『呂赫若小說全集』, 台北 : 聯合文學, 1995, 552~554면.

다. 제저우芥舟도 「타이완 신문학의 출로台灣新文學的出路」라는 글에서 당시의 문학이 '인공적이고 유희적인' 경향으로 흐른다고 매섭게 질타했다. 『오인보伍人報』, 『홍수洪水』, 『내일明日』, 『현대생활現代生活』, 『적도赤道』 등의 간행물 외에 『남음』, 『효종曉鐘』 등의 간행물은 '자기 완성기로 후퇴'했으며 그 밖의 것들은 수준이 더욱 떨어져 '작은 영역으로만 점차 위축되어갔고' '맹목적인 예술 창작욕을 발할 뿐이며 시종 신변잡기에 머물러 있다. 심지어 욕정적 문학, 감상적 문학, 유희적 문학 그리고 저속한 문학으로 타락했음에도 이를 자각하지 못하고 있다'[8]고 말했다. 이들 비평 속에서 '신문학운동'과 상대되는 것은 세세한 플롯, 감각, 한정閒情, 기교, 유희, 무기력 등에 치중하는 소위 '무료'한 문학 작품이다. 그리고 '퇴폐'라는 말이 황당, 음탕, 감상感傷, 정체, 이탈抽離 등과 동일한 범주에 놓여 있는 것을 볼 수 있다.

30년대 신문학운동에 나타난 이 같은 산만함을 비판하고 행동을 요구하며 '산만에서 집중으로 나아가자'는 태도는 직선적 진보라는 문화사관을 보여준다. 1934년 『선발부대』의 「선언」은 이를 단적으로 보여주고 있다.

> 문화는 전체를 관통하는 문화의 규칙을 갖고 있다. 긴장이 있고, 이완이 있으며 정체가 있다. 문화의 규칙이 정체하면 예외 없이 활달한 시대의 공기는 가라앉고 음란하고 퇴폐적인 슬픔의 분위기가 대두되기 마련이다. 때문에 문학 생산에 있어 적극적 활동이 마비되고 인습적이고 보수적이며 도피적이고 기교적인 그리고 유희적인 분위기가 사회현상 전면에 걸쳐 나타난다.

---

8 芥舟, 「台灣新文學的出路」. 원래는 『先發部隊』, 1934.7.15에 실렸으며, 이후 『日據下台灣新文學明集第5卷文獻資料選集』, 台北 : 明潭, 1979, 148~151면에 수록.

'퇴폐'는 정체, 완만, 소극적인 상태로 간주되며 긴장, 진보, 생산, 건강함을 요구하는 문화의 규칙에 어울리지 않는다고 인식되었다. 이러한 구별과 대립은 동시에 문화가 '정상상태'인지 '이상상태'인지를 판단하는 기준으로 기능하였다. 주의해야 할 것은 이러한 구별이 19세기 유럽에서 문화생리유기론이 전개한 세기말적 문예비판에 근거하고 있다는 점이다. 특히 노르다우Max Simon Nordau에서 시작된 '퇴화개념Entartung, degeneration'은 1930년대 타이완의 문화담론에 전면적으로 유포되었다.

노르다우는 유태인 내과의사였다. 그가 1892년에 출판한 『퇴폐*Entartung*』와 1895년에 발표한 『신생*Regeneration*』은 당시 유럽에서 꽤나 잘 팔리는 책이었다. 그는 범죄학을 연구한 롬브로조Caesar Lombroso가 인용한 생물학계의 '퇴화'이론이 매우 설득력 있다고 생각했다.[9] 그는 종의 변화 발전에서 병변이 발생한 퇴화 상태를 가지고 유럽 19세기 말의 문예에 나타난 퇴화, 병적 상태, 정신쇠약 등의 현상을 해석할 수 있다고 보았다. 이 때문에 이들 세기말의 문예를 쇠퇴, 쇠미, 퇴화, 부패 등으로 지칭했다. 이 밖에 개인주의, 과도한 감정, 히스테리, 유사 정신병증, 범죄의 묘사와 같은 '퇴폐'적 특징을 지닌 세기말 문학과 예

---

9 피크Daniel Pick의 연구를 참고할 만하다. 피크는 다윈의 진화론이 나온 후 모어Bénédict Augustin More(1809~1837)와 롬브로조(1835~1909)의 퇴화이론이 유행했다고 말했다. 프랑스, 이탈리아에서 영국에 이르기까지, 뷔셰Buchez, 텐Taine, 르 봉Le Bon, 소렐Sorel, 졸라Zola, 스펜서Spencer, 헉슬리Huxley, 갈턴Galton, 이들 모두는 퇴화이론에 대한 이해와 혁명, 진화, 진화론에 대한 흥미를 보여주었다. 그는 또 19세기의 퇴화이론이 매우 빠르게 개인과 가족으로부터 사회, 대중과 근대성담론으로 전이되었다는 점도 지적하고 있다. Morel, *Treaties;* Lombroso, *Criminal Man;* Maudsley, *Body and Will;* Lankester, *Degeneration;* Krafft-Ebing, *Psychopathia Sexualis;* Nordau, *Degeneration* 등은 모두 19세기 말엽에 등장한 작품으로서 유럽 문화의 퇴폐를 의학, 생리학, 및 인류학의 실증적 방식에 의해 검증된 것으로 간주했다. 이에 대해서는 Daniel Pick, *Faces of Degeneration-A European Disorder,* Cambridge : Cambridge UP, 1996, pp.1~33 참고.

술들이 예술가들의 정신적 병변과 필연적 연관이 있다고 지적했다.

그는 나아가 이들 병변과 가족사와 종족이 밀접한 연관이 있다고 했다.[10] 노르다우는 심지어 『신생』에서 세기말 문학과 예술이 드러낸 피로fatigue가 바로 퇴폐와 퇴화의 증세이며 단련을 통해 머리를 맑게 하고 건강한 육체와 영혼을 길러내며 엄격한 기율을 지킬 때만 문화적 피로를 다스릴 수 있다고 주장했다.[11] 노르다우는 1898년 제2회 유태 시오니즘 대회의 연설에서 유명한 '근육이 발달한 유대인Muscle Jew'이라는 개념을 제시했다. 당시 상당히 유행하고 있던 사회진화론, 우생학, 유태전통의 영웅전설 등을 결합하여 20세기 초반 유태 시오니즘 운동의 '신체정치'를 만들어 낸 것이다.[12]

재미있는 것은 시오니즘의 세기말적 퇴폐론을 나치 정권의 독일 제3제국이 이용하여 소위 '퇴화 예술'을 전면적으로 수색, 전시한 뒤 불태웠다[13]는 사실이다. 생물 정치에서 미학 관점의 확립에 이르기까지, '병태적인' 문학예술이 교정되거나 소멸되어야 한다는 생각은 곧 문화생리유기론의 극한적 표현이었다.

더욱 주의할 점은 사회진화론과 우생학 관련 담론이 식민주의와 열대 의학으로 침투하여 일본, 중국, 타이완을 포함하는 아시아 지역에 빠르게 퍼져갔다는 것이다.[14] 동방 인종은 빈혈 있고 허약하며 국

---

10 Max Nordau, Trans. George L. Mosse, *Degeneration*, Lincoln and London : University of Nebraska Press, 1993.

11 ibid., pp.6~18・34~35・42~43.

12 Todd Samule Presner, "Clear Heads, Solid Stomacs, and Hard Muscle," Max Nordau and the Aesthetics of Jewish Regeneration, *Modernism / modernity* 10-2, April 2003, pp.269~96.

13 ed. Susan Caroselli, "Degenerate Art", *The Fate of the Avant-Garde in Nazi Germany*, Los Angeles : County Museum of Art, 1991; 趙鑫珊, 『希特勒與藝術』, 天津 : 百花文藝, 1996 참고.

14 李尙仁, 「想像的熱帶－19世紀英國醫學論中國風土與中國人體質」, '中國19世紀醫學' 학술회의 논문, 2005.6.15(http://www.ihp.sinica.edu.tw/~medicine/conferece/19th/shangren.PDF); 李朝津, 「章

력을 떨칠 수 없다는 주장은 아시아 지역 국가에서 상당히 익숙한 걱정거리였다. 퇴폐 담론에서 창백함과 허약함은 부도덕과 아주 쉽게 연결되었다. 노르다우의 *Entarutung*를 1914년 일본의 저명한 문학 평론가인 나카지마 시게가츠中島茂一가 일어본 『현대의 타락現代の墮落』으로 번역하였다. 이 책의 일본판에는 노르다우가 1898년 익명으로 출판했던 『신생新生』도 실렸다. 쓰보우치 유조坪內雄藏는 서문을 통해 이 책에는 근대 문예이론과 '인종 개량론'적 관점이 모두 담겨있다고 칭찬하면서 일본 독자의 참고 도서로 적극 추천했다.[15]

중국 문장의 전통적인 문맥에서 '퇴폐'라는 말은 대부분 담장, 당우堂宇, 사당 등의 퇴락이나 강상윤리와 습속의 퇴보를 가리켰다. 20년대 일본에서는 아베 히로시安倍浩가 번역한 『심미적 문화의 퇴폐審美的文化の頹廢』 및 다카하시 가메키치高橋龜吉가 쓴 『자본주의 퇴폐의 제상資本主義頹廢の諸相』과 같이 자본주의를 비판하는 좌익 담론들이 대량 나타났다. 이 담론들은 자본주의 시스템의 내재적 와해를 언급했다.[16]

30년대에 이르러 중국과 타이완의 지식인들이 일본문화계의 번역을 따라서 decadent를 '퇴폐'로 불렀는데 이것을 항상 방탕, 낭만, 귀족 자식과 연관시켜 사고했으며 때로는 '퇴폐파'라 부르기도 했다. 그들은 이를 통해 자본주의의 사치, 화려함, 유희를 비판하는 동시에 정체, 느림, 소극 등의 개념과 연결시키며 진보를 요구했다. 소극과

太炎的民族主義－中國近代自由民族主義典範形成初探」,『台灣社會硏究』 21, 1996, 171～216면.

15 Max Nordau, 中島茂一 譯,『現代の墮落』, 大日本文明協會編輯, 東京 : 大日本文明協會事務所, 1914.

16 당시 '퇴폐'를 서명으로 하는 적지 않은 출판물이 있었는데 예를 들자면, Johannes Gaulke, 安部浩 譯,『審美的文化の頹廢*Die ästhetische Kultur des Kapitalismus*』, 東京 : 中外文化協會, 1925; 高橋龜吉,『資本主義頹廢の諸相』, 東京 : 千倉書房, 1929 등이 있다.

허약에 대한 우익 국가주의의 비판과 자본주의, 개인주의, 허무주의에 대한 좌익 담론의 비판이 매우 자연스런 방식으로 '퇴폐'라는 말로 모아졌다.

타이완 지식인은 '퇴폐'를 문학비평 용어로 사용했다. 하지만 그 레테르 뒤에 내포된 생물 정치 이데올로기를 의식하지 못했을 뿐만 아니라 이 표지가 퇴화개념과 관련된 억압과 배척의 의미를 숨기고 있음을 자각하지도 못했다. 하지만, '퇴폐의식'이라는 것은 진공상태에서 추출되어 타이완의 문화공간에 홀로 존재하는 개념이 아니다. 때문에 이 어휘가 작동시킨 개념 시스템은 정상과 병적 상태 혹은 진보와 퇴화라는 주변적 맥락과 정상과 진보의 시각에서 취한 비판적 입장을 문화 공간에 끌어들였다. 이 같은 문화적 혼성syncretism은 다른 문화의 종교가 전파되었을 때 본토의 사원에서 다른 신격의 신상을 섬기는 것과 똑같았다. 흡인력을 지닌 '퇴폐'라는 어휘는 다층적으로 상충되는 담론 모델을 흡수하여 매우 복잡한 양상으로 타이완 문화 담론의 공간으로 들어왔다.

노르다우의 퇴폐 개념은 일찍이 문예담론을 빌려서 일본문학비평계에 개입되었다. 구리야카와 하쿠손廚川白村의 『근대문학십강近代文學十講』(1912)이 가장 좋은 예로 그는 노르다우의 개념을 통해 문예가 탄생하여 성장, 성숙하고 완전한 상태에 이르렀다가 이어서 쇠퇴와 사망의 단계로 접어드는 일련의 과정을 해석하였다. 여기서 쇠퇴와 사망은 다른 문예형식으로 진입하는 재생의 과정이었다. 구리야카와 하쿠손은 유럽 문예조류의 주류는 '주관적 정서'적인 것이라고 말하며 고전주의와 자연주의는 일시적인 변태일 뿐이고 20세기 초의 '신낭만주의'가 문예의 주류로 복귀하는 것이라고 생각하였다. 문학

예술과 관련하여 구리야카와 하쿠손은 이를 고민의 상징이자 생명력의 표현이라고 말했다. 그것은 정신적 상처를 경험한 생명의 울적한 정감은 발산되어야 하며 그럼으로써 속박에서 벗어나 자아를 확장하고 민족의 생명을 실현해야 한다는 개념이었다. 그리고 그는 문화적 피로, 문화의 신경병적 상태와 불구자, 생명력과 집행력이 없는 창백함과 무력함 등을 반복하여 비판하였다. 이 모든 것들은 중국과 타이완 지식인에게 본질적이고 일반적인 영향을 주었다.[17]

타이완 지식인은 구리야카와 하쿠손의 영향을 받았다.[18] 궈톈류郭天留는 구리야카와 하쿠손과 무샤노코지 사네아쓰武者小路實篤가 말하는 '고민의 상징'이 순수한 생명 표현의 문제임을[19] 지적했다. 문학을 생명 표현으로 보는 이 같은 태도는 30년대의 문화 담론 속에 충분히 전개되었다. 1934년 '자기 완성기로 후퇴'했다고 비판받은『남음』의 창간인 예룽중葉榮鐘 역시 구리야카와 하쿠손의 영향을 깊이 받았다. 그는 '무慕'라는 필명으로 1932년『남음』창간호에「남국의 노래南國之音」라는 시를 발표하였다.

이 시에서 그는 이렇게 쓰고 있다. "남국의 노래는 유한계급의 음탕한 음악이어서는 안 되며 퇴폐자의 무병신음無病呻吟도, 낯간지러운 사랑의 분위기이어서도 안 된다. 더욱이 단지 천상의 신비로운 소리에 응한 것 만이어서도 안 된다. 그것은 반드시 새로운 시대의 노

---

17 필자는 이 문제에 대해 심도 있는 토론을 한 바 있다.「心的翻譯－自我擴張與自身陌生性的推離」,『心的變異－現代性的精神形式』, 台北 : 麥田, 2004를 참조.

18 중국 작가인 루쉰 및 동시대 지식인은 다들 구리야카와 하쿠손의 논점을 상당히 적극적으로 받아들였다. 그들은 그의 논점이 마치 침과 극약처럼 병약한 중국을 치료할 수 있다고 생각하였다. 위의 글 토론내용을 참조.

19 郭天留,「創作方法に對する斷想」,『台灣文藝』2-2, 1935.2, 19~20면;『日本統治時期台灣文學 文藝評論集』제2권, 東京 : 綠蔭書房, 2001, 28~29면에 수록.

력의 첫 번째 소리여야 하며 대중의 울적하고 침통한 정감을 발설함으로써 대중의 공통된 욕구를 호소하는 것이어야만 한다."[20]

또한 「타락한 시인墮落的詩人」이라는 글에서 구리야카와 하쿠손을 인용하여 '오직 권세에 아부하기 위해서 주제넘게 나서서' 시를 짓는 것을 '시의 수음手淫'이라며 질타했다. "시 짓기란 본래 좋은 일이지만 참된 영감inspiration 즉 정감이 마음에서 움직여서 말로 형용되어야 좋은 것이다"라고 하였다. 그는 또 다음과 같이 구리야카와 하쿠손을 인용하였다. "문예는 순수한 생명의 표현으로 외부세계의 억압과 강제를 벗어나 절대적인 자유의 마음으로 개성이라는 유일한 세계를 표현하는 것이다. 명리를 잊고 노예 근성을 제거하여 일체의 속박에서 해방된 후에야 문예를 창작할 수 있다." 예룽중의 번역에서 문학이란 생명의 표현이자 우울과 번민을 발설하는 도구이다. 이것은 우렁참, 비장, 활약과 같은 마음의 공명이어야 하며 무병신음하는 퇴폐여서는 안 되며, 황당, 음탕, 애정, 신비한 문학이어서도 안 된다.

생명의 정상적이고 건강한 상태로 문학의 표현형식을 검토 시험하는 것이 문예생리유기론의 기본적 태도이다. 보다 구체적이고 철저하게 이 같은 생리유기론의 관점을 설명하기 위해 1932년 『남음』에 KS생[21]이라는 필명으로 발표한 「문예에서 추악함의 묘사文藝上的酥穢描寫」를 살펴보자.[22] 이 글은 죄악과 암흑을 찾고자 하는 자각을 표현했다. 작가는 죄악이 사회진보를 추동하는 '추진기'이고 '대규모의 파

---

20 葉榮鐘, 「墮落的詩人」, 『台灣民報』 242호, 1929.1.8; 『葉榮鐘全集(7)葉榮鐘早年文集』, 台北 : 晨星, 2002, 183～186면에 수록.

21 아마도 郭秋生일 것이다.

22 KS生, 「文藝上的酥穢描寫」, 『南音』 1-9, 1932.5.22 1～6면; 『日本統治時期台灣文學文藝評論集』 제1권, 東京 : 綠蔭書房, 2001, 180～185면에 수록.

괴는 대규모의 건설을 불러온다'고 보았다. 이로 인해 '사회의 상처'를 폭로하고 사회의 '어두운 면'을 폭로하는 것이 문학의 사명이라 여겼다. 이 외에도 그는 구리야카와 하쿠손을 통해서 표현된 노르다우의 문예이론에 기대어 문예의 '정상 궤도'와 '변태'를 구별하였다.

> 문예가 만약 인생의 생명력이라고 간주할 수 있다면 이상에 치우치고 자유분방한 낭만주의는 아마도 문예 본연의 면모가 아닐 것이다. 반대로 자연주의의 육체적이고 물질적인 것에 탐닉하는 고집 역시 문예의 변태라고 할 것이다. 그러나 문예 또한 시대의 정신을 벗어날 수 없는 법, 반동의 시대에는 필연적으로 이전 사물과는 반대되는 극단으로 나아가려고 하기 마련이다.
>
> 최근 문예는 어느 정도 정상 궤도로 진입한 모습을 보여주고 있다. 자연주의적 태도에 근거하여 내심의 깊고도 깊은 곳으로 보다 깊이 들어가 인생의 참된 생명을 탐구하는 것이 최근 변하고 있는 경향이다. 소위 신낭만주의라는 정서 주관적 문예가 이런 것으로, 결국 물질적이고 객관적인 자연주의에 대한 반동으로 영육일치를 부르짖는 시대적 외침 역시 그 보충 작용의 하나라고 할 수 있다. 그런데 신낭만주의는 자연주의가 파괴하고 또 새로이 건설한 아직 내청內廳이 없는 가게 안에 내청을 만들어 더하는 그런 운동이다. 그러나 우리 타이완은 아마도 여전히 이 같이 바뀐 흐름에 초대받지 못한 것 같다. 봉건으로부터 남겨진 독소와 근대적 암흑의 병폐는 아직도 타이완 인들의 자기 수술과 자기 해부를 필요로 하고 있다.

이처럼 KS생은 문학이 '추악함'을 반영하고 '오점'을 씻어내고 수술로 '맹장'을 제거해야 한다고 강조했다. 문학의 '정화' 작용으로 '적나라'하게 사회의 미신과 어두운 면을 '폭로하고 해부'해야 한다는 이 같은 요구는 양싱둥楊行東이 『남음』에 발표한 글 속에도 나타나 있다. 양싱둥은 계몽의 시기에 문예계는 반드시 자아반성을 행하여 자신의 태도를 '교정'하고 취사선택하여 새롭게 개조할 방법을 사고해야 한다고 주장했다. 그는 일단 자신의 '추함'을 느끼고 깨닫는다면 이러한 감각과 깨달음의 '순간'이 곧 '정화'로 향하는 첫 걸음이 된다고 강조했다.[23]

1940년대가 되자 퇴폐, 황당, 황폐, 정체라는 말이 용납될 수 없게 되었다. 그것이 웅혼일체雄渾一體를 지향하는 격앙된 감정과 대립되는 것으로 지칭되기 시작한 것이다. 황더스黃得時는 '웅혼활달雄渾豁達'이라는 '심리적 구조'로 대동아전쟁 시기 문예가의 사명을 묘사한 적이 있다. 궈수이탄은 '정신의 고양'이라는 말로 문예가의 지성과 승화를 요구하였다.[24] 하마다 하야오濱田隼雄는 단순하고 퇴폐적인 낭만주의문학을 제거해야 하며 이상적인 낭만주의를 추종하여 전쟁을 묘사하고 현실을 추구해야 한다고 보다 직접적으로 주장하였다.[25] 타이완신문사의 문화부장인 다나카 야스오田中保男도 일본민족은 본래 웅혼한 정신을 가진 민족으로 타이완문학은 적극적인 반성을 행하여야만 하며 무기력한 꿈의 세계로 빠져서는 안 되고 황민문학이 되려고 수련해야 한다고 주장하였다.[26] 퇴폐의식을 둘러싼

23 楊行東, 「對台灣文藝界的待望」, 『フオルモサ』 1, 1933, 16~22면; 『日本統治時期台灣文學文藝評論集』 제1권, 東京 : 綠蔭書房, 2001, 255~261면에 수록.

24 黃得時, 龍瑛宗, 郭水潭, 「大東亞戰爭と文芸家の使命」, 『台灣文藝』 3-3, 1942.3, 12~14면; 『日本統治時期台灣文學文藝評論集』 제4권, 東京 : 綠蔭書房, 2001, 101~103면에 수록.

25 濱田隼雄, 「非文學的な感想」, 『台灣時報』 280, 1943.4, 74~79면; 『日本統治時期台灣文學文藝評論集』 제5권, 東京 : 綠蔭書房, 2001, 13~18면에 수록.

26 田中保男, 「私は斯う思ふ－台灣の文學のたあに」, 『台灣公論』 8~5, 1943.5, 80~85면; 『日

일련의 논술을 살펴보면 퇴폐에 대한 30년대의 의식, 관찰, 검열 등이 40년대가 요구하는 전면적인 정신정화와 오염된 마음의 배제라는 논술의 기반을 자연스럽게 닦고 있음을 볼 수 있다.

3. 퇴폐의식과 음울의 미학

우리는 물어보아야 한다. 1930～40년대 전개된 '퇴폐의식'의 분위기에서 비진보적이고 비생산적인 정체, 병적 상태, 추함, 한가함, 사소함과 유희 등이 어떻게 관찰되고 검사되었는지를. 이러한 검사의 문제는 당시 존재했던 문학적 분위기를 비추는 하나의 거울은 아니었을까? 그러면 이러한 억압받고 검사당하는 퇴폐적 상황이라 것이 도대체 어떠한 관찰의 위치를 드러내는 것일까?

1925년 차이샤오첸蔡孝乾은 장워쥔張我軍이 타이완문학에 대해 느낀 슬픔에 호응하여 타이완문학에는 이상적인 유미파의 문학도 '스트린베그Stringberg'나 '엘렌 케이Ellen key'도 없다는 사실을 탄식하는 글을 썼다.[27] 장워쥔 역시 구리야카와 하쿠손의 글을 인용하여 낭만주의에 대해 설명한 바 있다. 그의 설명은 '공상이나 정감을 자극하여 흥분시키는', '허황되고 매우 기이하고 이상한 것을 재료로 삼는', '말

本統治時期台灣文學文藝評論集』 제5권, 東京 : 綠蔭書房, 2001, 48～53면.

27 蔡孝乾, 「爲台灣的文學界續哭」, 『台灣民報』 45, 1925.1.8 13면; 『日本統治時期台灣文學文藝批評集』 제1권, 東京 : 綠蔭書房, 2001, 79면에 수록.

로 표현하기 어려운 오묘하고 우아하고 아름다운 혹은 무한정 깊은 비애나 공포, 전율, 격앙' 등과 같은 말로 구성되어 있다. 그리고 '경이로운 부활', '참신하고 기이한 취미로 놀라게 하는 미친 듯한 열정', '요염에 대한 애호', '심원에의 경모', '신비로움을 좋아하는', '평범하고 속된 것을 피하고 기괴함을 쫓으며 명석함을 꺼리고 몽롱함으로 기우는' 등과 같은 표현도 있다.[28]

30년대 문학 속에는 이처럼 기괴와 경이와 신비와 이상함으로 급히 다가선 경험이 실제로 나타나있다. 더욱이 초현실주의라 자칭하는 '풍차시사風車詩社'의 창시자 양츠창과 동시대 문인들이 그러했다.[29] 양츠창의 시풍에서 타니자키 준이치로谷崎潤一郎의 탐미주의와 악마주의, 사토 하루오의 황폐, 아름다움 ,어렴풋함, 뜨거움 등과 니시카와 미쓰루의 회화와도 같은 매혹적인 화려함, 농밀한 유연, 열대미 등을 볼 수 있다.

---

28 張我軍,「文藝上的諸主義」,『台灣民報』83, 1925.1.8, 14～15면;『日本統治時期台灣文學 文藝評論集』 제1권, 東京 : 綠蔭書房, 2001, 28～29면에 수록.

29 楊熾昌은 1908년 타이난 주에서 출생하였다. 1933년 李張瑞, 林永修, 張良典 등 7인과 함께 '風車詩社'를 조직하여 초현실주의 시풍을 추진하였으며 일련의 전위시론을 연속적으로 발표하였다. '新精神esprit nouveau'과 '세계 시단의 새로운 동향과 현대시를 혁신하는 방법'을 토론하면서 타이완문단을 '크게 뒤흔들었다'. 그의 말에 따르면 당시 그는 '일시에 대중의 비난 대상이 된 것 같았다'고 한다.(楊熾昌,「回溯」, 원래『聯合報副刊』1980.11.7에 발표되었음. 呂興昌 편집 교정,『水蔭萍作品集』, 台南 : 台南文化中心, 1995, 221～229면에 수록) 1933년에서 1938년 까지 楊熾昌은 시, 소설, 문학평론을 발표하면서 일본 현대문학과 세계 현대문학을 소개하고 타이완에 처음으로 모더니즘 문학 풍조를 일으켰다. 필자는『孤兒・女神・負面書寫』(台北 : 立緒, 2000) 중「變異之惡的必要－楊熾昌的異常爲書寫」에서 다음과 같이 지적한 바 있다. "楊熾昌은 식민지에 살면서 사상과 문화 총체화라는 강제된 규범과 직면했으며 일상생활의 표면적인 평정과 유쾌와 마주했다. 점차적으로 다가오는 전쟁을 목도하고 있었지만 변화나 도피를 꾀할 수 없었다. 단지 좌절감만이 남아있을 뿐이었다. 이 같은 침묵과 억압이 그로 하여금 폭력과 죽음 그리고 부패에 대해 계속해서 상상하도록 했다. 그의 詩作은 초현실주의 작풍을 보여주지만 그 속에는 그가 식민지에 처해있다는 고민이 반복적으로 치환되고 있다." 이 문제에 관해서는 이미 토론이 완결되었지만 본고에서 다시 새로 楊熾昌의 문제를 다루려는 까닭은 20세기 중문 맥락 속의 문화생리유기론과 문화병리담론이 오늘날까지 깊이 영향을 미치고 있기 때문이다.

사토 하루오는 다이쇼시기(1912~1926) 타니자키 준이치로, 아쿠타가와 류노스케와 이름을 나란히 하던 작가로 1920년에 타이완을 삼 개월 정도 방문한 적이 있다. 그는 타이베이 일대를 여행하고 타이중台中, 장화彰化, 루깡鹿港, 르웨탄日月潭, 우서霧社, 타이난台南, 까오숑高雄 등지를 돌아다니며 수많은 창작 자료를 수집하였다. 사토 하루오가 타이난을 방문했을 때 양츠창의 부친은 『타이난신보』의 한문란을 맡고 있었다. 당시 양츠창은 13세로 부친을 대신해서 사토 하루오와 함께 안핑고성安平古堡으로 놀러 갔다.

「여계선기담女誡扇綺譚」은[30] 타이난 안핑고성의 전설 가운데 귀신이 나오는 폐가를 배경으로 한 소설이다. 전설에는 아리따운 여자가 남편과 집안의 모든 남자들이 바다에서 조난을 당해 돌아오지 못하자 남편의 배가 수평선 너머에서 돌아오기를 매일 기다리다가 미쳐버려 결국 홀로 외로이 침상에서 죽어갔다고 한다. 사람들이 발견했을 때 그녀의 몸은 신부복을 입고 금비녀를 꽂은 채 썩어있었다. 이 이야기는 포크너의 「에밀리의 장미A Rose for Emily」를 떠올리게 한다. 하지만 그 속에는 중국의 여자 귀신 이야기와 앨런 포Edgar Allen Poe의 추리 탐정 소설의 색채도 들어가 있다.

소설에서는 타이난의 어느 신문기자가 친구와 유람하던 중 이 폐가를 지나다 호기심에 들어가서 여자의 목소리를 듣게 되는 것으로 되어있다. 옆에 있던 사람이 이는 사령死靈을 만난 것으로 살을 풀어야 한다고 충고한다. 하지만 신문기자는 추리력을 발휘하여 불행한 남녀 한 쌍의 이별로 인한 자살이라는 또 다른 이야기를 발견하게 된다.

30 佐藤春夫, 邱若山 譯, 「女誡扇綺譚」(1925), 『殖民地之旅』, 台北 : 草根, 2002, 191~249면.

소설 속에 존재하는 수많은 이미지는 작가가 말하고자 하는 '황폐한 아름다움' 혹은 황폐와 아름다움의 기괴한 결합으로 봐야한다. 예를 들어 부패한 미녀의 시신과 신부복 그리고 금비녀, 하얗게 곰팡이가 슨 천장널, 폐허이지만 구석구석에서 밀려나오는 '뭐라 표현할 수 없는 호화로운 느낌', 이미 퇴색했지만 여전히 풍요로움을 분명하게 드러내는 옅게 채색된 벽, 빛의 스펙트럼 속에서 춤추는 먼지, 차가움을 발하는 흑단 침대 위의 아름다운 큰 나방과 같은 것들이 그러하다. 이 기괴한 결합은 작품에 '전율'이라는 황폐한 미감을 가져온다.

30년대 문학 비평가인 쑹펑쯔松風子–島田謹二는 사토 하루오의 「여계선기담」이 매우 아름다운 이국적 정조를 융합시키고 있으며, 열대의 자연 분위기와 중국의 전통적 색채를 함께 지니는 데다 일본의 독특한 미감도 가미되어 있다고 비평하였다. 그렇기에 어떤 때는 작렬하다가 어떤 때는 황폐해지는, 아름답고도 어렴풋한 독특한 분위기를 만들어냈다고 말했다. 쑹펑쯔는 '건전함이나 고상함'과는 전연 무관한 퇴폐와 암울, 기괴와 신비, 황폐와 처량으로 충만한 분위기가 다눈지오Gabriele D'Annunzio나 레니에르Henri de Regnier의 퇴폐적이며 유미적인 작풍과 매우 유사하다고 지적하였다.[31]

미야타 야타로宮田彌太郎는 사토 하루오의 「여계선기담」을 제재로 같은 이름의 그림을 그려 제9회 타이완전람회第九回台展에 전시하였다.

미야타 야타로의 그림에서 성장盛裝한 미녀는 주마루走馬樓에서 부채를 든 채 난간에 기대어 서있다. 그녀는 먼 곳의 바다를 바라보며 남편이 돌아오기를 기다리고 있다. 그녀는 청아하고 아름다워 어

31 松風子, 「佐藤春夫の女誡扇綺譚－華麗島文學志」, 『台滿時報』 237, 1939.9, 50～81면; 『日本統治時期台灣文學文藝評論集』 제3권, 東京 : 綠蔭書房, 2001, 178～209면에 수록.

떠한 기괴하고 신비로운 분위기도 찾아볼 수 없다. 화가이자 예술평론가인 타테이시 테츠오미立石鐵臣는 미야타 야타로의 작품을 다음과 같이 비평했다. "늙은 부인이 금비녀를 머리에 꽂고 신부 옷을 입고서 침상에 부패한 채 누워 있는 모습을 그린 것만 못하다." 덧붙여 그는 벽에 붙은 붉은 나방과 침대 위의 여계선(여자의 덕목을 써 놓은 부채)처럼 '환상으로 가득 찬 화면'이 화풍을 더욱 생동감 있게 만들 수 있다고 말했다.[32]

〈그림 1〉 미야타 야타로, 〈女誡扇綺譚〉

니시카와 미쓰루는 미야타 야타로의 이러한 화풍은 새벽이나 황혼을 편애하는 '낭만주의'로 심야나 정오는 회피하고 있다고 보았으며 그는 오후와 심야를 묘사한 작품을 볼 수 있기를 기대했다. "오후는 고답파Parnassien이며[33] 심야가 된다는 것은 곧 상징주의symboliste의 정신이다"[34]라고 한 데서 그의 생각을 알 수 있다. 사실 이 둘은 '예술을 위한 예술'이라는 19세기 말 프랑스의 유미주의를 지향한 것으로, 우리는 니시카와 미쓰루의 이러한 비평에서 당시 문단이

32 立石鐵臣, 「第九回台展相互評－西洋畫家的東洋畫批判」; 顏娟英 譯著 『風景心境 : 台灣近現代美術文獻導讀』, 台北 : 雄獅, 2001, 239～245면에 수록.

33 고답파(Parnassien) : 19세기 프랑스 詩派로 낭만파 시인의 감상주의와 모호한 언어에 반발하면서 신중함과 객관성, 완벽한 기교와 정밀한 묘사를 강조했다.

34 西川滿, 「自由的花朵－第二回創元展觀後記」, 『台日報』, 1940.7.28, 6면; 顏娟英 譯著, 『風景心境－台灣近現代美術文獻導讀』, 台北 : 雄獅, 2001, 361～362면에 수록.

유미주의와 상징주의에 흥미를 가지고 있었음을 볼 수 있다.

정오는 찬란하고 밝은 화염의 색채이며 심야는 신비하고 기괴하며 음울한 색채이다. 쑹펑쯔도 니시카와 미쓰루의 시풍에 대해 상세하게 논하며 그 속의 퇴폐와 초현실적 색채를 지적하였다.[35] 그는 니시카와 미쓰루 문장의 시각적 요소가 색채 및 현실을 초월하고 상반된 양면을 융합시키고 있음을 지적하였다. 쑹펑쯔는 니시카와 미쓰루가 고티에Theophile Gautier의 영향을 받아 '짙고 부드러운' '열대미'를 파악하고 있으며 호세 마리아 데 에레디아Jose Maria de Heredia처럼 시 속에 회화와도 같은 독특한 아름다움의 색채를 지니고 있다고 보았다.

그 밖에도 19세기 말 유럽 시단이 능숙하게 사용하던 감각의 뒤얽힘, 예를 들어 색채와 청각 혹은 음악의 색채와 같은 것 역시 니시카와의 시에 나타나 있다. 감각을 우선시하는 이 같은 시풍은 니시카와가 쓴 일련의 '퇴폐한 노래頹唐的歌'의 기저였다. 쑹펑쯔는 또한 이러한 이미지의 중첩과 기발한 연상이 초현실주의 시풍의 특색이라 지적하였다. 그는 니시카와 예술은 근본적으로 현실감을 벗어나며 현실 생활을 버리고 예술이라는 가공의 세계로 들어가는 경향을 보인다고 생각했다. 그러므로 그 속에는 반드시 낭만과 환상의 성분, 신비한 사상이 출현할 수밖에 없었다.

사토 하루오와 니시카와 미쓰루에 대한 쑹펑쯔의 비평은 양츠창의 작풍을 묘사하는 데도 적합하다. 예를 들면 작가의 주관, 기이한 분위기, 화가들의 불가사의한 묘사, 초현실적 환상, '상징적이고 내면적인 풍경', 폐허, '집의 붕괴', 폐가, 황폐의 미감, 경이, 애수, '놀랄

35 松風子(島田謹二), 「西川滿氏の詩業」, 『台滿時報』 240, 1939.12, 42～62면; 『日本統治時期台灣文學文藝評論集』 제3권, 東京 : 綠蔭書房, 2001, 223～243면에 수록.

만한 이상함', '이변의 장소' 등과 앨런 포 식의 초현실, 요염, 기괴와 전율 등과 같은 표현이 그러하다. 양츠창의 시 작품에도 회화 같은 독특한 아름다움의 색채와 풍부한 청각적 효과가 적지 않다.

> 바람과 비의 날
> 찢겨진 바람 소릴 들으며
> 완곡한 비의 가슴선을 핥는다
> 아, 고답파의 연가
> 노란색 장미는 시들어 버리고 꿈을 버리기 위해 억지로 웃어본다.
> 젖은 머리의 음률은 조가비의 침상을 검은 화원으로 향하게 하고……
> 죽어 간 오필리아의 손장갑 '조가비의 침상'을
>
> 창백한 놀라움
> 새빨간 입술은 두려움의 소리를 내지른다
> 바람이 죽은 체하여 조용해진 새벽
> 내 몸 가득 피의 상처가 타오른다
> ……

―「무너진 도시毁壞的城市 Tainan Qui Dort」

상징파인 모로우Moreau의 그림에 나오는 죽은 오필리아Ophelia와 인상파 화가인 뭉크Munch의 〈절규〉가 타이완 시인 양츠창의 글 속에 출현하고 있다. 그 속에 치환된 타이완 식민지 경험의 놀라움과 상처를 볼 수 있다.

하지만 색채가 강렬한 '열대미'와 청각효과 그리고 시각적 색채 외에 사토 하루오, 니시카와 미쓰루, 양츠창 등의 작품에서 더욱 특징적인 것은 음울한 미감이다. 양츠창의 시와 소설은 당시 '염분지대' 사실주의 진영에 의해 '탐미', '퇴폐미', '추악한 아름다움', '잔혹한 아름다움', '악마의 작품'으로 비판받았다.[36] 다른 글에서 필자는 양츠창이 식민지 환경의 억압하에서 '비정상'적인 것을 서사화했음을, 그리고 그의 글이 부패와 요염한 아름다움을 결합한 특질을 지니고 있음을 논한 적이 있다. 여기에서 이 문제를 다시 제기하지는 않겠다. 다만 양츠창이 깊이 지니고 있던 퇴폐의식인 '음울한 관찰'에 대해 심도 있게 토론하고자 한다. 몇 편의 시만 예로 들더라도 그의 시가 독특한 아름다움, 희미함, 퇴폐의 암울함, 기괴한 신비, 황폐하고 처량한 분위기 등으로 가득 차 있음을 알 수 있다. 즉 그의 시가 사토 하루오의 것과 유사하다는 사실에 주목할 수 있다.

> 석양 속에서 소녀는 정맥이 보이는 손을 천천히 들어 올린다
> 요양원 뒤 수풀 속에는 옛 의식으로 죽어간 목맨 시체가 있고
> 나비는 푸른 치마의 주름을 수놓으며 날고 있다……
>
> —「정맥과 나비」, 1935

여기서 소녀와 나비는 소녀가 들어 올리는 옅은 푸른색 정맥이 보이는 손과 수놓은 푸른빛 의상과도 같은 나비를 통해 서로 유사한 섬세함과 나약함 그리고 죽음의 침묵을 빚어낸다. 석양, 후원, 수풀, 옛 의식으로 행한 자살은 신비하고 아름다우며 슬픈 전설 속 이야기를

36 楊熾昌,「殘燭的火焰」, 1984; 葉笛 역, 呂興昌 편,『水蔭萍作品集』, 台南 : 台南文化中心, 1995, 231~246면.

암시한다. 동일한 아름다움과 죽음이 「나비의 사유蝴蝶的思考」 속에서는 부패와 기괴함의 색채와 더욱 뒤섞여 있다.

'복숭아꽃등桃燈'의 음울함 속에서 자줏빛 촉각을 뻗는다
나비는 창백하게 솟구쳐 올린다.
비밀스런 꿈을

깊고도 으슥한 빛의 층을 통과해
이야기의 허식虛飾을 탐색하며
기어가는 나비들

요염하게 변한 밤은
핏빛의 사유인가
배반의 계절로 변한 여인의 묘비문
날개 가루처럼 무수히 흩날리네

—「나비의 사유」, 1935

「나비의 사유」라는 시에서 묘혈 속에서 흔들리는 복숭아꽃등桃燈 그림자 아래 춤추는 나비를 볼 수 있다. 나비의 자줏빛 촉수는 죽음의 비밀과 생의 허식을 깊이 알고 있는 듯하다. 응축된 아름다움과 경이로운 죽음이라는 대립적인 효과를 야기하는 '나비'라는 연결고리는 양츠창의 시에 늘 등장한다. 이는 사토 하루오의 소설에 나오는 아름답고도 기괴한 붉은 나방과 마찬가지로 신비롭다. 마치 나비의 아름다움과 나약함을 통해 사람들이 이해하지 못하는 죽음을 직접적

으로 투시할 수 있게 하는 것 같다. 또 다른 시인 '여자의 묘비명女碑銘'이라는 부제를 단 「달의 죽은 모습月的死相」은 일련의 침묵과 신비한 이미지를 더욱 잘 이용하여 죽음과 아름다움을 교차시키고 있다.

음탕한 장미꽃
머리카락 냄새를 지닌 꽃의 화석
머리카락 냄새를 지닌 눈 같은 석고

촛대의 창 안으로 볼 수 있는 건
밤의 신비
꽃, 과일, 보석, 파충류……
아, 죽은 모습 위로 떨어져 내리는 갑충甲蟲의 날개 소리

패배한 바람 속에서
해골이 춤추며 뛰는 제전은 한창이다
……

—「달의 죽은 모습—여자의 묘비명 제2장」, 1939

이 시에서 죽음과 생명, 죽음과 요염한 아름다움의 병치를 볼 수 있다. 여기서 적막하고 안정된 죽음의 영상을 볼 수 있을 뿐만 아니라 음탕한 장미꽃, 바람 속에서 말라버린 나뭇가지 같은 해골의 춤도 볼 수 있다. 그리고 석고 화석 속에서 머리카락 냄새를 맡게 되며, 죽음 가운데 있는 꽃, 열매, 보석 그리고 파충류와 같은 생명의 흔적을 들을 수 있다. 죽음의 신비로운 기운과 소리, 색채, 율동, 촉감이 모두

시 속에서 충분히 표현되고 있다.

1933년 「청백색의 종루青白色的鐘樓」, 「무너진 도시」에서 1937년 전쟁이 시작된 후 쓴 「장미의 피부薔薇的皮膚」, 1939년 「달의 죽은 모습」에 이르기까지 양츠창의 작품에는 아름다움과 부패의 이미지를 결합한 기이한 병치가 끊임없이 나타났다. 양츠창은 시의 문자는 '새로운 정신' 즉 일종의 '새로운 관계'를 드러내야 한다고 강조한 바 있다.[37] 양츠창의 작품에서 '새로운 관계'란 '경악할 아름다움'의 전시뿐만 아니라 그가 '부정적 의식', '표현된 의식의 배후', '마성魔性적 아름다움'이라 말했던 것과 연관된다.[38] 이러한 마성적 아름다움으로 인해 양츠창의 작품은 '현대인의 정신병적 이상을 작품으로 만든' 것으로 평가된다.[39] 양츠창이 이야기했던 '의식의 배후'라는 '음울한' 미감이나 복숭아꽃등의 묘사에서 드러나는 자줏빛 촉각 같은 퇴폐의식의 미감이라는 어두운 색채가 더욱 흥미를 유발한다.

「여계선기담」에서 사토 하루오는 신문기자와 친구의 대화를 통해 '황폐의 미'를 토론했다. "어떤 것이 썩고 사라지는 배후에는 반드시 보다 활력 있고 생기 넘치는 것이 그 부패하는 기운에 따라 생겨나기 마련이다." 그러므로 황폐의 아름다움은 황폐함 속에서도 여전히 은밀히 움직이는 어떤 활력을 지니는 것이며 완전한 정적과 폐허의 상태가 아니다. 하지만 어두침침한 곳에서 몰래 움직이는 것이 꼭 빛이나 생명 혹은 성장을 향하고 있지는 않다. 양츠창은 조용한 죽음 가

37 楊熾昌은 여러 차례 '新精神'에 대해 토론한 적이 있는데 春山行夫와 西脇順三郎이 『詩與詩論』에서 전개했던 시론과 그들이 소개하는 서구문학을 모델로 하고 있다.

38 楊熾昌의 「紙魚後記」는 원래 『紙魚』(1985.11)에 수록되었다. 呂興昌 편집 교정, 『水蔭萍作品集』, 台南 : 台南文化中心, 1995, 251～253면.

39 楊熾昌, 「殘燭的火焰」, 241～242면.

운데서도 여전히 리드미컬하게 움직이는 침묵의 소동, 꽃이 피는 소리, 벌레가 기어가는 소리, 공기 속에 떠다니는 석고 조각의 머리카락 냄새, 불빛이 닿지 않는 어두운 묘혈의 복숭아꽃의 자줏빛 촉수 등을 섬세하게 시 속에 포진시키고 있다. 음울하고 황폐한 곳에서 하는 관찰을 통해 무엇을 보는 걸까? 그것은 광명과 어둠의 대비가 아니라 어둠 속에서 보는 희미한 빛, 생명이 스러지고 자라나는 전체 상태라 할 수 있다.

4. 음울한 관찰, 혹은 열대의 상상

이시가와 킨이치로石川欽一郎는 타이완의 아름다운 자연광과 태양 아래 아름답게 빛나는 색채와 빛이 강건한 기개의 미를 잘 표현할 수 있지만 일본의 자연과 같이 사람들을 사유로 이끄는 '음울한 분위기'는 없다고 했다. 또한 그는 이러한 음울한 맛이 일본 특유의 신비관과 관계있다고 지적하였다. 이시가와 킨이치로는 타이완 가곡의 선율과 박자는 양성陽性이라 매우 분명하며 타이완의 산수는 그 선이 강하고 단단하며 대자연은 적극적이고 현실적이라고 보았다. 그렇기 때문에 타이완에는 '소극적 관점'이 나타나지 않았다고 한다.

그는 일본인의 품성이 원래는 화려함을 좋아하였지만 중국 선종禪宗정신의 영향으로 절제되고 고아한 미적 감각을 지니게 되었다고 생각했다. 미적 감각이란 '눈이 보는 표면적인 형상'에 있지 않고 그 안에 숨겨져 있는 공간의 변화에서 나타난다는 것이다. 이러한 '섬세하고 나약한' 그리고 '애절함이 감도는' '풍류관風流觀'에 대해 이시가와 킨이치로는 '단점'과 '유감'을 느꼈다. 그리고 타이완의 자연 풍모가 지니는 '거칠고 단단한 기질'이 또 다른 분위기를 가짐을 발견하였다.[40]

이시가와 킨이치로만 이런 태도를 가진 것은 아니었다. 그의 친구인 미야케 곳키三宅克己는 이시가와 킨이치로가 타이완에 대해 묘사하는 것을 들었다. 그래서 타이완을 여행한 뒤 「타이완여행 감상문台灣旅行感想」을 써서 일본의 젊은 화가들이 일본의 '빈약한 회색빛 혹은 짙은 검은 빛의 풍물'에 만족하지 못한다면 타이완 남부로 가서 '근대적 색채와 가락'을 찾아보길 권하였다. '근대적 색채와 가락'이란 강렬한 광선, 강렬한 색채, 짙은 푸른 빛 하늘, 타오르는 듯한 붉은 기와, 흰색의 벽, 녹색 창문 등과 같이 '이탈리아 남부나 스페인의 분위기를 지닌' 것을 의미했다.[41]

사토 하루오, 니시카와 미쓰루, 양츠창의 작품 속에 있는 이러한 '열대미'와 타오르는 작렬감을 살펴보았다. 그러나 양츠창의 '밝음'과 이시가와 킨이치로의 '밝음'은 그 범주가 전혀 다르다. 양츠창의 '밝음'은 타오름과 관련된 움직이는 상태의 일종이다.

붉은 꽃이 흐드러진
마취된 제가祭歌의 탐욕
그 단순한 눈꺼풀 속에 머나먼 해협이 비친다

40 石川欽一郎, 「台灣地區的風景鑑賞」, 『台灣時報』, 1926.3; 顏娟英 譯著, 『風景心境－台灣近現代美術文獻導讀』, 台北 : 雄獅, 2001, 32～35면에 수록.

41 三宅克己, 「台灣旅行感想」, 『みづゑ』 110, 1914.4; 顏娟英 譯著, 『風景心境－台灣近現代美術文獻導讀』, 台北 : 雄獅, 2001, 59～61면에 수록.

아마亞麻 꽃은 부서진 봄의 피부 위에서
야성의 열정을 불태운다

어제의 꽃
아득한 꿈
오늘의 꽃
거친 사랑

제전의 소리는 태곳적처럼 흐르고
패배한 휘장이 사랑스러운
고산족 여인!
나비의 바람 속에는 여명의 향기가 흐르고
비굴한 성장이 고산의 꿈을 품는다

—「비칼의 족군比卡兒的族群」, 1938

햇볕에 섬은 완연히 밝아졌다. 바나나나무 소리와 물소의 울음소리, 바닷바람과 파도소리가 창문을 넘어 들어왔다. 꿈에서 나는 선인장의 꿈을 보았다. 모래를 비추는 별빛은 수박 위로 쏟아져서 가장자리에 빛으로 된 고리를 만들며 소곤대듯 흔들린다. 폴모사(타이완)의 거지들은 월금月琴을 켜 인간의 황혼을 노래하며 금전을 갈구한다. 이 모든 투명한 웃음이 밀려오면 나는 책을 천장을 향해 내던진다. 나는 이들 아름다운 천사가 시詩의 사자라고 생각한다. 수세미가 시들려는 날 안구는 자줏빛으로 변하고 장갑과 커피는 울어댄다. 조개 껍데기의 노래와 청두青豆의 음악은 하늘을 울리고 시인은 깨어나고 잠들기를 거듭한다. 나는 キヤタパルト(캐피탈)한 자세가 비바람을 불러온다고

생각한다. 온난한 꿈에서 침잠하는 폭풍우가 호흡하고 있다.

—「타오르는 머리카락燃燒的頭髮」, 1934

타이완 섬에 대한 양츠창의 이러한 묘사 속에는 그가 애호하던 서구 초현실주의 시풍과 보헤미안식의 방랑이 결합되어있다. 그리고 아열대 분위기를 지니는 타이완을 창백함과 열광, 현실과 상상, 담담함과 타오름이라는 두 종류의 상태로 대조하여 살피고 있다. 그러므로 그는 눈앞에 펼쳐진 현실보다 사유를 촉발시키는 변화 양상을 서사를 통해 보여주고자 한다. 이 글에서 그는 시인 사유의 타는 듯한 열정과 현실의 극한에 다가서려는 시적 사유를 직접적으로 지적하고 있다.

시인은 늘 이 같은 화재 속에서 뛰어난 시를 써낸다. 감미로운 바람이 불어오고, 황색의 단향목 열매가 타닥타닥 소리를 내는, 야외에서 발생한 깊은 사색에 잠긴 화재 말이다. 우리가 머문 타이완은 이러한 시적 사유를 갖기에 특히나 좋았다. 우리가 쓴 문학은 바나나의 색채이자 물소의 음악이었으며 고산족 여인의 연가였다. 19세기의 문학은 음악이라는 면사포를 덮어씌운 듯한 희미함 속에서 생겨났다. 현대의 20세기 문학은 늘 강렬한 색채와 시각을 요구한다. 이 점에서 타이완은 문학의 온상지이며 시인 역시 투명한 막 속에서 작업한다. 목동의 웃음과 고산족 여인의 정욕이 시의 세계를 즐겁게 만들었다고 나는 생각한다. 원야原野의 화재 역시 시인의 화재가 될 것이다. 신선한 문학의 제전은 늘 젊은 머리칼의 타오름이었다. 새로운 사유 역시 정신의 보헤미안식 방랑이다. 우리는 현실의 경사 위에서 마찰되어 발생하는 오로라를 시라고 부른다.

포르모사Formosa 남방 열대의 색채와 바람이 나에게 창백한 얼굴과 눈동자 그리고 입술에 끊임없이 열기를 가져다주었다.

동일한 논점이 양츠창의 또 다른 시론인 「빈랑의 음악檳榔子的音樂」(1934)에도 나타난다.

타오르는 머릿속에서 시를 향해 제례를 올리는 것을 나는 무척 좋아한다. 그 속에서 야만인과도 같은 후각과 감각을 탐색하는 것을 좋아한다. 시의 범주 속에서는 폭풍우와 같은 위험한 사건을 불러올 수 있으며 이는 피가 방울방울 흐르는 시인의 희열이 되기도 한다. (…중략…) 나는 우윳빛 하늘에서 그녀의 모습을 꿈꾼다. 옷의 색깔과 뺨 위의 검은 사마귀는 하나의 기호이다. 나는 빈랑 씨 속에 있는 음악을 듣는다. 타오르는 머리카락, 푸른 하늘을 마주하고서 시인은 넋 나간 채 시의 음악을 듣는다.

타오르는 상태에 대한 이 같은 추구는 시에 대한 특별한 관점이다. 후세 다츠지布施辰治는 문학의 타오름을 논하면서 가장 우수한 문학은 가연성이 강한 것이라 하였다. 그것은 먼저 작가의 생활 감정이 타는 것이며 독자가 타는 것이며 인간 감정의 불길이 타오르는 것이다.[42] 전쟁을 낭만화, 미화하는 40년대의 격정이 때때로 타오르는 이미지를 지니는 글 속에서 출현하였다는 사실에도 주의를 기울일 필요가 있다.

이런 물음이 가능하다. 양츠창 시론 속의 타오르는 이미지는 40년대의 전쟁을 미화한 타오름의 이미지와 무슨 차이가 있는가? 이렇게

42 布施辰治, 「多實文學漫談－生活と文學について」, 『台灣新文學』 1, 1935.12, 55~64면; 『日本統治時期台灣文學文藝評論集』 제2권, 東京 : 綠蔭書房, 2001, 233~242면에 수록.

도 물을 수 있다. 양츠창 시론 속의 타오름은 그의 음울한 미학과 무슨 관련이 있는가? 양츠창이 처한 문예의 맥락이 서구 모더니즘의 전체적 환경과 맞물려 있음에 주의해야 한다. 그의 시작 속에서 모로우의 오필리아와 뭉크의 '절규'를 볼 수 있으며, 반 고흐의 타오르는 태양과 해바라기, 그리고 고갱의 타히티 원주민을 볼 수 있다. 일본의 현대파 시론이 강조하는 타오름이란 인상파, 미래주의에서부터 추상 표현주의의 격앙, 유동성 그리고 추상에 이르기까지의 흐름을 계승하고 있다. 형상을 추출하고 불꽃을 추켜들며 순수를 추구하는 미학주의의 극치는 40년대 전쟁미학이 강조하는 절대정신, 죽음의 낭만과 연결된 것이다. 벤야민Walter Benjamin과 손탁Susan Sontag이 논했던 유심주의와 파시스트 미학의 내재적인 연관이 바로 이러한 연관이다. 30년대 초기 양츠창이 두드러지게 보여준 정신의 연소성 및 야만인의 후각, 핏빛의 희열, 사유의 화재, 색채의 강렬함은 20세기 상반기 일본의 유미주의 미학관과 관련되어 있다. 그는 이 같은 극단적 상태에 대해 흥분하고 있었다.

하지만 양츠창 시의 타오르는 이미지는 추상적 개념의 정신화가 아닌, 창작의 '움직임運動'을 보여준다. 이점이 그가 일본 신낭만주의의 절대 정신과 구별되는 이유일 것이다. 그는 사토 히로시佐藤博 시론에 응답하여 시 쓰기란 은유를 중시하는 것만이 아님을 강조하였다. 그는 직관적인 개념과 경험적인 개념을 시로 전화시키는 것은 손을 움직이는 창작의 과정이며, 시 쓰기의 태도란 이러한 개념에다 '운동성을 부여'하는 것이라고 했다. 이러한 운동관은 그가 폐허 속에서 모종의 삶의 운동을 관찰하는 것과도 일치한다. 이 연관성이 그의 시에서 타오름과 음울함을 결합시키는 기초라 할 수 있다. 타오름은 현실로 전화하는 운동의 과정이다. 타오름은 사유 운동의 하나이다. 현실은 삶에서 죽음으로 변화하거나 죽음에서 삶으로 변화한다. 이는 쌍방향이 병존하는 운동이다. 음울함 속에서 이러한 쌍방향의 운동을 볼 수 있다.

이시가와 킨이치로는 타니자키 준이치로가 『음울함에 대한 예찬陰翳禮讚』(1932)을 써서 일본인 생활상의 미학에 대해 탐구하였음을 언급하였다. 하지만 이시가와 킨이치로와 미야케 곳키가 예술 평론 속에서 어둡고 부드러우며 섬세한 것과 밝고 강하며 단단한 것을 음울과 빛남의 미감으로 구분한 것은 타니자키 준이치로의 작품 속에 나오는 '음울한 미학'과는 상당히 다르다. 또한 양츠창 시에 나오는 '음울한 미학'과도 상당히 거리가 있다. 타니자키 준이치로는 『음울함에 대한 예찬』에서 햇빛이 닿지 않는 거실 벽 깊은 곳의 신비로움에 대해 사색하였다. 가림으로 인해 생겨나는 신비스런 공간과 한 눈에 들어오는 텅 빈 빛은 전혀 다른 두 종류의 미적 경험이다. 타니자키 준이치로는 동양인은 음울한 곳에서 아름다움을 찾는 습관이 있다고 생각했다. 그리하여 '온갖 잡귀신이나 요괴의 변화'라는 것은 모두 이 '어둠'이 일으킨 것이었다. 일본이 서구 문화의 길을 따라 매진하고 있을 때, 타니자키 준이치로는 최소한 문화의 영역 내에 '사라져가는 음울한 세계를 돌아오도록 불러들일' 수 있었으며, '문학이라는 전당의 처마를 더욱 짙게 드리우고, 그 벽을 더욱 어둡게 만들' 수 있었다.

양츠창의 '음울한 미학'의 경우는 죽음 속에서 암암리에 움직이는 침묵의 소리와 색채를 직접적으로 마주하고 있었다. 그가 말한 '잔혹하고 냉혹한 눈'이 바라보는 것은 '퇴폐의 미'였다.[43] 그는 자신의 작품을 모두 '추악한 아름다움'으로 처리한다고 얘기했다. 당시 비평가들이 '퇴폐미'라는 레테르를 그에게 붙였을 때 양츠창은 '그건 그렇게 볼 수 없다'고 말하였다. 왜냐하면 그는 '추악한 아름다움은 뽑아낼 수 있는 것이다. 아름다움이란 피상적인 것이 아니다. (아름다움은) 심오한 곳에 존재하는 섬세한 것'이라고 보았기 때문이다.

그는 '냉정하게 그것을 폭로'하려면 '인성 본질의 냉혹하고 무정한 부분으로 계속 다가가야' 한다고 여겼다.[44] 그에게 앨런 포, 와일드, 가와바타 야스나리, 아쿠다가와 류노스케, 타니자키 준이치로는 모두 이 같은 추악, 암울, 희미한 어둠의 아름다움을 지닌 작가 혹은 '악마의 작품'에 속했다. 악귀와 음울함, 희미한 어둠의 미감에 대한 양츠창의 선호는 초현실주의 및 프로이드 이론에 대해 지녔던 흥미의 영향을 받은 것이었다. 그는 콕토, 아라공, 아폴리네르, 키리코, 달리, 피카소 등의 작품을 거론하면서 그가 이해한 초현실주의란 사실을 부정하고 잠재의식을 몽환에 표현한 것이자 비약하는 정서를 바탕으로 신비로운 환각과 색채를 통해 인류의 잠재의식을 예술적 표현 형식으로 전화시킨 것이라고 설명하였다.[45]

아마도 어떤 이는 시각 경험상 양츠창, 니시카와 미쓰루, 사토 하루오의 음울하고 희미하게 어두운 신비한 미감에 가장 근접하는 이로 후쿠이 게이치福井敬一과 타테이시 테츠오미를 떠올릴 지도 모른다. 이들은 니시카와 미쓰루가 경영한 마조서점媽祖書店과 합작관계

---

43 楊熾昌, 「殘燭的火焰」, 239면.

44 위의 글, 240면.

45 楊熾昌, 「燃燒的頭髮－爲了詩的祭典」 후기. 원래 『風車詩誌』 제3집(1934.3)에 실렸으며, 1934년 4월 18~19일 『台南新報』에도 발표되었다. 이 글은 楊熾昌의 가장 중요한 시론 중 하나이다. 葉笛 譯, 呂興昌 편집 교정, 『水蔭萍作品集』, 台南 : 台南文化中心, 1995, 127~133면에 수록. 그 외 『水蔭萍作品集』에 실린 「回溯」와 「殘燭的火焰」을 참고.

에 있었다. 마조서점은 야노 호오징矢野峰人이 번역한 벨기에 시인 루덴바흐Gorges Rodenbach의 산문집 『무덤墳墓』을 출판하였다. 책에는 타테이시 테츠오미가 그린 판화가 있었다. 이에 대해 양츠창은 이렇게 묘사한다. "흑백의 나비 한 쌍이 유골함 위를 날고 있다. 책을 읽는 동안 나는 책 속에서 날아올라 방 안을 나는 듯한 느낌을 받았다. 스산한 기운이 나의 영혼을 어슴푸레하게 감싸고 있는 듯한 느낌을 말이다." 그의 눈이 서재 벽에 걸린 후쿠이 게이치가 그린 황혼 무렵의 평안한 묘지 그림으로 향하자 '화면은 사람을 질식시키는 귀기로 물들어 있었다.' 그림의 이상한 기운과 책의 기괴한 기운이 매우 특이한 독서 경험을 만들어냈다.

귀기가 넘쳐흐르는 기괴한 분위기는 양츠창의 글 속에도 나타난다. 하지만 귀신의 기운은 양츠창의 창작관을 설명하는 데 충분하지 못하다. 그보다 당시 화단에 있던 시오츠키 토호鹽月桃甫의 관점이 양츠창의 창작에 가장 가깝다고 할 수 있다. 이시가와 킨이치로는 타이완에서 명랑하고 거칠며 유쾌한 색채만 보았다. 그는 "우리가 도처에서 본 자연은 모두가 사람을 즐거운 웃음으로 이끌었다. 모든 것이 매우 장관이었으며 결코 비관적이지 않았다"고 말했다. 높은 산 위에서 본 '대자연은 여전히 즐거운 모습으로 전혀 공포스럽지 않았으며 신비로운 분위기도 없었다'고 느꼈다. 이시가와 킨이치로는 '타이완의 산수가 지닌 아름다움은 사람들의 정신적인 사유에 계발을 주는 요소가 부족했다'고 인식했다. 그는 타이완 산수의 이 같은 '외향적 성격'이 타이완인의 성격에 영향을 주었으며 그렇기 때문에 대다수의 타이완인은 '쾌활하고 향락적이며 열정적'이라고 보았다.

그러나 시오츠키 토호는 타이완의 산악에서 '신비로움을 맛볼 수 있는 장관'을 보았으며 이는 '신비롭고 몽환적인 회상'과 연결되었다. 시오츠키 토호의 관찰 역시 그의 예술이념에 반영되었다. 그는 제1회 타이완 전시회 서양화 총평에서 기록에 국한하여 그림을 그린다면 '정서가 교류하는 생명'은 없을 것이고 이는 예술적 가치를 지니지 못한다고 하였다. 또한 '유법有法의 극치에서 무법無法의 경계로' 돌아가야 하며 외형을 그리지 않고 '그 생기를' 그려야 한다고 했다. '경이와 찬탄의 눈으로 자연을 응시하고 신비로운 묵시를 감지하며 얽매임이 없는 표현을 추구하는 것'이 시오츠키 토호가 추구한 경지이다.

시오츠키 토호의 작품은 떠다니는 신비로운 분위기를 표현했다. 그가 제6회 타이완 전시회에 전시했던 작품은 평론가 어우딩성鷗汀生, 大澤貞吉을 '머리 아프게' 만들었다. 어우딩성은 시오츠키 토호가 〈나무樹〉라는 작품에서 '음울한 색조로 숲의 공포와 숲속에 가득한 생기를 표현'하고 있다고 지적하였다. 그는 '이 작품을 이해할 수 있는 사람은 몇 명' 되지 않을 것이라고 했다. 시오츠키 토호가 우서사건霧社事件을 그린 〈어머니母〉라는 작품에는 극단적인 위험과 괴멸의 위기에 처해 놀란 어린 아이를 보호하려는 어머니가 등장한다. 작품은 그들을 연기가 가득한 배경에 둠으로써 죽음의 신비스런 분위기를 더해주고 있다.

하지만 어우딩성은 시오츠키 토호가 "늘 극단적이고 편면적인 인상을 선호해서 넓고 평탄한 큰 길을 열어내진 못했다. 오직 원시림으로 가고자 했다"고 비난했다. 어우딩성은 크게 탄식하며 "오늘날 약간이라도 광명으로 전향하여 볼 필요는 정말로 없는 것"인지 묻고 있다.[46] 관점의 처리는 이데올로기를 검열하는 정확한 관문인 듯하다. 시오츠키 토호는 일본의 고산족 관리제도의 내적인 문제와 우서사

〈그림 2〉 시오츠키 토호, 〈어머니〉

46 歐汀生(大澤貞吉),「第六回台展的印象」,『台日報』, 1932.10.26~11.3. 顏娟英 譯著,『風景心境－台灣近現代美術文獻導讀』, 台北 : 雄獅, 2001, 213~221면에 수록.

〈그림 3〉 시오츠키 토호, 〈노란 꽃다지〉

건의 비극성을 회피하려하지 않았다. 하지만 사실적인 영상으로 현실에 대한 그의 관점을 드러낼 수는 없었다. 그렇기 때문에 연기 가득한 배경으로 차단된 현실 환경을 아이의 놀란 육체와 눈빛에 반영시켰으며 어머니의 긴장된 모습에서 드러나게 하였다. 1942년 제5회 타이완 총독부 전시회府展에서 시오츠키 토호가 전시한 〈노란 꽃다지黃葉群〉는 태평양 전쟁 기간에 그가 보았던 부패와 쇠퇴를 더욱 잘 보여주었다. 낙엽과 진흙의 사이에서, 채색한 큰 그릇의 깨진 구멍에서, 그는 원만하지만 이미 파손되어 잊혀져가는 과거를 보고 있었다.

5. 음울한 관찰

초현실주의 화가인 야마시타 다케오山下武夫는 제1회 타이완 총독부 전람회府展에서 〈고독한 붕괴孤獨的崩壞〉를 출품했다. 이 그림에 내포된 진실은 비평가 어우딩성歐汀生으로부터 도저히 이해할 수 없다는 혹독한 비판을 받았다.

이 그림에는 키리코와 달리의 초현실적 화풍이 짙게 배어있었다. 폐허처럼 보이는 건축물 내의 천장이 액상으로 흘러내리고 있고, 소파베드처럼 보이는 수술대 위에는 시트가 덮여 있다. 어우딩성은 이 그림이 '아주 이상하고 이해하기 어렵다'고 비판했고 화가가 '어떤 철학적이고 심리적인 내용'만을 탐색할 뿐 '아름답기 그지없는 대자연의 모습'은 표현하지 못했다고 불만을 표했다. 그는 또 이러한 기괴한 작품은 '건강한 미술 애호가라면 감상하지 않아도 무방하다고[47] 했다.

이러한 태도상의 대립은 문학 공간에서의 동일한 대립을 전형적으로 보여주는 것이었다. 뤄허뤄는 '시는 아마도 원시적이고 야만적인 물건일 것'이며 시인들은 '허무에 방불하는 분위기를' 풀어내야 '시의 경지에 이른 것 같은 시를 빚어낼 수 있다'는 당시 시단의 논조를 비판했다. 그는 이러한 견해를 이해할 수 없다고 했다. 뤄허뤄가 비판한 시관詩觀은 양츠창이 『타이난신보』의 학예란에서 연이어 발표한 논술이었다. 뤄허뤄의 태도는 당시 타이완 문단이 양츠창의 현

47 歐汀生(大澤貞吉), 「第一回府展漫評」, 『台日報』, 1938.10.24~29; 顏娟瑛 譯著, 『風景心境－台灣近現代美術文獻導讀』, 台北 : 雄獅, 2001, 261~269면.

〈그림 4〉 야마시타 다케오, 〈고독한 붕괴〉

실을 초월하여 현실 내부의 또 다른 진실을 발견해야 한다는 관점을 받아들일 여지가 없다는 것을 보여준다. 퇴폐의식이란 퇴폐를 바라보는 것과 퇴폐 속에서 형체가 해체되는 것을 바라보는 두 가지 시선이 응집된 것이다. 이 두 가지 시선은 30년대 타이완 문단에 출현해서 격렬한 논쟁을 불러일으켰다.

타이완의 문화공간에 나타난 이러한 퇴폐에 대한 비판은 당시 일본에서 번져가던 문화생리유기론을 확장하고 복제한 것이었다. 진보론과 퇴폐, 유미의 사이에서 매우 미묘한 정치적인 경쟁을 볼 수 있다. 이러한 대립은 1929년에서 1930년 사이에 간바라 야스시神原泰가 일본의 초현실주의에 대해 전개한 논전에서 가장 두드러지게 나타난다. 간바라 야스시는 우에다 도시오上田敏雄, 하루야마 유키오春

山行夫, 기다조노 가츠에北園克衛, 니시와키 준자부로西脇順三郎 등의 초현실주의가 '몰락'하였다고 선언하였다. 그리고 좌익 이론가인 블라디미르 프리체의 예술사회학 이론을 인용하여 "생활력의 저축과 육체적 정신적인 건강을 소진한 퇴폐적 계급은 다른 계급이 창조하여 변화 발전시킨 생활의 표면과 주위에서 경박하게 배회하는 것 외에는 아무 것도 할 수 없는 계급이다. 그러므로 당연히 저하된 생활력에 적응하기를 선택한 저들은 애조 어린 퇴색한 색채를 띠게 된다"고 하였다.[48] 간바라 야스시가 취한 입장은 당시 보편적으로 퍼져있던 마르크스주의 문예사회이론이었다. 즉 문화유기체의 건강과 퇴화라는 이데올로기에서 진보와 퇴폐의 대립은 계급 속에 구체적으로 구성되었으며 우승열패의 논리로 분명하게 나누어졌다.

이 같은 '퇴폐' 담론의 정리로부터 양츠창 작품 속의 '퇴폐의식'과 30년대 타이완 신문학운동의 '퇴폐의식'이 다른 목적을 가진다는 사실을 알 수 있다. '퇴폐의식'은 문화개념의 일종으로, 대립적인 두 면이 연관된다. 하나는 진보를 자처하는 인식과 관찰로, 타자의 퇴폐상태를 바라보면서 비판 담론을 전개하는 것이다. 이러한 비판의 시각은 30년대에 좌익과 우익이 공유하던 것이었다. 다른 하나는 진보나

48 神原泰, 「왜 일본의 초현실주의는 이렇게 빠르게 몰락했는가? 초현실주의의 몰락日本に超現實主義は何故かくもたわいなく沒落したか? 超現實主義の沒落」(『詩・現實』 1, 1930.6에 발표되었으며 『초현실주의 전개シュルレリスムの展開』, 東京 : 思潮社, 1981에도 수록). 이 글에서 제기하는 프리체의 『예술사회학』은 1926년에 출판되었다. 그는 플레하노프 이후의 주요한 마르크스주의 문예 사회학자이다. 일본의 昇曙夢가 번역한 일역본 역시 같은 해에 출판되어 광범위하게 영향을 미쳤다. 劉吶鷗는 1930년 이 책을 중문으로 번역하였는데 上海水沫書店에서 출판하였다. 周揚과 胡秋原 역시 프리체의 작품을 번역하였는데 周起應(周揚)은 1932년 「弗洛伊特主義與藝術」을 번역하였고(『文學月報』), 胡秋原은 같은 해 「精神分析學與藝術」(『讀書雜誌』)을 번역하였다. 일본과 중국 그리고 타이완 문예이론에 미친 프리체의 영향은 토론할 가치가 있다. 이는 다른 글에서 다루고자 한다.

광명과 무관하게 퇴폐에 기거하면서 관찰하는 시각이다.

'변태', '퇴폐', '퇴화', '정체' 등의 개념 형성과 그에 대한 신문학 담론은 민족을 신체화하는 상상과 그 '몸'의 '상처'에 대한 느낌에 근거하여 전개되었다. 그렇게 형성된 '퇴폐의식'은 민족 형식의 총체화라는 상상의 담론 체계를 보여주었다. 이 같은 문화생리유기론과 사회진화론의 관점은 특정한 미학관점과 도덕적 시선을 만들어냈으며, 허약과 어둠, 전진 없는 상황을 용인할 수 없었다. 양츠창은 30년대 타이완의 문학을 비판하였다. 타이완 문예는 '답보 상태'에 빠져 있었고 '프롤레타이아 문학'은 현저하게 퇴보된 상황이었으며 기교는 아직 성숙하지 못했다. 『타이완문예』에서 갈라진 '신문학운동'은 요란만 떨고 대중의 구미에 영합하는 것에만 관심이 있었으며 진부하고 무료한 통속적 사고만을 보여줄 뿐이었다. 구호만 외쳐대는 사실주의 작품은 시가 될 수 없다는 것이 그의 생각이었다. 양츠창은 "하나의 대상만으로 시를 지을 수 없다. 이것은 청두靑豆는 청두인 것과 같다"라고 말했다. 대상은 어떻게 시의 영역으로 들어갈 수 있을까? 양츠창은 "어떻게 대상을 재단하고 조합해야 시를 지을 수 있을까? 이것은 시인의 정신적인 비밀이다"라고 말했다.

'새로움'을 갈망한 양츠창은 '프롤레타리아 문학'과 '신문화 운동'이 늘어놓은 진부한 곡조를 피할 수는 있었다. 하지만 그는 모더니즘의 극단으로 다가서지 못했다. 그리고 타오름과 순수 정신을 요구하면서도 니시카와 미쓰루처럼 이러한 논리를 따라서 정신의 정화와 전체화 그리고 조직화라는 고양과 낭만으로 들어설 수 없었다.[49]

---

49 당시에는 전체화와 조직화에 대한 열정이 보편적으로 퍼져있었다. 니시카와 미쓰루조차 이 시기에는 이러한 낭만적 동경을 갖고 있었다. 松風子는 니시카와 미쓰루의 작품을 비평하면

일찍이 죽음을 접했기 때문에, 혹은 식민지의 하릴없는 상황을 본질에서부터 체득하고 있었기 때문에, 그는 광명을 추구함으로써 이 암흑으로부터 도망치기보다 직접 암흑을 주시할 수 있었을 것이다. 양츠창은 아쿠타가와 류노스케와 가와바타 야스나리 작품 속의 '무정한 눈'이 자신의 고독한 성격에 깊이 녹아들었고 이후 그의 문학작품의 허무주의적 색채에 영향을 끼쳤다고 말했다. 그는 도연명陶淵明의 죽음을 철저히 경멸하는 시가 '깊이 느낀' 체득의 일종이었다고 생각했다.

양츠창의 첫사랑이었던 일본인은 아주 젊어서 폐병에 걸린 데다 집안사람들의 반대로 인해 사랑을 이어가지 못했기 때문에 자살했다. 두 번째 애인 또한 출가해서 수도원에 들어갔다. 이러한 좌절의 경험은 그가 죽음을 바라보는 것에 집착하고 '음울함'의 미, '얕은 어둠微暗'의 미에 경도된 이유를 설명해 준다. 그는 "순수한 아름다움清艶 · 여정餘情 · 고담枯淡 · 요염함妖美 등을 늘어놓고 보면, 그윽하고 깊은 이념의 폭은 넓다고 할 수 있으나 작품을 지탱하는 축은 얕은 어둠과 음울함이라고 할 수 있다. 그렇다면 그 축은 직접적으로 추악의 미에 연결시킬 수 있을 것이다. 아마 얕은 어둠은 잔혹하고 냉혹한 눈이 만들어낸 것일 터이다"[50]라고 말했다. 여기서 논한 것은 텍스트의 형식적 특징뿐만 아니라 관찰의 방식이자 의식의 상태까지 포함한다.

서 그의 작품이 유기적으로 조직화되고 등급화 되었으며 전체적으로 구성되어 있었기 때문에 건축구조적 성격이 아주 강했다고 평했다. 40년대 이후 니시카와 미쓰루는 대동아공영권에 대해 이상화된 동경을 갖고 있었거나 아니면 이 지점에서 조직과 전체를 구축에 대해서 관찰하고 있었다고 하겠다. 松風子, 「佐藤春夫の女誡扇綺譚－華麗島文學志」, 『日本統治時期台灣文學文藝評論集』.

50 楊熾昌, 「殘燭的火焰」, 239면.

예술과 문화를 유기체로 바라보는 것은 광명과 생명만을 바라보고 암흑을 부정하는 이원론의 일종이다. 생물정치는 근본적으로 미학관의 확립에 영향을 미쳤고 관찰 모델을 지배했다. 이것은 20세기 문예의 특성으로, 병리적이고 변태적이며 퇴폐적인 문학예술은 반드시 교정되거나 소멸되어야 한다는 생각으로 이어졌다. 그렇다면 음울한 그늘에 서서 관찰하는 것은 역으로 부단히 변화하면서 생사가 공존하는 생명의 상태를 그 전체로서 받아들이는 것을 의미하는가? 양츠창은 '투척된 대상이 그려내는 포물선'이 시詩라는 견해를 밝힌 바 있다. 이 때문에 그는 늘 '조직체의 불완전함'을 강구했다. 그는 "시의 조직이 불완전한 의미의 세계를 완전한 세계로 이끈다"고 생각했다. 그러나 이어서 "시의 영속성은 완전한 세계에 다다를 수 없으며, 또 완전한 세계라는 것도 존재하지 않는다"[51]고 말했다.

그 시대에 기계처럼 대중을 '완전'으로 이끄는 조직관과 함께 양츠창이 강조한 비조직화와 불완전한 상태는 사람들을 깊은 고민에 빠지게 했다.[52] 음울한 그늘에서 그는 의식의 반면을 보았고 변화의 양방향 운동, 이룸과 파멸의 전이가 공존하는 것을 보았다. 이것은 그가 암흑과 비정상적 상태에 대해 공포감을 느끼지 않았던 원인이었을 것이다. 또한 그와 동시대인들이 편집증적으로 광명을 지향하는 직선적 발전에 매진했던 것과 다른 길을 가도록 만든 원인이었을 것이다.

---

51 楊熾昌, 「燃燒的頭髮－爲了詩的祭典」, 129면.

52 여타 동시대의 작가들도 楊熾昌처럼 전쟁을 회피하는 심리로 음울한 관찰을 선택했던 걸까? 施淑가 '悲哀的浪漫主義者'라 지적했던 龍瑛宗 및 다른 동시대 작가들이 토론 대상이 될 수 있다. 하지만 이는 본고의 범위를 벗어나므로 다루지 않도록 하겠다.

상처 입은 영혼*

전쟁기 우신룽의 사상과 문학

천치우陳祈伍

1. 들어가며

오늘날 우신룽吳新榮에 관한 연구는 모두 우신룽이 사회주의 사상을 갖고 있었다는 점을 인정한다.[1] 또 그의 작품에 사회주의 색채가 농후하기 때문에 '타이완 좌익 시학의 선도자[2]'로 불릴 만하다고 평가한다. 우신룽도 도쿄 유학 시기에 좌경화한 '사회과학연구부'가 주도한 '도쿄타이완청년회'에 참여했으며 타이완 공산당의 도쿄 특별지부의 외곽조직인 '타이완학술연구회에서'[3] 활동했다고 말했다. 스이린施懿

* 이 글은 이현복이 번역하였다.

1 陳芳明, 呂興昌, 黃琪椿, 林慧姃은 吳新榮의 좌익 색채가 농후한 사상을 논술하였다. 시인의 작품은 吳新榮, 葉笛・張良澤 한역, 呂興昌 편집수정, 『吳新榮選集』 제2책, 台南 : 台南縣文化中心, 1997.3.

2 陳芳明, 「吳新榮的左翼詩學－台灣新文學運動的一個轉折」. 원문은 1995년 淡水工商管理學院이 주관한 '台灣文學研討會'에서 발표되었고 이후 『吳新榮選集』 제2책에 수록되었다. 253～283면.

琳은 『우신룽전吳新榮傳』에서 우신룽의 일생과 그의 작품의 윤곽을 그려냈다. 필자 역시 우신룽 작품활동의 전기에 해당하는 '염분지대鹽分地帶' 시기의 작품을 다룬 적이 있는데, 본고에서 분석하려는 작품들은 주로 중기에 해당하는 『타이완문학台灣文學』 시기의 작품들이다.

이 시기의 작품들은 1937년 이후에 창작되었다. 1937년은 루꺼우챠오蘆溝橋 사건을 계기로 일본과 중국 사이의 전면전이 일어난 해이다. 이 시기 일본은 타이완 통치의 강도를 높여갔다. 이른바 '전쟁시기' 타이완문학은 공전의 정치, 문화적 압력을 받았다. 그러한 고통스럽고 괴로운 시간은 우신룽의 생활과 문학창작에 어떤 영향을 끼쳤던 것일까? 당시 지식인들은 무차별적으로 가해지던 일본의 통치정책에 어떻게 대응했을까? 다행스럽게도 우신룽은 일기를 통해 전쟁시기 자신의 생활에 대한 반성과 사색, 그리고 문학에 대한 기록을 남겨놓았다. 우신룽의 일기는 지식인으로서 그의 사유의 흐름을 보여준다. 그리고 그의 작품은 정치적으로 위축되고 긴장된 시기에 사회와 시대에 대한 문학가의 심도 있는 관찰을 보여준다.

본고는 첫째, 사회사적 관점에서 전시의 현실생활이 우신룽에게 미친 영향을 살펴볼 것이다. 둘째로 우신룽의 작품의 방향 전환, 즉 장르의 변화와 작풍의 차이로부터 전시체제하 현실적인 억압과 그것에 대한 문학적인 대응, 즉 굴종과 풍격 전환의 면모를 살펴볼 것이다. 일본 유학을 경험한 타이완 지식인의 한 사람으로서 우신룽은 일기 속에 전쟁에 처한 개인의 무기력한 정서를 담아내기도 하고 사회적 지위를 추구하는 모습이라든가 생활에서의 몰락 등을 그려내

---

3 吳新榮, 『吳新榮全集 제1권-亡妻記』, 1981.10, 97면.

기도 했으며 감춰져 있는 문화 중국의 면모를 찾아내려고 했다.

그는 작품을 통해 어둡고 억압된 부정적인 정서를 풀어내기 위해 여러 장르의 창작을 시도했다. 이는 전쟁 기간 우신룽의 현실대응 방식을 보여주었다. 그는 당대 현실 속에서 자신의 정치적, 사회적 역할을 분명히 하고자 했다. 작풍의 변화를 추구하고 풍속에 대해 연구하거나 한시를 창작한 일들이 그 실천이다. 이러한 활동을 그의 일생의 축소판으로 간주할 수 있다. 이 글은 일기와 작품을 종합적으로 분석하여 전쟁의 격동 속에서 타이완 지식인에게 나타나는 좌절한 영혼을 살펴보려고 한다. 그의 일기와 작품에는 일본통치하에서 전쟁 시기 시골 의사이자 지식인으로서 갖는 상이한 인격적 특성이 나타난다. 또한 통치자에 대한 타협, 개인적 정감의 좌절, 조상과 조국에 대한 동경과 뿌리 찾기, 고향 풍속에 대한 사랑 등을 읽어 낼 수 있다. 이러한 것들을 통해 드러나는 것이 좌절한 지식인의 영혼이었다.

2. 전쟁 전야

1935년 12월 31일 우신룽은 자신의 일기에 그해 자신에게 위안을 가져다 준 세 가지 중대사건을 기록했다. 사회적으로는 '염분지대'를 조직했던 문학청년으로 '타이완문예연맹'에 참여했고 양쿠이楊逵가 주도한 문학단체 '타이완신문학사台灣新文學社'에 가입하였다. 이 활동을 통해 그는 타이완 문화계의 주요 인사로 자리 잡았다. 이 일 년은 '타이완신문학사'가 가장 큰 발전을 이루었던 시기였다. 그 해에 우신룽은 왕성한 작품활동과 뛰어난 조직능력으로 타이완의 유명인물로 거듭났다. 이것이 첫 번째 성취였다. 둘째, 그의 가족이 경제적 곤궁으로부터 벗어날 수 있었다. 부채를 청산했으며 동생은 일본 유학 준비를 마쳤다. 가정경제가 안정되자 그는 사회와 문화,정치적인 사업에 참여할 수 있는 여유를 가질 수 있었다. 셋째, 딸의 출생으로 인해 가족 성원이 늘어나는 기쁨을 맛보았다.[4]

이처럼 여러 방면에 걸친 성취를 경험하면서, 전쟁 2년 전 우신룽은 자신이 발전하고 있다는 생각과 성공을 향해 나아갈 수 있다는 자신감을 얻었다. 이를 토대로 지방정치에도 참여했다. 그는 당시 천페이추陳培初를 도와 타이완 제1차 지방자치 선거에 참가하여 성공적인 결과를 얻었다. 1936년 첫날의 일기에서 우신룽은 흥분된 어조로 '1935년 나는 진보하였다! 1936년도 나는 진보할 것이다. 진보할 뿐만 아니라 발전할 것이고 도약할 것이다!'[5]라고 적고 있다. 일기는 전쟁 일 년 전 우신룽이 격앙된 감정으로 높은 삶의 목표를 설정하고 있었다는 것을 보여준다.

문화계에서는 '타이완문예연맹'과 '타이완신문학사'에 지속적으로 참여했다. 문예연맹의 류제劉捷가 개최한 좌담회에 참가하여 『타이완문예』와 『신문학』의 통일문제나 시론에 대해 토론했다. 또 양쿠이와 함께 문학모임을 갖고 '타이완신문학사' 내부의 조직문제와 편집문제 등을 토론했다.[6] 이 두 문학 진영은 모두 적극적으로 우신룽과 '염분지

4 吳新榮, 『吳新榮全集 제6권－吳新榮日記(戰前)』, 1981.10, 924면.

5 위의 책, 27면.

6 林佛兒・羊子喬・杜文靖 編, 『鹽分地帶文學選』, 台北 : 林白出版社, 1979.8, 575~585면에 이 좌담회 기록이 있다.

대' 동인의 지지를 구하고 있었다. 전국차원의 문학단체에 참여한 것 외에도 타이난 지방성에 관한 문예좌담회에 참가하기도 했다.

그는 일기에서 "문학은 생활이고 행동이다. 나는 당연히 이것을 취미로 다루지 않을 것이다. 문학은 일종의 문화 운동이다. 나는 당연히 이것을 개인적인 일로 처리하지 않을 것이다"[7]라고 했다. 이렇게 그가 문학의 실질적인 내용에 대해 심도 있게 사고할 수 있었던 것은 새롭게 문학단체 활동에 참여했기 때문이다. 문학은 생활에 대한 반응이다. 그것은 작가가 자신의 향토와 사회에 개입하고 참여하는 행동이다. 그리고 그것은 당연히 작가가 짊어져야 할 신성하고 엄숙한 사회적 책임인 것이다. 이것은 그가 일관되게 견지했던 문학 창작의 이념이었다. 아라가키 고이치新垣宏一와의 문학성에 관한 논쟁, 궈톈충郭天從, 류제과의 논쟁, 우톈상吳天賞과의 문학의 본질에 관한 토론들을[8] 통해 그는 문학이 사회적으로 사실寫實의 기능을 갖고 있음을 분명히 했다. 문학은 단순히 개인적 감정을 배설하는 것이 아니며 순문예로서의 기능만을 갖고 있는 것도 아닌 것이다.

그는 더 나아가 문학이 문화운동이어야 함을 말했다. 그는 개인 단독의 문학적 성과를 부정했으며 문학이 전체 민족의 영혼을 세우는 중요한 공정임을 주장했다. 이것은 식민지 지식인으로서 그가 문학의 사회적 기능을 인식했다는 것을 보여준다. 때문에 타이완 신문학운동은 시작과 동시에 타이완 신문화운동과 결합하여 함께 발전하였다. 우신룽은 자신을 작가로만 인식하지 않았다. 창작을 기획하는 한편 어느 때건 '염분지대'의 문학청년들을 타이완신문학운동에 참

7 『吳新榮全集』 제6권, 34면.

8 『吳新榮選集』 제2권, 台南 : 台南縣文化中心, 1997.3, 398～408면.

여시키려 했다. 그는 청년들에게 문학 창작 이외에도 기타 문화 활동에 적극적으로 참여할 것을 독려했다.

전쟁 전야 샤오야원小雅園은 수많은 문예애호가들의 집합소였다. 펑위안豐原 출신으로 타이완 최고의 인재로 추앙받던 뤼허뤄呂赫若가 편지를 보내오기도 했다. 문련文聯 자리佳里지부 좌담회를 통해 우신룽의 노력에 감화되었기에 문우들은 고양되어 있었다. 기개는 하늘을 찌를 듯하고 의지는 웅혼했다. 또 타이난 문예활동을 담당하던 자오치밍趙啓明의 방문을 받았고, 타이난 철도호텔에서 조선 무희 최승희의 환영행사에 참여하기도 했으며, 일본 성악가 나가사카 요시코長阪好子의 타이난 공연을 주관하기도 했다.

1936년 12월 28일, 우신룽은 궈수이탄郭水潭, 쉬칭지徐淸吉, 양츠창楊熾昌, 자오치밍, 좡숭린莊松林, 린잔아오林占鰲 등과 함께 일본 기관원의 감시를 무릅쓰고 타이난철도호텔에서 타이완을 방문한 중국 작가 위다푸郁達夫를 만났다. 이 일은 연말에 그가 행했던 가장 중요한 행동이었다. 우신룽은 위다푸를 루쉰 사후 궈뭐뤄郭沫若와 함께 중국 문단의 중진으로 생각했다. 당시 위다푸는 우신룽에게 다음과 같은 한시舊詩 한 수를 기념으로 남겼다.

> 사랑하는 여인 옥토는 봄 병에 핼쑥하고 밤새 동풍에 시름이 겹네. 시간은 흘러 달도 고요하고 사람은 말이 없는데 두 눈의 눈물만 비파에 떨어지네.[9]

1936년 말, 우신룽은 이 해의 성과를 총괄하면서 자신에게 위안이

---

9 이 시는 본 적 없다. 施懿琳, 『吳新榮傳』, 南投縣－台灣省文獻委員會, 1999, 90면에서 재인용.

되었던 세 가지 일을 타이완문단에의 진출, 사교계 입문, 정치적 지반확보로 정리했다. 타이완문단 진출에 대해서는 적극적으로 문화영역에 개입했다는 것에 의의를 두었다. 자신의 노력으로 '염분지대'에서 선도적 지위를 확보했다는 것이 그의 자랑거리였다. 1932년 말 타이완으로 돌아왔을 때, 그는 평범한 문학청년이었을 뿐이었다. 개업의가 된 것도 가족에 대한 책임을 지기 위한 일에 불과했다. 그런 그가 수년간의 창작을 바탕으로 문단에서 견고한 위치를 구축한 것이다. 나이가 들면서 사회적 경험을 쌓게 되고 경제적 여유가 생기면서 자신의 사회적 지위와 역할을 다시금 정립해야 할 필요가 생긴 것이다. 특히 순문학 작가로서는 시대적 조류에 부합할 수 없다는 사실을 깨달았기에, 우신룽은 자신이 문화계 인사가 되는 것이 영향력을 발휘할 수 있는 가장 효과적인 길이라고 생각했다.

당시 타이완 인들은 일본식민 당국에 대해 정치권력을 공유할 것을 요구하고 있었다. 1935년 타이완 제1차 지방자치선거에서 우신룽은 '염분지대' 동인인 천페이추의 기초의원街政議員 선거에 적극적으로 참여했고 천페이추는 당선되었다. 그는 농민의 권익을 보호하는 정책을 직접 입안하기도 했다. 1936년 우신룽은 왕우자王烏硈의 선거운동 총간사를 맡아 그를 타이난 주州 의회에 입성시키기도 했다. 사교계의 사회적 사무에도 참여했다. 베이먼군北門郡 의사회와 치구七股 공립학교의 의무 의사를 맡은 것이 하나의 예이다. 향토 사무에 적극적으로 참여했기에 지역에서는 우신의吳神醫라는 명성을 얻기도 했다.

더욱 중요한 것은 쉬추이회旭翠會의 발기인으로 참여한 것인데, 이 조직의 주요 성원들이 모두 동경유학생이면서 남부의 엘리트들이었다. 이 조직에 참여함으로써 우신룽은 한 지역의 지도자에서 전국적인 지명도를 가진 인사로 발돋움하는 계기가 되었다. 이 해에 친구인 스시춘石錫純과 황바이루黃百祿가 우신룽을 난저우南洲 클럽에 가입시켰다. 이 클럽의 참여 인사들 역시 남부의 일류신사들로 시대의 획을 그었던 중견 청년들이었다. 8월25일 '타이완도쿄의학사회台灣東京醫學士會'를 결성하기로 계획하고 얼마 후 타이난에서 정식으로 준비회의를 열었다. 그날 호우가 쏟아졌지만 우신룽의 의욕을 꺾지는 못했다고 한다. 일기에서 그는 "호우가 쏟아져 풍운이 때를 만나 일어난 듯 했다. 마치 오늘 우리가 하려는 일이 깊은 뜻을 가지고 있는 것을 증명하는 듯하다"[10]라고 쓰고 있다. 자연 현상을 시대적 분위기에 비유하여, 발기인으로 참여하는 일 자체가 그의 사회적 지위를 전국적인 것으로 만들 것임을 말하고자 했던 것이다. 일기의 내용을 보면 우신룽이 자기 인생을 철저한 계획하며 영위해 나갔음을 알 수 있다.

3. 생명의 쇠퇴

1) 전쟁이라는 안개

1937년 초 일기는 '생활을 충실히 하고 삶을 실천하자', '충분히 자고 충분히 먹고 충분히 쓰자. 이것이 행복한 인생이다. 나는 오늘날 이러

10 『吳新榮全集』 제6권, 39면.

한 행복한 인생을 이미 얻었는가 아닌가'[11]라고 쓰고 있다. 그는 인생의 목표에 대해 여전한 기대감을 갖고 있었다. 문화여행의 성격을 지닌 저명인사들에 대한 방문도 지속되고 있었고 그의 사회적 영향력도 여전히 확장되고 있었다. 연초에는 마음속 우상으로 여기고 있던 장화彰化의 라이허賴和를 방문했지만 라이허는 북쪽 여행을 해야 했으므로 한시 한 수를 그에게 남겨놓았다.

> 오얏나무, 복숭아나무 어여쁨은 이미 옛일, 겨울 매화는 떨어져 눈발에 먼지가 되었다. 가지 끝 찬란히 아름다운 붉은 기운, 앵두꽃만 홀로 봄을 독차지하네.[12]

시에 담긴 함의를 해석할 수 있는 이가 남아있지 않기에 필자 나름으로 해석해 볼 수밖에 없다. 오얏나무와 복숭아꽃은 위세가 당당했던 수종으로서 과거 찬란했던 문화를 비유하는 것으로 보이지만 내일은 시들고 말 운명에 처해있다. 한설에도 굽히지 않는 매화는 이미 조락한 현실 상황을 뜻한다. 원래 아름다웠던 꽃들은 화단에서 비단과 같은 아름다움을 다투었지만 봄바람을 맞아 꽃들이 만개한 풍경에 살아남은 것은 새빨간 앵화뿐이다. 여기에서 라이허가 당시 중국, 타이완, 일본의 위상을 꽃의 형상으로 비유한 것으로 보인다. 우신룽에게 라이허는 학습의 대상이었다.

그는 이름난 의사라는 사회적 지위가 있었던 데다가 작가로서의 문화적 책임도 지니고 있었다. 다음날 우펑霧峰에 가서 린셴탕林獻堂을 만나고 다시 칭수이淸水로 향해 양자오자楊肇嘉를 만난 후 타이중

---

11 『吳新榮全集』 제6권, 43면.

12 『吳新榮全集』 제2권, 97면.

으로 방향을 바꿔 '타이완도쿄의학사지부'의 연례회에 참여했다. 이처럼 우신룽은 인생의 목표를 실현하기 위해 여전히 열정적이었다. 그러나 다시 일기를 검토해 보면 1936년 8월에 "오늘 '타이완도쿄의사회'를 조직하기로 계획했다"는 것과 "오늘 '타이완문련 자리지부台灣文聯 佳里支部'의 일을 포기하기로 결정했다"라는 글을 발견할 수 있다. 문련 업무의 포기는 타이완 문단 내부의 갈등에서 기인했다. 우신룽은 양쿠이와 라이허 등과 밀접한 관계를 맺었기 때문에 비교적 '타이완신문학사'에 기울어 있었다. 참여하는 문화운동 조직을 줄이고 사회적 영향력을 확대하는 과정에 있던 우신룽은 이전 시기와는 미세한 차이를 보이고 있었다.

1937년 4월, 정세는 눈에 띄게 변화했다. 일본은 중국에 대한 침략을 준비하고 있었고 일본 내지의 군국주의화는 보다 뚜렷한 양상을 띠기 시작했다. 이로 인해 제국 의회는 해산되고 말았다. 식민지 타이완에서는 황민화 정책의 압박이 거세져 1월 1일자로 신문의 중국어란이 폐지되었다. 양심적 정치인이 정치투쟁의 와중에 물러나야 했으며 우편요금이 인상되었다. 이러한 주위의 사건을 접하면서 그도 환경에 적지 않은 변화가 일어났음을 느끼고 있었다. 일기에서는 "여러 가지 일이 일어났다. 크든 작든 모두 요 수삼일 내에 일어난 일이었다. 내 개인적 삶에 그렇게 많은 영향을 미친 것은 아니지만 사회인으로서는 이러한 시대의 변화를 지나칠 수 없을 것 같다. 그래서 지난날의 구호를 다시 오늘의 좌우명으로 새기려고 한다. 외쳐볼까. 일신하자! 전진하자!"[13]라고 적고 있다.

13 『吳新榮全集』 제6권, 47면.

전쟁 전야, 타이완의 문화인으로서 그는 민감한 관찰력을 지니고 있었다. 동물은 자연의 변화를 미리 감지하는 능력이 있다고 하는데 우신룽도 그들처럼 시대의 변화를 감지하고 있었던 것이다. 다만 그도 이후 역사발전의 결과가 어떠할지 알 수 있는 눈은 갖고 있지 않았다. 그것은 그에게는 상상 밖의 일이었다. 때문에 '일신하자! 전진하자!'와 같은 지나간 좌우명을 통해 스스로를 북돋울 뿐이었다.

그 해 중반으로 접어들자 상황의 변화는 더욱 확연해졌다. 7월 7일 일기에는 "정의가 불멸하다면 양심은 온 누리에 살아있을 것이다"[14]와 같은 간단한 말이 적혀 있다. 중일 양국 간에는 대규모 군사 충돌이 일어났고 일본군은 중국 화북지방을 침략했다. 루꺼우챠오사건이 일어난 그날 우신룽은 짧은 일기를 통해 일본군의 불의를 비판하고 세계적 양심이 일본의 행동을 질타할 것이라는 생각을 적었다. 그는 정의가 결국은 승리할 것이라고 생각했다. 얼마 후 8월 일기에서는 "세상일을 도모하지 않고 사회에서 멀리 떨어져 묵묵히 삶을 도모하자. 매일을 예전처럼"[15]이라고 적고 있는데 이를 보아 불안한 정세를 피부로 느끼고 있었던 것 같다. 현실의 억압이 점차 강화되고 있었다. 이로 인해 세상사를 도모하거나 사회에 관심을 갖던 그는 점차 불개입과 무관심의 소극적인 자세로 바뀌어 갔던 것이다. 그저 매일 매일 묵묵히 홀로 은둔의 삶을 살아갈 뿐이었다.

그러나 이 시기 그가 사회적, 문화적 삶의 권역에서 물러나 단지 일개 시골의사로서만 살아가고 싶어 했을까? 9월 6일 일기에서 그는 자신의 생각을 보다 깊이 있게 검토하고 있다.

---

14 『吳新榮全集』 제6권, 49면 .

15 위의 책, 50면.

> 결과적으로 나는 문화인이고 과학자일 뿐이지 무슨 자산가도 아니며 명망 있는 인사도 아니다. 그래서 내가 간직하고 있는 양심은 문화적 양심에 불과할 뿐이며 과학적 양심에 불과할 뿐이다. 나는 이런 양심을 갖고 있다. 그런 나로서 번민은 피할 수 없고 비분강개를 어쩔 수는 없다. 아! 나의 번민이여. 나의 강개는 나의 생활과 나의 행동과 충돌하고 있다.[16]

이러한 반성을 통해 그는 자신의 사상과 행동 속에 나타나고 있던 모순을 보여주었다.

양심적인 과학인이자 문화인인 그에게는 문학적 낭만의 번민하는 양심이 있었고 의사의 이성적인 양심이 있었다. 특히 일본 좌파 사회주의적 가치의 영향을 받고 그것을 실천하려고 했던 우신룽은 당시 마주한 현실에 대해 실천적인 고민을 하지 않을 수 없었다. 사회적으로 긴장된 분위기를 참을 수 없었고 이것에 대해 생리적으로나 심리적으로나 불쾌한 감정을 갖고 있었다. 그래서 종일 무거운 마음을 갖고 있던 날도 있었다. 이상과 현실, 개인과 사회, 이 진퇴양난의 모순은 전쟁 초기 이미 이러한 현상으로 나타나고 있었던 것이다.

대전환기에 일본 식민정부는 타이완 지식인들을 이용하고 감시하고 통제하려는 정책을 더욱 강화했다. 우신룽은 이 지역의 유력인사로서 일본의 이용과 통제의 마수에서 벗어날 수 없었다. 지역에서 징집되어 출정하는 병사들의 송별회에 참여해야 했을 뿐 아니라 방위단 및 전투기 헌납회의 간사로 임명되기도 했다. 부인 마오쉐펀毛雪芬 여사 역시 애국부인회의 지역위원이나 자리부인회에 참여했고 수

---

16 위의 책, 50면.

시로 모임에 동원되었으며 이러한 활동으로 인해 전쟁 시기 민중의 지도자란 상징적인 존재가 되어갔다. 때문에 전쟁 첫 해 말 일기에는 각종 식민지의 '애국활동'에 동원되어 발기인이 되거나 참가자가 되었다는 기사를 볼 수 있다. 이러한 동원과 통제하에서 우신룽은 처음에는 '이 시국, 이러한 조류에' '사람들 마다 참여하는 대오가 있는 법이고 사람마다 시세에 순응해야 하는 법'[17]이라는 반응을 보였다.

그러나 내심으로는 결코 좌절하지 않았다. 일기에서는 '거대한 모래폭풍 속에서 울타리가 찢기고 나무가 부러진다'는 비유를 통해 시대의 광풍을 막아내고 개인적으로는 무기력하게 무대에서 쫓겨나는 일은 하지 않을 것이라는 마음을 드러내었다. 우신룽은 이러한 환경에서 일상생활과 사회적, 문화적 교제에 대해 어떻게 대응했을까? 연말의 일기에 그는 이렇게 적고 있다.

> 우린 무엇 때문에 매일같이 마작이나 하고 술이나 마시고 있는가? 첫째는 오락을 위해서고 둘째는 교제를 위해서며 셋째는 시국을 위해서다.[18]

이것은 대전환기에 그가 내뱉은 첫 번째 탄식이었다.

일상생활이 가장 먼저 영향을 받았다. 그는 생명의 표층에서 이루어지던 활동을 가장 먼저 포기했다. 심적으로 동요하고 있던 그로서는 오락이나 교제의 방식을 통해 자신을 마비시킬 필요가 있었던 것이다. 생활은 엉망이 되었고 그는 타락했다.

17 위의 책, 52면.
18 위의 책, 53면.

내 근래 생활은 완전히 타락하고 말았다. 명예를 위해 양심 없는 일을 하고 돈을 위해 비도덕적인 일을 하며 육욕을 채우기 위해 정의롭지 못한 일을 했다. 나는 완전히 타락하고 만 것이다. 내가 매일 하는 일이라고는 환자를 속이고 오락에 빠져들고 술집에서 시비를 걸고 싸움질이나 하는 것뿐이다. 책을 읽을 수도 없고 생각한 일을 행할 여력도 없으며 시작한 일도 끝을 볼 수 없다. 그렇다. 시국이 나를 이렇게 만든 것이다. 환경이 나를 이렇게 만든 것이다. 그러한데 내가 무슨 힘으로 시국을 거스를 것이며 무슨 힘으로 환경을 뚫고 나갈 것이냐?[19]

삶이 여기에 이르자 연초에 하늘을 찌를듯하던 기세는 사라지고 삶은 생각지도 않았던 방향으로 꼬여만 갔다. 명예, 금전, 욕망에 내몰리면서 그의 양심은 가장 깊은 내면에까지 그 자신을 질책하도록 만들었다.

왜 심경의 변화가 이렇게 빠른 속도로 이뤄진 것일까? 무엇보다 가장 큰 원인은 시국과 환경이라고 할 것이다. 우신룽은 일기에서 생활상의 곤경을 깊은 곳까지 들여다보고 반성했음을 보여주었다. 이를 통해 전쟁의 영향 아래에서 인성이 어떻게 훼손되고 붕괴되는가를 볼 수 있다. 최고의 기준을 가지고 선행자를 비판할 수는 없다. 특히 도덕의 범위를 넓혀서 그를 질책할 수만은 없다. 동정과 이해의 눈으로 시대를 바라보아야 하며 전쟁 시기 일본의 엄혹한 통제하에서 자각적이든 비자각적이든 타락과 변절은 어느 곳, 누구에게든 일어날 수 있음을 고려해야 한다.

19 위의 책, 53면.

우신룽은 매년 마지막 날에 관례적으로 지난 일 년의 성취를 돌아보곤 했다. 이 해 기록에는 개업 오년 이래 가장 높은 수입을 올렸고 둘째를 얻었다고 기록했다. 그러나 이듬해 가장 큰 소망은 "내 두뇌와 내 기술로 내 조직을 굳건히 하고 경제적 상황을 안정시켜 경쟁자와 영원히 싸움을 이어나가고 싶다"[20]라고 적고 있을 뿐이다. 생활의 이상은 이미 타락한 상태여서 현실적으로 금전을 축적하는 것에 멈춰있었다. 그는 문화와 문학창작자로서 자신에 대한 기대를 더 이상 적지 않았다. 사회와 문화 영역에서 발전을 바라던 이전과는 사뭇 다른 모습이었다. 이러한 상황은 우신룽에게만 일어난 것은 아니었다. '염분지대' 동인들은 모임에서 생활문제와 사회문제까지를 두루 이야기했지만 그 잡담은 우신룽이 말한 '취생몽사'라는 슬픈 결론으로 마무리되었다. 그들은 삶의 목적을 잃어버렸다. 문화의 건설이니, 사회의 건설이니, 정치적 진출이니 하는 말들은 모두 갑작스레 무익한 것이 되고 말았다. 전시에 느낄 수 있는 것이라고는 정신적 도피, 양심의 파산, 노예적 생활, 그리고 동물적 욕망뿐이었다. 이러한 고민 속에서 그가 힘을 낼 수 있는 일이라고는 환자를 진료하고 자녀를 돌보고 군용비둘기를 기르는 것뿐이었다.

전쟁 시기에는 환경의 억압 이외에도 우정이나 가족 관계에서도 뜻하지 않은 상처를 입기도 한다. 특히 전시의 불량한 환경으로 인해 사람들은 기아 이외에도 죽음의 그림자를 수시로 마주해야 한다. 전시 우신룽은 세 번에 걸쳐 지인의 죽음을 경험해야 했다. 1937년 친구 천칭중陳淸鐘의 죽음에서 그는 처음으로 전시 죽음의 압력이 현실화

20 위의 책, 53면.

됨을 느낄 수 있었다. '쉬추이회旭翠會'에 참여할 때도 '도쿄의사회 타이완지부'를 조직하려고 할 때도 천칭중은 그의 가장 좋은 동료였다. 때문에 천칭중의 갑작스런 죽음 앞에서 그는 「다강산 아래에서 울다 哭於大崗山的山脚下」라는 시로 깊은 애도의 마음을 담았던 것이다.

이 시는 네 단락으로 구성된 가작이다. 도입부는 멀리서 다강산을 조망하면서 그곳에 살고 있던 벗을 떠올렸는데 첫 방문에 벗은 종적 없고 초상만이 남았더라는 내용이다. 2연에서는 땅도 울고 하늘도 울던 장례식 날을 그리고 있다. 하늘도 땅도 슬픔을 같이 느끼는 듯 무거운 먹구름이 하늘을 덮고 있다. 머리를 들어 검은 만장이 나부끼는 것을 바라보니 마을 사람들도 벗을 잃은 슬픔을 함께 한다. 3연에서는 천칭중의 요절을 애도하며 뜻을 펼치지 못하고 생을 마감함을 안타까이 여기고 있다. 성인이나, 영웅, 시인들 모두 죽음을 피할 수 없기는 매한가지인데 친구의 최고 명예로 남은 것은 의사의 청진기뿐이다. 마지막 연에서는 벗의 죽음을 받아들일 수 없는 마음을 다시 한 번 토로하고 있다. '동양의 비극'이라 할 시국에 대한 소회를 진솔하게 털어 놓을 수 있는 벗이 없음을, '청춘의 야심'을 함께 논할 벗이 없음을 한탄하였다. 시는 전체적으로 정경이 교차되면서 이미지가 분명히 제시되고 있으며 정서의 변화가 이어지면서 벗과 남겨진 어린 유족에 대한 안타까움이 전후 호응하고 있다. 친구간의 깊은 우의를 느낄 수 있는 절창이다.

1942년 3월27일 처 마오쉐펀이 유산으로 인해 생각지도 않았던 죽음을 맞았다. 이것은 우신룽 인생의 최대의 충격이었다. 얼마 후 우신룽은 산문 「망처기亡妻記」에 부부 간의 은애하는 마음을 담았다. 여기서는 이 작품을 논하지는 않겠다. 하지만 일기와 이후 논의할 글을 통해 부인에 대한 그리움을 볼 수 있으며 상처의 고통이 그의 인생에 가한 충격을 읽을 수 있다. 우신룽은 이러한 슬픔의 정서를 어떻게 감동적인 문학과 시작으로 전환했을까? 일기에서는 다음과 같이 처를 잃은 시점의 안타까움을 그리고 있다.[21]

홀로 묘지로 가 당신의 무덤을 보았다오. 무덤은 이미 다 만들어졌더구려. 일꾼들도 그 자리를 떠난 뒤이고……. 여보, 외로웠겠지요? 나는 행여 목동이나 성질 고약한 농부가 당신의 묘를 해할까 두렵다오. 저녁 돌아오던 길, 무거운 마음을 가눌 길이 없더이다. 도대체 왜 세상은 이리도 급히 변하는 것이오? 도대체 왜 인생은 이리도 갑작스레 뒤바뀌는 것이오? 아! 사랑하는 당신, 나 이렇게 살아가야 하는 것이오? 내 지금의 마음이 '삶'에 대한 힘겨운 분투가 아니고 무엇이란 말이오? 물론 내게는 다섯이나 되는 아이들이 있소. 나는 반드시 살아야 하고 고집스레 살아갈 거요. 그러나 이렇게 살아가야 한다면 도대체 살아갈 이유가 어디에 있단 말이오? 아무것도 없는 것과 다를 바가 없단 말이오. '살아가야 한다'고 생각했으니 이 허무함을 누르지 않을 수 없다오. '허무'와 다를 바 없는 '삶'의 모습도 어떻게든 다스리지 않을 수 없다오.

가슴 깊이 사랑하던 아내의 무덤을 돌아보는 고독한 이의 슬픔을 피를 토하듯 뱉어내고 있다. 생을 사이에 두고 갈라선 적막함을 해지는 저녁의 무거운 발걸음에 담아 표현하였다. 거기에 세계의 급작스런 변화를 한탄하며 인생의 무상함을 탄식하였고 전시의 열악한 의료 조건하에서 사그라진 젊은 생명에 대한 안타까움을 전하였다. 홍

21 위의 책, 125~126면.

악한 시대는 개인에게 생생한 충격을 가했다. 이로 인해 위축된 영혼에 아내를 잃은 상처가 더해졌다. 때문에 그는 살아남기 위해 발버둥쳐야 하는 상태에 이르렀던 것이다. 남겨진 다섯 아이 때문에 그는 아내가 있는 구천에 함께 가지 못하고 아이들을 돌볼 책임을 짊어져야만 했다.

그러나 이런 상처뿐인 생존에 무슨 의미가 있는지, 자신에게 계속해서 살아갈 용기가 있는지 그는 자문하고 있다. 이렇게 허무한 삶은 사랑하는 아내의 죽음으로 인해 더욱 그를 갉아먹었다. 아내는 유산으로 사망했고 의사로서 이에 대해 자책하지 않을 수 없었다. 그래서 그는 애달픈 「망처기」를 썼던 것이다. 위축된 마음, 허무한 감정이 비오는 날의 분위기와 맞물려 고통을 떠올리게 했고 현재의 모순과 소극적 생활에 대한 혐오와 무기력함이 더욱 커졌던 것이다.

그는 사랑하는 이를 떠나보내고 때로 이상행동을 보이며 폭음하기도 했다. 그러나 반대로 자제해야 한다는 생각에 고통을 느끼기도 했다. 일기에서 이에 대해 "아무데고 취해서 돌아다니지만 어느 때고 외로움만 남을 뿐이다. 과부는 평생을 수절한다는데 어찌 홀아비는 그러하지 못하는가"[22]라고 적었다. 친구들은 좋은 뜻으로 교제와 오락의 자리를 만들어 그의 적막한 마음을 달래려 했다. 그는 술과 미인과 친구로 마음을 달래보려고 했지만 "아름다운 여자와 있어도 외롭고 좋은 술과 안주가 있어도 즐겁지 않았다." 때로는 이런 문란한 생활이 오히려 과거의 아픔을 되살리고 미래에 대한 무기력함이 고통을 가중시킬 뿐이었다. "추억은 꿈처럼 달콤하지만 과거는 이미 사

22 위의 책, 128면.

라지고 냉혹함만이 남았을 뿐이다." 운명은 마음을 갈가리 찢어놓을 뿐이었다. 석 달 정도가 지나자 아내가 죽어가던 장면은 점차 잊혀져 갔다. 그러나 그 대신에 살아있던 때의 추억이 끝없이 되살아났다. 「망처기」 중 「노잡이여, 키잡이여划手喲, 舵手喲」[23]를 보자.

> 노잡이여 / 수면이 거울 같소 / 노를 멈춰 주소 / 저 시원한 앵두나무 그늘 아래서 / 사랑스런 바람을 맞고 싶소
>
> 노잡이여 / 잠시 쉬어 갑시다 / 우리 집에 있듯이 / 우리 둘 긴 얘기 나누게 해 주시오 / 우리 둘 영원한 맹서를 이야기 하게
>
> 키잡이여 / 곧 폭풍이 이는 큰 바다를 만날 거요 / 키를 바로잡아 주시오 / 아, 영혼의 불길이 타오르는 저 아득한 곳은 / 우리 생명의 나라인게요
>
> 키잡이여 / 우리 굽힘없이 나아갑시다 / 동천의 붉은 빛을 당신은 보지 못했단 말이오? 우리 용감히 싸워 봅시다 / 승리의 영광이 우릴 기다릴 거란 말이 외다

이 시는 우신룽이 그의 처를 알게 된 지 얼마 되지 않았을 때 썼던 것인데 나중에 「망처기」에 삽입되었다. 두 사람이 교토를 유람하며 풍경을 감상하던 차에 사랑의 감정이 자라나게 되었고 우신룽은 이에 자신을 '노잡이'에 마오쉐펀을 '키잡이'에 비유했던 것이다. 힘을 내는 노잡이는 보통 강인한 남성을 가리키는데 의외로 낭만적인 느낌이 강하게 드러나고 있다. 앵두나무 그늘에서의 밀어는 둘 사이의 영원한 사랑의 맹서를 뜻하는 것이었다. 반면 마오쉐펀은 키잡이로서 부드러운 이미지이지만 용감히 키를 부여잡고 폭풍우치는 대해

23 『吳新榮選集』 제2권, 56~57면.

로 맞서 간다. 이것은 두 사람이 기쁨의 생명 낙원을 건설하려는 노력을 비유하는 것이다. 결국 이 시는 두 사람이 아름답고 행복한 가정을 함께 만들어가도록 노력하자는 메시지를 담은 것이다. 그 전에도 자신들을 비유한 일본어 시 「쥐와 양鼠與羊」이 있다. 역시 성을 대비시키는 기법으로 부부의 강인함과 유순함의 상이한 성격적 차이를 그려냈다.[24]

비록 초조와 불안에 떤다 하더라도, 쥐는 사랑스럽다
비록 소심하고 대범하지 않더라도, 쥐는 연민을 부른다
그러나 궁지에 몰린 쥐는 고양이를 무는 법
필요한 그 때가 오면
쥐는 끝까지 가고야 말, 가장 용감한 싸움을 시작한다

비록 온순해 보여도, 양은 살아있는 동물이다
비록 말이 없지만, 양은 내일이 있다
그러나 양은 최후에는 단상의 희생이 되는 법
선 일체를 바치기 위해……
악 일체를 속죄키 위해……

마오쉐펀은 쥐띠이고 작자 우신룽은 양띠이다. 시에서는 이것을 통해 둘의 성정과 사명을 상징하고 있다. 쥐띠인 처는 담이 작고 귀엽고 소심하여 연민을 불러일으킨다. 이렇게 보잘 것 없어 뵈는 쥐이

24 위의 책, 186~187면.

지만 때가 되면 용감한 전투성을 발휘하여 끝까지 싸워 나간다. 물론 이를 위해 생명의 대가를 치른다. 자신은 온화한 양으로 제단에 바쳐지는 희생물이다. 모든 선을 위한 봉헌이자 모든 죄에 대한 대속이다. 하나는 가정을 위해 죽음에 이르렀고 하나는 대중을 위해 대가를 지불했다. 그러니 이제 자기가 살아서 도대체 무엇을 할 수 있을 것인가를 자문하고 있다. 아내 마오쉐펀이 죽음을 맞은 지 일 년, 우신룽은 어린 아이들을 데리고 그녀의 묘에 가서 향을 피우고 절을 하고 아이의 머리를 깎으며 '탈상'을 했다. 슬픔에 젖은 그 날 그는 다음 시를 남겼다.

> 유자꽃 향기 정원에 가득한데 향연은 표표히 흔적 없이 사라진다
> 고인 간 곳을 그려보는데, 어느덧 오늘이 기일이구나[25]

'샤오야위안'小雅園(우신룽 자택 정원)에는 유자나무가 있었다. 우신룽은 이 나무를 매우 좋아 했다고 한다. 이 유자나무가 매년 이맘 때 꽃을 피우는데 유자꽃의 특이하고 짙은 향이 정원을 가득 채웠다. 이곳은 부부가 함께 거닐던 곳이었고 그들은 그곳을 걸으며 쓴 맛이 독특한 짙은 유자향을 맡고는 했다. 서로 아끼고 사랑하는 부부는 정자에 앉아서 서서히 불어오는 봄밤의 바람을 맞았다. 그러면 바람을 타고 꽃향기가 마음까지 날아들었다. 그 좋은 밤의 향기가 이제 눈앞에서 제단의 향연으로 바뀌었고 죽음의 향기가 가득 퍼져 우신룽의 마음에서 우울하고 슬픔으로 가득한 분위기가 이는 것이다. 오늘과 전

25 『吳新榮全集』 제6권, 141면.

날의 장면과 시공이 치환되며 지금은 그림자가 홀로 남았다. 함께 한 아이들이 아무리 많다 하더라도 그에게는 그저 무거운 부담으로만 느껴질 뿐이다. 고인은 어디로 간 것일까? 아득한 시간은 이미 과거로 흘러갔고 부지불식간에 사랑하는 이가 떠난 지 일 년이 되고 말았다. 아내에 대한 열렬한 그리움은 여러 자녀와 남겨졌다는 현실이 주는 무력함과 얽혀 있다. 결국은 진지하게 재취를 고려해야 하는 상황이 우신룽을 짓눌렀다.

1944년 초 악운이 다시금 그를 찾아왔다. 동생 서우산壽山이 학업을 마치고 타이완으로 돌아오는 길에 타이완 외해에서 그만 미군의 포격으로 사망하고 만 것이다.

> 아, 이 전쟁이 도대체 뭘 요구하는지 너무도 분명하다. 내 골육을 희생의 제물로 앗아가려는 것이다. 그래, 우린 언제라도 희생이 될 각오가 되어있다. 그렇지만 우리는 결국 최후의 승자가 되고 말 것이다.[26]

일기는 이렇게 적고 있다. 우신룽은 동생이 죽기 전에 마지막으로 그에게 보냈던 결의에 찬 편지를 거듭 읽었다. 그 편지에서는 전쟁 가운데에 처해 인생의 무상함을 깨달은 이의 한탄이 담겨 있다.

> 아, 전 벌써 스물다섯이 되었고 삶의 반이 이미 지나갔습니다. 그렇지만 돌이켜 보건대 남겨 놓은 것이라고는 아무 것도 없사외다. 이 비애감은 어찌 할까요. 오늘 저는 전함의 바다가 된 곳을 건너려 하오. 만일 불행한 일을 당한다

26 위의 책, 156면.

면 남길 말이라고는 오직 한 마디밖에 없구려. 형님의 보살핌에 늘 감격하고 있었습니다. 형님, 진정 감사하외다.[27]

식민지 지식인이 학업을 이루고 타이완으로 돌아오려는 차에 과거를 돌이켜 보았지만 남길 만한 귀한 족적이라고는 없고 외려 위험의 깊이를 가늠할 길 없는 여행을 해야 했다. 마음속의 불안감은 물결을 치고 전쟁이라는 상황에서 절망감은 더해만 갔다. 그는 그저 몸을 던질 뿐이고 결국 불귀의 객이 되고야 말았던 것이다. 이러한 시대에 "가족의 안녕을 바라지만 아마도 그건 불가능할 것이다"[28]라는 개인적 탄식만을 내뱉을 뿐이다.

전쟁 마지막 1년의 일기에서 가장 많이 볼 수 있는 기록은 전황에 대한 묘사이다. 1945년의 첫날 라디오에서는 타이완 전체에 대공습이 있을 것을 알리는 경보방송이 흘러나왔다. 신년의 첫날을 하늘에서의 인사로 시작했던 것이다. 그는 "보아하니 올해도 공습 속에서 살아가야 할 것 같다. 우리는 어쨌든 이 일 년을 버텨나가야 한다"와 같은 비관적인 마음을 적었다. 그 다음날 비극이 또 일어났다. 연합군의 폭격으로 백부의 가족 중 사상자가 적잖이 발생했던 것이다. 그의 동생은 타이완 특별간부후보생이었고 가족 전체를 덮고 있던 불운의 장막은 치워 버릴 수 없었다. 어쩌면 더 악화될 수도 있었다. 우신룽 자신도 군의관으로 징집될 가능성이 있었기 때문이다. 그렇지만 다행히도 액운은 그를 피해갔다.

긴장된 시국은 지속되었고 일본군은 패퇴를 거듭하고 있었다. 전

27 위의 책, 157면.
28 위의 책, 157면.

황은 한 치 앞도 내다볼 수 없었다. 타이완의 요새화는 더욱 박차를 가하고 있었고 공습은 나날이 강도를 더 해갔다. 미군이 타이완을 공격할 가능성도 생각할 수 있었다. 타이완은 전쟁의 공포를 직접 감당해 낼 수 있을까? 공습은 너무나 빈번히 일어나고 있었다. 공습은 상륙 전에 행해지던 작전이지 않은가. 그래서 우신룽은 일기에서 미군의 상륙 가능성에 대해 진지하게 분석했다.[29]

> 첫째, 타이완의 방어는 견고하다. 타이완에서 희생을 내는 것보다는 일본 본토를 직접 공략하는 것이 효과적이다. 둘째, 적은 이미 필리핀을 함락시켜 일본과 남양 간의 연결을 끊어버렸다. 때문에 타이완을 공격할 가치는 줄어들었다. 셋째, 타이완을 공격하느니 직접 대륙을 공략해서 일본과 남방 간의 연결을 차단하는 것이 낫다. 넷째, 필리핀은 프랑스령 인도차이나의 맞은편에 있다. 여기에 상륙한다면 윈난雲南과 바로 연결되고 그렇게 한다면 충칭重慶과 인도를 연결할 수 있다. 다섯째, 적의 전법은 다이아몬드 게임 식이다. 타이완을 건너뛰어 오키나와를 공략할 것으로 생각된다. 여섯째, 유황도와 도쿄, 오키나와의 거리는 차이가 없다. 적은 유황도에서 오키나와를 공략할 것이다. 일곱째, 적이 양쯔강을 압박하려고 한다면 오키나와를 취하지 않을 수 없다.

이것은 3월의 일기인데, 여기에서 우신룽이 전쟁의 위협으로부터 내면에 압박감을 느끼고 있다는 것, 동아시아에서의 전세를 냉정히 분석할 수 있었다는 것 등을 알 수 있다. 그는 전략적 관점에서 타이완의 지리적 이점을 파악하여 1항에서 4항까지는 동남아전략의 발

29 위의 책, 174면.

전가능성을, 제5항부터 제7항까지는 동북아전략의 향방을 가늠했다. 우신룽의 분석은 정확했다. 미국은 바로 제5항 이하의 전략을 선택했던 것이다. 당연히 이것은 타이완에게는 행운이었다. 물론 그 이후의 역사를 본다면 꼭 그렇다고는 말할 수 없지만 말이다.

여기서는 단지 중일전쟁 발발 후 우신룽 개인의 역정에 대해서 살펴본 것이다. 전쟁의 압력하에서 그의 개인적 삶은 점차 위축되어 갔고 비참한 상황으로 빠져들었다. 전쟁 통에 그는 소극적이고 방탕한 생활을 했다. 전시에 지식인의 고민은 일반인이 느끼던 것보다 그 정도가 심하며 그로 인해 삶의 방향을 조정할 필요가 있었던 것이다. 비상하던 문학청년은 점차 이성적인 문화운동가로 변해 갔다. 하지만 식민지 그늘 아래에서 체제 내로 들어가 일본 정치가 지배하는 정치판에 뛰어들어야 했다. 전쟁 통에 둘도 없는 친구를 잃고 사랑하는 아내를 보내고 형제의 죽음을 감내해야 했다. 우신룽은 전쟁의 압력과 일본의 강화된 통제 속에서 영혼이 파탄되는 경험을 겪을 만큼 겪어야 했다.

특히 전쟁 초기 타이완에서 문화 단체 간 분열과 일본의 황민화 실시로 인해 우신룽의 고독감과 답답함은 해소될 수 없었다. 이로 인해 문학창작은 줄어들었다. 장원환張文環의 『타이완문학』이 재발간 되고 『민속타이완』이 창간되고서야 문화생활을 다시 이어갈 수 있었다. 그렇다면 황민화 아래 타이완 지식인들이 굴복하고 편향적인 발전의 양상을 보이던 상황에서 우신룽은 어떻게 자신의 어두운 삶의 역정을 넘어설 수 있었던 것일까? 다음 절에서는 황민화 아래 좌절된 영혼이 출로를 찾는 과정을 살펴볼 것이다.

2) 황민화 속에서의 출로

황민화는 일본이 중국과 동남아를 침략하기 위해 추진한 3대 정책 중 하나였다. 타이완 지식인들에게 황민화 정책의 추진은 가장 민감한 문제이면서 피해갈 수 없는 통치전략이었다. 우신룽이 이것을 처음 피부로 느낀 것은 타이완 신문에서 중국어란이 사라진 때였다. 우신룽은 이 사건을 통해 시대의 변동이 다가왔음을 직감했다. 이러한 문화통치정책을 마주한 우신룽은 두 가지 상이한 대응 수단을 취했다. 첫째, 개인적으로 다른 문화적 원천을 찾아 우월한 지위에 있던 일본 문화에 저항하는 것이고, 둘째는 타이완 문화 인사와 다시금 결합하여 타이완 문화의식을 세우는 것이었다.

장량저張良澤가 정리한 타이완 문헌 자료를 참고하면 우신룽의 업적과 창작량은 타이완 지식인 가운데 첫 손가락에 꼽힌다고 할 수 있다. 지금 남아있는 우신룽 관련 자료의 대부분은 '우싼롄문화기금회吳三連文化基金會'가 소장하고 있는데 편집 출판된 자료로는 『우신룽전집』과 『우신룽선집』이 있다. 향후 우신룽의 자료 전부를 찾아낸다면 그의 사상과 정신을 보다 정확하게 그리고 보다 전면적으로 고찰할 수 있을 것이다.

필자는 우신룽의 일기에서 전쟁의 고민과 좌절을 살펴보면서 우신룽이 어떤 사상적, 문화적 기반에 근거하여 자신을 무장하고 황민화 정책에 맞섰는지 탐색하고자 한다. 타이완 신세대 지식인으로서 그는 근대교육과 일본유학을 통해 세계문화의 맥을 읽어낼 수 있었다. 이것은 앞 세대의 전통적 사대부와는 다른 경험이었다. 그들의 몸에는 중국 전통의 문화적 낙인이 찍혀있었다. 그러나 우신룽이 출생부터 받아온 교육은 일본의 영향이 강했다. 그래서 일본 문화의 요소는 그들의 사상을 구성하는 주요 성분이 되었던 것이다. 대략 20세기 초에 태어난 지식인들은 동일한 경험을 공유하고 있었으며 특히 일본에 유학했던 엘리트들의 경우는 그러한 성격이 더욱 강했다. 일본적인 요소는 중국적인 것을 넘어서 있었다.

우신룽의 부친은 저명한 전통 시인이었다. 하지만 그의 말대로 그가 부친으로부터 받은 영향은 그리 크지 않았다. 그는 한문사숙에는 가 본 적도 없고, 초기 일기는 타이완어와 백화문을 섞어서 썼다. 여기서 논하려는 것은 우신룽이 중국문화와 문학에 대해 가졌던 강렬한 뿌리 찾기의 의지와 태도이다. 타이완과 중국 간의 일제강점기 문화교류는 중요한 문제이다. 일본의 문화정책이 중국문화가 타이완에 전파되는 것을 금지했지만 초기에는 그렇게 엄격하지 않았다. 중일전쟁이 발발한 후 타이완에 중국의식이 다시 일어나는 것을 두려워했기 때문에 일본은 황민화정책을 실시하여 타이완 인의 의식을 통제하고 타이완 인들의 언론을 침묵시키려고 했던 것이다. 이러한 분위기 속에서 우신룽은 어떻게 자신의 정신을 무장할 수 있었을까? 또 일본 통치하의 타이완 인들 사이에서 중국문화 혹은 한족의식은 어떻게 다시금 강화될 수 있었는가?

그의 기억을 보면, 중국에 대한 접촉과 계몽은 중학생 시대로 거슬러 올라간다. 중학교 때 그는 천陳씨 성의 선생님에게서 한문수업을 듣고서 중국문화에 대해 미미한 의식을 가질 수 있었다고 한다. 그는 일본 유학시기에 신세계에 눈을 뜨게 되었다. 여기에는 일본 근대문명에 대한 학습뿐만 아니라 일본에 유학 온 중국 유학생들과의 교류를 계기로 생긴 중국 한족의식의 생장도 포함된다. 특히 중학시절에

개명한 교장을 만나 비교적 개방적인 태도를 가질 수 있었고 그래서 더 쉽게 중국 유학생과 접촉할 수 있었다.

우신룽은 가네가와金川 중학시절 친구들의 영향과 자극으로 동포를 만나고 그들과 함께 중화회관에 드나들면서 중국문화를 접하게 되었다. 여기서 그는 중국의 유명 문학가 궈뭐뤄를 알게 되었다. 궈뭐뤄가 초기에 오카야마岡山 부근 6고등학교에서 수학했기에 또 다른 문학자 위다푸를 알 수 있었던 것과 같았다. 우신룽은 일기 곳곳에서 궈뭐뤄의 작품을 통해 중국 문화를 직접 접하게 되었음을 말하고 있다. 그는 또 1936년 위다푸가 타이완을 방문했을 때 우여곡절을 겪으면서도 그를 만나려 했던 이유를 설명했다. 1936년 12월27일 타이난으로 간 목적은 오로지 중국문단의 중진 위다푸를 만나기 위해서였다. 다음날 저녁 궈수이탄과 쉬칭졔, 자오치밍, 좡숭린과 함께 타이난 철도호텔에서 위다푸를 만날 수 있었다. 우신룽은 위다푸가 루쉰 사후 중국에서 궈뭐뤄와 함께 중국 문단의 중진이라고 생각하고 있었다. 그러나 우신룽은 일기에서 이것을 비교적 간략히 적어놓았고 나중에 궈수이탄이 잡지 기고문을[30] 실어 비교적 상세한 추억담을 풀어놓았다.

궈수이탄은 궈뭐뤄와 종씨에다가 유학 시절 와세다 교수 궈밍쿤郭明昆이 위다푸를 초빙해서 만나보라고 했다는 이유로 그를 만났다. 28일 저녁 궈수이탄은 일본어로 대담하려 했으나 위다푸가 필담으로 바꿀 것을 요구했다. 주제는 문학 위주였다. 그날 밤 일본 특무가 깔려 있었기 때문에 화제가 문학에 집중될 수밖에 없었던 것이다. 나

30 郭水潭, 「憶郁達夫訪台」, 林佛兒 · 羊子喬 · 杜文靖 편, 『鹽分地帶文學選』, 林白出版社, 1979.8, 587~589면.

중에 궈수이탄은 위다푸가 타이완에 온 이유를 나름대로 추측했다.

> 누군가는 아내인 왕잉샤王映霞와의 불화와 결별로 고독감을 참을 수 없었기 때문이라며 이른바 실연으로부터의 도피 여행이라고 설명했다. 누군가는 일본의 꾐에 빠져 갑자기 정치에 발을 디뎠기 때문이라고 말했다. 그러나 모두 추측일 뿐이다. 다만 여러 정황을 보았을 때 전자의 가능성 보다는 후자의 가능성이 높아 보인다.[31]

실제로 정치적인 이유가 더 타당해 보인다. 단 일본의 유혹을 유일한 이유로 볼 수는 없다. 한편으로는 천이陳儀의 부탁 때문이기도 했다. 일본으로 가서 궈뭐뤄를 설득한 후 중국으로 돌아가 국민정부에서 대일 항전을 준비하려는 의도도 숨어 있었다. 여기서 이런 역사에 대해 많은 지면을 할애한 것은 우신룽이 중국의 문학과 문화에 대해 지속적으로 관심을 기울이고 있었다는 것을 설명하기 위함이다. 그 흐름은 수면 아래 잠복해 있다 중일전쟁이 발발하고 전쟁의 압력이 거세지자 수면위로 드러났고 결국 중국문화에 대한 이해로 전이되었던 것이다. 그는 중국문화에 대한 이해를 바탕으로 한족의식으로 무장하여 일본의 황민화 문화 정책에 저항하려고 했던 것이다. 이후의 일기를 보면 이 기간 그의 영혼이 어떻게 중국에 접근해 갔는지, 그리고 왜 황민화에 소극적인 저항의 태도를 가지게 되었는지를 분명히 알 수 있다.

전쟁이 현실화된 상황에서 삶은 혼란스럽고 생명은 위축되어 갔

31 위의 글.

다. 하지만 한편으로 우신룽은 그것과는 다른 조정의 방식을 취하기도 했다.

> 1월 15일 신년 이래 독서할 시간이 많아져서 나름 발전한 면도 있었다. 나는 늘 독서할 때면 내 정신의 타락에 대해 스스로 가혹한 채찍을 가하기도 하고 이러한 시대의 고민과 행동의 무력감을 한탄하기도 한다. 오늘부터 2, 3일 내에 『유물사관 지나사唯物史觀支那史』를 독파하기로 결심했다. 행동은 대범하게, 하지만 자기를 잃지는 말자.[32]

전쟁은 한편으로는 독서인이 자신의 정신적 허기를 채울 수 있는 좋은 기회가 되었던 것이다.

이 시기에 기울인 지적 탐색으로 중국문화에 대한 새로운 인식을 하게 되었으며 자신의 문화의식을 건립하여 일본의 황민화에 저항하려 했던 것 같다. 그로부터 5일 후, 그는 『유물사관 지나사』를 완독하고 중국의 역사에 대해 보다 체계적인 인식을 갖추게 되었다. 그 후 3월에 그는 봄비에 젖어들었고 이 봄비는 사고의 동력이 되었다. 비가 많은 생각을 할 수 있는 시간을 주었다고 적고 있다. 서적을 정리하면서 그는 다시 『지나고대사회사론支那古代社會史論』을 읽게 되었다. 이 책은 저명한 궈뭐뤄의 저작으로 당시 상당한 영향력을 발휘했던 작품이었다. 우신룽은 이 책을 읽고 궈뭐뤄의 위대함에 감명을 받아 그에 대한 놀라움을 표했다. 그는 신비로움에서 퍼져나는 쾌감을 느꼈다고 했다. 궈뭐뤄의 작품을 읽은 외에도 린위탕林語堂의 『우

32 『吳新榮全集』 제6권, 61면.

리나라 우리국민吾國吾民』을 주문했다. 이 책을 읽은 후에 "이 책은 기대만큼의 가르침을 주지는 않았다. 그러나 유일하게 탄복할만한 것은 있었다. 작자의 박식과 중국 민족의 결점에 대한 신랄한 비판이다. 그는 중국 고유의 문화를 제창하면서도 중국이 법치를 해야만 구원을 받을 수 있다고 말했다. 이 말에 전적으로 동의한다. 이 책을 읽은 감상을 말한다면 한마디로 중국 민족은 결코 패망하지 않을 것이라는 사실이다"라고 감회를 적었다.

문화의 원류를 찾아감에 있어 보다 중요한 것은 중국의 현재적 운명에 대한 생각, 즉 일본의 군사적 침략 아래에서 망국과 멸족의 위기로부터 벗어날 수 있는가라는 문제를 가슴에 담고 있어야 한다는 것이다. 왜냐하면 우신룽은 이민족에 나라를 뺏겼던 두 번의 역사를 알고 있었기 때문이다. 난징에 량훙즈梁鴻志를 수반으로 하는 유신정부를 세울 때 중국 각지에 일본의 지원을 받는 지방정부가 들어서 중화민국이 사분오열되었던 비극에 대해 그는 비분을 토로했다. '우리 한족이 강권에 의해 찢어지고 각자 분열 독립하여 내분이 끊이지 않는' 지경에 이르렀다. 그가 읽은 책의 특징을 보면 대부분 중국 문화와 인격적 특질을 연구한 책과 중국 역사의 특징을 설명하는 책이었다. 문화적 조국으로부터 거리를 갖고 있던 타이완 지식인으로서 그는 자신과 혈연관계인 모국에 대해 보다 심도 있는 탐색을 원했고 당대 중국 정치의 전도와 민족의 존폐 문제에 관심을 기울이고자 했다. 이것은 그 단계에 있어서 중요한 지식 학습이며 조국에 대한 깊은 관심의 표현이었다.

같은 해 말 그는 쥐원치橘文七의 『정해 지나문학사강의精解支那文學史講義』를 읽고 중국문학의 연원과 변천에 대한 개략적인 이해를 얻을 수 있었다. 아울러 중국 십대 시인과 오대 소설을 꼽아 한층 심화된 연구를 진행하려고 했다. 그 후 우에무라 타다하루上村忠治의 『시인으로 보는 지나문화從詩人看支那文化』를 읽었다. 그는 문학을 통해 중국문학의 정신세계를 탐색할 수 있었다. 특히 그는 이를 통해 당송의 문학적 성취의 위대함에 경탄했다. 우에무라는 책에서 오대 시인 도연명, 이백, 두보, 백거이, 소식의 시가 전해지는 방식을 가지고 중국 시인들이 문화 발전에 끼친 영향을 지적해내었는데 우신룽은 그중 백거이의 시풍을 좋아했다.

황민화 정책은 우신룽의 현실 생활에 많은 흔적을 남겼다. 하지만 그는 일본 식민세력의 확장에 대해서 부정적인 태도만 견지한 것은 아니었다. 그 당시 일본인의 교육이 성공했기 때문만이 아니라 아시아 지역의 지식인 중 많은 이들이 대아시아에 대한 생각을 갖고 있다고 보았다. 중국의 쑨원 역시 그러한 생각을 가진 전형적인 위인으로 볼 수 있다. 우신룽도 일본의 국력 팽창이 필연적이라고 한다면 일본이 '섬 제국'이 되어 이로부터 아시아 세력의 통합을 이룩하는 것이 아시아가 '백인종의 지배'에서 벗어나 '황인종의 자유'를 실현시킬 수 있다고 생각했던 것 같다.

그러나 현실적 환경에서 일본의 적극적인 황민화 추진은 그에게 많은 고민과 갈등을 던져주었다. 그는 매일 일을 마치면 양복과 구두를 벗고 일본 옷과 게다로 갈아입고는 하루의 반을 일본식 생활로 보냈다. 단무지, 회, 나베 요리를 먹었고 집에 다다미를 만든 것을 영광스럽게 생각했다. 이후에는 일본어로 대화하고 일본어로 글을 썼으며 마지막에 가서는 일본식으로 사고했다. 이 모든 것은 편리를 좇기 위함이었다. 편리와 필요는 동화의 불가결한 조건이다. 이 단계의 그의 글에서는 일본의 황민화운동에 대한 무력감으로 가득 차 있다. 생활의 소소한 부분에서부터 사고까지 모든 것이 일본의 강권하에서 전개되었다. 우신룽은 이 단계에서 중국 문화를 배우는 일에 비교적 많은 힘을 쏟으며 자신의 사상을 강화하고 무장했다. 그러지 않으면 정책의 흐름에 따라 점차 일본에 동화되어 갈 것이기 때문이었다. 우신룽은 이러한 위기감을 갖고 있었다.

뿐만 아니라 타이완인의 일반적인 생활에는 황민화와 근대화가 함께 개입되어 있었다. 일기는 "향을 올릴 부처가 남아 있지 않다는 사실에 비참함을 느꼈다"라고 적고 있다. 타이완 인들의 민속신앙을 없애기 위해 일반 사원과 묘당에 사묘승천寺廟昇天이라는 방식을 취해 훼불정책을 강제하고 미신타파의 정책을 펴나갔다. 지식인들은 이러한 정책에 대해 찬성의 입장을 취하고 있었다. 여기에 반전통과 반봉건이라는 과제가 담겨 있었기 때문이었다. 그러나 우신룽은 강제적인 수단은 인정할 수 없었다. 강제적 수단 아래에서 오히려 새로운 미신이 자리를 대신 차지하고 들어앉았다. 타이완 인들은 일본의 아마테라스 오미카미天照大神를 숭배해야 했다.

또 다른 황민화의 사례는 창씨개명이었다. 우신룽은 이 문제에 대해서도 깊이 사고했다. 창씨개명에 대해 우신룽은, 피해갈 수 없다면 자신의 문화적 전통과 현대의 새로운 의의를 조화시켜야 한다고 생각했다. 그는 사전에서 '오吳'의 별호가 '연릉延陵'으로 오늘날 강소성 상주常州라는 것, 춘추시대 오학례吳學禮가 살았던 곳이어서 얻게 된 이름이며 릉陵이 강岡과 통하므로 성을 '연강延岡'으로 바꿔야 한다고 했다. 시대의 압력을 그로서는 벗어날 수 없었던 것이다.

창씨개명은 복잡한 문화적 과제였다. 타이완인에게는 일본문화와 한인문화 양쪽을 고려하지 않을 수 없는 문제였던 것이다. 특히 자신의 문화 정체성을 지닌 우신룽에게 이것은 현실과 이상, 중국과 일본 사이에서 일어나는 의식 투쟁이었다. 전통 한족의 시각에서 본다면 성씨는 대표성을 지니며 한족으로서 정체성을 이어가는 기호이다. 그러나 일본은 한족의식을 단절시키고자했다. 창씨개명과 국어가정國語家庭의 제창은 타이완의 한족 의식에 대한 직접적인 도전이었다. 때문에 우신룽은 중국문화에 관한 서적을 찾아다닌 것이고 고향 원로의 의견을 참고삼아 정신무장을 하려고 했던 것이다.

마떠우麻豆의 린반林泮은 그가 자문을 구한 사람 중 하나였다. 린반은 우신룽 부친의 친구이자 그와 동인인 린팡녠林芳年의 부친이었다. 그는 린반에게 민족문제에 대한 가르침을 청했다. 린반은 중국 우吳 씨의 기원을 오태백吳太伯에서 오계찰吳季札로 이어지는 계보에서 찾을 수 있다고 말하며 그들을 정의를 위해 분투한 이들로 결론지었다. 그것은 우신룽을 감탄하게 했다. 일기에서 "한 분은 오나라를 세우셨고 다른 분은 공자가 찬탄해마지 않던 인물이었거늘 지금 나는 도망치려는 마음만 가득하니 그저 내 우둔함만을 보여줄 뿐이구나"[33]라고 적었다.

린반의 가르침을 받은 후 그는 창씨개명에 대해 새로운 생각을 갖게 되었다. 주周나라 오태백은 강남으로 피해 오吳를 세웠으니 우吳씨 성의 원조가 된다. 그리고 태백의 공은 주周 문화를 벗어나 남만南蠻 지역에서 신천지를 개척했다는 것에 있다. 이로써 남만인들과 잡거하게 되었으므로 우씨 가문은 순수한 황제黃帝의 자손으로서 한족이라고 할 수 없다는 것이다. 그리고 그 부친인 우쉔차오吳萱草도 셰

33 위의 책, 154면.

謝씨 가에서 우吳씨 가로 들어간 것이라 그들은 순수한 우吳씨 가의 자손도 아니었다. 그렇게 보면 그들이 신성新姓으로 신민新民이 된다는 것은 당연한 일이라고 할 수 있다.

우신룽이 창씨개명 문제에 대해 신중한 태도를 취했던 까닭은 정치와 경제, 사회와 문화 각 방면에서 전개되던 일본의 억압을 타이완 엘리트 계층이 피하기가 쉽지 않았다는 것을 뜻한다. 일본의 통치 기제 안으로 들어가지 않는다면 한낱 시골의 문화인사 정도가 되어 지방의 여러 잡다한 사무나 처리할 수밖에 없었을 것이다. 우신룽은 굴레를 벗어나는 길을 찾고 싶어했다. 문학작품을 통해 한문화漢文化의 양분을 섭취하거나 한족의식을 획득함으로써 전대 원로들의 교양을 보다 심화시키려고 했다. 그것을 통해 그는 창씨개명에 대처하는 자신의 방식에 대해 나름의 이유를 만들고자 했던 것이다.

전쟁 시기 우신룽은 수많은 문제에 대처해야 했다. 이때 중국을 지향하는 그의 뿌리 찾기 의식은 그가 힘을 낼 수 있는 바탕이 되었다. 공자주의에 대해 동질감을 느끼고 공자의 절의와 기개를 알아나가는 것은 그에게 인생 최고의 멘토를 구한 것과도 같았다. 우신룽이 소장하고 있던 쑨원의 『중산전집中山全集』도 전쟁시기의 그에게 많은 참고가 되었던 책이다.

중국의식으로 무장한 것 외에 타이완 문화계의 문화사업 재건과 혁신에 참여한 것 역시 전쟁기 후반 그 삶의 중심이 되었다. 1941년 타이완 문화단체들은 새로이 결집하여 새로운 세력을 형성했다. 우신룽도 문학창작에 있어 새로운 면모를 보여주었다. 장원환 등의 주도로 타이완인에 의해 만들어진 잡지 『타이완문학』은 전쟁기 타이완 문화사업의 최후보루였다. 『타이완문학』은 거의 모든 타이완의 지식인과 문학계 엘리트들을 망라했다.[34] 이 잡지는 전쟁기 타이완인들이 가장 아끼고 자랑스러워한 잡지였다. 우신룽의 중요한 문장들도 역시 이 잡지를 통해 발표되었다. 그의 수필 작풍이 형성된 것은 이 시기의 성과였다. 그는 타이베이 제국대학의 교수 중심으로 발간된 『민속타이완』에도 참여했다. 우신룽이 이룬 걸출한 성취 중 하나가 민속과 문헌 자료를 채집한 것이었는데, 이것이 바로 이 시기에 이루어졌다.

전쟁의 기나긴 여정 속에서 우신룽은 다양한 인생 경험을 했다. 때로는 격정적이기도 했고 때로는 위축되고 타락하기도 했다. 또 중국적이기도 했으며 일본적이기도 했고 타이완적이기도 했다. 굴곡진 그의 인생 경험은 상처 입은 영혼에 여러 상처를 남겼다. 조금은 중국적이고, 조금은 일본적이고, 조금은 타이완적인 채로 말이다. 그렇다면 그의 작품에서 그의 내면의 여정은 어떤 형태로 나타났을까?

4. 문학 창작

1) 일기의 전환

사회환경과 시대의 대변화는 사회와 개인의 심미관에 변화를 가져온다. 세계역사의 흐름에서 벗어난 적 없는 타이완 신문학은 30년

---

34 王昭文, 『日治末期台灣的知識社群(1940～1945)－『文藝台灣』『台灣文學』『民俗台灣』三雜誌的歷史研究』, 淸華大學歷史研究所碩士論文, 1991.7.

대 세계 좌익문학 조류의 세례와 영향을 예외 없이 받았다. 타이완 신문학에는 사실주의적 저항의 성취가 생겨났다. 이러한 성취는 『타이완문예』와 『타이완신문학』의 출간으로 드러났다. 그러나 중일전쟁의 발발은 타이완 작가들에게 어두운 그림자를 드리웠다. 어떤 이들은 더욱 급진적인 문학적 저항을, 또 다른 이는 30년대 중국에서 산출된 '혁명문학'을 '문학혁명'으로 바꾸어 혁명적 낭만주의를 고취했다. 그것이 문학의 주류가 되었으며 당대 주요 작가와 독자들의 마음을 사로잡았다.

그러나 일본 파시스트의 통치하에서 타이완 지식인의 문학창작은 또 다른 보여주었다. 문학가 절대 다수는 이른바 '국책'에 협력하는 방향으로 돌아섰고 '문예가총후운동文藝家銃後運動'을 선전하는 데 투입되었다. 이러한 상황에서 식민지 지식인이자 문학인이었던 우신룽의 문학관은 어떤 변화를 겪었을까? 본 절에서 우신룽의 문학창작에 나타난 장르 변화와 그것이 어떤 면에서는 식민통치하의 굴종이었음을 보여주고자 한다.

1930년, 우신룽은 29일 간 구류에 처해졌다. 일본에서 '도쿄타이완사회과연구회'에 참여했다가 4・16사건으로 인해 피검되었던 것이다. 이후 그는 일본 정부의 요주의 인물이 되었다. 귀국길에 곳곳에서 밀정의 감시를 받아야 했다. 귀국 후 지방의 진보적 청년인사들과 '청풍회'를 결성하자 일본관헌들은 그것을 정치활동으로 간주하고 고등 특무를 파견하여 그들을 감시했다. 결국 농촌 최초의 청년문화조직은 두 달이 되지 않아 탄압에 의해 사라지고 말았다.[35]

35 吳新榮, 『吳新榮回憶錄』, 台北 : 前衛出版社, 1991.6, 115~126면.

또 하나의 일이 1945년 일본이 패망한 그날 밤에 일어났다. 우신룽은 일본인의 초대를 받아 관사 방공호에서 담소를 나누게 되었다. 그 일본인은 평소에 타이완의 불온분자들을 감시하는 히라야나기平柳라는 특무 공작원이었다. 성대한 주연 석상에서 그는 일본이 아직 시행하지 않은 '최후의 조치'가 있다는 사실을 우신룽에게 발설했다. 우신룽은 그것이 무엇인지 물었고 히라야나기는 "이 건은 이미 지난 일이 되었기 때문에 당신에게 말해주는 거요. 최후의 조치라는 것은 바로 일본 군부의 정책을 말하는 것이요. 거리와 마을마다 있는 사당을 임시 수용소로 바꾸고 최후의 순간에 모든 지도급 인사들을 감금한다는 것인데 가장 중시해야 할 인물들이 바로 정부의 블랙리스트에 든 인물이라는 것"이라고 답했다. "이 지방에서 블랙리스트에 든 인물은 누구죠?" "첫째가 우산롄吳三連, 둘째가 좡전莊眞, 셋째가 바로 당신 우신룽이란 말야!"[36]

우신룽의 기억 속에서 일제강점기, 특히 후기에 일본은 더욱 엄격하게 타이완을 감시했다. 그의 아들 우난투吳南圖는 부친의 유물을 정리하던 중 '방명록'에서 친필 서명들을 보았다. 거기에는 아타리 요시마사中良正, 요시야마 신이치吉山新一 등의 이름이 있었다고 했다. 그 후 산방山房에서 소장하고 있던 사진 중 정자에서 찍은 합동사진을 보고 산방 주인은 이런 낯선 손님들이 일본 특무경찰이라고 증언했다.[37] 이러한 일본의 전면적 파쇼 통치는 상당히 성공적이었다. 적어도 정치 영역에서 타이완 인들은 운신의 폭이 줄어들었고 이는 문화영역에서보다 더 사람들을 옥죄었다. 이러한 분위기 속에서 타

36 위의 책, 186~187면.

37 위의 책, 37면.

이완 인들의 저항의 여지는 갈수록 좁아졌다. 우신룽도 그러한 흐름을 누구보다도 민감하게 받아들이고 있었다. 거대한 시대의 그림자 아래에서, 또 가족과 친지, 그리고 처에 이르기까지 가까운 이들을 잃는 상처를 입으면서 그는 적지 않은 좌절을 겪어야 했다.

우신룽의 부친이 전통적인 한시 시인이었지만 우신룽은 전통 사숙에서 공부한 경험이 없다고 말했다. 자료를 통해보아도 한학을 공부했던 경험에 대한 언급은 거의 없다. 그는 신세대의 타이완 지식인으로서 거의 완벽하게 일본의 교육과정을 밟았다. 쉐자공학교學甲公學校에서 어우왕공학교嘔汪公學校로, 그리고 타이난상업전문학교를 거쳐 일본으로 유학을 갔다. 이러한 학력은 타이완의 수많은 학생들이 밟던 필수코스였다. 근대적 일본교육을 받은 우신룽은 한학을 닦은 선대의 문학 창작자들, 예를 들어 라이허, 천쉬구陳虛谷 등과는 확연히 구분되었다.

그러나 다른 면에서 본다면 실상은 그리 단순하지 않았다. 우신룽 문학의 기본과 바탕이 된 문학장르인 일기는 그가 한문에 소양이 있었음을 보여준다. 우신룽의 일기 쓰는 습관은 타이난상업전문학교를 들어갔을 때 시작되어 5~6년 간 지속되었다. 그러나 도쿄에서 '4·16사건'에 연루되어 검거되었을 때 남겨두었던 일기가 일본 측의 자료가 되자 이를 기점으로 일기쓰기를 중단하게 된다. 1933년 타이완으로 돌아와 결혼하고 개업을 했을 때는 정치운동에서는 손을 뗀 후라 일기를 쓰지 않을 이유가 없다고 생각했다. 그리고 그는 일기의 역할을 긍정했다. "일기는 우리 생명의 기록이며 우리 생활의 반성이기 때문"이었다. 이후 우신룽은 시간이 지날수록 일기 쓰기에 더 공을 들였다. 비록 매일 적지는 않더라도 중단하지 않고 지속해 나갔다. 그 덕분에 전쟁 전후에 씌어진 두 권의 귀한 일기를 우리에게 남겨줄 수 있게 된 것이다.

우신룽은 일기를 쓰는 데 매우 열심이었다. 이후 개인적 기억을 기록할 때 신뢰할 만한 자료로 일기를 이용했다. 그렇다면 우신룽은 일기라는 장르를 어떻게 바라보았을까? 그가 펴낸 『타이완 부생육기－망처기台灣浮生六記－亡妻記』에서 일기의 작용을 다음과 같이 적고 있다. "일기는 생활의 진실한 기록이다. 일기는 자기 영혼의 여과기이다. 일기는 자손에게 남기는 비애의 유서이다. 일기는 인생의 과정표에 불과하다."(「亡妻記序」) 일기는 문학창작자에게는 자신의 문학을 함양할 수 있는 가장 기본적인 경험으로 기능하며 창작자의 가장 소박하고 원초적인 재료라고 할 수 있다. 세계의 수많은 문학가의 일기가 중요시 되어왔다. 중국에서도 당시 우신룽과 타이완 문단에 지대한 영향력을 끼치던 궈뭐뤄와 위다푸 등의 일기는 인구에 회자되어 널리 읽히는 문학작품이었다. '허위가 아닌' 그들의 토로는 쉽게 대중의 공명을 불러일으켰고 독자들에게 훔쳐보는 쾌감을 선사했다.

개인에게 있어서 일기의 가장 중요한 기능은 일기가 자기 일생의 '진실한' 기록이라는 점이다. 일기체, 편지체, 그리고 각종 문체를 비교했을 때 일기체는 그중 꾸밈은 가장 적고, 개인적 내밀성은 가장 높다. 또 창작자의 가장 원초적인 면모를 잘 보여준다. 특히 우신룽은 일기의 출판을 의식하지 않은 작가였다. 게다가 일기는 반성적 사고로 기능하는 '여과기'이다. 심층에서 이루어지는 자아의 참회는 사람들의 심금을 울리는 일기를 문학적 작품으로 만든다. 루소는 『참회록』에서 자신의 부단한 반성적 사색을 통해 도덕적 '선'을 창조하고 사람들을 감복시켰다.

두 번째, 우신룽은 일기를 통해 현실에 대한 도덕적 기준을 세울 수 있었다. 그는 "하루를 분주히 보내는 것은 생계를 해결하기 위함이다. 우리가 이익을 위해 내달릴 때 그 이익은 타인을 희생시켜서 얻는 것이어서는 안 된다. 그리고 생산이라는 것은 가장 신성한 것이고 당연히 가장 상찬되어야 할 것이다. 인생의 진의가 여기에 있다"[38] 라고 일기에 썼다. 향촌의사로서 그에게는 사회적 지위가 있었고 경제적인 수입원도 있었다. 그러나 무엇보다도 사회에서 좋은 평가를 받아야 한다는 것이 중요했다. 그의 일기 혹은 회고록을 보면 그 지역에는 제법 실력을 갖춘 의사들이 있어서 그들과 경쟁을 하지 않을 수 없었음을 알 수 있다. 즉 이러한 현실을 고려하지 않을 수 없는 상황이었다.

더 중요한 것은 다수 프롤레타리아 대중을 대하고 있었다는 것이었다. 그는 젊은 시절 의료실습 과정에서 그 나름의 사회주의 사상을 실현하기 위해 일본의 무산자병원에서 조선인을 위해 일한 경험도 있었다. 이 경험들은 그에게 깊은 감명을 주었다. 타이완에 돌아온 후 가족의 생계를 책임져야 했지만 사회주의의 세례를 깊이 받은 젊은 의사는 의사로서의 양심과 고향사람들에 대한 열의를 간직하고 있었다. 수년 간 사회, 정치적 일에 참여하면서 그는 현실생활과 인민을 위한 복무 사이에서 균형을 이루어야 한다는 것을 인식하고 있었다. 이러한 인식은 의사로서의 삶을 통해 얻은 가장 의미 있는 성과였다.

세 번째, 일기는 가문의 전통을 자손에게 전수한다. 우신룽은 가족

---

38 『吳新榮全集』 제6권, 46면.

의식이 강한 사람이었다. 대가족의 전통은 상호부조, 상호지원이었다. 숙부에게 도움을 받은 대신 그도 사촌들에게 보답해주었다. 이후 전개된 우가吳家의 성공적인 교양의 전수를 통해 한 가족 내에서 오랜 동안 면면히 이어져 온 전통을 볼 수 있다. 그의 부친은 문학적 표현과 함께 문화의식을 그에게 전해주었다. 그는 이를 바탕으로 문화적 힘을 길러 가족을 일으켜 세워야 한다는 의식을 갖게 되었다. 비록 중국의 『안씨가훈顔氏家訓』과 같은 경전일 필요는 없지만 가문의 정신과 삶의 방식을 전승할 필요는 있었다. 후에 많은 이들이 동의한 것처럼 우신룽의 회고록은 대를 이어 전승되는 타이완 인의 가족사였다. 회고록은 문장이 아름다울 뿐 아니라 가족의 역사적 연원을 진실하게 밝혔다는 점에서 성공적이었다. 그의 일기는 상세하고 명료했기 때문에 당시 그의 영혼을 정확히 기록할 수 있었던 것이다.

네 번째, 일기는 인생의 발자취에 불과하다고 했는데 이는 우신룽의 겸손일 뿐이다. 그의 일기는 결코 개인적 자료만은 아니었다. 위대한 일기는 아름다움으로 사람들을 감동시키고 고명한 인생의 가치를 밝혀주는 외에도 시대를 관조하고 역사를 기록하는 기능을 갖추고 있다. 바로 그의 일기는 자신의 심리궤적과 친구들의 생활을 기록했을 뿐 아니라 일제강점기와 전후의 문화 활동과 사조도 담아냈다. 예를 들어 1940년 말, 일본 중견작가 쿠메 마사오久米正雄, 요시가와 에이지吉川英治 등이 대중국 전쟁을 독려하고 선전문예를 지어 국가정책을 지원했으며 일본 문단의 영수인 기쿠치 칸菊池寬은 '문예가 총후운동'을 전개했는데 이에 대해 타이완 작가들이 그다지 좋은 반응을 보이지 않았던 일 등이 그의 일기에 상세히 기록되어 있다. 그중 하나를 예로 들어 보면, 1941년 『오사카신문』 작가인 후지노 유우지藤野雄士가 타이완 문화계 인사들에 대해서 니시카와 미쓰루西川滿를 폭력집단을 이끄는 자로, 양윈핑楊雲萍은 정치를 혐오하는 고결한 시인으로, 또 장원환, 양쿠이, 천이쑹陳逸松 등에 대해서도 평가를 내리고 있다고 기록하고 있다. 필자는 바로 이런 이유 때문에 그의 일기를 당시 타이완 문화계의 사건과 분위기를 찾는 자료로 중시하는 것이다.

전쟁기에 접어들면서 우신룽 일기에는 커다란 변화가 일어났다. 일기의 언어가 한문에서 일문으로 바뀐 것이다. 물론 전쟁시기 우신룽과 타이완인들로서는 어쩔 수 없는 결정이었을 것이다. 우신룽과 같은 신세대 지식 엘리트들에게 일문은 다루기에 익숙하고 쉬운 문자였다. 그 세대 중에 장원환, 뤼허뤄, 양쿠이, 룽잉쭝龍瑛宗, 왕창슝王昶雄 등은 모두 유창한 일본어로 창작할 수 있었다. 그렇지만 우신룽은 일기를 한문으로 쓰는 습관을 유지하고 있었다. 이것은 그리 쉽지 않은 일이었다. 이러한 사실은 그가 한문화를 견지하고 있었음을 말해준다. 그러나 1938년 이후, 그해 첫날의 일기에서는 다음과 같이 적고 있다.[39]

> 오늘부터 일본어로 일기를 쓰기 시작했는데 익숙지가 않다. 지난 10여 년을 돌아보면 일본의 팽창은 일본어의 범람을 의미했다. 나와 같이 작디작은 성城은 그 범람을 막아낼 힘이 없다. 내가 일상생활에서 일본어를 사용하듯이 나의 일기도 일본어로 쓰이는 것은 자연스러운 일이다. 내 일생을 돌이켜보면 나는 일본 통치하에 있는 사람이다. 내 인생의 반을 모두 일본어 교육을 받는다고 보

39 위의 책, 59면.

> 냈다. 이 중대한 일이 있었기에 나는 지금 일본어로 읽고, 일본어로 쓴다. 이것은 영국 유학생이 영어로 말하고 영어로 쓰는 것과는 그 의미가 다르다. 내가 일기를 쓰는 것은 내 생활을 기록하기 위함일 뿐이기 때문에 사생활을 기록하고자 한다면 부득불 가장 이해하기 쉬운 언어로 일기를 쓰지 않을 수 없다.

우신룽은 문자가 문화적 패권을 보여준다고 생각했다. 일본어가 그의 모어는 아니었지만 정규학력 과정의 훈련을 통해 일본어로 사고할 수 있게 되었다. 이는 단순히 한 나라에서 다른 나라로 유학함으로써 익히게 된 다른 종류의 문화교양에서 비롯된 것일 뿐 아니라 더욱 주요한 것은 일본 식민당국의 의식적인 언어교육과 정책 추진 때문이기도 했다. 때문에 개인이 쌓아올린 한문의 보루로는 저항할 도리가 없게 되었던 것이다. 전쟁 중에 개인의 문학창작에 있어 사적 성격이 강한 일기는 심층에서 충격을 받게 되었다. 그래서 가장 기본적이고 핵심적인 부분부터 조정이 이루어져야 했다. 얼마 후 스스로를 검토하면서 "이후 일본어로 대화하고 일본어로 글을 쓸 것이고 나중에 가서는 일본식으로 사고할 것이다. 모두 편리를 도모하기 위해서이다. 편리와 필요는 동화에 있어 필수불가결한 조건이다"[40]라고 기록했다.

우신룽의 이러한 변화는 의식문제에 있어 복잡성을 띠고 있다. 그러나 편리와 필요란 좌절을 겪고 무력감을 느끼게 된 후의 핑계에 불과하다. 식민지 지식인으로서는 문자의 전환을 직시해야 했다. 항구적인 관점에서 보면 일문과 한문 사이의 학문상의 갈등은 일시적인

40 위의 책, 62면.

것이었다. 우신룽은 전후 언어 단층 세대의 작가로서 다른 작가들이 겪었던 언어 전환에서 오는 고뇌를 겪은 적이 없었다. 문화적 차이 역시 그에게서는 발견할 수 없다. 이는 주목할 만한 현상이다.

2) 수필의 탄생

우신룽 수필의 내용을 살펴보자. 그의 『정부情婦』에서 다음과 같은 설명을 볼 수 있다.[41]

> 수필은 시가와 다르고 콩트와도 다르다. 위치상 그 둘 사이에 존재한다. 수필이란 기지, 풍자, 유머, 교양 등을 씀으로써 인생을 비평하는 것이다. 그리고 그 비평의 결과 새로운 인생을 구현하는 것이다. 이것이 수필의 본질이다. 그러나 수필의 방식은 흥과 뜻에 따라 쓰는 것이다. 그것은 곧 기록이다. 전후 순서에 연연해하지 않기에 그것은 '수필'이라 불리는 것이다.

수필이라는 장르는 중국, 일본 모두에서 유구한 역사를 이어왔다. 이후 우신룽의 문학발전의 궤도에서 수필은 문학창작의 주요 방향이 되었다. 일반적으로 일제강점기 타이완문학 종사자들, 특히 '염분지대'의 문학적 성취에 대한 상찬은 시창작에 집중되어 있다. 타이완문학에서 선배격인 왕스랑王詩琅은 "이들 청년들은 주로 일문으로 자유시를 썼다. 자리佳里는 '염분지대'에 속하기 때문에 사람들은 그들

41 吳新榮, 『吳新榮全集』 제2권, 57~58면.

을 '염분지대 시인'으로 불렀다."[42] 그렇다면 '시'를 위주로 하게 된 이유가 무엇일까? '염분지대' 시인의 하나인 린팡녠은 성원 개개인의 생활이 바빠서 소설을 쓸 시간적 여유가 없었기 때문에 가장 정제되고 간결한 문학 형식을 통해 사회의 실상을 그려내고 그들의 사유와 정감을 표현할 수밖에 없었다[43]고 이러한 현상을 설명했다.

일제강점기 '시인의 고향'이라던 '염분지대' 집단의 선구자 우신룽은 식민통치와 전쟁으로 고난을 겪으면서 젊은 시절 가장 창작하고 싶어 했던 신시에서 수필로 방향을 바꾸었다. 이처럼 문학 창작의 궤적은 전쟁 속에서 변화를 보였다. 우신룽은 전후 「신시와 나新詩與我」에서 자신의 신시 창작과정의 변화를 다음과 같이 개략적으로 분석했다. 제1기 청년시대는 낭만주의기, 제2기 장년시대는 이상주의기, 제3기 노년시대는 현실주의기였다. 학생시대는 천진스럽고 낭만적인 연애 감정으로 가득 차 있었다. 또 비장함과 모험을 좋아했다. 그는 이것을 동인지에 모두 35수의 시에 담아 표현했다.

제2기는 일본에서 타이완으로 돌아와서부터 타이완이 광복되기까지 '염분지대'로 불리던 시기이다. 대부분의 작품은 문학잡지와 신문 문예란에 발표되었다. 이 시기 그에게 일어난 심리적 변화는 사상적인 변화를 이끌어냈다. 마치 아직 젖내도 가시지 않은 어린아이가 인권을 주장하는 성인이 된 것 같았다. 일본의 타이완 인에 대한 폭압적인 정책에 대해 그는 저항심을 갖게 되었다. 그러나 일본인 통치하에서 심리적 고민을 표현하는 것을 주저하기 마련이고 그래서 작품은 25수에 그치고 있다. 그가 말했듯이 『타이완문예』와 『타이완신

42 王詩琅, 「地方文化建設者」, 『台灣風物』 17卷 3期, 1967.6.

43 林芳年, 「鹽分地帶作家論」, 『林芳年選集』, 台北 : 中華日報社, 1983, 406면.

문학』에 발표한 신시에는 식민당국에 대한 강렬한 저항자로서의 민족적 풍격이 담겼고 또한 농후한 사회주의적 색채가 드러났다. 같은 시기 『타이완문학』에 주로 발표한 신시는 심리적 고민을 표현한 작품들이었는데, 이것은 나중에 따로 설명하려고 한다.

이 시기 창작한 신시의 양이 감소한 것은 정치적 압력 외에 수필 창작 때문이었다. 수필은 점차 우신룽의 또 다른 창작 영역이 되어 갔다. 일기체의 「망처기」에서부터 전쟁 기간 우신룽의 또 다른 장르인 민족풍물 연구들을 광의의 수필이라 할 수 있다. 일기에는 '타이완예술사'의 황쭝쿠이黃宗葵가 방문해 '망처기'로 제목을 붙여 수필집으로 묶어 내자는 건의를 했다고 적혀있다. 우신룽은 그의 글 몇 편을 골라 수필집에 넣을 초안을 만든 상태였다. 거기에는 「지나간 청춘의 일기逝去的青春的日記」, 「옛일을 추억하다回憶昔日」, 「비번묘飛蕃墓」, 「속비번묘續飛蕃墓」, 「도시의 동료鎭上的伙伴」, 「샤오랑 수필蕭琅隨筆」, 「의사와 여기醫生與餘枝」, 「어우왕 지역고歐汪地誌考」, 「두 명의 아내를 데리고帶雙妻」 등의 수필이 담겨 있다. 이로 볼 때, 이 시기 우신룽의 문학창작은 수필이 점차 시를 대신하고 있으며 가장 중요한 글쓰기 장르가 되었음을 알 수 있다.

1943년 7월1일 우신룽은 자신의 시집인 『진영시고震瀛詩稿』의 편집을 마음먹기 시작했다고 적고 있다. 그는 "현재 이 시점은 마침 다른 시대로 전환하는 경계라고 할 수 있다. 게다가 내 시의 경지는 이미 막다른 곳에 이르렀다. 일단락을 고하기에 딱 좋은 시점이다"[44]라고 분석했다. 그는 시집의 내용을 제1기 요람기-도쿄 유학 시대, 제2

44 『吳新榮全集』 제6권, 145면.

기 전기-'염분지대' 시대, 제3기 중기-『타이완문학台灣文學』 시대, 제4기 후기 등 네 단락으로 나눴다. 인용한 문구에서 중요한 것은 '시의 경지가 이미 막다른 곳에 이르렀다'는 점이다. 수적으로도 『타이완문학』 시대는 앞선 2기에 비해 시창작이 큰 폭으로 감소하였다. 시의 정경과 시의 힘에 있어서도 앞선 두 시기의 힘과 기세를 따라가지 못했다. 현실에서의 좌절과 시대적 요인은 그의 시 창작의 발전이 정체되는 결과를 초래했다. 그는 시가 자신이 능수능란하게 다룰 수 있는 최고의 장르가 되지 못할 것임을 인식하였다. 수필은 그 대안으로 선택한 장르였다고 할 수 있다.

한편, 당시 문단에서 '염분지대'의 시인들을 어떻게 간주해야 할 것인가라는 문제가 제기되었다. 당시 가장 중요한 문학잡지라고 할 수 있는 『타이완문학』에 황더스黃得時는 「최근 타이완문학운동사晚近台灣文學運動史」를 실어 당시 타이완문학에 대해 분석했다. 시인으로 궈수이탄을, 수필가로는 우신룽, 장싱젠張星建, 전펑위엔陳逢源 등을 다루었다. 여기서 황더스는 우신룽을 '염분지대' 시인이 아닌 수필가로 분석했다. 그리고 후일 '타이완문학 봉공회' 성립 시 우신룽의 참가를 요청하면서 우신룽의 자료를 평론부, 수필부와 시부에 함께 편입해 놓았다. 우신룽을 포함한 당시 문단의 관점에서 수필은 가장 눈에 띄는 창작 장르였다.

스이린은 해방후 우신룽의 『샤오랑산방수필蕭琅山房隨筆』을 분석했다. 이 글에서 다음과 같은 결론을 구할 수 있다. 수필의 내용과 제재는 모두 다음과 같은 것들을 공통적으로 담고 있다.

① 의사로서의 말. 의사문학의 전통이라고 볼 수 있는 것으로서 향토사적과

문학성을 띤 의학서 및 의학성을 띤 문학서 등 자신이 일생동안 수집하고 사들인 도서.[45]

② 병고의 이모저모. 병자로 치환된 주인공이 병을 얻은 후 깨달은 바를 이야기한다.

③ 향토 타이완. 향토에 대한 강렬한 애정은 우신룽의 일생에 있어 귀착지이다. 그는 문자를 빌려 고향을 그려냈다.

④ 예술과 문학의 세계. 자신의 문예 개념을 논하고 문단의 인물에 대해 돌아보았다.

⑤ 생활 소사. 신변잡기를 통해 생각을 쌓아 나갔다.

⑥ 인생에 대한 태도. 좌절과 상처를 통해 얻은 깨달음과 만년의 병치레를 통해 얻은 깨달음을 담았다.

그 서사적 특색은 다음과 같이 정리할 수 있다.

① 예민한 감수성과 다채로운 연상.

② 박학, 유머, 풍자.

③ 속어 활용과 아속雅俗의 공존.

④ 다양한 음악성의 교차와 독특한 스타일.[46]

스이린의 분석은 새로운 길을 보여주었다. 그는 우신룽의 문학창작이 갖고 있는 또 다른 면모를 독특하게 인식하였다. 『산방수필』에

45 『吳新榮全集』 제6권, 80면.

46 施懿琳, 「吳新榮 『琅山房隨筆』析論」, 『跨語, 漂泊, 釘根－台灣新文學研究論集』, 台北 : 春暉出版社, 2006.6, 47~92면.

서부터 일제강점기에는 출간되지 않았던 『수필집』에 이르기까지 문장의 풍격과 내용은 상당히 유사한 면모를 보인다. 우신룽 수필의 근원은 일제강점기, 전쟁시기로 볼 수 있다. 작자는 이시기 의식적으로 문학창작에서 자아의 전환을 이루었다. 이 역시 전쟁 상황에서 문인의 개인적 문학사상이 막혀버렸고 시창작의 돌파구를 찾을 수 없게 된 상황을 보여주는 것이다. 작자를 둘러싼 환경으로 인해 곤경에 처하면서 자아는 곤경을 탈출하고자 시도했던 것이고 작가로서 다른 문학적 스타일의 변화를 추구했던 것이다.

3) 하이쿠俳句 창작

하이쿠俳句는 일본 전통의 특수한 문학 장르이다. 일본은 타이완에 식민 작업을 진행할 때 전통 한시에 대한 이해를 바탕으로 타이완의 전통 시인들을 끌어들이는 방편으로 일본 특유의 하이쿠를 타이완에 도입했다. 일본문학의 근대화 과정에서 하이쿠는 내적 개혁을 동일하게 요구받았다. 1892~1895년까지 마사오카 시키正岡子規는 일본 하이쿠의 신이라고 지칭되던 바쇼芭蕉의 하이쿠를 비판했다. 그럼으로써 내용상 기존 하이쿠의 '부화함과 비루함'과는 다른 성격을 지닌 자신의 하이쿠를 만들어냈다. 거기에는 근대적 비판과 혁신정신이 내재해 있었다. 아울러 형식면에서 객체의 실경과 실감을 느끼도록 사생하자는 사생론寫生論을 제창했다. 사생의 방법을 빌려 사실적인 표현을 함으로써 정서를 드러내려고 했다.

그 후 그의 동인들은 하이쿠의 사실성을 강조하는 새로운 전통을 확립했다. 그들은 자신들의 견문과 실감을 충실하게 읊었고 개성적 표현을 중시했으며 하이쿠의 평담성에 천착했고 평이한 표현 속에서 내면의 정감을 정확히 잡아내려 했다. 아울러 아언, 속어, 서구 언어, 한어漢語를 가리지 않고 운용하였다. 이것은 세속성과 전아함 사이의 평형을 유지하려던 바람을 보여준다.[47]

일본문학이 타이완에 들어온 후 신세대 문인 중 적지 않은 시인들이 일본문학 단체에 참여하여 하이쿠를 창작했다. '염분지대'의 주요 작가 중 한 명인 궈수이탄은 일생 동안 하이쿠 창작에 열중했다. 그런데 우신룽이 하이쿠를 창작한 데는 의외의 정치적 요소가 영향을 미쳤다. 1943년 전쟁이 고조기에 접어들었을 때 일본은 타이완에 대한 통치를 강화했다. 특히 문화 단체를 재조합하려는 정책을 폈다. 전민봉공의 정신으로 '타이완시인협회台灣詩人協會'에서 '타이완 문예가협회台灣文藝家協會'로 다시 '타이완문학봉공회台灣文學奉公會'에 이르기까지 타이완문학 단체들을 조금씩 전시 체제로 편입시켜갔다. 전민봉공, 전민총궐기운동 등은 타이완 전체로 확산되었다.

지방에서는 소규모로 지역의 발전을 꾀하는 활동이 벌어졌다. 자리의 베이먼北門 군수 이사무 고토五藤勇는 우신룽과 함께 염분지대의 동인 왕덩산王登山, 왕비쟈오王碧蕉, 린징류林精鏐, 린진징林金莖 등과 군부의 3, 4명의 주임 등을 하이쿠 모임 창립을 위해 초청했다. 이사무는 모임 조직의 필요성을 역설했고 현장에서 하이쿠의 개념을 설명하기도 했다. 결국 우신룽의 제의를 받아들여 모임이 창립되었고 명칭을 '바이여우 음사白柚吟社'로 하고 매월 첫째, 셋째 토요일에

47 葉謂渠・唐月梅, 『日本文學史－近代卷』, 經濟日報出版社, 2000, 129～136면.

정기적인 모임을 갖기로 했다. 우신룽은 하이쿠 필명俳號을 '무각無覺'으로 자칭했다. 여기에는 점차 선의 경지로 들어가려는 뜻이 담겨있었다. 우신룽이 조직한 하이쿠 모임은 정치적으로 수동성이 강했다. 때문에 소극적이고 무심한 탈속의 뜻을 담은 필명을 취했던 것이다. 고통 속에서 즐거움을 찾고자 하는 마음이었다고 할 수 있을 것이다. 아래는 우신룽이 『싱난신문興南新聞』에 발표한 하이쿠 두 수이다.[48]

백로 한 무리
유유히 날아가고 날은 이미 저문다
어린 여인네
엉덩이를 치켜들고 한창 모를 심는다.

한 줄로 늘어선 해오라기는 황혼에 고생스런 먹이 찾기를 끝내고 유유히 날갯짓을 하며 배부른 몸을 실어간다. 포만감에 젖어 느릿느릿 그들의 서식지로 돌아가는 것이다. 전원의 행복한 풍경이다. 그렇다면 새와 대조되는 인간은 어떤가? 다른 한 수는 꾸미기 좋아하는 여인을 그리고 있다. 원래 하늘을 향해 높이 솟은 둔부는 성감을 자극하는 표현이다. 그러나 갑자기 농촌 여인의 고생스런 노동의 묘사로 급전한다. 이미지의 기복과 등락이 상당히 창의적이다. 이 두 수의 하이쿠는 기본적으로 하이쿠의 글쓰기 스타일을 따르고 있다. 경景의 사생에서 향촌과 자연의 즐거운 풍경을 드러내면서 풍경 속에 담담한 시정을 표출했다. 그러나 날아가는 새의 담담한 풍경과 갑작

48 『吳新榮選集』 제1책, 188면.

스러운 여인의 이미지에 작자의 슬픔이 드러난다. 「바이여우 음사구집白柚吟社句集」을 살펴보자.[49]

하얀 유자꽃 봄바람 깊어가는 시골의 거리
이 내 모습을 진정 어머니께 보이고 싶어라, 입학하던 그날의 풍경
해수 드는 드넓은 양식장, 높직이 날아가는 종달새
바람 같은 동력 자전거, 마을을 감싸 도는 훈풍
시골길을 막아서는 모기의 기둥, 석양은 이미 서녘으로 기운다
기나긴 가뭄에 거친 숨만 몰아쉬는 연못의 물소,
봉황목 한 그루는 때마침 정원에서 타오른다
여름날의 폭우는 거름 우에 내려 앉아 고구마를 틔운다
이미 저녁, 갑작스런 뇌성과 함께 여름이 지나간다
높다란 가을 하늘 저 멀리 수평선에 비행기가 날아가고
노부인은 치마바지를 두른 채 피마자를 심는다
바다에 떠오르는 해, 여명은 동아시아에 도래했다. 광활한 바다 광활한 하늘
북방에서 불어오는 소식은 엄혹한 계절풍
소 등에 사탕수수 한가득 짊어진 소 놓는 목동

—『興南新聞』, 1943

우신룽은 이처럼 하이쿠의 형식으로 장시를 지었다. 춘하추동 사계의 변동을 통해 일련의 시골 사람들의 세시 생활상을 그린 것이다. 우신룽은 정원에 유자꽃이 가득 핀 정경에서 시작한다. 시골 거리에

49 위의 책, 154~158면.

가득 퍼진 짙은 꽃향기로 화자는 입학일의 정경을 떠올린다. 고향의 광활한 양식장은 생명의 물이 들어차 있고 하늘에는 즐거이 짝을 찾는 종달새의 아름다운 소리가 울려 퍼진다. 동력 자전거는 쏜살같이 마을 사이로 질주하고 황혼에 모기떼들은 마치 기둥처럼 얼굴로 날아든다. 의사로서의 고된 업무와 왕진길을 석양 촌락 사이의 길에서 화자의 얼굴로 날아드는 모기떼라는 구체적 형상을 통해 표현하였다. 이것은 시골에서 살아가면서 종종 마주하게 되는 생활의 소사이다.

우신룽의 붓끝에서 쏜살같이 날아드는 모기는 생생한 생활의 실제 경험으로 화했다. 대지에는 오랜 시간 비가 내리지 않았다. 연못에서 거친 숨을 내쉬는 물소는 타오르는 불같은 붉은 봉황나무꽃과 대조를 이루며 봄의 도래를 예시하고 있다. 한여름 밤 덩굴싹과 반딧불과 함께 하는 한가로운 대화는 깊은 밤까지 이어지고 여름의 소나기는 천둥소리에 사라져간다. 구름 한 점 없이 높다란 가을의 맑은 하늘, 멀리서 점점이 비행기가 오고가는 지평선, 그리고 멀리 않은 곳에서 피마자를 심느라 바쁜 노부인, 가을빛은 대지와 바다 온 누리를 비추고 있다. 북방의 엄혹한 계절풍이 불어오는 계절, 겨울은 사탕수수의 수확과 함께 다가온다. 비록 북풍이 불어오지만 소를 치는 목동은 소등에 한가득 수확한 사탕수수를 싣고 있다.

이 하이쿠 전체는 이미지를 매우 선명히 사생하고 있다. 시에는 선禪적인 이미지가 시시각각 떠오른다. 구절마다 독립적인 사생의 의도가 담겨 있다. 또 전체의 문학적 구조를 보면 우신룽이 얼마나 세밀하게 시골을 관찰하고 있는가를 알 수 있다. 자신의 생활의 경험이 담겨 있으며 시골 사람들에 대한 열렬하고 진실한 사랑이 담겨 있다. 전체적으로 이미지가 청초하고 감정이 풍부하며 선적 이미지가 연

달아 표출되어 우신룽의 하이쿠가 독자적인 경지에 이르렀음을 보여준다. 또 다른 한 수를 보자.[50]

> 봄비 내린다. 풀잎은 작은 땅 위에서 기꺼이 무성하다
>
> 봄비 날린다. 입 벌려 빗물 받는 양식장의 슬목어
>
> 개척과 확장, 우리의 염분지대는 들풀의 맹아를 틔우려 한다.
>
> ―「鳳凰」, 1944

봄날의 봄비에 만물은 겨울잠에서 깨어나고 소생한다. 식물은 이파리를 내며 생기를 되찾고 양식장의 슬목어들은 봄비를 맞으며 물가에서 입을 벌려댄다. 흥분해서는 머리를 들어 하늘에서 내리는 샘물을 맛보려는 이유에서일 것이다. 가뭄에 생기가 말라버린 염분지대에서도 들풀이 비를 맞으며 생명을 되찾고 있다. 봄날의 봄비, 대지의 모든 생명을 살지게 하는 생명의 정체, 야채, 슬목어, 들풀 모두가 자연의 은택을 입고서 곳곳에서 생기를 발하고 있다. 그렇다면 염분지대의 거리에서 살아가는 신사와 백성들은 어떠했을까?[51]

> 전민 총동원! 선포하는 회의장, 여름비가 내린다
>
> 말린 감자 꼬챙이 우에도 좁은 골목에도 햇볕이 가득하다

전쟁 총동원하의 집회에서 회의장은 격앙된 분위기로 가득 차 있다. 화자는 내리는 여름비가 사람들을 가라앉혀주길 바란다. 그러나

---

50 위의 책.

51 위의 책, 154~158면.

전쟁의 현실 아래에서 백성들은 말린 감자 같은 구황작물로 쌀을 대신해서 살아간다. 그리고 그들은 꼭 밭에 가득 흩뿌려져 말라비틀어진 감자 대처럼 거리에 가득 흩어져 서 있다. 가득 흩어진 사람들과 가득 흩뿌려진 감자 대는 모두 '가득滿'이라는 이미지를 공유한다. 신사들의 선동적인 분위기와 달리 서민의 생활은 고통으로 가득하다. 앞의 수와 대조해보면 봄비 속에서 유기적으로 피어나는 자연의 생명과 대조적으로 길거리의 사람들은 여름비 속에서 곤궁에 처한 생명으로 그려지고 있다.

우신룽의 작품에서 잘 얘기되지 않는 다섯 조의 작품을 들어 보았다. 그 문학적 수준이 상당하다고 하겠다. 작품의 묘사는 자연만물과 인류를 사생寫生한 사실적 묘사에서 출발했다. 하이쿠의 창작 수법을 운용했으며 이미지와 의미에서 모두 독특한 선禪적인 이미지를 담고 있다. 또 생명의 오묘함을 깨우치는 언어가 곳곳에서 보인다.

우신룽의 하이쿠가 그의 작품에서 차지하는 비율은 그다지 높지 않다. 일기에서도 일본 관헌이 재촉하는 통에 지었다는 말이 보인다. 그렇지만 지금까지 남아있는 작품을 볼 때 하이쿠라는 장르가 그에게 그리 익숙지 않은 장르였음에도 불구하고 하이쿠가 갖추고 있어야 할 문학적 특질을 제대로 표현하고 있다. 우신룽의 문학적 재기는 특수한 경지에 이르렀다. 특히 생활을 하나하나까지 세밀하게 관찰하고 독특한 문학적 눈으로 생명 속에서 선의 느낌을 순간적으로 잡아내었다. 자연의 사경寫景과 인물의 사조寫照 모두 일관된 생명문학의 식견을 보여주었다.

4) 한시 준비기

우신룽은 대략 1930년 10월 무렵 전통 한시 창작에 대한 재능과 흥미를 보이기 시작했다고 말했다. 「우서 폭동 화보에 제하다題霧社暴動畫報」(즉 우서출초가霧社出草歌)는 일본 침략자에 대한 엄중한 항의의 뜻을 담고 있다. 당년 일본을 전율시킨 우서사건霧社事件이 일어났다. 일본인 약 100여명이 피살된 이 사건은 일본으로서는 일제강점기 최대의 좌절과 패배였다. 일본은 상당한 군사력을 동원해서야 진압할 수 있었다. 당시 일본에 유학하고 있던 우신룽은 일본 신문에서 이 사건을 접하고 다음과 같은 시를 지었다.[52]

> 생번(고산족)도 역시 사람이기는 매한가지, 하루하루 쫓기는 돈 없는 노동자
> 감히 반항을 해보았는데, 이제 또 감히 투항을 한다고?
> 내 땅을 빼앗고 내 산을 점령했다. 내 아내, 딸을 욕보이고 내 몸을 통치했다
> 높은 산 무성한 풀 먹을 것 없고 겨울 눈 내리는 밤 나를 춥게 만든다

저항의 주요 원인이 경제적 착취와 억압으로 인해 원주민들이 무임금 노동에 시달리고 있는 상황이라는 것을 알 수 있다. 때문에 일본으로서는 폭동이지만 원주민에게는 출초出草(타이완 원주민의 사냥풍속으로 적의 머리를 베는 일)였던 것이다. 관점이 어떻든 일본 식민 당국의 불의함을 비판하는 것이었다. 멀리 일본에 있던 우신룽은 사실을 정확히 파악할 수는 없었을 것이다.

---

52 위의 책, 40면.

이 작품은 우신룽이 최초로 쓴 한시였다. 그런데 우신룽의 한시는 전통적 한시와는 약간의 차이가 있었다. 소위 한시라 할 때는 타이완의 고전 시가를 일컫는 것으로 전통 시에 속하는 것이다. 그러나 우신룽이 창작한 한시는 평측과 운율이 모두 전통시의 규칙에는 부합하지 않았다. 오언과 칠언의 형식만을 취했을 뿐이지 고시의 면모와는 확연히 다른 양상이었다. 게다가 당시의 한시는 모두 타이완어台語로 음송되었다. 때문에 이들 작품은 광의의 타이완어 시로 간주할 수 있었다.[53] 우신룽은 한시를 지을 때 평측을 그리 중시하지 않았다. 그 스스로도 "우리는 일본 교육을 받은 사람이자 '5·4운동'을 경험한 사람들이다. 구시의 무슨 '평측'이라든가 '전운典韻'이라 하는 것들은 너무 생소하고 귀찮기만 했다"라고 말했다. 또 「요양기養病自語」에서도 "구시는 본래 평측을 따진다. 하지만 우리 같은 세대의 사람들은 일제강점기에 교육을 받았기 때문에 국문日語의 뿌리를 갖고 있지 않았다. 그래서 억지로 지어낸다 하더라도 결국은 이렇게 평측이 없는 시를 짓기 마련이다. 게다가 나 자신도 좀 의기양양한 면이 있어서 후스胡適의 길을 따라간다는 생각에 전고도 중시하지 않고 평측도 반드시 갖추려고 하지 않았다"고 적고 있다.

이처럼 그는 자신이 완전한 근대적 일본 교육을 받았고 전통 한시로부터 그리 깊은 영향을 받지 않았기 때문에 고전적이고 전아한 전통시를 짓기에는 능력이 부족하다고 의식하고 있었다. 게다가 후스의 문학 이론을 빌려 자신의 부족함을 합리화하기까지 했다. 그는 새로운 것을 창조하기를 좋아하는 성격을 5·4 신문학운동의 성과와

53 呂興昌, 「吳新榮『震瀛詩集』初探」, 淸華大學 주관 『賴和及其同時代的作家』, 1994.11.25~27에서 발표. 후에 『吳新榮選集』 제2권에 수록.

연결해서 사고했다. 특히 후스 등 '신월파新月派'의 시관에 의지했다. 때문에 형식적으로 전통 시와 다른 변화가 가능했다.

또한 그는 시의 정신과 내용이 가장 중요하다고 생각했다. 이것은 일본 신시의 시관과 일맥상통하는 것이었다. 전후 우신룽이 전통의 '쿤잉시사鯤瀛詩社'의 수장을 지냈지만 "나는 낡은 부대에 새로운 술을 담으려고 했다. 시대정신을 더해 (…중략…) 시의 형식에 있어서 우리는 구속될 필요가 없다. 형식은 역사가 만드는 것이다. 영국은 영국의 형식이 있고 (…중략…) 고대는 고대의 형식이 있으며 현대는 현대의 형식이 있는 법이다"(「신시와 나新詩與我」)라는 의견을 내놓았다. 우신룽이 관심을 기울인 것은 형식이 아니라 시의 정신이었다. 시의 주요 표현은 내재적 사상과 내용에 있지 외부의 격률에 있는 것이 아니라는 것이다. 그에게 중요한 것은 언어가 자신의 언어인가 하는 점이었다. 때문에 일본어 신시 속의 사상을 참고하여 정신, 사상, 언어를 만들어 내야 시작詩作의 목적을 이룰 수 있다고 생각했다. 이것이 그의 한시에 대한 견해였다. 아래의 시에서 우리는 우신룽이 전쟁 기간 창작한 한시의 내용을 볼 수 있다.

> 거센 비에 차축까지 잠긴다. 위험을 무릅쓰고 목숨을 구한다.
>
> 인생에서 무슨 일이 귀한가? 희생으로 성업을 다해야지.
>
> —「日記」, 1937.6.28

이 시는 일기에 기록되어 있다. 당시 타이완 남부에서 심각한 수재가 발생했다. 퍼붓는 호우에 자동차도 수마를 피하지 못했다. 의사이기에 그저 힘껏 인명을 구하려 모험에 나서는 수밖에 없었다. 살아남은 사람들의 참상을 접하고 인생무상을 느끼고는 인간의 생명이 어째서 가장 귀한 것인가라는 탄식을 내뱉는다. 특히 의사로서 늘 죽음을 대면하는 상황에서 내면은 더욱 가라앉을 수밖에 없었다. 그는 의사로서 할 수 있는 노력을 다하는 수밖에 없었다.

> 거센 비바람, 폐허의 풍경
>
> 일찍이 양심이 있었는데 정의는 어찌 사라졌을꼬?
>
> —『吳新榮選集』 제1책, 192~193면

이 사언 한시는 원래 「일제강점기 자유시 아홉수日據時期自由詩九首」에 수록되었던 것이다. 이것을 우신룽은 다른 시고에서는 오언시로 고쳤고 제목도 '우연히 짓다偶成'로 고쳤다. 이것은 『우신룽선집吳新榮選集』 편집자의 설명이다. 그러나 이 시를 몇 년에 지었는지에 대해서는 언급하지 않았다. 일기를 보면 1937년 7월 7일과 10월 16일에 "정의가 불멸하다면 양심은 온 누리에 있을 것이다"라든가 "거센 바람에 울타리가 부서지고 나무가 부러졌다"이라는 대목이 있다. 그리고 10월 16일 일기에는 수재 건 이외에 같은 날의 다른 사건이 기록되어 있다. 부부에게 동원령이 떨어져 그는 '국민정신총동원 자리분회國民精神總動員佳里分會'의 총무로, 아내는 '애국부인회 자리분구愛國婦人會佳里分區'의 위원으로 임명되었던 것이다. 그는 글에서 모든 이들이 단체로 조직되고 시세를 따르지 않을 수 없는 상황에 대해 개탄하였다.

그는 점차 지방의 신사로서 동원되는 현실을 고뇌하기 시작했다. 그는 전시상황에서 식민 당국에 의해 반조국적인 행동에 동원되는 것에 대한 책임감, 폭풍같이 매서운 학정이 지나간 후의 폐허 같은 상처 등을 겪어야 했다. 그러면서 정의를 지킬 수 있는 날이 올 것이라는 가능성, 정의를 추구할 수 있는 미약한 가능성이라도 보고자 했던 것이다. 그러나 전시체제는 날이 갈수록 그를 압박했다. 앞에서 말했듯이 현실생활과 생명정신의 좌절감이 점차 표면화되었고 결국에는 다음과 같은 감정을 표할 수밖에 없었던 것이다.

> 천하의 일을 도모하지 않으며, 사회적인 서적을 읽지 않으련다.
> 묵묵히 생계만 홀로 도모하며 나날을 옛날과 같이 보내련다.
>
> —「日記」, 1937.8.13

사회와 국가적 대사에 대해 가능한 관여하지 않으려 했고 사회정신과 같은 것을 정신적 양식으로 삼으려 하지도 않았다. 그저 묵묵히 무명의 삶으로서 하루 또 하루를 보내려 할 뿐이었다. 그래서 침묵은 이 시대를 보내려는 그의 선택이었다. 촌구석에 은거하는 시골 의사로서의 삶이 그러했던 것이다. 그런데 일시적인 환경의 압력, 좌절, 상처가 그가 입을 닫게 된 진정한 이유였을까? 좌절감이 분명 있었을 것이다. 그러나 식민 침략자의 끝없는 기만과 압제를 침묵과 인내로 버티겠다는 선택이 지식인으로서 과연 그렇게 쉬웠을까?

> 나라는 망했으나 산하는 여전하다. 바람이 가고나니 비 다시 온다.
> 영년永年의 공적은 꿈이어라, 만대 노래는 애달프기만 하니.
>
> —「日記」, 1937.12.13

1937년 말, 시국은 더욱 악화되었다. 국가 파멸에 대한 위기감이 더욱 고조되었다. 폭풍은 더욱 거세지고 있었다. 일본은 3월 중국 멸망의 외침을 만천하에 공공연히 선언하고 있었다. 우신룽은 중국이 보전되지 못할 것이라고 피부로 느끼고 있었다. 만대의 자손에게 어쩔 도리가 없는 상황이 영원히 지속될 것이라는 슬픔에 비애어린 탄성을 내뱉었던 것이다. 좌절하고 상처받은 영혼은 그토록 엄혹한 시대에서는 그 혼자만의 문제는 아니었다. 그보다 두 살 위인 양서우위楊守愚에게서도 비슷한 정감을 읽을 수 있다. 양서우위의 「감회感懷」를 감상해보자.

> 중년 되니 감개만 많아지고, 웅장한 꿈은 사라져간다.
> 삶에 부끄러워 개구리처럼 웅크려 쓸쓸한 소리 들으니 귀밑머리 점차 세고
> 부러 소년의 시대를 떠올려보지만 영락한 노년의 슬픔만 찾아온다.
> 세상은 빠르게 나아가건만, 부끄러움과 무력만이 따라온다.
> 벗들은 기대한다. 나의 기재를 문단에 뽐내기를
> 그러나 생각할 힘은 떨어지고 젊은 날 야망은 재가 되었다.

1937년 전후 양서우위는 '근래 사고력이 감퇴'하는 곤경에 처해 있었고 전쟁이 발발한 후 신시 창작력도 정체 상태에 놓여 있었다. 1939년, 그는 라이허賴和, 천쉬구陳虛谷 등과 함께 전통 시사인 '응사應社'를 조직했다. 처음에는 신시를 창작하다가 전통 한시를 쓰는 것으로 방향을 바꾸었던 것이다. 1941년 점차 '황민문학' 운동이 전개되기 시작하던 때 양서우위의 정신도 구렁으로 빠져들고 있었다. 그러한 침울함과 고민이 행간에서 느껴진다.

비상한 때 구차한 안일을 구하고, 백성은 장마에 재난을 탓한다.
호랑이 때려잡을 웅심도 없으면서 공허한 걱정에 피눈물만 흘린다.
계집질에 술잔 따라 늙어가고 산 넘어 떠오른 달도 슬프네.
난리에 교유도 잦아드니, 친구와 밤새 담소라도 나누었으면.

—「東亞大戰中次笑儂偶成韻」, 1941

전시에는 구차하게 안일함만을 좇으려할 뿐, 영웅심을 발휘하기란 쉽지 않다. 설령 영웅심이 있다하더라도 시국을 근심할 뿐이다. 결국 중국과 미국을 상대로 하는 일본의 전쟁에서 타이완인들이 무슨 의미를 가질 수 있겠는가? 여자나 희롱하는 술자리에서 술잔에 마음을 기탁하고 잠시 초승달을 마주해 소일할 뿐이다. 전란의 와중에 친구와도 가깝게 지낼 수 없지만 그래도 기회가 있다면 밤을 새워 서로의 마음속 말을 토해내고 싶다. 양서우위의 문학 장르의 변화와 문학적 사색의 고갈은 이 시대 문학의 공통된 침잠이었다.[54]

다른 작가를 더 살펴보자. 양윈핑楊雲萍은 1906년 생으로 우신룽보다 1년 먼저 태어났지만 그와 특별한 우정을 이어갔다. 일기는 누차 양윈핑에 대한 긍정적인 평가를 내리고 있다. 우신룽은 양윈핑이 '열정적인 시인'이자 정치를 혐오하는 '고결한 시인'이라고 말했다. 또 1944년 양윈핑이 우신룽을 찾았을 때, "어제 밤 양윈핑과 밤이 깊도록 문예, 역사, 우정, 가정 등의 일에 대해 이야기를 나누다가 네 시가 되어서야 잠자리에 들었다. 아침에 콩과 바나나를 그에게 주었다. 차를 기다리며 장기를 두었는데 내가 졌다. 그는 시보다 장기를 더 잘 한다

54 施懿琳, 「論日治時期楊守愚的新舊體詩」, 江自得 編, 『殖民地經驗與台灣文學』, 遠流出版社, 2000.

고 말했다. 그렇지만 어젯밤 그가 준 시집 『산하山河』를 보니 그의 시는 타이완에서 최고라는 생각이 들었다"[55]고 적고 있다. 양윈핑의 시는 일제강점기 『쇼와시선昭和詩選』과 당시 출판되었던 『산하山河』에[56] 실려 있다. 여기의 작품들은 쉽게 나올 수 없는 표현들을 담고 있었다. 남명南明의 역사에 대해 독특한 연구 이력을 갖고 있던 그는 타이완대학 역사과 교수로 초빙되었다. 우신룽처럼 문학과 역사 두 방면 모두에 관심을 갖고 있었기 때문에 우신룽과 좋은 친분을 유지할 수 있었던 것이다. 양윈핑은 신시에서도 비범한 성취를 이루었다.

> 산하 곳곳 봉화 피어오르고, 쓸쓸한 가을 또 일년
> 세상은 전과를 전하는데, 나는 술자리에서 아름답던 옛 여인을 떠올린다.
> 날아가는 백로, 벼는 익었고 가다보니 황강과 귤도 둥글하다.
> 10년, 한 되의 묵으로 종이를 채웠고, 이제 내 앞엔 동방의 문헌이 남아있다
>
> —「甲申偶成」

갑신년은 1944년으로 이때 타이완은 전쟁의 영향하에 있었다. 전화의 기운이 가득 퍼져서 소슬한 분위기와 좋아지지 않을 것이라는 절망감이 있었다. 일본은 전과를 선전하며 타이완 인들을 기만하고 있었다. 시대환경은 이렇게 험악한 분위기를 연출하고 있는데 '나' 개인은 술자리에서 과거의 여인만을 떠올리고 있다. 백로는 집밖에서 날아오르고 황금빛으로 변한 벼는 그것이 익었음을 말해준다. 황강이라는 식물과 귤도 수확할 수 있을 정도가 되었다. 전쟁은 작자에

55 吳新榮, 『吳新榮全集 제6권－吳新榮日記(戰前)』, 1981.10, 158면.
56 林瑞明, 「『山河』初探－楊雲萍論」, 『台灣文學的歷史考察』, 允晨文化實業股份有限公司, 1996.

게는 한참을 떨어진 먼 곳의 일처럼 보인다. 정치도 그와는 무관하다. 우신룽이 말한 것처럼 정치를 혐오하는 고결한 시인이다. 그런데 나는 어떻게 처신할 것인가? 물러나 타이완의 문헌 사료를 정리하자! 다시 돌아보면 우신룽도 시국에 대해서만 관심을 기울인 것이 아니라 한시를 통해서 처를 잃은 아픔을 토로하고 인생에 대한 침울한 감상을 담아냈었다.

> 동이든 서이든 취해서 떠도는데, 낮이든 밤이든 나 홀로 슬픔인데.
>
> 얼마나 많은 세상의 과부가 종생 그리 지내는데, 어찌 홀아비는 홀로 남은 자가 없는가?
>
> —「日記」, 1942.6.22

이것은 우신룽이 처 마오쉐펀毛雪芬을 잃은 지 약 3개월 후 지은 작품이다. 친구들이 상처한 아픔을 달래주기 위해 마련한 술자리가 파한 후 그의 심경을 담았다. 생활이 엉망진창이 되고, 시시때때로 솟아나는 고독과 우수를 홀로 견뎌내며 종신토록 수절하는 여자들은 많은데 왜 수절하는 남자들이 없을까? 우신룽은 아내를 둘 맞을 거라는 상을 가지고 태어났다고 한다. 그 후 우신룽은 상처의 고통이 너무 심해서 여행갈 계획을 세웠다. 여행에서 친구들과 깊은 이야기를 나누었으며 다음과 같은 시를 지었다.

> 비록 떠도는 신세이지만 스스로를 가련하게 여길 필요가 있나.
>
> 미인이 천하에 가득하니 천추의 한을 위로할 수 있겠지.
>
> —「日記」, 1942.9.14

천추의 원한과 만고의 슬픔, 유랑자인 나 홀로 떠돈다.

천지 밖 고인을 기억하자니, 한밤중 외로운 기러기 울음이 끊이지 않구나.

—「日記」, 1942.9.14

또다시 불면의 밤, 무엇이 안타까워 돌아가지 못하는가?

세상은 원래 공허하고 인생은 본시 시비를 알 수 없다.

—『選集』1, 209면

우신룽은 자신을 영락한 떠돌이로 말했다. 고독하게 홀로 떠돌고 있는 자신의 우울함을 누구라서 위로할 것인가? 그렇지만 자신의 처지를 자신이 아파하고 불쌍히 여길 필요는 없다. 세상에는 수많은 미인들이 있으니 중년에 아내를 잃은 고통을 달래줄 이들은 많기 때문이다. 하지만 고인이 된 아름답던 아내를 떠올리니 그녀는 세상 한쪽 끝 머나먼 곳에 있고 둘은 이승과 저승으로 갈려 있다. 전전반측 잠 못 이룬 밤에 남은 것이라고는 짝 잃은 기러기 같은 중년 남자뿐이다. 여행에서는 잠들기가 쉽지 않은 법인데 그는 왜 여행을 택했을까? 왜 집으로 돌아가 아비로서의 책무를 다하지 않았는가? 그러나 세간은 길을 잃고 헤매는 실의한 사람들이 사는 곳, 시비와 감성과 이성의 구별이 분명치 않은 세계이다. 적막한 남자가 집으로 돌아가서 누릴 수 있는 것이라고는 공급이 끊어진지 오래인 비누로 여행 중 쌓인 흙먼지와 함께 좌절하고 상처 입은 상처를 씻어 내고 정신과 신체를 맑게 하는 것뿐이다.

유자꽃 향 뜰에 가득하고 향로에는 소리 없이 향만 탄다.

어렴풋이 고인이 어디 갔나 그리워하는데 오늘 아침 기일임을 알고 있는지.

—「日記」, 1943.3.27

시간은 빠르게 흘러 상처한 지 만 일 년, 지난날 화목했던 가정의 분위기를 회상해 본다. 정원의 유자나무는 해마다 으레 그렇듯이 꽃을 피우고, 또 그 향은 정원을 가득 채웠지만 집 안에는 향연기만 모락모락 피어오른다. 같은 침묵, 다른 느낌, 옛 시절을 떠올려보지만 이미 저승객이 된 아내는 오늘이 기일임을 알고 있을까? 기본적으로 우신룽도 한시 창작에 있어서는 격률을 준수하려고 했지만 예외가 적지 않다. 절구가 많고 율시는 거의 없다시피 했으며 언어는 평이하고 이미지는 간명했다. 이 시기 한시 작품은 수적으로 적었기 때문에 보다 세세한 분석을 하기는 어렵다. 상대적으로 동시대의 양서우위, 양원핑의 한시 표현과 비교하여 부족한 면이 있다.

이들 시의 주제들은 초기의 국가 사회에 대한 관심과 달리 개인의 감상感傷과 탄식에 치우쳐 있다. 그러나 이후 한시의 창작에 상당한 기초를 제공했다. 한시를 학습하고 익히려고 한 것은 가정적인 요인 외에 앞에서 서술한 대로 전시에 중국의 전통 한시를 통해 중국인 의식漢人意識을 추구하려고 했기 때문이다. 그는 중국 시사詩史에 대한 이해와 감상을 통해 한시의 학습에 있어서 자신의 방법을 강화하려고 했다. 예를 들어 우에무라 타다하루上村忠治의 『시인으로 본 지나 문화詩人を通じての支那文化』를 읽었다. 그는 여기서 중국 5대 시인인 도연명, 이백, 두보, 백거이, 소식을 통해 중국의 정신心을 탐구하고자 했다. 이 책은 시전체詩傳體의 책으로 우신룽은 그중 백거이의 시풍을 가장 좋아했다.

이러한 취향은 그의 한시 창작에도 영향을 끼쳤다. 그 역시 책을 통해 시인의 공통된 특징을 잡아냈다. 첫째, 그들은 관직에 출사한 후 실각했다. 둘째 임관 중에 중국 각지를 유람했다. 셋째 좋은 시우詩友를 두고 있었으며 애주가였다. 이 책은 우신룽으로 하여금 중국 문화의 박식함과 위대함에 눈을 뜨게 했다. 때문에 이 책을 읽은 후 그는 시정이 분출되는 것을 느끼고 다섯 수를 지어 린친샹林芹香에게 수정을 부탁했다. 아마도 우신룽은 한족의 정신과 영혼을 이해하는 데 있어 문학에서 시가 가장 관건이 된다고 생각했던 듯하다. 우신룽은 또 이 책을 통해 중국 문화에 자신의 이력을 투사함으로써 정체성을 확인했다. 이때 그 역시 실의를 겪고 타이완 각지를 여행했고 애주가로서 살아갔다. 전쟁 기간 그의 영혼에 중국 시인들은 문화적인 동질감과 함께 마음의 위로를 주었다. 다음은 그의 다섯 수 중 하나이다.

> 최호崔浩의 기재奇才는 구하기 어렵다 하나, 어찌 은애가 원한으로 변할 줄 알았겠는가?
>
> 삼십육 년이 마치 꿈과 같으니 만권의 시사詩史로 근심을 달랠 수 있으리.
>
> —「日記」, 1942.10.3

많은 사람의 주목을 받았던 작품은 아니다. 뤼싱창呂興昌 교수는 그 뜻과 기개가 하늘을 찌른다고 이 시를 평했다. 이 시는 기이하고 독특한 작품이다. 최호崔浩는 북위北魏 시기에 주요한 역할을 했던 인물이다. 칭허靑河 최씨는 북위 척발拓拔씨 정권하에서 북방 사족 중 최대의 성씨였다. 선비족의 척발씨는 북방의 한인들을 효과적으로 통치하기 위해 최씨 일족을 포섭하려 했다. 최씨 일족은 최호의 대에 이르러 세력이 커져 오히려 질시를 받게 되었다. 척발씨는 북위 정권에 불리하다고 판단하여 정치투쟁을 벌여 최씨 일문을 몰살시켰다.

우신룽은 최호가 기재奇才를 지녔지만 북위 정권과의 화해 분위기에서 멸문에 이른 상황을 한탄했다. 우신룽은 이민족 통치하에서는 제아무리 천하제일의 가문이라 하더라도 정치적 박해를 피할 수 없으며 안정된 정치적 지위라는 것이 있을 수 없다는 사실을 이를 통해 상기하려 했던 듯하다. 앞의 두 구절은 국가와 민족을 대역사로 삼아 서술했고 뒤 두 구절에서는 36년 간 자신의 삶의 역정을 일장춘몽으로 묘사했다. 꿈과 같은 인생, 깨어나지 않으면 혹여 안전하고 자유로울 수도 있을 것이다. 하물며 만권의 시사를 통해서 정취를 구하고 정신적 자유와 개인적 안신입명을 취할 수 있음에랴. 정신의 자유와 개인의 안신입명을 위해서는 정치에 참여하여 앞길을 알 수 없는 모험에 뛰어들 필요가 없다는 것이다.

결론을 내리자면 우신룽의 한시는 전쟁하에서 장르의 변화가 요구되고 신시의 창작력이 고갈되던 시기에 대체물로서 기능했다. 그리고 중국 문화 정체성을 확립함으로써 일본의 황민화에 대해 저항할 수 있었다. 아울러 한시의 표현을 통해 일본의 대 중국 침략에 대한 불만을 풀어내고, 나중에 가서는 가정의 변고로 인한 개인적 정감을 풀어내는 것으로 바뀌었다. 아내에 대한 슬픔과 애처로움을 표현할 수 있었고 음울한 감정을 생생히 담을 수 있었다. 끝에 가서는 최호의 전고를 통해 정치적 폭풍을 암시했다. 이민족의 통치하에서 평화와 공존은 불가능하고 개인적 삶은 허무한 지경이 되었다. 이때 유일한 도피처로서 시와 역사, 즉 문文과 사史가 있었고 그는 그곳에서 안전과 안심을 구할 수 있었던 것이다.

5) 신시로의 전환

우신룽의 최초의 문학 창작은 근대 자유시였다. 그는 이것을 등단의 계기로 삼았다. 타이완 신문학이 가장 흥성한 시기에 우신룽은 문단에 뛰어들었다. 『타이완문예』, 『타이완신문학』, 『타이완신문』을 막론하고 이들 매체의 주요한 창작은 모두 신시인의 손에 의해 이루어졌다. 그는 자신이 기획하고 서술한 신시 창작의 역사에서 전기 '염분지대' 시기가 가장 힘이 있고 성공한 시기였다고 말했다. 「굴뚝煙囪」, 「고향과 봄의 축제故里與春之祭」, 「빨리 가는 별장急駛的別墅」과 같은 시들은 모두 사람들의 입에 자주 오르내렸고 선명한 이미지를 보여주는 시적 정경을 매우 잘 나타낸 시였다. '염분지대'는 신시의 고향으로도 이름을 날렸다. 그렇기는 하지만 전쟁이 일어나고 시인들의 나이가 들어감에 따라 또 사회적 이력의 변화에 따라 신시 창작은 정체 상태에 접어들었다. 그래서 수필이나 하이쿠, 한시 등으로 창작의 변화를 꾀했던 것이다. 그러나 이 시기에도 신시의 창작은 지속되었다. 아래에서는 이들 시를 논하기로 하겠다. 1936년 10월 전쟁 1년 전 그는 다음과 같은 작품을 썼다.

변통으로 우정을 결정하는
야만적 인간들아

감정으로 동지를 지배하는
노예들아
너희가 인간이라면 느껴야 한다
거대한 힘을
일체를 통일하고
일체를 결합하는
거대한 힘이 우리를 부르고 있다
야만적 인간들아, 노예적 인간들아!
두 손을 들어 답해 보거라.

—『選集』1, 183~184면

그는 사회를 야만인과 노예인의 두 종을 구분했다. 힘이 있는 자는 교활함과 미봉책으로 상대방을 대하는 반면 노예는 정감으로 피차를 잇고 있다. 그런데 지금 거대한 힘을 감지한 누군가라면 이들 다른 세력을 통합할 수 있을까? 그렇다면 우리는 쌍수를 들어 이 거대한 힘의 도래를 환영해야 한다. 시의 뜻을 이해하기는 쉽지 않다. 시의가 감춰져서 분명히 드러나지 않기 때문이다. 그러나 당시 10월의 일기에서 실마리를 찾을 수 있다. 일기에서 그는 자신에게 시세를 알고 시무를 살피며 불필요한 일을 사양하고 효과가 없는 일에 신중할 것을 주문했다. 자신의 실력을 키워서 기회가 오기를 기다리고자 한다면 무용한 희생을 피해야 했다. 전쟁 전야, 정치와 사회에는 심상치 않은 기운이 감돌았다. 시인의 민감한 감각은 더욱 엄밀히 타이완을 통합하려는 식민 지배자들의 힘을 감지하고 있었다. 1938년은 우신룽의 창작력이 비교적 감소한 시기였다. 문장도 두 편 정도만 썼을 뿐이다. 다음은 그 하나이다.

> 만약 우리의 사상을 지배하는 인격자가 있다면
> 만약 우리의 행동을 지도하는 권위자가 있다면
> 나는 내 모든 영혼을 드릴 것이오
> 나는 내 모든 육체를 바칠 것이오
> 누군가 공자, 석가, 그리스도를 말하오
> 아니외다. 나는 신앙과 종교를 좇지 않소이다
> 그렇다면 스탈린, 무솔리니, 히틀러는 어떠하오?
> 아니외다. 나는 권력과 독재를 믿지 않소이다
> 내 믿는 이는 진리의 실행가
> 나의 눈으로 보고, 나의 귀로 듣고, 나의 입으로 말하노니
> 세상의 위인이여, 영웅이여, 철인이여
> 나는 당신들의 뜻을 따를 수 없소이다
> 결국 나는 독존과 독선의 말류란 말이오니까?
> 그렇소, 나는 나 자신 이외에 다른 이를 믿을 수 없소이다
> 나를 지배하고 나를 지배하는 이, 그이 오직 나로소이다.
>
> — 장량쩌張良澤 역, 「日記」, 1938.6.22

전쟁 시기 겪었던 사상적 혼란과 미혹이 이 시에서 남김없이 표현되었다. 서두에서는 두 번 가정법을 사용하여 그러한 상황에 존재하지 않음을 역설했다. 세계에는 인격자와 권위자는 존재하지 않는다. 그런 이가 존재한다면 심신을 그에게 받치고 그에게 지배받기를 원한다. 그러나 위인, 영웅, 철인 중 그러한 힘을 가진 자가 있는가? 전

쟁으로 고민하고 갈등하는 때에 그를 인생의 의혹을 해소하고 생명을 이끄는 빛으로 삼을 수 있을까? 공자, 석가, 그리스도, 이들 도덕과 종교의 종사자들은 전쟁 시기 어떤 역할을 수행할 수 있을까? 이러한 추상적 정신의 영역은 현실 세계에 어떠한 위안도 되지 못하는 것 같다. 현실 정치와 사회에서 스탈린, 무솔리니, 히틀러와 같은 독재자들도 믿음을 주는 이들이 아니다. 나의 몸으로 진리를 체득하려 하지만, 개인으로서 답을 얻기에는 무력하다.

결과적으로 세계적 선善은 나와 같이 미약한 개인이 다다를 수 없는 목표이며 허약한 개인은 독선에 이를 뿐이다. 이 혼란스러운 세계, 가치가 뒤섞인 세계에서 유일하게 장악할 수 있는 것은 자신 말고는 없다. 타자는 나와 어떠한 상관도 맺지 못한다. 나만이 나 자신을 주재할 뿐이며 생명의 의의는 소소한 개인의 영역으로 퇴각해 들어갔다. 거기에서 허무함과 아득함, 무력감이 자연스레 일어난다.

이 시의 문장은 특별한 것은 없다. 다만 시대의 낙인이 지식인 이미지를 형성하는 데서 극명하게 드러나고 있다. 시대적으로 걸출한 인사들은 독재자들이다. 그들은 세계에서 지배적인 권력을 장악하고 있다. 반면에 개인은 대조적으로 이러한 환경에서 미약한 존재이다. 강자와 약자를 대조하는 것은 세계적 현상이었다. 위인이나 철인은 이미 존재하지 않는 시대였다. 권력을 숭상하고 강국이 무력을 남용하는 세계에서 개인은 무엇을 할 수 있을까?

> 고성 같은 교실에서
> 노자와 쑨원을 논하기를
> 벌써 수년째

비록 평포번의 후예이지만
달빛 아래에서 당당하고 차분하게 이야기하던 그대는
미래를 동경하던 예언자 같았다
그러나 그대의 이름 그대의 그림자는
달빛을 따라 사라진 지 오래
지금 우리 성스러운 아시아는
신생의 빛을 발하고 있지만
마주한 낡은 세계는
자멸하는 지옥불로 불타고 있다
말하자면 고도의 추억은
젊은 날의 무상한 꿈이다
우리는 일찍이 선생님을 사랑했었다
일찍이 난자오南郊에 숨어서
위대한 칼라일의 사학을
낭랑히 논하던 그 강개한 자태
고결한 톨스토이의 애서를
조근 조근 가르치던 그 진지한 모습
아, 모두 가을바람에 날려갔는가
고도의 가을날의 추억은
이처럼, 미련과 적막으로 마음을 감고서 있다.

—「舊都回憶」,『選集』1, 135면

서늘한 바람 불어오는 난자오의 사구
저녁 구름 자욱한 쿤선鯤鯓의 칠도七島

나는 지금 죽은 누이의 묘에 와 있다

깊어가는 강개함은 나를 한 동안 이곳에 묶어 둔다

그 옛날 큰 뜻을 품고

동방에서 이르렀던 유민들이여

그대들의 야심은 백골로 변했고

사구로만 남아있구려

아, 전염병과 싸워온

삼백 년 비애의 청사여

골육을 이곳에 묻어둔 우리는

어느날인가에는 이곳의 대지가 되어 있을게요!

—「南郊悲歌」,『選集』1, 135~138면

「구도를 추억하다舊都回憶」와 「난자오비가南郊悲歌」는 궈수이탄郭水潭의 소개로 니시카와 미쓰루西川滿와 양윈핑이 주도하던 '타이완 시인협회'에 참여하면서 쓴 작품이다. 시에서 화자는 고성 타이난에 있다. 청소년기에 타이난 상업전문학교에서 공부했고 그때 노자와 쑨원의 학설을 접할 수 있었다. 그러나 평포번의[57] 후예인 우신룽과 그의 동학 중빈鐘濱은 '타이완문화협회台灣文化協會'의 강연이 있으면 함께 관우청關帝廳에서 강연을 듣곤 했으며 달빛 아래에서 인생의 목적과 미래의 꿈에 대해 이야기하곤 했다. 그러나 중빈鐘濱은 불행하게도 병사하여 난자오(타이난 퉁판桶盤 공동묘지)에 묻혔다. 이제 대동아의 정세가 형성되면서 새로운 희망이 도래했고 고성에서의 기억과

57 平埔蕃 : 타이완에 이주한 한족들이 동화된 원주민을 부르던 말. 동화되지 않은 원주민은 生蕃 혹은 高山蕃으로 불렀다.

대비되어 지울 수 없는 슬픔을 불러일으켰던 것이다.

이어서 시는 전문학교 시절 그를 세계를 인식하는 문으로 이끌었던 스승에 대한 기억을 담고 있다. 그 당당하고 차분하게 이야기하던 스승은 선지자처럼 차근차근 가르침을 주었던 린마오성林茂生 선생이었다. 그가 큰 목소리로 시원하게 칼라일의 영웅사를 이야기할 때나 평화주의자 톨스토이의 소설 내용을 세밀히 풀어낼 때, 그 진지한 모습과 남쪽 황량한 들판에 누워있는 친구의 모습은 귀찮은 가을바람을 따라 사라질 수 있을까? 현실에서는 분명 그러할 수 없다. 결어에서는 고독과 적막과 미련이 다시금 떠올랐다. 시는 소년의 만가처럼 처량하고 고뇌에 차있다. 소년의 질풍노도와 같은 이상의 시대는 친구의 죽음과 스승을 따라 변해갔고 현실에서의 개인적 우수와 탄식으로 화했다.

「난자오 비가」는 죽은 누이의 묘를 찾은 것에서 시작한다. 난자오 분묘의 사구에 서늘한 바람이 불어오고 서녘의 운무는 바닷가 일곱 개의 모래섬에 자욱하게 퍼져있다. 감개에 젖어 죽은 누이를 마주하고 서서 그는 타이난의 역사로부터 가족의 사망까지 길고 긴 시간을 기술하면서 선인들의 분투와 자신의 처지에 대해 겸허함과 동시에 탄식을 드러내었다. 옛날 큰 뜻을 품고 천리 길을 넘어 꿈을 찾아 온 유민이 있었지만 그들의 꿈은 시간을 따라 백골이 되어 사구에 쌓여갔다. 분투의 역사를 겪어온 선조는 둥닝東寧 타이완의 신산한 역사의 페이지 하나하나를 장식했다. 지금 눈앞에 누워있는 요절한 누이는 미래 우리의 시체와 함께 이 땅에 쌓이고 쌓여 사구가 될 것이다. 우리는 백골이 될 것이고 타이완의 또 다른 역사의 한 단락이 될 것이다.

이 시에는 가족을 잃은 개인적 슬픔과 타이완 역사 발전에 대한 감개가 함께 나타난다. 그리고 자신도 이 땅 사구의 하나가 될 것이라는 뜻을 담고 있다. 타이완 역사 발전을 위해 이 땅을 비옥하게 하는 양분이 되고자 하는 것이다. 두 시에서 전자는 과거를 추억하면서 현재의 슬픔으로 연결시키는 반면에 후자는 현재 가족의 죽음을 마주하면서 장래에 자신이 발전의 기초가 될 것이라는 격앙된 감정을 표출했다. 하나는 침울하지만 다른 하나는 웅혼하다.

고도, 나의 꿈의 고향이여
오래전 헤어져 그토록 만나기를 갈망하던 친구
어찌 살아가고 있는가?
오늘 찾아보려 했지만 시간은 허락지 않는다
나는 조용히
홀로 거리를 배회한다
밤의 적막은 나를 적시고
달빛은 나의 마음을 비운다

교차로에 멈춰 서서
거리 저편을 바라본다
내 뛰놀고 배웠던 교사가
용수榕樹 그늘 사이로 있다
문에 걸린 등불은 여전히 휘황하건만
아, 그러나 옛 모습은 간 데 없구나
이야기를 나누었고, 뜻을 같이했던 친구들아
지금 몇이나 세상에 이름을 알렸는가?

돌고 돌아

들어선 작은 길

돌길 따라

이어진 벽돌담

나는 도둑마냥

몇 번을 돌아보는데

내 발자국 소리만이 울리고

내 그림자만이 비틀거린다

곧 어두운 문

밀어보지만 굳게 닫혀있는 문

주위는 적막에 싸여 있다

옛날 수도 없이 왔던 이곳

무슨 미련에 지금 또 이 자리인가?

다른 이의 문을 두드릴까?

아, 꾸짖음은 꾸짖음일 뿐

진정, 나는 영혼을 훔치는 자가 아니겠는가

밤은 점점 깊어 가는데

오늘 밤 돌아갈 집은 없다

밤을 새워 걸어가 보자

오래지 않아 신세대가 오고야 말 것이다

그러나 어느 날 법정에 선다면

그 때, 난 태양을 가리키련다

크게 외치련다 '나는 마음을 훔쳐 천지에 드리려 했을 뿐'이라고.

—『選集』 1, 139~141면

시는 다섯 단락으로 구성되어 있다. 첫 번째 단락은 타이난에서의 장면이다. 타이난은 당시 남부의 문화 중심지였다. 우신룽의 학업과 사회참여가 이루어진 곳이었으며 문화적 꿈의 고향이었다. 원래 옛 친구를 찾고자 했으나 그리 많은 시간이 허락된 것은 아니었다. 그는 쓸쓸히 홀로 거리를 거닐었다. 달빛 아래 홀로 걷는 길은 적막함으로 가득하다. 교차로에서 갈 곳을 잃어버린 마음은 멀리서 보이는 교사校舍를 찾아낸다. 옛날처럼 등불은 휘황찬란하지만 주인공들은 이미 변했다. 뜻을 같이 했던 벗들 중 성공하여 돌아온 이가 몇이나 되겠는가? 이제 고독한 산보자는 판석이 깔린 작은 골목을 걷는데 높게 솟은 담벼락들은 오히려 그를 더욱 몰아세우고 그래서 적막함은 더욱 커져만 간다. 적막한 마음에 예전 젊은 날의 아름답던 꿈을 떠올리려 하지만 현실에서 돌아오는 것은 굳게 닫힌 어두운 마음의 문의 울림일 뿐이다. 그는 감정을 다시금 다잡아 실현될 리는 없는 영혼의 도둑이 되려고 한다. 속된 질책은 뒤로 하고 배회를 지속한다. 밤은 더욱 깊어 가는데 돌아갈 집은 없다. 어느 날 도덕 재판의 법정에서 최후의 심판의 자리에 처한다면, 나는 큰 소리로 외칠 것이다. 내 도둑으로서의 진실은 천지에 나를 바치려는 것일 뿐이라고.

시 전체에는 밤의 느낌이 짙게 배어있다. 사회와 속세에 동질감을 느끼지도 않고 또 그렇다고 반항심도 일지 않는다. 그저 자신의 진솔한 감정을 풀어내고자 할 뿐이다. 우정이 있을 것이고 애정이 있을 것이다. 험악한 환경에서는 개인적 정감만을 말할 수 있을 뿐이다.

전민 총동원의 시대, 문화인들은 동원의 대상이 되었고 국책의 협력자가 되었다. 대부분 작가들은 조종되고 있었다. 그러나 우신룽은 이 시기에 개인의 사사로운 정감을 이야기했다. 국책에 협력하는 현실은 한 편으로 밀어두고자 했던 것이다. 아마도 그것은 그가 취한 전략의 하나일 것이다. 시는 전체적으로 정감이 풍부하며 어떤 분위기를 만들어 내는 데 성공했다. 시의 정서는 억압되어 있던 것을 딱 그 정도에 맞게 표현했다. 그러하기에 우신룽은 이 시를 고쳐서 다시 한 번 발표했던 것이다. 그러나 그것은 전쟁 후였다.

『천체와 우주天體和宇宙』와 함께
깊어가는 밤
가까스로 든 잠자리
꿈에서 나는 궤도 위에 앉아
별자리와 어울려 춤을 춘다
별이 굴러가는, 아름답고 오묘한 화성
귓가를 울리고
사냥꾼 자리는 신비하게 빛난다
아침, 어지러운 머리로
출석한 임시 협의회
도시의 신사들은 별자리처럼 빛난다
정연하게 맞춰 앉은 줄에 보는 이는 즐겁다
아마도 이 대지에 아름다운 복음을 울릴 것이리라 찬란한 영광을 발할 것이리라
나는 기대감에 귀를 쫑긋 세워

그들이 무어라 외치는가 들어본다

"생선 배급이 정말 적어요"

—『選集』1, 152~153면

과학적 이성을 가진 신앙인은 밤에 천문서적을 읽고 있다. 독서에 열중한 그는 꿈과 현실을 구별하지 못한다. 마음은 거대한 우주로 나가 있고 아름답고 조화로운 소리가 귓가를 떠나지 않는다. 환상이고 사실이 아니더라도 꿈은 줄곧 나의 마음을 맴돈다. 다음날 현실 세계에서 작자는 임시협의회에 출석한다. 도시의 신사들은 어젯밤 가지런히 줄을 지어있던 별자리와 같다. 하늘의 정연한 질서와 안녕은 현실의 인간들 사이에서도 볼 수 있다. 그 아름답고 휘황한 빛에 어찌 기대를 품지 못할 것인가? 그러나 기대감 가득한 희망의 감정은 현실을 이기지는 못한다. 현실은 구린내를 풍기는 협의원이 협의원으로서 책무 보다는 현실에서 배급품을 탈 수 있는지 없는지에 더 관심이 있다는 사실이다. 전시였으나 독서에 기대 현실의 압력을 피할 수 있었고 자아의 안위를 구할 수 있었다. 또 꿈에서 조화와 쾌락을 찾을 수 있었다. 그러나 진실한 세계로 돌아오면 주위는 온통 실망을 주는 것뿐이다. 개인적 이익만을 좇는 사람들이 가득하고 전쟁 통에 정의와 공리는 잃은 지 오래이다. 배급에 목숨을 거는 사람들이 눈앞에 있다. 그런데 나는 어쩔 것인가? 그러한 마음을 어떻게 다스릴 것인가?

이 도시에서 나는 이미 지쳤다

청년들은 이미 타락했다

입에는 그럴듯한 이론을 위한 이론

주먹은 남아 있는 한 줌 힘의 과시
그러나 마음에는 (또다시) 흐를 뜨거운 피한방울 남아있지 않고
머리에는 시대의 함성을 들으려는 생각 하나 없다
그건 당연한 일
그들은 예외없이
몰락한 토착 부르주아의 후예인 것을

나는 부득불 도망가야 한다
늑대가 또다시 나를 쫓는다
드러낸 날카로운 이빨은
이미 코앞에 다다랐다
나는 더 이상 주저할 수 없다
의지가 강철 같던 수많은 동지들은
이미 백골이 되어
길가에 흩뿌려졌다
나뭇가지를 생명줄로 삼은
비루하고 무치한 위선가들이
뒤에서 하하거리며 나를 비웃는다
피로 칠갑을 한 채 도망치는 나
끝내 나는 부득불 도망가야 한다
내 도피처는 초목이 무성한 동굴
그 동굴에서

—『選集』1, 179~181면

이 두 수의 창작 연도에 대한 기록은 없다. 류수친柳書琴은 이 작품들을 일제강점기 문학 창작의 최후의 장절에 편입시켰다. 작가도 창작 연도를 분명하게 하지 않았기 때문이다. 창작 연도를 둘로 추론해볼 수 있다. 하나는 1933년으로 우신룽이 처음 조직한 '청풍회靑風會'가 실패로 돌아간 후이고 다른 하나는 1941년 전후이다. 그 이유는 당시 우신룽이 수필 한 편을 『타이완문학』 창간호에 투고했는데 편명이 「도시의 동료들」이었기 때문이다. 이 글에서 동료들은 7·7사변 후 5~6년이 지나 하나하나 떠나갔고 도시는 점차 적막하게 변해간다. 젊은이들은 큰 꿈을 꾸기 마련이다. 정치를 논하고 호기롭던 친구들은 보수 세력에게는 눈엣가시였다. 진즉부터 문학에 목을 맸고 전 타이완의 문예 애호가들을 끌어 모아 시끌벅적한 교류를 이어갔던 이들은 지금은 열악한 환경에 제약을 받을 수밖에 없었다. 친구들 하나하나는 서로 다른 이유로 떠나갔다. 예전과 다를 바 없는 거리의 풍경에 우신룽은 언젠가는 친구들이 돌아올 것이라는 기대를 가져본다. 작품에는 슬픔과 근심이 있으면서도 기대 심리도 담겨 있다. 그러나 앞의 시에는 시대적 환경에 부화뇌동하려는 생각도 보인다.

앞의 시에서 전통적 신사는 고귀한 협의원이지만 그 역할을 다하려 하지 않고 개인적 이익만 추구하려 한다. 반면 청년들은 현실의 권력 앞에 무기력하다. 환경의 열악함과 고민에 출로는 보이지 않고 청년들의 고귀한 반항 정신도 이미 타락했다. 공담에나 빠져있는 허위적 인물들이 되어버린 그들은 필부에 불과하다. 그 안에 피는 단 한 방울도 남아있지 않다. 시대의 물결에 깨끗이 씻겨 내려간 것이다. 원래부터 그들은 몰락한 부르주아의 허위적이며 나약한 개혁자였을 뿐이었다. 그렇다면 나는? 나 또한 친구들처럼 위축되었다. 나도 도망쳐야 한다. 뒤에는 강렬한 세력이 곧장 나를 덮쳐 온다. 의지가 강철 같던 친구들도 이미 백골이 되어 길가에서 썩어 간 지 오래인데 나는 무슨 이유로 이렇게 굳건히 의지를 지키고 있는 걸까? 나도 상처를 입고 온몸에 피를 흘리고 있는데 하물며 위선자들이 때맞춰 뒤에서 나를 비웃고 있는 지금에서 말이다. 나의 동지들은 이러한 환경에서 죽음이 아니면 도피를 택해야 했는데 나도 현실을 마주해서 굳건할 수 없고 도피만이 유일한 해결책이 되었다. 그런데 도피할 수 있는 곳이라고는 풀이 무성한 동굴뿐이다. 다른 선택은 있을 수가 없다.

시는 끝을 맺지 못한 채 마무리되었다. 그러나 그것이 주는 이미지는 분명하다. "나는 도망쳐야 한다." 1941년과 1942년 현실의 사회적, 문화적 분위기는 확연히 우울했다. 보수적 집단뿐 아니라 우신룽과 같이 본래 적극적인 신청년들까지도 현실에 굴복했다. 고뇌와 위축이 시작과 생명 대부분을 잠식하고 있었다. 그런데 최대의 타격이 그에게 가해졌다. 1942년 아내가 사망한 것이다. 청장년기의 상처喪妻는 심대한 좌절을 안긴다. 종종 끝없는 생각의 나락 속에 빠져 들어가고 그 모순적이고 소극적인 삶이 혐오스러워질 뿐이다. 아내를 잃었다면 다른 사랑을 찾을 일이다. 그러나 자아의 자제심과 이성은 그를 구속한다. 속으로는 힘을 쏟아야 하는 노동을 빌어 모든 것으로부터 도망가려 하지만 아내의 빈자리는 결국 무기력으로 이어진다. 때로는 방랑을 하기도 하지만 양심의 제약으로 그것마저 자유롭지 못하다. 세간이 아무리 적막하고, 아무리 넓더라도 과거에 대한 추억은 마음을 쓰리게 만들고 미래에 대한 고민도 마음을 아프게 한다. "기억은 꿈처럼 비록 감미롭지만 과거는 이미 죽어버린 냉혹한 현실일 뿐이다.” 그저 기회를 마련해 북으로 여행을 떠나는 것 외에는 도리가 없다. 도피를 통해 심경을 다스릴 뿐이다. 그래서 그는 다음과 같이 썼다.

망령처럼
환영을 좇아
나는 여행을 떠났다
때는 한 여름
영靈의 꿈을 좇아
나는 여행을 떠났다

여장을 풀고
고인의 침실에서 휴식을 취했다
옛날의 꿈이, 다시 내게 오길
나는 마음속으로 기도했다
그러나 아, 세찬 비바람만이
갑작스레 남창南窓을 때렸다……
너무도 처량한 기억이 있기에
다시는 여기 오지 않으려
맘속으로 다짐했지만
고인을 추억하는 미련은
슬프게도
버릴 수가 없다

비 오는 아침 여행을 떠났다
적막이여, 슬픔이여
환영을 좇는 여행이기에
동행이 없어도
나는 쓸쓸하지 않았다

이곳은 옛적에 주뤄諸羅라 불리던 현縣 소재지였지
처음 고인과 함께 왔을 때
하이산海山이라 불리던 저택은
지금 흔적조차 사라졌다
아, 지난해의 눈은
지금 어디로 갔는가?

근심을 달래려
나는 여행을 떠났다
그러나 집 안에 남아있을 아이들
어미 없이 있을 녀석들
내 슬픔
잦을 날이 없다(嘉義)

나를 위로하러
벗이 청했던
백운장白雲莊
아, 고인과 함께라면

둘이 드는 잠자리였다면
그 얼마나 즐거운 날이 되지 않겠는가!

이별한 그이와
적어도 다시 만나 이야기라도 해 보았으면
그러나 당신의 그림자는 보이지 않고
적막과 슬픔만이
그러나, 이 이별
그대여, 영원하다 생각지 마오(台北)

그녀 생전
이리 긴 여행을 가당치도 않았다
여행 각 지 각 처에서
나는 환영을 좇았지만
결국은 나 홀로 돌아왔다
아, 나 홀로 돌아왔다

돌아왔다, 내 새끼들
엉겨 붙는다, 기쁨에 뛰어 오른다
아, 사랑스런 아이들아
너희는 아느냐 모르느냐
아비의 공허한 마음을?
진정 여행은 근심을 더했을 뿐이다(佳里)

—『選集』1, 143～147면

이 당시 우신룽의 삶은 망령이 환상을 쫓는 것처럼, 한여름 밤에 몽롱하게 떠도는 꿈을 꾸는 것 같았다. 루깡鹿港 누각에 이르러 죽은 아내의 처소에서 쉴 때 다시 전날의 꿈이 엄습해온다. 하지만 그의 바람과는 달리 길 잃은 아름다운 꿈은 비바람 속에서 사라진다. 이때 우신룽 역시 다시 꿈이 오기를 바라지는 않는다. 단지 고인의 그림자와 기억만을 가지려 할 뿐이다. 그런데 이게 또 양난으로부터 벗어나는 것을 어렵게 한다. 어제의 아름다운 꿈이 산산조각 난 새벽, 그는 더 이상 잠에 빠져들 수가 없다. 여행에 함께할 이가 없다는 생각에 처량함을 느낀다. 고인에 대한 기억과 함께 한다면 적막하지 않으련만. 옛날 주뤄諸羅라고 불렸던 자이嘉義의 고택에 이르렀다. 이제 그 고택은 사라지고 없는데 지난날처럼 내리는 눈은 지금도 어찌 이리도 그대로란 말인가? 아내와 함께 했던 날은 이제 완전히 눈앞에서 사라졌는데, 이중의 고통은 어찌 아직도 그대로란 말인가? 그러나 엄마의 보살핌도 없고 아비도 곁에 없는, 남겨진 어린 아이들을 생각하자, 슬픈 감정은 더욱더 커져간다. 북으로 백운산장白雲山莊에 오르자 고인과 함께 왔을 때처럼 어찌나 감정이 북받치는지, 벗이 함께 하지만 그녀가 없다는 생각을 지울 수가 없다. 이 이별이 잠깐의 헤어짐이기를 영원한 헤어짐이 아니길. 길었던 이번 여행에도 고인은 우신룽과 함께 돌아오지는 못했다. 혼자만의 귀로였을 뿐이다. 여정은 쓸쓸하고 애수로 괴롭기만 하다. 위축된 영혼이 회복될 여지가 없다는 사실, 전시의 황량함과 개인적 황망함을 잘 표현한 시다. 직접적이고 수식이 없는 글이기에 정감의 진실성을 잘 표현할 수 있었고 시정을 드러낼 수 있었던 것이다.

시간이 줄곧 앞으로만 나아가는 가운데 개인의 우울과 상처로 인해 신시든 한시든 우신롱의 문학 작품 속에서는 내면의 어두운 면이 다루어졌으며 당시의 표류하고 불안정한 현상을 표현하게 되었다. 정치적이고 문화적이며, 일본적이고 타이완적인 것 역시 시간을 따라서 서로 다른 새로운 의미를 드러냈다. 특히 1941년 이후, 타이완 문단에서 『타이완문학』과 『민속타이완』이 출간되었다. 일본이 황민화를 강화했음도 사실이지만 우신롱은 타이완인의 진영에도 적극적으로 참여하고 노력하려 했다. 그러므로 앞서 인용한 시작품이 모두 이 두 잡지에 실렸던 것이다.

하지만 일본에 의한 동원 작업도 나날이 많아졌는데 이는 일기를 통해 찾아볼 수 있다. 이 시기 우신롱의 삶과 문학으로부터 아이러니를 발견할 수 있다. 타이완인의 단결과 정신을 발휘하는데 함께하고자 문학창작은 여전히 지속되었다. 하지만 그 작품은 연이어지는 개인적 색채, 짙은 고뇌, 넘치는 사정私情, 좌절의 슬픔과 같은 풍격도 함께 지니고 있다는 점이다. 신시든 한시든 적막과 비애의 분위기가 여전히 주조를 이루었다. 하지만 다른 한편 강제적이든 자발적이든 일본과 타이완을 잇는 교량역할에 참여하여 사회적인 행동이나 문학창작에서도 이런 경향이 반영되었다.

1942년, 공회당公會堂에서 지원병 제도의 실시를 선전하는 강연회가 열렸다. 주최 기관은 봉공회의 자리佳里 분회였고 타이난 정진회挺進會가 협조하였으며 우신롱은 봉사인원이자 사회자였다. 오후에 '전쟁 승리를 감사하는 군민대회'가 거행될 때 그는 자리의 대표로 지명되어 천명 가까이 모인 청중들 앞에서 일본어로 강연을 하였다. 이는 처음 있었던 일로 청중들은 모두 베이먼군北門郡의 지식인이었다.[58] '대동아문학가회의'에 참가하려는 작가들이 타이난에서 와 강연회와 좌담회를 열었으며, 타이완문학 봉공회도 참가하였다. 사회봉사에의 참여나 문학 영역에서의 국책에 대한 협조로 동원되었다. 이는 피하기 어려웠다. 장원환張文環이 『타이완문학』의 편집에 중요한 공헌을 하였음에도 총독부의 문화선전사업 협조를 위한 동원을 피할 수 없었던 것처럼 말이다.[59] 타이완 전쟁 시기에 지식인은 일본의 전면적인 동원 통치를 피하는 것이 거의 불가능했다. 장원환이 그랬고 우신룽 역시 그랬다. 내막이야 어쨌건 간에 당시의 식민 정책에 참여했던 사실들은 모두 불가피한 선택이었다. 우신룽의 논쟁적인 작품 하나를 들어 살펴보자.

지축은 부단히 돌아간다
역사는 영원히 지속된다
나는 신고산 정상에서 생각한다
동녘 아득한 태평양에 임하고
서녘 망망한 아세아를 호령하고
북녘 일본 열도와 잇닿고
남녘 말레이 군도를 바라본다
아, 이 섬, 우리의 타이완
동아의 중심, 팔방의 관문

태양은 찬연히 사방을 비추이고

58 『吳新榮全集』 제6책, 122면.

59 柳書琴, 「殖民地文化運動與皇民化－論張文環文化觀」, 江自得 編, 『殖民地經驗與台灣文學』, 台北 : 遠流, 2000.

만물은 생기를 발한다
나는 신고산 정상에서 조망한다
멀리 마젤란해협은 이미 역사가 되었고
파나마 운하는 너무나 좁다
오른쪽으론 오스트레일리아의 별천지를
왼쪽으로는 알류샨 열도를 디딤돌로
아, 일렁이는 태평양
신시대의 요람, 신세기의 제단

초연은 해양의 섬마다 피어오르고
포성은 밀림의 구석구석을 울린다
나는 신고산 정상에서 외친다
근면한 황제의 자손이여!
용감한 징기스칸의 후예여!
신앙심 깊은 석가의 제자여!
천신의 자손과 함께 일어나자
아, 대동아의 대전
신질서의 건설, 신문화의 창조

—「獻給大東亞戰爭」

뤼싱창呂興昌은 "표면적으로 보면 이 작품은 당국의 전쟁 체제에 호응한 작품인 것 같다. 특히 말미의 두 행은 보다 선명하게 전쟁을 노래하는 태도를 보여준다. 하지만 시 전체를 세밀하게 읽어보면, 그렇지 않다는 것을 알 수 있으며 심지어 다른 차원의 미묘한 뜻을 읽어낼 수도 있다"라고 이 시를 분석했다. 표면적으로 대동아 전쟁을 노래하고 있지만 사실은 '타이완 중심론'이라는 예술론이 재창조되고 있는 것이다.

이 시의 첫 단락은 '타이완 중심론'을 표현하고 있다. 우신룽은 일기에서도 열 개 정도의 지리학적 이유를 나열하여 세계의 중심이 분명 타이완에 있음을 증명하고 있다.[60] 하지만 이 같은 '타이완 중심론'은 일본이 타이완을 식민지화한 후 1930년대에 동남아에 대한 야욕으로 남진 정책을 추진하면서 타이완인에게 일종의 위로로 제기한 것이었다. 이것은 타이완 본토 지식인의 본래적 의식에서 기원한 것이 아니었다. 예를 들어 일본의 아사히신문사가 출간한 지도 속에는 타이완을 '대동아 공영권'의 중심에 두고 있다. 당연히 이 같은 타이완 중심론은 타이완 본토 중심론의 가능성으로 전화될 수 있었다.

시의 둘째 단락에서 화자는 신고산新高山, 玉山에 서서 넓은 태평양을 바라보고 있는데, 이는 신시대 신세기의 역사적 무대다. 대동아 전쟁은 아시아의 세력을 통합하고 결집하여 구미 세력, 특히 새롭게 강국으로 성장하여 일본이 태평양의 패권을 쥐는 데 있어서 최대의 경쟁자가 된 미국 세력에 대항하기 위한 것이다. 전쟁의 연기가 동남아의 각 섬에서 일기 시작하는 가운데, 일본과 미국이 태평양 세력을 다투던 전쟁이 불붙자 일본은 아시아의 통합자로 자처하였다. 일본을 아시아 세력의 지도자로 삼아 염황炎黃의 자손인 중국과 빛나는 역사를 지닌 징기스칸의 후예 몽골과 오랜 문화적 전통을 지닌 인도를 통합하고 아마테라스 오미카미의 후예인 일본을 재결합하고자

60 『吳新榮全集』 제6권, 112면.

했다. 이러한 네 갈래 주요 세력의 연합으로 동아시아의 신질서와 신문화는 광휘가 찬란한 아시아 세력이 된다. 이는 아마도 일본의 선전 효과겠지만 근대 이래 아시아의 사상과 포부를 지닌 이들의 기대이기도 했다.

일본에만 이런 사상이 있었던 것은 아니다. 중국의 국부인 쑨중산孫中山 역시 '대아시아'라는 신앙을 제창했다. 특히 쑨중산의 학설에 대해 우신룽은 낯설지도 않았고 오히려 연구를 꽤 많이 하였다. 일기 속에는 여러 차례 그가 『중산전집中山全集』을 읽었다고 나온다. 그러므로 우신룽의 이 시를 토론하려면 일본에 굴복했다는 데 치우쳐서도, 무슨 숨겨진 뜻이 있을 것이라고 생각해서도 안 된다. 복잡한 전쟁에 처한 타이완 지식인의 시대적 특징을 보여주는 것뿐이다. 여기에는 타이완 중심이라는 사고를 갖게 되는 지점이 있으며 태평양 세력의 굴기가 갖는 필연성에 대한 인식도 있고 아시아를 통합한다는 이상적인 시도도 포함되어 있다. 타이완 의식과 일본이 찍은 낙인이 있으며, 쑨중산의 대아시아에 대한 아름다운 꿈도 있다. 우신룽 문장의 혼합성은 타이완 문화의 다원적이고 복잡한 모습의 축소판일 것이다.

5. 나가며

이 글에서 논하고자 한 과제는 다음과 같다. 우신룽을 연구한 일련의 성과는 그를 다음과 같이 본다. 우신룽은 초기 '염분지대' 시기에 타이완 문단에 등장했다. 이때 그는 사회주의 사상이 농후한 전위적 사상을 지닌 청년이었다. 향촌인 고향으로 돌아온 뒤 가족의 경제를 안정시키는 것 외에, 타이완 신문학 건설에 몸을 담았다. 『타이완문예』와 『타이완신문학 』이라는 두 잡지를 통해 문단에 자신의 이름을 알렸다. 그리고 타이완 사회의 발전에 대한 관심과 자신의 고향과 향토에 대한 열정을 표현하였다. 시골 민중의 삶 속으로 들어가 자신이 고향에서 가져야 하는 사회적 지위와 문화적 영향력을 확립하였다. 타이완문학이 발전하면서 그는 전성기를 맞이했다.

하지만 타이완 문단 내부에 생긴 분열과 일본 군국주의의 대두로 인해 일본 통치 전략이 바뀌었다. 현실 전쟁의 공포가 시간의 흐름을 따라 확산되었고 타이완인의 마음에 느껴지는 압박이 나날이 가중되었다. 게다가 일본 황민화의 확장으로 전쟁의 그림자가 사라지지 않자, 타이완인은 중국과 일본 사이에 끼어서 고민하기 시작했다. 시세는 바꿀 수 없었고 개인의 작은 의지는 더욱더 보잘 것 없어졌다.

이러한 역사와 시대환경에서 우신룽 역시 갖가지 압박을 피할 수 없었다. 개인은 어떻게 자신의 적응력을 조절할까? 시세에 대한 어찌할 수 없다는 느낌으로, 중국 문화 속에서 일본에 대항할 의식을 찾고자 중국 문화를 새롭게 해석하고 연구하는 것이 이 단계 우신룽의 방법이었다. 특히 중국 역사와 문학 가운데 시 창작을 빌려 산산이 부서진 영혼을 무장하였다. 전쟁하에서 개인과 가정과 벗이 모두 가혹한 상처를 입었기 때문에, 특히 아내와의 사별로 인해 청장년이던 우신룽은 큰 타격을 입었다. 그래서 스스로 자신의 상처에서 벗어나지 못하는 상태로 다시 빠져들게 했다. 시대와 개인의 상황 모두가 그로 하여금 출로를 찾기 어렵게 만들었다.

일기와 문장에서 우신룽이 전시에 느꼈던 심경을 찾아볼 수 있다. 한편 일기는 중문 기록에서 일문의 서사로 바뀌었다. 이는 그에게 중대한 변화가 발생했음을 의미한다. 우신룽의 가장 기본적인 의지가 뒤로 물러나고 나약해졌음을 볼 수 있다. 또한, 신시에서 수필로의 장르 변화는 시인으로서의 자신감이 위축되었음을 보여준다. 그리고 수필에서 하이쿠 짓기로의 변화는 정치적인 압박의 여부와 관계없이 경물을 접하고서 짓는 글쓰기, 흥미의 변화와 같은 일련의 맥락을 지닌다. 민속 문물의 탐구는 우신룽의 후기 삶 속에서 가장 중요하고도 성취가 많은 영역이다. 한시를 더욱 많이 창작하게 된 것은 중국문화를 학습하려는 의도였으나, 이 시기 대부분의 한시는 개인 감정상의 좌절에 관한 것이었다. 이 역시도 점차 노쇠해가는 생명의 징후였을 것이다. 전후에 더욱 더 많은 한시가 창작되었는데 그 단초를 이 시기에서 찾아볼 수 있다.

신시의 창작은 가장 볼만한 문학적 표현이었다. 그것들을 통해 전쟁이 우신룽에게 끼친 영향과 상처를 찾아볼 수 있다. 시 창작의 양은 전기보다 훨씬 적지만 대부분이 정치 사회의 그늘하에서 출로 없는 개인의 방황의 심경을 묘사해내고 있다. 이는 전기의 격앙과 분노와 항의 정신을 지닌 시들과는 큰 차이를 지닌다. 개인 감정의 발로는 위축되어 어찌할 바 없는 정서를 드러냈다. 정치, 사회적 경험과 아내를 잃은 경험이 시대가 그에게 준 좌절과 상처를 차갑게 대하게 했다. 하지만 시세에 대한 냉담함은 부득이한 꾸밈이었을 것이다. 국책에 협력하고 문학 봉공이 대대적으로 행해지던 시기에는 더욱 그러했을 것이다. 비극을 겪은 우신룽의 낮은 신음이 전체적으로 명랑한 국책의 큰 외침이나 소란과 대비되고 있었다.

다음으로, 「대동아 전쟁 헌시」라는 시의 경우, 뤄싱창과 황치춘黃琪椿은 '타이완 중심론'의 제출이야말로 이 시의 가장 큰 의미라고 보았다. 우신룽은 개인의個人醫였기 때문에 비교적 독립적인 경제적 기반을 가지고 지방에서 영향력을 획득할 수 있었다. 그리하여 그는 필연적으로 일본 관헌과 관계를 맺게 됐으며, 전환기의 공간에서 피동원의 압박을 그렇게 무겁게 짊어질 필요가 없었다. 그렇기에 문장 속에 자신의 또 다른 의도를 숨길 수 있었다.

그러나 필자는 여기에서 우신룽의 비교적 어두운 일면을 볼 수 있다고 생각한다. 그는 자신도 모르게 점차 대동아 사조에 길들여졌는데, 이는 개인적 좌절과 실패, 그리고 이로 인한 심리적 위축이 전쟁동원하의 작품들로 연결되었기 때문이다. 이러한 관점을 제기하는 가장 큰 목적은 타이완 피식민자의 복잡하고도 다양한 느낌과 심정을 인식하기 위함이다. 그 속에는 일본적인 것과 중국적인 것, 그리고 타이완적인 요소가 섞여 있었다.

하지만 이 시기 우신룽은 창작에 대해 여전히 긍정적인 태도와 입장을 유지하고 있다. 일기에 나타난 내면 표현에 보이듯이, 그가 자신의 역할과 존재의 가치에 대해 매우 성실하게 논술하고 있기 때문이다. 이들 작품은 좌절과 실패, 상처와 퇴폐의 느낌을 지니고 있지만 기본적인 타이완인의 입장이 견지되고 있다. 문학이라는 공공의 영역에서 수필이든 하이쿠든 한시든 신시든 모두가 타이완 문화인의 독립적인 일면을 유지하고 있다. 설령 개인적 고민과 곤경으로 인한 처량함을 노래한 작품이 있다 하더라도 그것들은 모두 개인이라는 사적 영역에서의 표현이었다.

따라서 그를 강대한 정치 사회의 대서사 앞에서 조금은 무력하게 항의한 인물로 볼 수 있다. 우신룽의 문장 가운데 적극적으로 국책에 협력한 것들은 없는 듯하다. 비교적 큰 원인은 그가 의사였다는 데 있다. 그 신분으로 인해 강압적인 관계 맺기나 굴종이 단지 표층적인 사회적 관계에서만 가능했지, 결코 작가의 내면 깊은 곳의 문화적 정체성은 건드리지 못했기 때문이다. 그러므로 일제강점기 타이완 지식인을 연구하려면 일기, 작품 사회활동의 각 방면을 살펴야 한다. 그래야 보다 세밀하고 보다 깊은 성찰로 문화인의 여러 다른 면모를 찾을 수 있으며, 공평하고 성실한 평가를 할 수 있다.

전쟁시기의 문학 창작은 대부분의 그의 삶과 이후의 문학창작 방향을 확정지었다. 이 경향은 타이완이 일본의 통치를 벗어나 국민당 정부가 통치하는 시기까지 그에게 영향을 미쳤다. 우신룽의 삶과 문학 창작의 궤적은 이미 이 시기에 기초를 갖추어 일기, 수필, 한시, 신시, 민속 문헌의 정리 등은 이후 지속적으로 추구되었다.

제 2 부

황민문학

동화와 황민화의 사이—식민 계획에서 제국 신민까지

'다름'에서 '같음'으로—타이완 황민 주체의 '마음' 개조

황민문학 속의 정치적 상상

일제시기 '황민담론'의 신분 정체성 전략—천훠취안의 「길」을 중심으로

결전시기 타이완청년의 심령 초상—저우진보의 「지원병」을 중심으로

동화와 황민화의 사이*
식민 계획에서 제국 신민까지

징즈신荊子馨

카시와데의 형식을 거쳐 만들어진 하나의 신념, 바로 이 신념의 문제이다. 이러한 정정당당한 일본인이 될 수 있다는 신념 말이다.

— 저우진보周金波, 「지원병」, 1941[1]

그러나 천황을 믿을 때 나는 '천황 폐하 만세'라는 함성의 이면에서 구원의 길을 발견할 수 있었다. 어떤 사람이 출구 없는 궁지에 던져지면 세상의 어떠한 말로도 자신의 고통을 표현할 수 없다. 그런데 그가 오히려 임종을 맞이한 듯 '천황 폐하 만세'라는 소리를 입 밖으로 내질렀다. 생각건대 여기에 구원이 있으며, 희열이 있으며, 해탈이 있는 것 같다.

— 천훠취안陳火泉 「길道」, 1943[2]

---

* 이 글은 성옥례가 번역하였다.

1 周振英의 번역본에서 발췌 번역, 「志願兵」, 『周金波集』, 台北 : 前衛出版社, 2002, 31면.

2 台灣文學 硏究工作室의 「陳火泉日文原著小說 道」에서 발췌번역.
http://140.116.10.240/taioan/

1. 들어가며

대표적인 '황민화' 텍스트에서 발췌한 이 두 단락의 인용문에서 눈여겨봐야할 점이 있다. 이 글들은 천황에 대한 '신앙'을 통해 '일본인'이 된다는 '신념'뿐 아니라 식민 이데올로기 자체의 외재적인 표현형식도 포함하고 있다. '일본인'이 되려면 내재적인 신앙을 갖는 것보다 박수치기나 구호 외치기 같은 일련의 신체 행위를 반드시 함께 갖추는 것이 더 중요하다는 것이다. 이러한 신체 행위는 내재적 신앙에 종속되는 외재적 표현형식일 뿐만 아니라 내재적 신앙을 생산해내는 시스템 자체이기도 하다.[3] 다시 말해 이러한 의식은 식민 정체성이 만들어지는 기초이지 결과가 아니라는 것이다.

이는 이데올로기의 물질화 혹은 토야마 이치로富山一郎가 말한 '규율'로 '일본인 되기'라는 이데올로기를 조성하는데 있어서 관건이 되는 문제이다. 토야마 이치로는 류큐琉球의 '일본화'된 작품을 연구하는 가운데 '일본인 되기'는 결코 신앙이나 이데올로기만의 문제가 아님을 지적하였다. 그것은 '일상생활의 신체적 실천'을 거쳐 상상되어 나오는 것이었다. 그렇기에 전쟁 동원기에 규율의 과정은 점차적으로 중요한 관건이 되어갔으며 이것이 '일본인 되기'라는 절차의 시작 여부를 결정하였다.

'전장'과 '일상'은 분리해서 이해되어서는 안 되며 양자 간의 변증법적인 상호 관계는 심화되어야만 했다.[4] 이러한 규율화 과정은 단

---

3 Slavoj Zizek, *Mapping Ideology,* London : Verso, 1994, p.12.

4 富山一郎, 『戦争の記憶』, 東京 : 日本經濟評論社, 1995.

순히 푸코식의 미시권력론으로 정의할 수 있는 것이 아니다. 의식을 통한 관념의 신체화는 복잡하게 얽힌 구체화된 망으로 식민권위의 궤적을 표시하였다. 우리 자신을 식민권력의 어두운 그림자로부터 빼내어서는 안 되는 이유가 이것이다. 반대로 우리는 다음과 같은 사실에 주의해야만 한다. 이러한 신체화가 식민정부와 태평양 전쟁이 초래한 대규모 동원이 부지불식간에 섞여서 나타난다는 사실을 말이다. 전장과 일상의 변증법적 관계와 이에 바탕을 둔 규율화는 식민지 백성과 제국 권력 사이의 관계를 변화시키기 위한 것이었다.

그리고 이렇게 말할 수도 있다. 식민 이데올로기의 외부적 형식을 단순히 일본 식민주의 말기의 현상으로 보아서는 안 된다고 말이다. 본론에서 말하겠지만 '황민화'는 그 이전에 출현한 식민 신화인 '동화'의 바탕 위에서 가능했기 때문이다. 일본 식민주의에 관한 일반적 연구는 '황민화'가 동화정책의 연장이며 일본 식민정치와 상통하는 연속성을 지닌다고 가정한다. 예를 들어 마크 피티Mark Peattie는 동화정책의 목표를 식민지 백성을 '일본화'시키는 것이라 했다. 특히 타이완인과 한국인을 충성스러운 '황민'으로 바꾸어 본도의 일본인과 똑같은 가치를 주입시키고 같은 책임을 지게 하여 같은 생활풍격을 지니게 하고자 했다는 것이다.[5] 그에 따르면 황민화는 동화의 '최후 단계'를 의미했다. 또한 이 운동은 일본의 피식민 종족을 체제화, 일본화하고자 했을 뿐 아니라 유가儒家적인 가치관을 통해 이 목표를 지속적으로 정당화하고자 했다.[6]

5 Mark Peattie, "Introduction", ed. Mark R. Peattie and H. Myers, *The Japanese Colonial Empire, 1895~1945*, Princeton University Press, 1984, p.40.

6 Mark Peattie, "Japanese Attitudes toward Colonialism, 1895~1945", ibid., p.121.

그러나 나는 식민 이데올로기를 연속과 일치로 보는 가설에 반대한다. 황민화와 동화의 유사성과 차이를 근거로 둘을 역사화해야 한다. 내가 보기에 이 두 가지 식민이데올로기를 동일시하는 것은 그것의 일치와 지속, 내지인과 식민지인의 평등을 말하는 식민당국의 담론을 무비판적으로 수용하는 것과 같다. 그리고 더 중요한 것은 그 담론이 황민화 정책하에서 식민 주체성과 관련된 투쟁을 말살하였다는 점이다. 나는 식민 이데올로기의 하나로서 동화가 식민 계획의 일반적인 장을 대표하지 않으며 그 속에 일정한 철학이나 체계성도 없었다고 본다.

이 밖에 정치적 차별과 문화적 동화의 공존이라는 내재적 모순 때문에 '일본화'는 대체로 식민자의 문제의식(실패했거나 실현된 적 없는 식민의 이상)으로 존재했다. 황민화의 '새로운 의미'는 그것이 '일본화'를 불완전한 '황민'으로 여겨진 피식민자의 자의식으로 내화시켰다는데 있다. 이러한 역사적 흐름을 거쳐 식민 정체성과 관련된 갈등이 식민지 타이완의 주도적 담론이 될 수 있었다. 이때 '일본인 되기'라는 의제는 거대한 존재론적 고뇌와 정치적 욕망을 만들어냈다. 그러므로 일본 식민주의의 일반적인 경향 속에서 황민화란, 동화의 논리적 연속이 아닐 뿐만 아니라, 동화의 갑작스런 단절도 아니다. 오히려, 황민화란 식민 이데올로기의 하나로, 동화의 내재적 충돌을 은폐하고 제거하는 기능을 했다. 그럼으로써 식민 주체와 피식민자의 정체성 표현 방식을 변화시키고 한정지었다.

2. 동화와 황민화의 사이에서

대개 황민화란 1937년의 루꺼우챠오盧溝橋사변 이후 일본이 식민지에서 행한 식민통치 상의 '문화적 조작'을 가리킨다. 이는 '국어운동', '개명' 그리고 '지원병 시스템' 등을 통해 식민지 인민을 제국 신민으로 변화시키고자 한 문화운동이자 정치운동이었다.[7] 황민화는 식민지 인민을 충성스런 제국의 백성으로 변모시켜 전쟁에 동원코자 했다. 제17대 타이완 총독을 맡았던 고바야시 세이조小林躋造의 1937년 연설을 보자.

> 처음부터 국체의 의미를 드러내고자 인민의 결심을 천명하고 '공평한 주시하'의 제국의 바람을 받아들이고 실행하며 나아가 동화를 만들어내고자 한 것은 줄곧 일본이 타이완을 통치하는 데 있어 강건하고 변함없는 정책이었다. 제국의 사명과 타이완의 지위 그리고 눈앞의 세계적 정황을 살펴보면 가장 긴급한 임무는 오백 만 도민들에게 일본인과 똑같은 자격을 주는 것이다. 그럼으로써 그들의 결심을 회복하고 국가의 번영을 위해 함께 분투하게 하는 것이다. 이 같은 목적을 이루기 위해서 우리는 반드시 대중 교육을 제고하고 언어 풍속을 교정하고 충성스런 제국 백성의 기본을 배양하여 제국 정신의 보급과 관철을 위해 분투해야 한다.[8]

---

7 영어 저작 중 타이완 황민화운동에 관한 유일하고 정밀한 연구로는 Chou Wan-yao(周婉窈), "The kominka Movement-Taiwan under Wartime Japan, 1937～1945", Ph. D. diss., Yale University, 1991 참조.

8 鷲巣敦哉, 『台灣保甲皇民化讀本』, 台北 : 台灣警察協會, 1941, 168면.

여기서 주목해야할 점은 두 가지이다. 하나는 황민화란 결코 갑자기 생긴 강압적 정책이 아니라는 것이다. 오히려 그것은 식민통치가 시작되자마자 추구한 식민화의 필요조건이었다. 식민당국은 '충성스런 제국의 백성'을 재생산하기 위해 동화정책을 지속해야 했다. 둘째, 황민화가 피식민자의 '언어풍속'을 강제로 교정하고자 했다는 점에서 황민화는 동화의 연속이 아니다. 만약 황민화가 동화 정책의 연속에 불과하다면 왜 새로운 식민수사와 문화정책이 필요했겠는가? 비록 식민 당국은 그 정책이 일관된 것이라 주장하지만 황민화의 실시 속에 잠재된 초조와 긴박성을 어렵지 않게 발견할 수 있다.

황민화가 동화의 연장이라는 관방의 설명을 1938년 기자 타케코시 요사부로竹越與三郎는 재차 강조하고 있다. 그는 다음과 같이 쓰고 있다. "황민화는 일본인이 되는 것을 의미한다. 설령 본도인이 삼, 사십년 전에 이미 일본인이 되었다 하더라도 황민화는 더 많은 의미를 가지고 있다. 황민화운동은 단지 일본인이 되는 것이 아니다. 이것은 어떻게 '좋은' 일본인이 될 것이며 어떻게 이러한 과정을 완성할 것인가와 관계있다." 이 밖에 타케코시 요사부로에게 있어서 좋은 일본인이 되는 것은 본도인의 사명일뿐만 아니라 전 일본민족의 사명이기도 했다.[9]

실상, 황민화가 의미하는 것은 식민지 백성을 제국의 백성으로 변화시키는 것이 아니라 피식민자의 정체성과 문화를 철저하게 소멸시키는 것이었다. 문학 비평가인 오자키 홋키尾崎秀樹는 다음과 같이 말한다.

---

9 竹內淸, 『事變と台灣人』, 台北 : 台灣新聞報社, 1939, 206면.

루꺼우챠오사변(중국 사변) 이후 진압이 강화되었다. 황민화의 금령하에서 중국문자를 사용하고 중국 희곡을 상연하는 것이 금지되었다. 타이완과 중국식의 묘당과 종사가 폐지되었고 종교 신앙 역시 억압되었다. 사범학교에서 타이완 말을 사용하는 사람은 처벌받았고 심지어 전통적인 사숙私塾 역시 경찰에 의해 강제적으로 폐쇄되었다. (…중략…) 문학의 경우 1937년 이후에는 중문으로 출판하는 것이 전연 불가능해졌다. 출판하려면 반드시 일문을 써야 했다.[10]

동화가 '일본인 되기'를 의미한다면 황민화는 '좋은 일본인 되기'를 의미한다. 더욱 중요한 사실은 전쟁이 격화되고 동원이 강화되면서 피식민자에게 황민화란 '일본인 되기'를 넘어 '죽어서 일본 귀신이 되는 것'을 의미하게 되었다는 점이다.[11] 천황의 이름으로 죽어 일본 귀신이 되는 것이 점차 '좋은' 일본인과 동의어가 되어갔다. 타이완 작가인 예스타오葉石濤의 말에 따르면, 황민화란 일종의 '노예화'였다.[12]

이처럼 황민화에 대한 식민지와 반식민자(피식민자)의 해석은 상반된 것이었다. 식민자는 황민화가 식민 혜택을 목표하는 동화의 연장이라고 묘사하였다. 단지 세계대전이 임박하면서 동화정책이 황민화 정책으로 조금 강화되었다는 것이다. 이와 반대로 반식민자들은 황민화를 식민폭력으로 규정했다. 반식민 논술은 '일본인 되기'라는 과정 속에 숨겨져 있는 위선을 폭로하였다. 일본인이 된다는 것이 제국을 위해 죽는 제국의 백성이 된다는 바람으로 변화한 것은 황민화의 기본적인 모순이었다. 한편 반제국주의자의 관점에서 피식민자

10 尾崎秀樹, 『近代文學の傷痕』, 東京 : 岩波書店, 1991, 106면.

11 위의 책, 139면.

12 葉石濤, 「總序」, 『光復前台灣文學全集』 12卷, 台北 : 遠景出版社, 1979, 30면.

가 추구하던 평등한 대우란 기껏해야 일본인과 같은 자격을 가지고 천황을 위해 죽는 것이었다. 즉, '일본인 되기'가 '죽음을 향한 일본인 되기'로 변화했다는 점에서 황민화는 동화의 중단이었다.

황민화를 동화에서 파생된 것이나 동화의 연장으로 보는 것은 기본적으로 틀리지 않다. 일어 선전, 풍속 정돈과 같은 황민화정책은 1920년의 일반적인 동화 정책에서 이미 시행되었다. 그러나 '황민화'라는 말은 1937년 이후 등장했다. 황민화는 이 시기 중국과 동남아에서 일본의 군사적 확장을 고려해야 전반적인 이해가 가능하다. 그러므로 황민화를 동화의 논리로 환원할 수 없는 것이다. 황민화는 일본의 군사적 요구에 따라 식민지 인민을 철저하게 조직화하고 일본화하는 수단이었다.

황민화 정책의 한 가지 사례로 타이완어 금지가 있다. 1934년 5월, 총독부 교육청은 타이완어를 사용하는 사람에게 벌금을 부과하겠다고 선포했다. 1937년 4월에는 타이완어를 사용하는 것이 이미 일상생활에서의 불이익의 요소가 되었다. 타이중台中에서는 공무원의 타이완어 사용이 금지되었다. 타이베이주 뤄동羅東군 산싱좡三星庄에서는 국어(일본어)를 사용하지 않는 사람은 나태하다고 벌금을 매길 수 있었다. 화롄花蓮 항청에서는 작업 시 타이완어를 사용하는 사람을 즉각 해고시켰다.[13]

이러한 예는 1937년 이전에 일본이 동화를 일종의 식민기획이자 문화통합 전략으로 여겼음을 보여준다. 이 같은 정책들의 변천은 식민정책의 모호성을 보여준다. 몇몇 정책이 피식민자를 일본인으로

13 林景明, 『日本統治下台灣の皇民化教育』, 東京 : 高文硏, 1997, 23~24면.

변화시키고자 했을 지라도 동화의 논리는 모호했으며 식민지사회의 특수성과 늘 타협했다. 하지만 황민화는 계획을 실천으로 강행하고 이상을 물질로 전환하면서 식민정책을 구체화했다. 이 같은 구체화의 결과는 이데올로기의 물질화뿐만 아니라, 조상의 사당을 파괴하는 구체적 행위도 포함하고 있었다. 일본식으로 이름을 바꾸고 수천만 명을 전장으로 동원한 것도 같은 맥락이다.

황민화와 동화의 관계를 고찰하려면 이론상의 상호 관련성과 전술상의 차이를 고려해야 한다. 식민 정책 역사에 반복적으로 나타나는 의제들을 분석함으로써, 황민화가 특수한 역사적 국면에서 발생한 독특한 수단임을 검증해야 한다. 그리고 동화와 황민화의 변천사를 그것들 각각의 역사적 맥락 속에만 두어서도 안 된다. 그것들의 상호 관계를 탐구함으로써 식민 통치하 피식민자의 지향점과 그들이 감내해야 했던 충돌, 타협, 좌절 등을 폭로해야 한다.

황민화와 동화를 구별하려는 것은 피식민자 내면의 정체성 충돌을 설명하기 위해서이다. 황민화는 피식민자에게 식민자의 정체성을 '내면화'시켰다. 이는 동화정책에서 볼 수 없었던 현상이다. 황민화의 결과 기존 식민자 대 피식민자의 외부적 대립 관계가 피식민자 내부에서 재현되었다. 황민화의 역사적 중요성은 여기에 있다. 즉 타이완 식민사에서 정체성 갈등이 처음으로 피식민자의 주요 담론이 된 것이다. 그리하여 사회 현안에 대한 문제의식이 약화된 반면 개인의 정체성에 대한 탐구가 증가하였다. 이 밖에 황민화의 정체성 정치는 '일본인 되기'의 정책 집행자가 식민 정부에서 피식민자에게로 전이되었음을 의미했다. 동화 담론에서 피식민자를 일본인으로 변화시키는 과제는 주로 식민 정부의 업무로 여겨졌다. 그러나 황민화 이후 정체성 충돌을 내면화하는 과정을 통해 '일본인 되기'는 피식민자의 책무가 되었다.

황민화는 특수한 방법으로 완성되는 정신개조 정책으로 그 목적은 피식민자가 일본인을 전범으로 하여 자신의 언행을 변화시키도록 하는 데 있다. 창씨개명과 신사참배 그리고 일본 복식 입기는 그것의 외적 표현의 일부일 뿐이었다. 이와 달리 동화는 정치, 경제, 사회, 문화 모든 면에서 모호하고 포용적인 정책이어서 그 성격을 규정할 수 없다. 동화의 의미를 정의하려는 시도가 부단히 있었지만 체계성과 일관성을 지닌 식민정책으로 구조화하지 못했다. 심지어 이 정책의 지지자인 수상조차도 이 단어 사용을 꺼리고 '내지연장주의'라는 단어를 선호하였다.

식민담론 연구자인 코마고메 타케시駒込武는 다음과 같이 말한다. "동화는 결코 어떤 특정한 현상으로 해석할 수 있는 개념이 아니다. 이 개념 자체가 분석되고 해석되어야 한다."[14] 그와 마찬가지로 이 글의 목적은 동화정책이 가능했던 조건들을 분석함으로써 황민화와 전쟁 동원 정책의 특수한 결합을 폭로하려는 데 있다. 아울러 이 글의 목표가 동화정책을 정밀하게 분석을 하려는 것이 아니며, 일본인이 동화라는 의제를 사유할 때 어떠한 변화를 겪었는지를 묘사하려는 것도 아님을 밝힌다.[15]

---

14 駒込武, 『植民地帝國日本の文化統合』, 東京 : 岩波書店, 1996, 20면.

15 일본의 전체 식민정책에 관한 연구로는 Mark Peattie, "Japanese Attitudes toward Colonialism, 1895~1945", ibid., pp.80~127; 小熊英二, 『'日本人'の境界』, 東京 : 新曜社, 1998 참조.

3. '동화'의 역사화

일본 식민주의는 프랑스 식민주의와 함께 논의되는 경향이 있다. 그것은 쌍방이 모두 동화정책을 시행했기 때문이다. 한편 일본과 프랑스의 동화정책은 영국의 간접통치 관념과 구별된다. 자유파 경제학자인 야나이하라 타다오矢内原忠雄는 일본의 동화정책과 서구 식민정책의 관계를 최초로 이론화하려고 한 학자이다. 야나이하라 타다오는 「군사와 동화의 식민정책—일본과 프랑스 식민 정책의 비교」(1937)라는 글에서 프랑스와 일본 식민주의의 유사성과 이데올로기의 차이에 대해 정리하였다.[16] 야나이하라 타다오는 프랑스 식민당국의 지리, 금융, 경제, 정치 및 본토 인민에 대한 정책을 상세히 분석한 뒤 동화정책과 군사 통치가 프랑스 식민정책의 양대 특징이라고 하였다. 그는 또한 유사한 분석틀로 일본의 식민 정책을 설명하였다. 그에 따르면 일본 식민주의와 프랑스 식민주의는 몇몇 차이는 있지만 '군사통치와 동화정책'이라는 특징을 양국이 공유한다. 그는 이어서 이 두 가지 특징이 동시적으로 존재하는 이유가 '우연'인지 '필연'인지 탐구하였다. 더 나아가 일본과 프랑스 식민주의의 유사성이 단지 역사적 우연일 뿐인지 아니면 '공동의 사회적 기초'에 의한 것인지를 연구하였다.

야나이하라 타다오는 일본과 프랑스 식민주의 사이에 유사성이 있지만 그것들이 완전히 다른 철학과 이데올로기에 의해 지탱된다

---

16 矢内原忠雄, 「軍事的と同化的日仏殖民政策一論」, 『矢内原忠雄選集』 4, 東京 : 岩波書店, 1963, 276~306면.

고 보았다. 그는 프랑스의 동화정책이 18세기의 계몽철학과 프랑스 대혁명의 이념, 특히 보편적 인권에 대한 관념 위에서 세워졌다고 보았다. 이러한 기초 위에서 프랑스인들은 피식민자 역시 프랑스인과 같은 천부적 권리를 지니고 있으며 그렇기 때문에 이론적으로 피식민자는 프랑스인이 될 가능성과 능력을 지닌다.

하지만 일본 식민주의는 일본 언어를 피식민자에게 강제함으로써 '일본정신'을 주입하였다. 피식민자는 반드시 '일본인 되기'라는 과정을 완성해야만 이론적으로 정치 권리와 사회적 자유를 향유할 수 있었다. 그러므로 일본의 동화는 자연법과 인권에 기초한 프랑스의 동화와 달리 '일본민족정신의 우월성' 위에서 구성되었다. 이러한 관점에서 보자면 일본의 동화정책은 프랑스의 것보다 훨씬 민족주의적이고 국가주의적이다. 그러므로 군사통치와 더욱 쉽게 연결된다.[17] 글의 마지막에서 야나이하라 타다오는 프랑스 식민주의가 알제리 등지에서 실패한 것을 상기하며 일본인이 '진정한 동화'에 이를 가능성에 대해 회의적인 견해를 기술했다.[18]

프랑스 보편주의와 일본 특수주의의 차이 외에도 야나이하라 타다오의 견해에서 주목할 점이 있다.[19] 그가 동화에 회의적인 이유는

---

17 위의 글, 301면.

18 矢內原忠雄은 다음과 같이 쓰고 있다. "일본 식민주의의 군사, 관료 그리고 동화정책하에서 진정한 동화정책의 목표란 필경 어느 정도까지 다다를 수 있을까? 다시 말해 필경 어떠한 정도까지 도달해야 우리가 피식민자의 일본화가 표면적인 차원에만 그치지 않고 심리로부터 일본에 대한 호감과 우의를 배양해낼 수 있을까? 어느 정도까지 이르러야 우리가 이미 행복과 평화의 영원한 기초를 세웠다고 말할 수 있으며 피식민자가 식민지의 물질적인 발전 외의 영역에서 공헌할 수 있을까? 군사, 관료 그리고 동화정책이 이러한 목표를 완성할 수 있느냐의 여부가 여전히 의문이다."(위의 글, 305면)

19 '보편주의'와 '특수주의'라는 양극화된 대립으로 프랑스와 일본의 동화정책을 구분하는 것은 그것들이 각자의 종족 / 민족 이데올로기 기능 속에서 이루어지는 공모와 모순을 홀시하게 된다. '인권'에의 호소와 전 인류의 교육이라는 사명은 프랑스 민족주의의 우월한 신념 속에

그것이 국제적인 식민통치 발전사에서 잊혀져가던 정책이었기 때문이다. 동화가 폐기된 이유는 그것이 세계 각처에서 모두 실패했기 때문만이 아니라 당시 식민행정의 보편적 발전에서 벗어났기 때문이다. 야나이하라 타다오는 「식민통치의 관념」에서 식민통치 방식을 종속·동화·자치 세 가지로 구분하였다.[20] 종속 원칙에 근거하면 식민의 활동과 통치는 전적으로 모국의 이익을 위한 것이며 식민지의 복지는 전혀 고려 대상이 아니다. 동화정책하에서는 식민지의 문화가 식민모국의 문화로 전환되어야 모국의 정치·경제·사회적 권리가 평등하게 식민지로 연장된다. 자치는 식민지의 특수성을 승인하고 그 발전의 자주성을 고무시키는 것인데 최종적 목표는 식민관계의 폐지에 있다.

종속·동화·자치, 이 세 가지 통치형태는 식민주의의 일반적인 진화 과정을 반영한다. 식민정책은 국가 경제와 시대의 요구를 반영하며 진화한다. 종속은 중상주의重商主義에 대응하는 정책이다. 이때 식민지는 모국 재정의 근원이자 원료 제공처이며 모국의 제조품을 소비할 수 있는 시장으로 여겨진다. 종속은 앤더슨Perry Anderson이 말한 '절대국가'absolutist state의 비호하에서 17~18세기에 지배적인 통치 형태가 되었다.[21] 동화는 19세기 말 세계 제국주의에 대한 반향으로 이국의 인민과 영토 위에 정치적 주권을 건립하려는 것이었다. 자치는

숨겨져 있었는데 이것은 일본의 민족주의와 결코 확연하게 다르지 않다. '보편주의'와 '특수주의'의 공모에 대해서는 Naoki Sakai酒井直樹, "Modernity and Its Critique; The Problem of University and Particularism," *South Atlantic Quarterly* 87, Summer 1988, pp.475~504 참조. 프랑스의 사례에 관해서는 3장 "Racism and Nationalism", Etienne Balibar and Immanuel Wallerstein, *Race, Nation, Class-Ambiguous Identities*, Lodon : Verso, 1991, pp.37~67 참조.

20 矢內原忠雄의 「殖民政策の概念」을 참조. 『矢內原忠雄選集』 1, 東京 : 岩波書店, 229~254면.

21 Perry Anderson, *Lineages of the Absolutist State,* London : Verso, 1979.

20세기 초에 나타나 1차 세계대전 이후 강화되었다. 당시 각 제국은 식민지의 독립운동에 대응하여 식민지인의 자아를 재구성하고자 하였다. 식민주의의 진화 과정을 짚어 볼 때 일본의 동화정책 강화에 대한 야나이하라 타다오의 낙담과 비판을 이해할 수 있다. 야나이하라 타다오에게 일본의 동화정책은 시의에 맞지 않는 헛된 노력이었다. 진화론적 관점에서 동화정책은 자치정책으로 이행해야할 뿐만 아니라 자치는 결국 식민 통치의 와해를 예고하는 것이었기 때문이다.

야나이하라 타다오의 이론화를 참고로 다음과 같은 질문을 제기할 수 있다. 일본이 동화정책을 취한 시점이 왜 공교롭게도 다른 나라에서 이 정책이 포기되고 도덕적 비난을 받았던 시기와 맞아 떨어지는가? 예를 들어 1916년 프랑스는 세네갈에 자치정책을 실시하였고 알제리에서도 비슷한 개혁을 실행하였다. 영국 역시 인도에서 결국에는 인도인에게 통치 양도를 선고할 의무를 가지고 있음을 깨달았으며 이집트 정치 지도자와 협상하기 시작하여 결국 1933년 준 독립적 지위를 만들었다.[22] 한편 일본 식민주의 발전사에서 '동화'는 어떻게 해석될까? 이처럼 시의적절치 못한 조치가 더욱 놀라운 이유는 1920년 이전에 타이완 식민당국이 이미 동화대신 점진적 분리주의 정책을 선택했다는 사실이다. 야나이하라 타다오의 스승인 니토베 이나조新渡戸稲造는 1912년에 다음과 같이 말했다.

> 한국민족과 우리가 매우 닮았기 때문에 한국에서의 동화는 비교적 용이할 것이라 나는 생각한다. 타이완에서는 동화가 오랜 시간 동안 실현될 수 없더

---

22 예를 들어, Tony Smith, *The Pattern of Imperialism-The United State, Great Britain, and the Late-Industrializing World Since 1815*, Cambridge University Press, 1981.

라도 강압적으로 집행해서는 안 된다. 우리는 압력을 시행해서 현지 인민을 동화시키거나 일본화시키지 말아야 한다. 우리의 생각은 일본적 분위기를 제공하는 것으로 이는 타이완인이 스스로 우리의 방식에 적응하길 원하느냐의 여부를 보는 것이기도 하다. 원하지 않는 인민에게 사회적 관습을 실시할 수는 없다. (…중략…) 만약 타이완인이나 한국인이 풍속과 습관에 있어서 우리와 가깝다면 우리는 그들을 거절하지 않을 것이다. 우리는 양팔을 벌려 그들을 받아들일 것이고 그들을 형제로 여길 것이다. 하지만 그들이 우리의 생활방식을 받아들이려 하지 않는다 하더라도 역시 강제적으로 행해서는 안 된다. 그들이 법만 지킨다면 우리는 그들의 풍속습관이 저절로 발전하도록 방임해야만 한다. 우리의 원칙은 확고한 통치와 자유로운 사회이다.[23]

마찬가지로 타케코시 야사부로竹越與三郎 역시 타이완인과 일본인의 차이를 이유로 동화정책이 부적합하다고 여겼다.

우리는 최근의 정치과학 학파에 근거하여 확고하게 믿는다. 식민지 통치는 생물학적 법칙을 초월할 수 없다고 말이다. 예를 들자면 우리가 타이완인을 통치하는 것은 일본인을 통치하는 것이 아닌 반드시 타이완인을 통치하는 것이어야 한다. 전족을 반드시 금지할 필요도 타이완 남자들의 변발을 반드시 자를 필요도 없다. 천신만고의 노력을 기울여 현지 인민의 충절을 요구해서는 안 된다. 그들이 자기에게 적합한 생활을 취하여 그들의 본성을 유지하는 것을 허락해야 한다. 우리가 해야만 하는 것은 보다 큰 의제에 있어서 이 열도에 대한 책임을 짊어지는 것이다.[24]

---

23 Nitobe Inazo新渡戶稻造, *The Japaneses Nation-Its Land, Its People, and Its Life*, New York : G.Putnam's Sons, 1912, p.256.

이 글에서 일본의 타이완 통치 초기에 식민 관리의 주류적 관점이 결코 동화가 아니었음을 발견할 수 있다. 문화와 사회 정책에 있어서 식민 당국이 취한 것은 점진적 적응과 연합의 관계였다.

그렇다면 왜 1920년대에 동화정책으로 전환하게 되었는가? 야나이하라 타다오는 『제국주의하의 타이완』에서 1918년을 기점으로 일본 식민통치를 두 시기로 구분하였다.[25] 전기에는 코다마 겐타로兒玉源太郎와 고토 신페이後藤新平를 주축으로 타이완 사회의 특수성을 인정하는 방향으로 정책이 수행되었다. 사회적으로 지방의 전통적인 습속이 어느 정도 허용되었지만 정치적으로 경찰의 관리가 엄격했다. 치안 유지는 타이완 자본주의를 신속하게 발전시켜 일본 경제에 도움을 주기 위한 것이었다. 이 시기에 현지 민중의 교육은 전혀 중시되지 않은 것 같다. 후기에 이르러 대략 1918년 이후 식민정책이 동화정책으로 전환되었는데 이는 정확하게 말하자면 내지연장주의였다. 새로운 정책이 교육과 민족 간의 화해를 강조함에 따라 경제 정책 역시 타이완 경제를 일본, 남중국, 동남아 등과 결합시키는 쪽으로 바뀌었다. 야나이하라 타다오는 전기를 '경찰정치의 건설시대'로, 후기를 '문치발전기'로 불렀다.

야나이하라 타다오는 이러한 식민정책의 전이가 중일 관계 변동 및 세계 제국주의 추세에 일본제국주의가 호응하기 위한 것이라 인식하였다. 일본의 대륙 진출 정책과 맞물려 타이완 경제는 일본의 남향 진출과도 호응하는 면이 있었다. 게다가 식민지인의 정치운동에

---

24 Takekoshi Yosaburo竹越與三郎, ed. Masaoka Naoichi, *Japan's Colonial Policy in Japan to America*, New York : G.p.Putnam's Sons, 1915, p.97.

25 矢內原忠雄,『帝國主義下の台灣』, 東京 : 岩波書店, 1988.

대응하여 일본의 통치방식도 새롭게 조정되어야 그 정당성을 유지할 수 있게 되었다. 야나이하라 타다오의 견해에 따르면 동화나 내지연장주의는 실상 일본제국주의의 '새 옷'이었다. 그것은 식민지 내부의 민족해방운동을 분산시키고 경제적 이익을 남중국과 동남아로 확장시키기 위한 것이었다.[26]

야나이하라 타다오가 보기에 타이완에 대한 식민통치의 변화는 1차 세계대전 이후 일본의 두 가지 과제를 반영한 것이었다. 첫째, 식민지인의 민족주의 운동은 일본이 풀어야 할 한 가지 과제였다. 특히 타이완의 특수한 맥락에서 동화는 나날이 높아지는 식민지 엘리트의 요구를 제어하고 대응하는데 쓰였다.[27] 1920년에 시작된 자치운동과 1921년 결성된 '문화협회'는 타이완의 독특한 정체성을 인정할 것을 일본에 요구하였다. 이에 대해 히로히토裕仁 황태자가 1923년 타이완을 방문한 사건은 형식적인 것으로 그 의도는 제국의 선의를 상징적으로 보여줌으로써 점점 증가하는 식민지 내부의 소동을 가라앉히는 데 있었다.[28]

둘째, 제국주의 국가들 사이의 심각한 긴장과 일본 확장정책에 대한 열강들의 불안 때문에 일본 식민주의는 유럽 식민주의와 구별되는 기초 위에 그 정당성을 세워야 했다. 그 방법으로 일본은 그다지 확고하지 않은 피식민자의 정체성을 재정립하고자 했다. 일본 식민주의와 서구 식민주의의 차이점은 후자의 관리방식이 폭력적이고

26 위의 책, 183~189면.

27 위의 책, 188면.

28 若林正丈, 「1923 東宮台灣行啓と內地延長主義」, 『近代日本と殖民地』, 東京 : 岩波書店, 1992, 87~119면; Takashi Fujitani, *Spiendid Monarchy-Power and Pageantry in Modern Japan*, Berkeley : University of California Press, 1996.

통치자 대 피통치자, 식민자 대 피식민자의 대립관계 위에서 세워진 것인 반면 일본의 경우 '천황을 중심으로 하는 동질적 통치와 자연적 확장주의'를 시종 견고하게 유지했다는 점이다.[29] 1920년대에 이르러 '동화'는 식민지 타이완의 자유파 세력을 진압하는데 사용되었으며 일본을 서구 제국주의와 구분하는 수사로 활용되었다. 그리고 10년 뒤 실행된 황민화정책의 기초를 다져주었다.

4. 동화의 모순

'동화'와 '황민화'의 주요한 차이를 살펴보자. '황민화'는 피식민자의 '일본인 되기'의 구체적 행위를 묘사했다. 이와 달리 '동화'는 대체로 모호하고 비정형적인 식민 계획으로 일본 통치에 일정 정도의 정당성을 부여하는 동시에 이에 대해 피식민자가 대응할 여지를 남겨주었다. 달리 말해서 '동화'는 타이완 식민정책의 모순과 불합리성을 가리는데 사용되었다. 한편으로는 현실정치와 경제의 불평등을 강요하면서 한편으로는 문화의 융합을 강조한 것이다. 일본은 타이완으로 하여금 '일본인 되기'(일본어 말하기, 일본 습속 모방하기, 천황 존경하기 등)를 형식적으로 격려하였지만 타이완인에게 정치 대표권을 주거나 경제적 지위를 제고하는 것은 불허하였다. 이러한 맥락에서 피식민

29 李姸淑,「同化は何か」,『現代思想』24권 7호, 1996, 148~157면.

자가 공허한 '동화'의 수사에 제기한 비판과 요구를 이해할 수 있다.

하지만 황민화정책이 시행되면서 동화정책의 모호성은 일련의 구체적인 작업(일본어만 말할 것, 일본 이름을 쓸 것, '천황 만세'를 외칠 것 등)으로 분화되었다. 피식민자는 '좋은' 일본인다운 헌신과 충성을 행동으로 증명해야 했다. 더욱 중요한 것은 '동화'의 실천방식이 구체화되면서 문화동화가 피식민자가 정치적 · 경제적 불평등으로부터 해방될 수 있는 유일한 출구가 되었다는 점이다.

앞서 말했듯이 일본의 동화정책은 일본민족의 우월성이라는 신념 위에 세워졌다. 하지만 이론적으로 동화 정책은 민족 개념과 모순된다. 식민지 한국의 상황에 관해 이연숙李妍淑은 다음과 같이 썼다.

> 일본인이 국체의 자연화 개념을 견지하면 할수록 이론적으로 여타 민족을 동화시키는 것은 더욱 더 불가능하다. 다른 민족을 동화시킨다는 것은 일본민족이 형성될 때부터 의식적으로 타자를 이식해야 함을 뜻한다. 이 같은 상황이라면 타자를 동화시키는 가능성이란 국가와 그 인민의 관계를 인위적인 것으로 반드시 '자연적 관계'에 기초할 필요가 없다는 것을 의미하기 때문이다.[30]

이 점에서 보면 여타 민족은 최소한 일본인이 될 잠재력을 가지고 있는 것으로 보아야 한다. 그러므로 일본 '국체', 일본 '국가', 일본 '국민'과 같은 배타적 개념은 성립할 수 없다. 여기서 여러 질문이 도출된다. 도대체 무엇이 '동화'인가? 다른 민족을 동화시킬 수 있는가? 만약 '동화'의 전제가 어느 민족의 본질을 다른 민족에게 이식시키는

30 위의 글, 156면.

것이라면 민족의 본질을 구성하는 것은 또 무엇인가? 타자를 동화시키려면 반드시 자아의 기초가 앞서 확립되어야 한다. 자아가 모호한 상황에서 타자를 어떻게 동화시킬 것인가? 그러므로 식민 동화는 필연적으로 다음과 같은 질문에 부딪친다. 무엇이 일본민족의 본질인가? 또 무엇이 일본민족 정체성의 기초를 구성하고 있나?

이와 같이 논리적 모순을 파헤쳐보면 일본이 최소한 관념 차원에서라도 '동화'라는 수사를 포기할 수 없었던 이유가 드러난다. 그것은 앞서 말했듯이 일본이 자신의 식민주의를 서구 식민주의와 차별화하는 방식으로 정당화하려 했기 때문이다. 일본 식민주의가 동화담론을 포기한다면 식민통치의 정당성도 함께 사라져버린다. 자신을 자연이 부여한 유일무이한 민족으로 인식하면서 한편으로는 인위적 방식으로 식민지 백성을 일본인으로 만들고자 하는 것은 말 그대로 모순이다.

이러한 모순은 이연숙이 말한 '차별적 동화정책'을 통해 해결될 수 있다.[31] 피식민자의 정치적 권리와 경제적 이익이 부정될 때 동화정책은 문화적 이데올로기로서의 기능만을 지닌다. 바꿔 말해 '동화'가 피식민자를 일본 국가의 주체이자 일본 식민 수탈의 객체로 동시적으로 형상화했기 때문에 차별이 이루어진 것이다. 이 같은 '차별적 동화'는 그 자체로 모순되는 개념이다. 동화가 이 같은 모순을 드러낸 원인은 식민 주체가 자신이 피식민자보다 우월하다고 여겼기 때문이다. 그러므로 '동화'는 영원히 차별적이다. 여기서 필요한 작업은 동화를 준엄하게 질책하는 것이 아니다. 이연숙이 지적한 것처럼

31 위의 글, 157면.

'동화'의 논리와 그 작동방식을 분석하여 그것이 이 같은 차별적 구조를 형성하고 은폐한 방식을 살펴봐야 한다.

5. '동화'의 문화이데올로기

지금까지의 논의를 간략히 정리해 보겠다. 식민담론으로서의 '동화'는 1920년대 제국주의 열강들 간의 긴장 관계가 고조되던 상황에 출현하였으며, 일본 식민주의와 서구 식민주의를 차별화하는 철학과 정책을 지니고 있다. 현지 지식엘리트의 정치적 자주성에 대한 요구가 높아지고 식민 당국이 허용과 진압을 번갈아 시행하는 가운데 '동화'는 타이완에서 지배적인 식민 이데올로기가 되었다. 또한 '동화'는 문화 통치를 강조하는 동시에 식민자와 피식민자 간의 사회적·정치적 불평등을 은폐한다. 그리고 야나이하라 타다오가 지적한 바와 같이, 일본의 동화정책은 프랑스의 동화정책과 달리 보편적 인권의 이념을 지니고 있지 않다. 일본의 동화는 본질적으로 특수주의 혹은 민족주의적이다. 이와 함께 이연숙이 지적하듯이 민족주의와 식민동화는 이론상으로 함께 고려될 수 없다.

그렇다면 동화는 어떻게 자신을 정당화해야 하는가? 일본 식민담론은 어떠한 형식으로 동화의 내재적 모순을 완화시켜야 하는가? 만약 이연숙의 가설을 받아들이지 않고 '동화'가 두 개의 분리된 민족과 그들의 관념체계를 서로 접촉시켜 동화정책이 목표를 달성할 수 있다고 가정한다면 결과는 또 어떨까?

일본인의 계보를 연구한 오구마 에이지小熊英二는 천황시스템이 식민지를 제국이라는 가정家庭에 융합시키는 과정에서 일본의 양자養子시스템이 합리적 근거를 제공했다고 보았다.[32] 일본의 가족제도는 한국, 중국의 부계중심 가족제도와 다르다. 중국과 한국에서는 부계의 성姓을 바꿀 수 없다. 결혼해도 여자는 아버지의 성을 유지하며 아이는 아버지의 성을 따른다. 이러한 시스템은 일본과 달리 동성혼이나 다른 성씨의 가정에서 아이를 입양하는 것을 허락하지 않는다. 하지만 일본의 경우 성을 바꾸기 쉽다. 한 쌍의 부부는 하나의 성만 가지는데 그 성을 반드시 부계로부터 이을 필요가 없다. 일본의 성은 소속된 '가호家戶'에 따르는 것이지 부계와의 혈연에 꼭 연결되는 것은 아니다. 하지만 외부에서 가문으로 들어온 사람은 반드시 '가풍'을 따라야 한다. 때문에 일본의 가족제도는 누구나 들어올 수 있다는 점에서 개방적이지만 가풍을 따라야 한다는 점에서 제약이 강하다.[33] 이러한 가족제도의 성격을 국가 범위로 확장하면 다른 민족의 인민을 제국의 '가호家戶' 속으로 들이는 것, 즉 양자를 들이는 것을 허용할 수 있게 된다.

이와 같은 일본의 가족제도는 일본 식민담론 형성과 확장의 토대가 되었다. 혈통과 무관하게 하나의 가정 혹은 하나의 국가 안에 거주할 수 있다는 생각을 일본 특유의 '혼합민족론'이라 부를 수 있다. 하지만 '혼합민족'이라는 술어가 일본 식민정책에서 실제로 실천되지는 않았다. 그보다 혼합민족론은 아시아 민족 간의 차이를 제국으

32 小熊英二, 『單一民族神話の起源』, 東京 : 新曜社, 1995.

33 위의 책, 377~379면.

로 융합시켜야 하는 일본의 동화정책과 식민주의를 합리화하는 데 기여했다.

이러한 융합설은 앞서 제기한 문제, 즉 대다수의 식민정책이 '동화'를 포기할 때 일본이 오히려 이 담론을 채용한 이유에 대해 시사점을 준다. 그 이유 중 하나는 후진적이고 유일한 비서구적 식민 강국으로서 일본이 의식적으로 자신의 식민정책을 서구 패권과의 관계 속에서 수립하고자 했다는 점이다. 이러한 열등감은 일본 식민 통치의 '성공'과 '은혜'를 부단히 강조하여 서구 강권의 수탈과 대조하려 했던 식민 당국의 문건들에 잘 나타나 있다.

오구마 에이지는 또 다른 해석으로 일본판 '동화'의 애매성을 설명하였다. 그에 따르면 일본이 피식민자와 친근한 관계를 가진다는 점에서 여타 식민주의와 다르다. 즉 타이완인과 한국인은 '종족상' 일본인과 유사하며 삼자는 일정 정도 중국문화의 영향 범위에 포함되기에 문화적으로 그 차이를 구분하기가 상당히 어렵다는 것이다. 일본인이 '혼합민족'임을 지지하는 사람은 이러한 종족과 문화상의 애매성을 동일성으로 여기고 피식민자를 자신의 '동화' 판본 속으로 차이 없이 편입시켰다.

이러한 특수한 '동화' 기제는 이연숙이 말하는 '차별적 동화'를 가능하게 만들었다. 오구마 에이지는 다음과 같이 말한다. "혼합민족론은 차이를 애매하게 만드는 수단이다. 일본인은 명확한 차별이 없는 자아 / 타자를 근거로 타자와의 상호작용을 회피하였다. 결국 분명하게 드러나는 배타성은 없다하더라도 완전한 평등도 없었다. 그래서 충돌하는 개념인 '동화'와 '멸시'가 공존할 수 있게 되었다."[34] 더 중요한 사실은 자아와 타자 간의 애매한 관계가 가해자가 가졌어야

할 죄책감과 책임감을 제거하는 데 일조했다는 점이다. 자아와 타자 간에 분명한 경계선이 없었기 때문에 타자는 무형화되었다. 동시에 자아도 동화와 멸시, 종속臣屬과 화해 간의 모순을 분명히 인식할 수 없게 되었다.[35]

6. 변주된 동화

'차별적 동화'가 식민지 지식인의 도전을 받지 않은 것은 아니다. 「동화에 대한 나의 생각我對同化的想法」이라는 글에서 1920년대 타이완 지식인 운동의 선구자인 차이페이훠蔡培火는 '동화'를 새롭게 정의하고자 했다.[36] 차이페이훠는 동화를 '자연적 동화'와 '인위적 동화' 두 가지로 구분했다. 자연적 동화는 자연적 작용과 생명 그리고 비생명의 형식이 공존하는 기반 위에 진행되는 동화작용이다. 인위적 동화는 자아 중심적인 강제적 동화 정책이다. 차이페이훠는 자연적 동화과정이 전 세계에서 진행되고 있다고 하였다. 그에 따르면 전족, 변발, 돗자리 앉기, 날 것 먹기 등의 구습속이 점차 도태할 것이며 전제는 자유와 평등에 자리를 내어주고 미신과 다신교는 일신교로 귀착될 것이었다. 이러한 '동화'를 자극하는 힘은 모든 개인과 모든 종

34 위의 책, 376면.

35 위의 책, 387~378면.

36 蔡培火, 「吾人の同化觀」, 『台灣青年』 1권 2호, 1920, 67~82면.

족의 내심內心, 즉 '진선미眞善美'에 대한 자발적 갈망과 자유를 추구하는 강렬한 바람 속에 존재한다. 차이페이훠는 인류의 관계가 이러한 고강도의 '동화'에 다가설수록 서로 다른 사상, 정감, 습속 등이 조화되어 '사해四海가 모두 형제'라는 이상이 마침내 실현될 것이라 믿었다.[37]

차이페이훠의 공허한 유토피아주의 및 근대성에 대한 비판의 결여를 지적하기란 어렵지 않다. 하지만 차이페이훠가 추구한 '자연적 동화'는 일본의 '인위적 동화'에 대한 비판으로 이해되어야 한다. 차이페이훠는 민주적인 자연적 동화를 구상함으로써 일본의 민족주의적인 동화정책을 비판하였다.

'동화'는 타이완 점령 기간 내내 시행된 정책이었다. 차이페이훠는 동화정책이 지속되었음에도 불구하고 '동화'의 긍정적 효과가 거의 없음을 지적하였다. 그는 교육과 취업시스템 내부에 차별이 존재하며 식민정부가 현지의 풍속을 극력 소멸하려한 점을 예로 들어 일본이 식민지를 일본 속으로 융합시킬 의지가 없었다고 지적하였다. 차이페이훠는 글의 마지막 부분에서 동화정책에 책임의식이 전혀 없다고 비판하였다.

한편 차이페이훠는 식민정부의 동화정책을 비판하면서도 '인위적 동화'의 가능성을 배제하지 않았다. 이는 다음과 같은 전제 위에서 이루어져야 했다. 첫째, 새롭게 얻은 영토는 반드시 조금 작아야 하고 '모국'과 많이 떨어져 있어야 한다. 그리고 '동양식의 구식 출가(결혼)'처럼, 식민지인이 운명이라고 단념하는 것 외의 다른 선택은 없어

37 위의 글, 73면.

야 한다. 둘째, 통치자는 반드시 '양호'한 풍속을 보호하고 식민지 인민의 개체성을 존중해야 한다. 마치 남자 쪽 집안이 신부를 존중하고 그녀가 새로운 환경에서 즐거움을 느끼도록 배려하는 것처럼 말이다. 셋째, 통치자는 반드시 '이심동체異心同體'의 정신으로 평등과 형제간의 정을 확보해야 한다. 마지막으로, 이러한 정책은 정책의 형식으로 집행되어서는 안 된다. 다시 말해 설령 '동화'가 '멸시'를 의미하고 '새로 소속된 인민新附民'이라는 구관념을 환기시킨다 하더라도 '동화'를 정책으로 선전해서는 안 된다는 것이다.

'동화'에 대한 차이페이훠의 견해에서 몇 가지 주목할 점이 있다. 먼저, 그는 일본의 동화 정책에 반대했지만 모종의 형식적 동화는 받아들이고 심지어 고무시키기도 했다. 둘째, 그는 '동화'의 흡수성을 크게 중시하여 '동화'라는 단어의 의미를 무화시켰다. 차이페이훠의 견해에 따르면 이 단어는 사전에서 사라져야 했다. 셋째, 차이페이훠는 화목한 부부관계라는 은유로 동화의 쌍방 관계를 설명하였다.

여기서 그는 가족 관계의 지속력을 강화시킨다는 설명으로 오구마 에이지가 분석한 일본의 동화담론에 화답하고 있다. 하지만 다른 한편으로 성별화의 방법으로 식민관계를 묘사하여 일본의 식민담론과 미묘한 차이를 보인다. 차이페이훠는 식민지를 양자가 아닌 '신부'나 '아내'로 형용하여 타이완의 식민지화를 다른 방식의 혼례로 묘사했다. 먼저 차이페이훠는 '동양식의 구식 출가'라는 비유를 통해 동의하지 않은 상태에서 식민지가 일본이라는 제국의 가정으로 병합되는 것을 묘사하였다. 이는 갑오전쟁 후 중국이 타이완을 일본에게 할양한 사건을 가리킨다. 둘째, 중국 전통 위에 세워진 부부관계는 부모를 모시고 자녀를 양육하는 관계와 달랐다. 전자의 경우, 신부가 돌아갈 수 있는 친정이 존재한다. 중국은 바로 이러한 의미에 있어서 '모국'의 신분으로 나타난다. 글에서 중국 대륙을 언급할 때 차이페이훠는 폄하의 의미를 지닌 '지나'를 쓰지 않고 '중화'라는 어휘를 사용했다. 또 다른 개혁파의 식민지 엘리트인 린청루林呈祿는 타이완과 달리 '문화도 역사도 없는 야만 민족'에게 '동화'는 적당한 정책이라고 여겼다. 그는 또한 제국의 틀 안에서 어느 정도 지방자치를 허용하는 것이 식민지 타이완에 가장 적합한 방법이라 지적했다. 이는 야나이하라 타다오가 지적한 자치와 유사하였다.[38]

이처럼 차이페이훠는 '동화'의 관념을 강제적 결혼과 선의적이지 않은 입양이라는 변별 불가한 지경까지 확장했다. 나는 그의 동화관이 식민 당국의 동화 이데올로기에 대해 강력한 '저지역량'을 지닌다고 생각하지 않는다. 그는 다만 '동화'라는 개념과 그것의 다른 표현인 애매성과 부정확성(황민화운동 속에는 존재할 수 없는 선회적 공간)을 지적했을 뿐이다. 이 밖에 그는 일차 세계대전 이후의 환경이 비교적 자유로우며 당시 식민지인의 정치적 이견이 최소한 식민 당국의 용인을 얻을 수 있었음을 증명하였다.

더욱 중요한 사실은 차이페이훠와 같은 지식인이 제창한 부분 동화와 문화적 독립의 담론으로 인해 어떤 민족주의 혹은 종족의식의 대두를 단순하게 해석할 수는 없게 되었다는 점이다. 이와 관련하여 이 담론에 결부되어 있는 특수한 '계급 이익'에도 주의를 기울여야만 한다. 대부분의 타이완 학생과 행동주의자들은 지주계급이거나 상대적으로 부유한 가정 출신이었다. 따라서 그들의 최종목표가 타이

---

38 林呈祿, 「近代植民地統治に關する政策」, 『台灣青年』 2卷 1號, 1921, 19~27면.

완 독립이나 중국과의 통일이라 하더라도 일본 제국 내부에서 누릴 수 있는 평등한 대우 또한 그들에게 매혹적인 것이었다. 여기서 강조하고자 하는 것은 '동화'라는 관념의 고유한 특성, 내재적 모순, 역사적 가능성 등이 계속 변화하고 재맥락화된다는 점이다. 정치적 차별과 문화적 융합이 서로 모순됨에도 불구하고 동화 정책이 가능한 이유는 바로 그것의 불가능성이었으며 그것의 구체적 실천이 부단히 뒤로 미루어지는 데 있었다.

7. 황민화의 내면화

초점을 황민화로 옮겨보자. 논의하려는 것은 피식민자를 일본인으로 만드는 조치가 아니다. 비교적 새로운 이 언어가 어느 정도로 사회실천을 일구어 냈으며 식민 이데올로기와 식민 정체성을 얼마나 강하게 결합시켰는지 살펴보고자 한다. 황민화를 토론하기에 앞서 황민문학이 탈식민적이었다는 평가를 내리고자 한다. 그리하여 황민화시기에 창작된 이들 작품 속에서 다른 이데올로기적 입장을 추출해 보고자 한다.

황민문학과 황민화에 대한 탈식민 비평은 다음과 같은 몇 가지 이유에서 중요하다. 먼저 황민문학은 당대 타이완의 문화정치학을 형성하고 정의 내리는데 커다란 영향력을 끼쳤다. 다음으로 탈식민 비평은 1990년대에 모습을 드러냈는데 이때는 타이완 사회가 정치적으로 점차 개방되면서 식민지 역사를 토론할 수 있던 때였다. 자연스럽게 타이완과 일본학자의 식민문학에 대한 관심이 증가했다. 셋째, 가장 중요한 것으로, 비평가들이 늘 약속이나 한 듯 황민 텍스트가 표현하는 정체성의 충돌에 관심을 두었다. 이러한 논의는 황민화 해석이라기보다 황민화 자체의 신드롬이라 할 수 있다.

여기서 나의 관심은 '당대 비평가들이 다른 시대의 정치적 관심을 황민문학에 적용함으로써 그들 개인이 믿는 도덕 준칙을 재삼 내세우고 있다'는 점에 그치지 않는다. 나는 정체성 갈등이 어떻게 그리고 왜 이들 텍스트와 비평가의 우선적인 고려대상이 되었는지도 살펴볼 것이다.[39] 정체성 담론은 황민화만의 특수한 전략성을 은폐했다. 때문에 '동화'와는 다른 시각에서 '황민화'에 대한 이론화 작업이 필요하다.

최근에 와서야 황민문학 특히 타이완 '협력자collaborator'가 쓴 작품이 학계와 대중의 주목을 받기 시작했다. 국민당 통치하에서 황민문학은 오랜 기간 동안 학술적 금기로 여겨졌다. 일본 학계에서도 이에 대한 연구가 드문 편이다. 그러나 최근 몇 년 동안 황민문학을 대상으로 수많은 학술회, 토론회가 이어지면서 호시나 히로노부星名宏修의 말을 빌리자면 '작은 붐이 일어났다.'[40] 이러한 배경에서 타루미 치에垂水千惠가 '타이완의 일본어 문학'이라 칭한 작품들이 재조명되

39 Sung-sheng Yvonne Chang張誦聖, "Beyond Cultural and National Identities-Current Reevaluation of the *Kominka* Literature from Taiwan's Japaneses Period," *Journal of Modern Literature in Chinese 1*. no.1, 1997, p.91.

40 星名宏修, 「氣候と信仰と持病論」, 下村作次郎・中島利郎・藤井省三・黃英哲 편, 『よみがえる台灣文學－日本統治期の作家と作品』, 東京 : 東方書店, 1995, 433면. 星名宏修는 예를 하나 들어 이러한 작은 열풍을 설명하였다. "1993년 10월 『文學台灣』은 周金波 특집을 만들었는데 周金波의 이름이 처음 나타난 1992년 5월 31일의 『自立晩報』와 단지 일 년 반의 시간적 거리만이 있을 뿐이었다."

기 시작했다.[41]

타루미 치에는 「타이완 작가의 정체성과 일본台灣作家的認同與日本」 이라는 글에서 가장 악명 높은 황민작가 중 하나인 저우진보周金波를 다루었다. 그리고 전형적인 '배반자'이자 '협력자'였던 이 작가에 대해 다른 해석을 제시하였다. 1941년 제1회 문예타이완상을 수상하고 1943년 '대동아공영권문학회'의 대표가 된 저우진보는 대표적인 황민작가라 할 수 있다. 전쟁 전 그가 유명해진 속도는 전후에 즉각 매국노로 취급 된 속도에 비견할 만하다. 근래 출판된 일본 식민시기의 모든 타이완문학선집에 저우진보 및 기타 황민작가의 이름은 없다. 전후에 저우진보를 언급한 몇 편의 텍스트 가운데 어떤 글은 그를 '영락없는 황민작가'라 폄하하였다.[42] 타루미 치에는 민족주의와 도덕주의적 측면에서 전후의 이들 협력파 작가를 질책하는 것에 반대하며 다음과 같이 말했다.

> 설령 '황민화'가 시대적 조류였다 하더라도 작가가 그것을 주제로 작품을 쓴 데에는 반드시 그 개인의 내재적 필연적 요소가 있다. 저우진보에게는 당시 타이완 지식인의 현실을 피하고자 하는 생각이 분명 있었다. 하지만 민족주의의 관점에만 기대어 그의 도피를 유죄라 판단하는 것은 문제 해결에 도움이 되지 않는다. 나는 저우진보에게 '친일'하지 않으면 안 되는 동기가 있었으며 이러한 동기가 바로 문제를 해결하는 중요한 단서라고 생각한다. 그것은 한마디로 말해 근대화 과정 속에서 개인이 어떻게 자기의 민족 정체성과 타협할 것인가 하는 것이었다.[43]

41 垂水千惠, 『台灣の日本文學』, 東京 : 五柳書院, 1995.
42 위의 책, 57면.

하지만 타루미 치에가 보기에 저우진보에 대한 재평가는 타이완 내부의 문제로 국한되지 않는다. 정체성 형성이라는 문제의식이 '일본 근대문학에서 종종 서구문명과 대치되는 형태로 표현되었기' 때문이다. 타루미 치에는 저우진보를 이러한 맥락에 둠으로써 '이 테마를 이원론의 막다른 길로부터 다원론의 세계로 해방'시키고자 했다.[44]

타루미 치에는 황민문학과 황민작가를 민족주의적 심판과 도덕주의적 평가로부터 해방시키고자 했는데 이점은 분명 긍정되어야 한다. 하지만 '협력'을 다른 시각에서 본다고 해서 서구와 일본의 이원대립 구도가 다원론의 세계로 해방될 수 있는지 분명히 해야 한다. 제국주의 후진 국가이자 유일한 비서구 식민국가로서 일본과 일본 정체성은 애매하게도 일본 자신을 서구 옆 그리고 아시아 내부에 둔다. 이 같은 상대적 관계는 19세기 후반 이후로 변한 적이 없다.[45] 또한 '다원론적 세계'가 이원대립적인 제한으로부터의 해방을 보증하는지도 짚어봐야 할 것이다. 타루미 치에는 그녀가 제기한 이들 이론적 문제를 상세하게 설명하지 않고 저우진보의 대표적인 작품인 「지원병」을 논하기 시작한다.[46]

소설 「지원병」은 지원병 제도가 시행된 1941년에 발표되었다. 이 단편소설은 황민화에 대한 두 주인공 사이의 언쟁과 철학적 차이를 묘사하였다. 한 명은 장밍궤이張明貴로 일본에서 돌아온 학생이고 다른 한 명은 가오진류高進六로 소학 고등과小學 高等科를 졸업한 후 타

---

43 위의 책, 57~58면. 중역본은 涂翠花 번역의 『台灣的日本語文學』, 台北 : 前衛, 1998, 52면.

44 위의 책.

45 柄谷行人, 「1970, 昭和45—近代日本の演説空間」, 『終焉をめぐって』, 東京 : 福武書店, 1990, 9~44면 참조.

46 周金波, 「志願兵」, 『文藝台灣』 2, 1941, 8~21면. 이하 이 문장의 중문 번역 인용문은 周振英이 번역한 「志願兵」, 『周金波集』, 台北 : 前衛出版社, 2002에서 발췌.

이완에 남아있는 친구이다. 이 소설의 서술자는 장밍궤이의 자형으로 그는 장밍궤이를 마중하러 부두에 갔다가 가오진류와 마주친다. 장밍궤이는 삼 년 간의 동경 유학생활에서 막 고향으로 돌아왔다. 귀향의 짧은 흥분이 지나간 뒤, 장밍궤이는 발전이 정체된 고향에 대해 실망과 환멸을 느낀다. 밍궤이의 낙담 어린 비판은 진류의 열정과 대조된다. 서술자는 밍궤이의 입을 통해 계속 중학으로 진학하지도 출국하여 공부하지도 못한 가오진류가 일본인과 함께 큰 식품점을 열어 일본 점원과 같은 방에서 생활하기 때문에 매우 유창한 일본어를 배웠음을 알게 된다. 밍궤이는 제국의 백성을 만들려면 반드시 적합한 환경을 조성해야 한다는 환경론자였다. 그의 환경론은 진류라는 생생한 예로 증명된다. 진류는 이미 일본 성씨로 개명하였고 보국청년대에 가입하였다. 이야기는 빠른 속도로 밍궤이와 진류의 황민화에 대한 토론으로 발전해나가는데, 서술자는 사견 없는 관찰자의 입장이다.

그들의 공동 목표는 일본인 되기이다. 하지만 이 목표를 어떻게 이룰 것인가에 대해서는 이론과 실제, 논리와 열정, 그리고 지식주의와 행동주의 간의 전형적인 차이를 보인다. 밍궤이는 조소 어린 어투로 보국청년대의 박수치기(카시와데) 의식과 황민 되기 양자 간에 어떠한 관계가 있는지 묻는다. 진류는 이에 대해 매우 성의껏 대답한다.

> 박수칠 때 신명神明이 우리를 신명으로 이끌지. 지성으로 신명에게 비는 것이 신인神人 일치의 경지에 다다르는 거라네.(…중략…) 우리 대원은 박수치기 의식으로 야마토大和 정신을 접할 수 있으며 야마토 정신을 체험하려 노력할 수 있어. 이러한 체험을 과거 타이완청년들은 거의 느끼지 못했다네.[47]

진류에게 있어 황민화는 '방법'이나 '이론'의 문제가 아니라 그저 '반드시 걸어야 할 길'이다. 밍궤이는 가오진류의 방식이 '신명의 힘에 기대'고 있음을 지적한다. 그리고 황민화란 '문화'적 문제이므로 '교양'과 '훈련'을 통해 타이완 문화를 식민 모국인 일본의 수준으로 제고시켜야 한다는 태도를 견지한다. 밍궤이의 경우 일본인 되기는 깊은 사유를 요구하는 존재의 문제이다. 그가 서술자에 다음과 같이 토로하듯이 말이다.

당연히 우리 타이완인은 일본인이 되지 않으면 안 되죠. 하지만 나는 진류처럼 눈을 가린 채 마차를 끄는 말이 되길 원치 않습니다. 일본인이 되지 않으면 안 되는 이유를 먼저 고려해야 한다고 봅니다. 나는 일본 영토에서 출생하였고 일본 교육을 받으며 자랐고 일본어 외에는 말할 줄도 모르고 일본의 가타카나를 사용하지 않으면 편지를 쓸 줄도 모릅니다. 그러므로 나에게는 일본인이 되는 것 외의 다른 방법이란 없습니다.[48]

이때, 방관하던 서술자는 비판적인 비평가로 변해 밍궤이의 '정밀한 계획'에 대해 미간을 찌푸린다.

나는 줄곧 그가 나약한 인종이라고 생각했다. 그는 자신의 목표를 향해 전진할 방법이 없다. 그는 자기 생각과 달리 단지 길가의 풀만 먹는 신세가 될 것이니, 그의 생각 역시 원인 중의 하나이다. 하지만 이 같이 계산적인 생각은 결국 결정적인 요소를 지닐 수 없다. 그가 말한 것처럼 그는 태어나자마자 일본인

47 위의 글, 16~17면.

48 위의 글, 20면.

이었고 일본인처럼 교육을 받았다. 뿐만 아니라 나기도 전에 일본인이 되기로 정해져 있었다. 하지만 이 같은 운명은 불행히도 도쿄에서 배운 지식 계층의 마음으로 계산한 것이다.[49]

진류가 혈서 지원에 참가했음을 밍궤이와 서술자가 알게 되면서 이야기가 전환된다. 밍궤이는 진류에게 패배를 인정한다. "진류에게 미안했다. 나는 그에게 졌다. 진류야말로 타이완을 위해 타이완을 움직일 인물이다. 나는 여전히 무력하며 타이완을 위해 아무 것도 할 수 없는 사람이다."[50] 「지원병」의 가장 기본적인 정치적, 이데올로기적 함의를 관찰하기는 어렵지 않다. '동화'가 지식계층의 정치적, 관념적 계획에 머물렀던 반면 새로 시행된 '황민화'와 '총동원'은 '동화'의 이념을 인민의 몸에 각인시키고자 했다. 황민화에서 '일본인 되기'는 깊이 생각하고 의문을 가질 대상이 아니다. 그것은 정체성의 문제가 아니라, 운명이었다. 변화의 과정이 아니라 존재의 상태였다.

타루미 치에는 황민화의 반지성주의와 그 이데올로기적 효과에 초점을 두기보다 저우진보와 밍궤이 같은 식민지 엘리트를 나열함으로써 그들의 '분열된 정체성'에 따른 갈등을 강조하고자 한다. 타루미 치에는 '이 소설이 결말을 짧고 가볍게 처리하는 대신 장밍궤이의 고뇌를 중점적으로 묘사'했기 때문에 황민화 협력자라는 저우진보의 '죄인' 이미지가 조금은 경감될 수 있다고 보았다.[51] 타루미 치에는 저우진보의 다른 작품을 검토하여 식민지 엘리트 인물군의 계

49 위의 글.

50 위의 글, 21면.

51 垂水千惠, 『台灣の日本文學』, 東京 : 五柳書院, 1995, 61면.

보를 구성하였다. 이들 인물은 황민화를 고취하면서도 정체성 문제로 갈등하고 있다.

또한 타루미 치에는 식민통치 반세기가 넘은 시점에 나타난 엘리트 계층의 정체성 분열이 식민 초기의 상황과 다른 유형에 속함을 암시하고 있다. 식민지 엘리트에게 정체성 갈등은 외래의 정체성이 본래의 정체성을 가리는 문제가 아니었다. 그것은 '일본인이 되지 않으면 안 된다는' 감각이었다. 다시 말해 후기 식민주의는 어떠한 정체성의 존재 가능성도 허용하지 않았다. 다른 정체성과 병렬되고 상호 보충될 수 있는 정체성이란 더 이상 있을 수 없었다. 그리고 정체성의 충돌은 식민 복종을 통해 상징적으로 해결될 수도 없었다.

타루미 치에가 정체성 갈등에 대한 논의를 통해 황민화 협력자로 낙인찍힌 저우진보의 복잡성을 고찰하고자 했다면 호시나 히로노부는 타이완 문화에 대한 저우진보의 견해를 분석함으로써 그를 재조명하고자 했다. 그가 선택한 대상은 잘 알려지지 않은 저우진보의 소설 「기후, 신앙, 고질병氣候信仰和宿疾」이다. 호시나 히로노부는 저우진보의 대표적 황민 작품인 「수암水癌」과 「지원병」이 '타이완에 대한 작가의 강렬한 관심'을 드러낸 것이라고 평가했다. 만약 타이완에 대한 관심이 없었다면 '이처럼 강렬한 황민문학은 있을 수 없었다'[52]는 것이다. 호시나 히로노부가 「기후, 신앙, 고질병」으로 저우진보의 복잡성을 드러내고자 한 것은 그다지 놀랍지 않다. 왜냐하면 이 작품이 저우진보가 앞선 작품에서 보여준 황민 이데올로기를 어느 정도 반박하고 있기 때문이다.

---

52 星名宏修, 「氣候と信仰と持病論」, 下村作次郎・中島利郎・藤井省三・黃英哲 編, 『よみがえる台湾文學』, 東京 : 東方書店, 1995, 433~450면.

1943년에 쓴 「기후, 신앙, 고질병」은 신도교神道教의 광신도이던 타이완인이 전통과 민속으로 회귀하는 여정을 기록하였다. 소설의 주인공은 황민화 이데올로기를 엄격하게 받드는 모범 황민이다. 그는 오래 동안 신경통으로 고생하였다. 이제는 병세가 악화되어 구습을 따르는 아내가 병을 고치려고 점쟁이나 도사를 집에 들이는 것을 막을 힘도 없었다. 어느 날 아내는 마조媽祖 사당에서 '동방에 귀인이 있다'는 점괘를 얻게 되는데 다음날 정말 동쪽에서 손님이 찾아와 한방의과의를 추천한다. 이 일은 주인공으로 하여금 놀라움과 함께 곤혹스러움을 느끼게 하지만 결국 이 의사의 치료로 기적적으로 치유된다.

호시나 히로노부는 저우진보가 일본에서 돌아온 뒤 타이완 문화에 대한 인식 변화가 일어나 '타이완 문화를 애호'하게 되었다고 생각하였다. 그는 처음에는 저우진보가 식민 모국에서 교육 받은 식민지 엘리트의 입장에 있었지만, 식민지로 돌아온 뒤 자신이 '지도계급'이며 식민지 타이완을 개혁해야 할 사명감을 느꼈다고 보았다. 하지만 타이완에 정주하면서 그는 '고루한' 본토 문화에 대해 다른 견해를 갖기 시작했다.

> 타이완에 돌아온 뒤 저우진보는 마조 사당으로 대표되는 타이완 문화가 '배격'의 대상에서 무료한 생활의 '도피처'로 변했음을 '발견했다.' 『타이완일일신보』와 『민속타이완』에 저우진보가 쓴 산문과 「기후, 신앙, 고질병」 같은 소설은 초기의 작품과 상당히 달랐다. 여기서 타이완 문화에 대한 작가의 애호를 엿볼 수 있다.[53]

호시나 히로노부에 의하면 '타이완 문화에 대한 애호'를 염두에 두고 그의 작품을 다시 읽을 때, 황민작가와 다른 저우진보의 모습이 드러난다. 이런 분석은 저우진보와 타이완 문화의 관계가 매우 복잡함을 보여준다. 하지만 이 관계가 황민화를 고취하던 초기 입장과의 결별을 의미하는 것은 아니다. 사실 이 두 입장은 서로 보완적이다. 호시나 히로노부가 밝히듯 저우진보는 지원병이 되어 '혈세'를 냄으로써 타이완인에 대한 멸시를 없앨 수 있다고 보았다. 이러한 시각에서 '타이완에 대한 애착'과 황민화 및 황민문학은 충돌하지 않는다. 호시나 히로노부는 지원병 제도에 대한 저우진보의 말을 인용하였다.

> 어떤 이는 우리가 멸시 받는 이유가 한 방울의 피도 흘린 적이 없기 때문이라고 본다. 피를 흘린다면 우리도 과시할 수 있게 된다. 먼저 우리의 의무를 완성해야 우리의 요구를 제출할 수 있다. 이는 모두가 다 아는 사실이다.[54]

황민문학에 대해 신중한 시각을 반영한 작품으로 린루이밍林瑞明의 「소란스런 영혼—결전기 타이완 작가와 황민문학騷動的靈魂-決戰時期的台灣作家與皇民文學」이[55] 있다. 린루이밍은 '타이완에는 황민문학이 아닌 것이 없다'는 1942년 장원환張文環의 말과 '황민문학은 없고 모두가 항의문학이다'라는 1990년 예스타오葉石濤의 말을 대조하여

53 위의 글, 448면.

54 위의 글, 445면.

55 林瑞明, 松永正義 譯, 「決戰期台灣の作家と皇民化文學」, 『近代日本と殖民地』 6, 東京 : 岩波書店, 1993, 235~261면.
중문 원작은 『日據時期台灣史國際研討會論文集』(台大歷史系, 1993)에 처음 발표되었고 林瑞明의 『台灣文學的歷史考察』(台北 : 允晨出版, 1986, 294~331면)에도 수록되었다. 이하 관련 인용문은 모두 중문본에 의한다.

투쟁과 저항의 복잡한 관계를 논의하였다. 대척점에 있는 작품으로 린루이밍은 천훠취안陳火泉의 「길道」과 왕창슝王昶雄의 「급류奔流」를 비교 분석하였다. 그에 따르면 이 두 소설은 모두 일본 교육을 받은 타이완 엘리트가 황민화운동하에서 겪게 되는 내적 갈등을 다루고 있다. 이 작품들은 '일본국민이 된 타이완인'이 갖는 얽히고 설킨 복잡한 감정을 희극화의 방식으로 보여주었다. 하지만 둘 사이의 각기 다른 해결방식은 그들이 확실히 다른 정치적 시도를 하고 있음을 드러내며 작품이 실린 두 잡지의 서로 다른 문학적 이념과 사회적 사명을 반영하였다.

「길」의 주인공은 오랫동안 고민과 갈등을 겪으며 '모든 사람을 차별없이 사랑한다一視同仁'는 말의 허구성을 폭로했다. 그러나 결국에는 더욱 더 격렬하게 타이완의 정체성을 부정하기에 이른다. 그는 모국어를 거부하고 지원병에 참여하여 자신을 황민화에 바쳤다. 이와 반대로 「급류」는 '당당한 일본인이려면 더욱 더 당당한 타이완인이 되어야 한다'는 작품 속 선언을 빌려 비교적 개방된 정체성의 관점을 제시하였다. 린루이밍은 어느 정도 타이완 본성을 유지하려는 이러한 노력이 '타이완인의 존엄을 유지하고 확보하게 했다'고 평가했다.[56]

린루이밍의 글에서 이들 작품에 대한 해방 후의 평가를 검토한 부분이 눈에 띈다. 천훠취안의 「길」은 1986년 출판된 『광복전 타이완문학전집』에 실리지 않았지만, 1979년 천훠취안이 중문으로 번역하여 『민중일보』에 발표한 바 있다. 린루이밍은 이 소설의 번역에 대한 천훠취안의 설명과 또 다른 글에서 그가 부단히 '이야기 속의 말과

56 위의 글, 249면.

행동이 시대와 환경의 강압에 의한 것'임을[57] 강조하고 있음을 발견하였다.

왕창슝 역시 해방전후에 「급류」를 중문으로 번역하였는데 이는 상술한 전집에 수록되었다. 천훠취안의 번역문은 원문에 상당히 충실한 것이지만 왕창슝의 번역은 원문과 차이가 있다. 왕창슝은 이후 회고 글에서 이에 대해 이야기했다. 그는 「급류」를 발표하기 전 식민정부의 엄격한 심사를 받았으며 몇몇 부분을 당국이 수정했기 때문에 중역본에서 이를 원래대로 고쳐야 했다고 말했다. 린루이밍은 왕창슝의 말에 동의했다.

1980년대에 들어와 적지 않은 학자들이 보다 개방적인 방식으로 천훠취안의 「길」을 해석하기 시작했다. 어떤 이는 이 소설이 황민문학이 아닐 뿐 아니라 오히려 분명한 저항문학[58]이라고까지 보았다. 이 같은 수정주의식 해석과 그 애매성에 대해 린루이밍은 도덕적 시각에서 이 텍스트를 읽어야 한다고 강하게 주장한다. 린루이밍에게 황민문학과 저항문학의 정의는 결코 분류 범주의 문제가 아니었다. 그것은 민족 존엄과 도덕성에 관련된 사항이었다. 린루이밍과 같은 '피해 민족의 후세'는 '황민문학 / 저항문학의 양극을 옮겨 다니며' 초점을 흐리는 해석들에 대해 단호한 태도를 보였다. 새롭게 '비황민문학'으로 분류된 「급류」의 중요성은 이 작품이 타이완 정체성을 유지하고자 했다는 사실에 있다. 린루이밍은 열정적으로 다음과 같이 선

57 위의 글, 251면.

58 塚本照和의 견해를 예로 들 수 있다. 「紹介－陳火線の道」는 『台灣文學硏究會會報』(1982.12)에 수록되었다. 林瑞明은 동시에 星名宏修가 「道」에 '이중의식雙重意識'이 있어서 황민문학으로도 항의문학으로도 읽을 수 있다는 인식의 동일함에 주목했다. 林瑞明, 「決戰期台灣の作家と皇民化文學」, 255면 참조.

언한다. '존엄성을 지닌 민족은 희망이 없을 수 없다.' 린루이밍이 보기에 천훠취안의 「길」에는 분명 이러한 노력이 없었다.[59]

린루이밍은 '비황민문학'이라는 세 번째 범주를 창조함으로써 도처에서 저항을 찾으려는 탈식민의 욕망과 곳곳에서 배반을 질책하려는 민족주의의 열광을 기술적으로 피할 수 있었다. 모든 문화생산과 의미부여가 질타와 억측을 받게 된 특수한 역사적 환경에서 '황민문학'과 '저항문학' 중 하나를 선택하는 행위는 '어리석은 짓'이다. 개인과 역사 사이 그리고 의도와 우연의 효과 사이에서 변증은 이처럼 기술적 실천을 낳았다. '비황민문학'은 '저항문학'에 대한 과도한 보상을 비난하는 동시에 질타받던 '황민문학'에 능동성이라는 약간의 긍정적 의미를 부여했다.

린루이밍과 호시나 히로노부와 같은 일본 비평가의 차이는 그들이 처한 위치와 그에 대한 대응에 따라 결정된다. 린루이밍은 황민문학을 '노예문학奴化文學'이라고 비판했던 중국 민족주의자와 중국공산당의 견해에 반대하였다. 이 점에서 린루이밍의 시각은 새롭게 식민문학의 다면성을 살피려 한 일본학자의 시도와 다르지 않다. 하지만 다른 한편 린루이밍이 순종을 저항으로, 협력을 고발로 전도시킬 수는 없었다. 이러한 전도가 가능하려면 식민 / 반식민의 저울에 불변의 표준이 없어야 한다. 식민지기의 텍스트에 대한 재평가는 글쓰기 상의 유희나 지적 노력일 뿐만 아니라 '피해 민족의 후대'에게 있어 도덕적 판단을 동반한 정치행동이기도 했다. 린루이밍은 아래와 같은 말로 결론을 내린다.

---

59 위의 글, 255～256면.

> 황민문학을 동정할 수도 있지만 식민지 타이완의 작가는 회피할 수 없는 책임을 지닌다. (…중략…) 가해 민족으로서 일본 식민정권은 당연히 더 큰 책임을 져야만 한다! '비황민문학'이라는 새로운 정의는 타이완에 존엄을 돌려주는 것이다. 황민문학의 존재는 타이완에게 경계심을 남겼다![60]

린루이밍의 정치적 견해와 이론적 통찰은 상당히 탁월하다. 하지만 그의 신민족주의와 도덕주의는 여전히 해결되지 못한 몇 가지 문제점을 가지고 있다. 먼저, 앞서 살펴봤듯 민족 정체성과 반식민주의 사이에는 필연적인 관계가 없다. 다시 말해서 '타이완인'의 정체성을 찾기 위해 '일본인' 정체성을 꼭 거절해야만 하는 것은 아니라는 것이다. '타이완성'Taiwaneseness이라는 관념이 식민 근대성의 산물이라면, 이 두 정체성 간의 상호 의존 관계는 그다지 이상한 일이 아니다. 이 말은 일본 식민주의가 도래하기 전에 '타이완인'의 정체성이 존재하지 않았다는 것을 의미하지 않는다. 당시 '타이완성'이라는 말은 근대적 개념과 해석을 지니지 않았으며 이 섬에 사는 화남華南 이민자 집단을 가리키는 것으로만 쓰였다. 린루이밍은 단순한 도덕적 신념을 선악 판단의 최종심급으로 여김으로써 식민 정체성 형성과정에 상존하는 긴장 관계를 놓쳤다. 다시 말해 린루이밍의 민족주의가 모종의 사회 / 민족적 동질성을 앞서 설정하였고 이 동질성이 결국 황민화 본래의 복잡한 변증과정을 신비화하게 만들었다는 것이다. 하지만 지금 필요한 것은 도덕적 판단이 아니라 이데올로기 연구이다. 황민화운동하에 문화 생산품이 정체성 관념을 둘러싸고 창조적이거

60 위의 글, 258면.

나 파괴적인 긴장의 영역을 제공한 과정에 대한 연구가 필요하다.

타루미 치에, 호시나 히로노부, 린루이밍 등은 황민문학에 대해 각기 다르게 고찰했지만, 모두 일종의 반성적이며 타협적인 방식으로 '문학'과 '황민화' 사이의 관계를 이해하려 하였다. 그들의 견해를 종합하면 문학작품은 우회적인 방식으로 황민화의 '진실reality'을 표현한다. 황민화의 진실은 주인공의 정체성 갈등으로 내면화되며 인물은 긍정 혹은 거절의 방식으로 자신의 도덕적·정치적 입장을 선택한다. 하지만 토야마 이치로가 황민화 토론에서 말했듯이 황민화 관념이 가리키는 것은 어떠한 '균질적 정체성'에서 다른 것으로의 전환이나 두 개의 확립된 정체성 간의 충돌이 아니다. 황민화는 자아와 타자 간에 '분할된 공간'을 설정하지 않는다. 이는 '애매한 정체성'이라는 상황으로, '일본인 되기'의 순간에 '타자성'의 감각이 자아의 내부로 침입하는 것이다.[61] 그러므로 일본 정체성이나 타이완 정체성은 실제로는 황민화가 부여하고 정의한 것이지 황민화 전에 이미 이루어진 것이 아니었다. 아이러니한 점은 황민화가 정체성 갈등을 야기한 원인임에도 불구하고 황민화 자체에 대한 검토가 이루어지지 않았다는 사실이다. 황민화가 '동화'와 같은 정치, 경제 영역의 식민권력이 아니라 문화권력이라면 문화 생산품은 식민통치의 토대가 되는 동시에 식민정책에 대한 논쟁의 장을 구성한다. 이러한 시각에서 정체성 갈등은 황민화에 대한 반성이나 반응일 뿐만 아니라, 황민화 논리의 일부이다.

61 富山一郎, 『戰爭の記憶』, 東京 : 日本經濟評論社, 1995, 10면.

8. 사회적 적대시에서 정체성 갈등으로

다음과 같은 점을 지적하고자 한다. '정체성 갈등'은 특정한 역사적 환경에서 발생하며 황민화 정책하에서만 비로소 피식민자의 근본문제가 될 수 있다. 탈식민의 방식으로 황민문학을 읽는 학자들은 정체성 갈등을 매개로 '협력' 텍스트 속에 숨겨진 존엄을 찾아내거나 설명하고자 한다. 그러므로 황민화의 논리와 유효성을 파악할 수 없다. 간단히 말해서 탈식민 비평가의 설명과 반대로 정체성 갈등은 황민화의 결과가 아니라 황민화의 원인이다.

1930년대 타이완에서 정치운동이 소리 없이 자취를 감추기 전, 그러니까 동화정책 시기에 '문화'는 정치행위와 사회비평의 중요한 형식이었다. 이점에서 식민자와 피식민자 사이의 이원대립은 문학적 재현의 공통된 주제였다. 문학, 주로 단편소설은 식민자와 피식민자 사이 그리고 자본가와 프롤레타리아 대중 사이에 분명한 경계선을 그음으로써 이러한 충돌을 더욱 격화시켰다. '동화'는 점진적인 사회개량 정책에 의해 주도된 것으로 교육제도 및 일반적인 복지에 있어서는 그다지 철저하지 못한 계획이었다. 중국어 출판을 예로 들면 고전 한문이든 백화문이든 식민당국의 심사를 받아야 했더라도 결국은 출판이 허용되었다. 하지만 일본이 중국을 침략하고 서구 제국주의 국가와 전면적으로 대립하게 되면서 1937년 군사동원과 함께 동화와는 다른 성격의 황민화 정책이 실시되었다.

'동화'는 식민지 융합이라는 비현실적 이상을 추구하였으나, '황민화'는 그렇지 않았다. 황민화는 피식민자가 천황의 이름으로 행동하고 태어나고 일본 제국을 위해 죽음으로써 구체적인 '일본화'에 이를 것을 요구하였다. 황민화와 황민문학이 만들어낸 '목숨 걸고 충성을 다하는 일본인' 상의 영향은 일본인 되기의 욕망과 일본에 대한 적대감을 식민지인 내부로 동시에 '내면화'시킨 것이지 식민 정체성 간의 충돌이 아니었다.

작품 두 편을 들어 이 내면화 과정을 설명하고자 한다. 양쿠이楊逵의 「신문배달부送報夫」(1934)와 룽잉쭝龍瑛宗의 「파파야가 있는 작은 마을植有木瓜樹的小鎭」(1937)을 비교하여 반식민적 정치활동이 쇠퇴해 가던 당시 상황이 재현되는 방식을 살펴보자.

「신문배달부」는 1932년 타이완에서 심의에 걸려 출판 금지되었다. 그러나 1934년 도쿄 좌익잡지인 『문학평론』의 우수작 평가에서 2등을 차지하며 일본어로 일본에서 출판된 최초의 타이완인 작품이 되었다.[62] 「신문배달부」는 예술성은 인정받지 못했지만 사실주의적 필법으로 타이완과 일본 사회를 그려내고 식민지인의 집단적 고통과 투쟁을 그려냈다는 점에서 좋은 평가를 받았다. '좋은 소설이 아니다', '예술성이 없다', '경험이 결핍된 주관의식', '허술한 창작', '상상과 구조상의 약점' 등과 같은 혹평이 있었지만, 일본 주요 좌익작가인 도쿠나가 나오시德永直, 다케다 린타로武田麟太郎, 가메이 가쓰이치로龜井勝一郎, 나카조 유리코中條百合子, 후지모리 세이키치藤森成吉, 사타 이네코窪川稻子 등 대부분의 심사위원들은 다들 이 중편소설이 '깊이 있다', '감동적이다', '성실하다'며 찬탄하였다.[63] 그렇다면 왜 이

62 楊逵, 「新聞配達伕」, 『文學評論』 1권 8호, 1934, 199~233면.
이하 중역은 胡風 역 「送報伕」에서 인용. 본 번역본은 『楊逵集』, 台北 : 前衛出版社, 1991, 15~58면.

63 『文學評論』 1권 8호, 1934, 198면.

소설이 명확한 미학적 결함에도 불구하고 프로 작가들의 호평을 받게 된 것일까?

「신문배달부」는 사실주의적 시각에서 한 식민지 백성이 식민 억압과 자본주의 수탈의 공통점을 알게 된 뒤 점차 프롤레타리아 계급의식을 가지게 되는 과정을 묘사하였다. 타이완인 서술자는 실업자가 넘쳐나는 도쿄로 왔다. 그는 한 달을 일을 찾지 못해서 가져온 여비마저 바닥날 정도가 되자 결국 겨우 남긴 여비를 보증금으로 하여 신문배달부 일을 얻게 된다. 다른 일본인 노동자와 함께 열악한 환경에서 이십 여 일을 자지도 쉬지도 못하고 일하지만 신문배달회사가 설정한 할당액을 채우지 못해서 쫓겨난다. 그는 고향에 두고 온 어린 형제자매와 연로한 모친을 고통스럽게 그리워한다. 그리고 제당회사에 집안의 땅을 빼앗기고 그로 인해 부친이 사망해 온 집안이 몰락한 일을 기억해낸다. 어느 날 숙부가 보내온 편지를 받게 되는데, 편지에는 모친이 자살했고 그가 반드시 성공하여 마을 사람들을 구해주길 바란다는 유서를 남겼다고 쓰여 있었다. 주인공은 어머니를 잃은 슬픔을 견디며 이전에 동업자의 소개로 알게 된 사이토佐藤라는 노동운동가와 함께 파업을 계획하여 신문배달회사에 대항한다. 파업이 성공하여 더 나은 임금과 작업 조건을 얻게 된다. 타이완 행 배편에 올라 탄 서술자가 타이완을 보다 좋은 곳으로 만들겠다는 신념을 표명하며 이야기가 끝난다.

양쿠이 작품의 중요성은 식민 억압과 계급적 적대가 본질적으로 동일하다는 사실을 그려냈다는 데에 있다.

> 악마와도 같은 보급소 사장을 떠올리자마자 나는 겁이 나기 시작했다. 고향

> 으로 도망가고 싶기까지 했다. (…중략…) (하지만) 결국 고향에 남았더라면, 세 동생들과 함께 있었더라면 아마도 이미 굶주림에 포위당한 어머니처럼 됐을 거라 생각하니 심장이 쪼그라들듯 괴로워졌다. 그때 나는 처음으로 고향도 다르지 않음을 깨닫고서 전율했다. 보급소의 사장이 눈앞에서 나를 조이는 것처럼 고향도 우리의 피를 빨고 우리의 살을 도려내고 우리의 골수를 말려서 우리를 이 같은 지옥 속으로 밀어 넣어 버렸다.[64]

양쿠이의 이 작품은 자본가와 프롤레타리아 사이의 대립이 종족을 넘어선 것임을 강조하고 있다. 서술자의 가정이 빈곤으로 빠져드는 이유에 일본인의 억압 뿐 아니라 촌장이나 서술자의 형과 같은 타이완 협력자의 압박도 포함되는 것이다. 이어서 작가는 다음과 같이 호소한다. "일본의 노동자 대부분은 (…중략…) 타이완인을 억압하는 걸 반대한다." 사이토가 서술자에게 "좋소! 우리 손 잡죠! 당신들을 고생시키는 사람은 우리를 고생시키는 사람이랑 같은 부류의 사람이잖소!"라고 외칠 때 식민지 백성과 식민 모국 노동자 계급의 협력이 달성된다. 양쿠이의 계급주의는 매우 단순하며 프롤레타리아 계급의 단결에 대한 호소 역시 이상주의적인 면이 있다. 하지만 「신문배달부」는 비록 식민체제가 날로 가혹해지더라도 타이완에서 반식민 저항과 유토피아에 대한 동경이 적어도 '상상할 수 있는' 것이었음을 보여준다.

이 같은 낙관적 감각은 「파파야가 있는 작은 마을」에서 사라져버린다. 「파파야가 있는 작은 마을」은 1937년 일본 잡지 『개조改造』에

64 『楊逵集』, 台北 : 前衛出版社, 1991, 214~215면.

서 상을 받았다. 이 작품으로 무명의 은행원이었던 작가가 한순간에 타이완 최고 작가의 이름을 얻었다. 「신문배달부」와 달리 「파파야가 있는 작은 마을」은 예술성과 사회 비판이 결합된 작품이다. 일본 좌익작가인 하야마 요시키葉山嘉樹의 말을 빌려보자.

> 이 작품의 당선을 나는 매우 의미 있다고 본다. (…중략…) 사상성 역시 여러 측면에서 제시되고 있으며 상당히 깊이 있게 탐구되었다. (…중략…) 이는 타이완인의 슬픈 읊조림일 뿐 아니라 지구상의 모든 수탈당한 계급의 슬픈 읊조림이다. 그 정신은 푸시킨, 쿨리지, 루쉰魯迅과 통하며 일본의 프로작가와도 통하는 매우 지고한 문학정신을 갖추었다.[65]

보다 중요한 것은 「파파야가 있는 작은 마을」이 식민지인의 내적 갈등을 그렸으며 초기 반식민문학의 전환점이 되었다는 점이다. 이 작품 이후, 타이완 소설에 '현대 심리의 좌절, 철학적 명상, 농후한 인도주의'[66]가 나타났다. 바꿔 말해 「신문배달부」의 인물이 평면적, 전형적으로 식민주의와 계급 차별에 대해 반대의 입장을 대표할 뿐이지만 「파파야가 있는 작은 마을」은 타이완문학사에서 피식민자의 복잡한 심리를 깊이 있게 분석한 첫 번째 작품이라고 할 수 있다.

「파파야가 있는 작은 마을」은 보다 나은 생활을 갈망하던 타이완 지식인이 결국 식민주의의 현실에 굴복하여 절망에 빠져드는 과정을 이야기했다. 주인공인 천유싼陳有三이 타이완의 어느 마을 사무소

---

65 羅成純, 「龍瑛宗研究」에서 인용. 『龍瑛宗集』, 台北 : 前衛出版社, 1991, 239면에 수록.

66 葉石濤, 「從送報伕, 牛車到植有木瓜樹的小鎮」, 『大學雜誌』 90, 1966. 羅成純, 「龍瑛宗研究」, 234면에서 인용.

에서 보수가 적은 회계 보조 일을 얻게 되면서 이야기는 시작된다. 그곳에서 그를 기다린 것은 타이완인에 대한 차별대우와 견디기 힘든 고독이었다. 천유싼은 실력과 근면성이 있으면 식민의 불평등을 극복할 수 있다는 믿음으로 보통문관고시를 거쳐 십년 후에 변호사가 되기로 결정한다. 그는 세 가지 이유에서 그러한 포부를 세웠다. 첫째, 그는 자신의 경제적 현실에 결코 만족하지 않았다. 둘째, 그는 우수한 성적으로 중학교를 졸업했으며, 자신의 두뇌와 노력으로 처지를 개척할 수 있다고 굳게 믿었다. 셋째, 식민지 지식인으로서 그는 자신의 동포에 대해 경멸의 심리를 가지고 있었다. 그는 타이완인이 '인색하고 교양 없으며 저속하고 더러운 집단'이라고 생각했다. 천유싼과 같은 신지식계층에게 타이완인은 '진보를 모르고 음지 생활에 만연한 비굴한 잡초 같은' 이들이었다. 그렇기에 천유싼은 '늘 일본 옷을 입고, 일본어를 사용하며 보다 높은 목표에 도달하려 힘쓰면서 자신을 동족과 다른 존재로 여기며 위로를 느꼈다.'[67] 하지만 마을 사람들의 절망과 그들이 처한 상황이 눈에 들어오기 시작하면서 그는 조금씩 변하기 시작한다. 이때 천유싼은 동료의 딸을 사랑하게 되고 그녀에게서 신념을 유지할 힘을 찾게 된다. 이에 구혼하지만 그녀는 이미 돈 있는 이웃 촌장 집안과 혼약이 맺어져 있었다. 결국 좌절한 천유싼은 자신의 공부를 포기하고 술로 나날을 보낸다.

이러한 결말과 「신문배달부」의 결말은 천양지차이다. 같은 식민지에서 두 주인공은 전혀 다른 피식민자의 형상을 보여준다. 「신문

67 龍瑛宗, 「パパヤのある町」, 『改造』 19卷 4號, 1937, 1～58면.
이하 중역은 張良澤 역, 「植有木瓜樹的小鎭」에서 인용. 본 번역본은『龍瑛宗集』, 13～72면에 수록.

배달부」의 인물은 사회주의 전략에 기대어 식민자와 피식민자 간의 대립을 극복하고자 하였다. 이와 달리 「파파야가 있는 작은 마을」에서 '이성'과 '과학'은 사회의 변화를 주도하지 못한다. 작가는 파멸에 이른 젊은 이상주의자의 입을 통해 지식과 진리에 대한 신앙이 점점 사라지고 있음을 상징적으로 표현했다. 작품 속 젊은이는 좌절한 천유싼에게 다음과 같이 알린다.

> 나의 생명은 아마도 조석 간에 파국으로 치달을 것이오. 하지만 나의 육체와 정신이 영원한 허무로 사라지려는 순간이 될 때까지 나는 진실을 추구하려 하오. 나의 추구를 버리지 마시오. 우리 눈앞의 어두운 절망의 시대가 우리를 가로막은 채 영원히 지속되겠소? 아니면 유토피아와 같은 조화로운 사회가 출현하겠소? 감상과 공상이 뒤섞이지 않은 엄정한 과학적 사색이 있어야만 분명한 답을 가질 수 있소. 참된 지식이 현상을 해석할 때 우리를 고통의 심연에서 잡아당길 수 있을 지도 확실하지는 않소. 하지만 어떠한 현상이라도 그것은 모두 역사의 법칙이 보여주는 자태로 우리는 이를 저주해서는 안 되오. 행복은 고통과 노력 없이는 이룰 수 없는 법이오. 우리는 이처럼 암울한 사회에서 오로지 정확한 지식으로 역사의 움직임을 탐구해야지, 절대로 가볍게 절망과 타락으로 빠져들어서는 안 되오. 정확하게 살아나가지 않으면 안 된단 말이오.[68]

하지만 천유싼에게 이것은 공허한 말일 뿐이었다. 식민지 현실은 보다 나은 생활을 추구하는 피식민자의 '목표'를 증발시켜버렸다. 룽잉쭝龍瑛宗은 "거미줄 위에서 몸부림치는 가련한 벌레처럼 알 수 없

68 위의 책, 52면.

는 거대한 힘이 숙명적으로 그를 붙들고 있으며 날이 갈수록 힘이 세어져 그의 육체를 강렬하게 집어삼키고 있음"[69]을 느낀다고 하였다. 아무런 출구도 없는 상황에서 천유싼은 "어둡고 비관적인 시간'에 투항하였으며 예상된 '절망과 타락으로 빠져들었다."

「파파야가 있는 작은 마을」의 출판 시기는 일본이 군사동원을 선포하고 동화정책을 황민화정책으로 전환한 시기였다. 이 작품에 충만한 절망감은 그 시기 어떠한 정치적인 돌파도 불가능해진 상황을 반영한다. 정치적 대립이 심리적 갈등으로 '내면화'된 것은 그 징후 중 하나일 뿐이다. 이 같은 '내면화'가 황민문학 작품에서 '정체성 갈등'으로 충분히 표현된 적은 없다. 천유싼은 '일본인 되기'가 비교적 실용적인 목표를 지닌 것으로, 타이완인과 일본인 간의 민족 갈등으로 이어지지 않길 희망했다.

황민화를 이해하려면 반드시 '황민화'와 '동화'를 대비하며 함께 살펴봐야 한다. 동화는 큰 틀의 식민 계획을 구성하였다. 하지만 문화적 융합 추구와 정치적 차별의 공존은 동화정책이 품은 결정적 모순이었다. 때문에 '일본화'는 식민자에게 실패했거나 구체화되지 못한 정책이었다. 황민화의 '새로운 의미'는 이와 같다. 황민화는 '일본인 되기'라는 목표를 피식민자에게 내면화시켰다. 이로 인해 피식민자의 정체성 갈등이 식민지 타이완의 주요한 담론이 되었다. 그러면서 '일본인이 아니면 안 된다' 초조와 정치적 욕망이 증대되어갔다. 그러므로 '황민화'는 '동화'의 논리적 확대도 갑작스런 강화도 아니었다. 그것은 '동화'에 내재된 모순을 숨기고 소거함으로써 피식민자의

69 위의 책, 39면.

주체성과 정체성이 표현되고 재현되는 방식에 철저한 변화와 제한을 가했다. 게다가 그 결과는 탈식민시대인 오늘에 이르기까지 줄곧 영향을 미치고 있다.

'다름'에서 '같음'으로*

타이완 황민 주체의 '마음' 개조

류지후이劉紀蕙

1. 들어가며

1930년대 중국에서 민족주의적 파시스트 집단이 조직되고 집단 아이덴티티를 모색하는 작업이 진행되었다. 이에 대한 연구는 40년대에 타이완에서 나타난 유사한 현상을 돌아보게 한다. 식민지 상황에서 타이완인이 존중받고 적절한 사회적 지위를 누리는 국민이 되려면 어떤 처신이 필요했을까? 당시의 타이완인이 상상한 정당하거나 완전한 '사람' 혹은 '남성'은 어떤 모습이었을까? 이런 문제를 사고하다보면 '황민화' 담론과 맞닥뜨리게 된다. 이는 당시의 이른바 '본도인本島人'이란 결핍된 존재를 완전한 존재로, 불순不純을 '순화'로, '부정'을 '긍정'으로, '다름'을 '같음'으로 변이시키는 논증의 과정이라

* 이 글은 고점복이 번역하였다.

는 것에 주목하게 된다. 이 논증 과정에서 해결해야 하는 핵심적인 문제는 내지인과 혈연관계가 없는 본도인이 어떻게 하면 '일본인' 또는 '황민'이 될 수 있는가 하는 점이다.

천훠취안陳火泉의 소설 「길道」은 아주 특이하고 깊이 있게 정체성에 대한 황민 주체의 사고 과정과 모순적 심리 상태를 그려냈다. 이 소설이 제기하고 있는 '신앙'과 '정신적 계보', '마음'에 대한 기술은 주체의 정체성과 국가 신화를 만들어내기 위한 것이었다. 황민화 담론이 강조하고 있는 일본정신은 존왕양이의 정신이다. 이는 단순히 나와 다른 종족을 제거하는 데 그치지 않고 나 자신 내부의 '오랑캐 심리'까지도 제거하는 것이었다. 이 국가 신화의 틀 안에서 천황 신앙은 천황에 대한 완전한 헌신과 희생을 요구했다. 이러한 일련의 황민화 담론은 당시 타이완인이 원했던 '안심입명安心立命'의 사고를 보여준다.[1] 또 일제강점기 타이완이 겪었던 식민지 경험과 근대성, 그리고 거기에 관련된 '국민의식'과 '근대 주체' 모형 메커니즘을 명확하게 제시해준다.

식민 정부의 근대화 프로젝트하에서 '본도인 나'와 '황민 나' 사이의 모순은 어떻게 해결되었을까? 어떤 강력한 힘이 주체로 하여금 적극적으로 '일본 정신'이라는 이념을 향해 도약하도록 했을까? 왜 '정신 개조'의 과정을 통해 주체와 식민지 정부가 연계되었을까? 정치적 시책 가운데 신도神道와 유교는 어떻게 부합되었으며, 양자 모두 어떤 식으로 '마음' 프로젝트를 부각시켰던 것일까? 타이완과 중국, 일본의 근현대 사상의 흐름 속에서 이러한 '마음'의 정신 개조는 어떻게

1 "사람은 극한의 불안 속에서 안신입명을 구한다." 陳火泉, 「我的日本國民性觀」, 『台灣專賣』, 1941.4, 32면.

발전했을까? 타이완인들은 어떻게 이와 같은 '마음의 형식'을 통해 자신을 상상했을까? 이는 주체의 관념과 관계된 문제이다. 혹은 더욱 구체적으로 말해 타이완인이 황민이 되기 위해 혹은 황민과 유사한 신분이 되기 위해 어떻게 자신의 위치를 찾았는가 하는 문제이다. 이는 깊은 탐구가 요구되는 난제이다.

2. 『타이완론』과 타이완인의 아이덴티티 체계

우선 고바야시 요시노리小林善紀의 『타이완론』이 타이완에서 일으킨 거대한 풍파에서부터 논의를 시작해보자. 그 책이 일으킨 격렬한 논쟁은 표면적으로 책에서 설명하고 있는 위안부가 자원한 것이었는가 하는 문제와 타이완의 역사에 대한 해석이 왜곡되었는가 하는 문제를 둘러싼 것이었다. 따라서 논쟁은 표면적으로 위안부의 자발성과 『타이완론』의 역사기술 상의 오류에 대한 증거 제시 등의 문제와 관련되었다. 그러나 이러한 논쟁의 배후에 강렬한 정서적 반항 심리와 여기에서 야기된 좌우통독左右統獨의 입장,[2] 그리고 책에서 반복적으로 제기하고 있는 리덩후이李登輝가 '계승'한 '일본정신'의 존재에 주목해야 한다. 이 '일본정신'과 이로부터 확장된 복잡한 타이완 주체와 아이덴티티가 깊은 사고를 요구하는 핵심적인 개념이다.

---

2 예를 들면, 「用心險惡」, 「奴化教育」, 「皇民遺老」, 「漢奸媚態」 등이 있다.

'일본정신'이란 무엇인가? 왜 고바야시 요시노리는 리덩후이가 일본 정신을 '계승했으며', 심지어 리덩후이가 일본에 가서 일본 젊은이들에게 일본 정신을 강의하려고 했었다고 말하는가? 왜 타이완 원주민高砂(일본인들이 타이완 원주민을 부르는 명칭) 의용군은 그들이 '가장 일본정신을 갖춘 일본인'이라고 선언했는가?[3] 그리고 왜 많은 구세대 타이완인들은 해방 후 진지하게 일본어를 말하고 쓰겠다고 선언했으며 팔십 고령에 시가회詩歌會를 조직하여 정기적으로 일본어로 쓴 시 작품을 발표했는가?[4] 왜 진메이링金美齡은 '일본정신'을 두고 '타이완 말'로 '타이완 전역에 퍼져 있으며', '타이완인이 모여 대화를 나눌 때 한 사람이 '일본정신'이라는 말만 하면 다른 사람은 그 의미를 즉각 이해한다'고 말하는가? 심지어 진메이링은 수많은 타이완인에게 '일본정신'은 일본 통치시대에 대한 타이완인의 그리움이 농축되어 있으며 '일본에 대한 그리움과 평가로부터 벗어나 일반적인 의미로 전화'되었다고 말한다.[5] 게다가 이 말에는 청결, 공정, 성실, 근면, 신뢰, 책임감, 규율 준수, 봉공무사奉公無私의 의미가 포함되어 있고, 나아가 '진지하고 정직하지만 조금 고집스럽다' 등의 의미까지 연상된다고 말한다. 이러한 각기 다른 입각점은 '일본정신'에 대한 해석 태도를 반영하며 그 단어가 만들어내는 복잡한 정서적 상황을 여실히 보여준다.

---

3 Huang, Chih-Huei, "The Yamatodamashi of the Takasago Volunteers of Taiwan-A Reading of the Postcolonial Situation", Harumi Befu and Sylvie Guichard-Anguis eds., *Globalizing Japan-Ethnography of the Japanese Presence in Asian, Europe, and America*, London and New York : Routledge, 2001, pp.222~250.

4 黃智慧,「台灣腔的日本語－殖民後的詩歌寄情活動」, 文化硏究學會2002年會 '重訪東亞－全球, 區域, 國家, 公民' 회의논문, 東海大學社會科學院, 2002.12.14~15.

5 金美齡・周英明, 張良澤 譯,『日本啊! 台灣啊!』, 台北 : 前衛, 2001, 152면.

이렇게 복잡한 상징적 역할이 새겨져 있고 역사적으로 끊임없이 의의가 변동되고 치환되었으며 때로는 '현재시제'로 발생하는 '일본정신'을 어떻게 이해해야 할까? 이 '일본정신'은 어떻게 한 세대 타이완인의 주체성과 사유양식의 저층에 영향을 주게 되었을까? 천광싱陳光興은 "일제 식민지 경험과 오랫동안 지울 수 없는 기억과 상상은 의심의 여지없이 타이완 주체성 구조의 중요한 요소가 되었다"[6]고 말했다. 이 논리는 부분적으로 진실을 반영하고 있지만 천광싱은 이 '주체성 구조'가 어떻게 완성되었는지에 대해서는 설명하지 않고 있다. 그 밖에 지적해두어야 할 것은 이 주체성 구조가 다양한 면모를 지닐 수밖에 없으며 지식인과 서민 사이에 세대간, 개별 주체 사이에 제각기 간과할 수 없는 차이를 갖고 있다는 점이다. 그러나 본고가 논의하고자 하는 황민 주체의식(종교적 정서를 띄고 있는 격정적인 관념에서 일반 서민의 법 준수에 이르기까지의 의식 스펙트럼)은 당시 국민의식의 기층 모델이었다. 이러한 타이완 주체성의 구성 방식을 어떻게 읽어야 하고 이해해야 하는가?[7]

---

6 陳光興, 「台灣論效應的回應與批判－日本右翼思想的台灣效應」, 『台灣社會硏究季刊論壇』, 2001.2.28 http://web.bp.ntu.edu.tw/WebUsers/taishe/frm_twl_chenguangxing.htm 2003.10.6 다운로드.

7 이것은 복잡하고 결론이 나지 않는 문제이다. 근 백년간 타이완인의 아이덴티티는 몇 차례 크게 변화되었다. 한인漢人, 본도인, 일본인, 타이완인, 외성인外省人, 중국인은 아이덴티티상의 다의적인 서술을 여실히 보여준다. 대륙위원회陸委會는 2001년 1월 일반 대중을 대상으로 설문조사를 실시했다. 결과는 '나는 타이완인이다', '나는 타이완이이자 중국인이다', '나는 중국인이다'라는 세 종류의 다른 아이덴티티가 병존하고 있음을 보여준다. 자신이 타이완인이라고 여기는 사람은 30%에서 40%였으며, 타이완이이자 중국인이라고 여기는 사람은 30%에서 65%, 자신이 중국인이라고 생각하는 사람은 상대적으로 소수인 11%에서 23%였다. 그러나 이러한 조사 결과는 표면적인 차이만을 보여줄 뿐 차이의 본질은 설명할 수 없다. 왕밍커王明珂는 집단적 기억 혹은 구조적인 건망증 양상을 검토하는 방식으로 족군族群이 '경계邊界'를 수정하는 방식 혹은 공통의 과거를 '집단적으로 선택, 망각, 회복, 창조'하여 아이덴티티의 기초로 삼는 방식에 대해 관찰하였다. 팡샤오첸方孝謙도 역사적인 영향을 받으면서 공적 담론의 장에서 족군이 어떻게 민족이라는 정체성을 '명명하기 위해 노력'하는지와 '정치적 집단의 범주인 '국가'를 '우리'라고 부르게 되는' 방식에 대해 조사하였다. 그 결과 당시에는

'황민'과 관련된 주체문제의 논의로 들어가려면 '황민문학'과 사람을 곤혹스럽게 하는 타이완문학사의 격렬한 논쟁과 대면하지 않을 수 없다. 오랫동안 일본어 창작은 타이완문학의 범주에 들지 않았다. 황민문학 작가로 불린 저우진보周金波의 전집은 2002년이 되어서야 시장에 나왔다.[8] 황민문학의 문학사적 위치에 대해서는 더욱 더 논의가 이루어지지 않았으며, 90년대 초반이 되어서야 논의되기 시작했다.[9] 이 밖에 번역되지 않고 출판되지 않은 작품도 많다. 당연히 그런 작품들의 번역이 아직 이루어지지 않았고 심지어 아직 '발굴'되지도 않았다는 것이 가장 간단한 설명일 것이다. 그러나 '발굴'이라는 말에는 풍자적 의미가 함축되어 있다. 그 작품들은 지하에 매장된 골동품이 아니다. 단지 50년이라는 시간적 간격으로 인해 언어적으로 멀어져 읽히지 않거나 정치 이데올로기에 부합되지 않아 작품 선집에 포함되지 않을 뿐이다. 그 작품들의 유실은 문학사 편찬상의 '정전' 의식을 여실히 보여준다. '정전' 선택의 기준을 만드는 것은 선택하지 않는 '배제'의 표준도 만들기 마련이다.

이 작품들이 주목을 끄는 것은 그로 인해 야기된 지속적이고 격렬

한인, 타이완인, 중국인 일본인으로 옮겨 다니는 스펙트럼이 분포하고 있었다고 지적한다. 이러한 연구들은 역사적으로 조성된 아이덴티티 변화를 인정하고 있지만 그 아이덴티티 모식의 복잡한 주체의식과 정신 조작에 대해서는 깊이 있게 논의하지 않고 있다. 王明珂, 「過去, 集體歷史記憶與族群認同－台灣的族群經驗」, 『認同與國家近代中西歷史的比較』, 台北 : 中央研究院近代史研究所, 1994, 249～274면; 方孝謙, 「1920年代殖民地台灣的民族認同政治」, 『台灣社會研究季刊』 40期, 2000, 1～46면 참고.

8 타이완문학사의 서술에는 황민과 관련된 부분은 대부분 빠져 있다. 펑루이진彭瑞金은 황민문학 작품에 대해서 거의 언급하지 않으며, 예스타오葉石濤는 저우진보를 유일한 예로 들고 있다.

9 그러나 이 십년동안 황민문학과 관련된 황민화운동에 대한 연구에서는 매우 풍부한 성과가 나타났다. 예를 들어 저우완야오周婉窈, 린루이밍林瑞明, 천팡밍陳芳明, 호시나 히로노부星名宏修, 나카지마 토시로中島利郎, 타루미 치에垂水千惠, 이와테 오사모井手勇, 류수친柳書琴 등이 있다.

한 논쟁 때문이다. 1998년 장량저張良澤는 황민문학 습유 17편을 번역하여 연속적으로 『연합보』, 『민중일보』, 『타이완일보』의 부간副刊에 실었다. 장량저는 역지사지의 마음으로, 또 애정 어린 동정의 태도로 황민문학을 다시 읽을 것을 호소했다. 황민문학이 다시 타이완문학의 연구 범주에 들어오자 일부 학자들은 황민문학을 '저항문학'으로 보고자 했다.[10] 그러나 천잉쩐陳映眞과 인간출판사의 편집인들은 '의도적으로 문장을 써서 반박할 것'이라고 하면서 황민문학이라는 '한간문학漢奸文學'에 대해 '견고하고 철저한 투쟁'을 진행했다. 천잉쩐은 황민화운동을 '대규모로 정신을 세뇌하고', '철저히 타이완인의 한족 주체성을 박탈하여' 타이완인으로 하여금 일본 야마토민족의 종족・문화・사회를 고귀하고 발전된 것으로 받아들이게 하였다고 보았다. 나아가 황민화운동이 타이완을 낙후된 것으로 각인시키고 중국민족과 '중국인의 주체의식'을 '증오하고 버려야' 하는 것으로 여기게 하여 스스로를 '노예화'시키는 것이라고 강조한다.[11] 쩡젠민曾健民 역시 타이완의 황민문학은 '일본의 식민 군국주의자들의 타이완문학에 대한 압제와 지배의 산물'이며 문학을 통해 '일본 식민 군국주의 파시즘을 선양함으로써 타이완인의 결전의식을 고취시켜 일본을 위한 침략전쟁에 헌신하도록 하는' 것으로 본다.

---

10 예를 들면 1943년 7월 『台灣文藝』 제6권 3호에 발표된 천훠취안의 「길」은 발표 시 하마다 하야오濱田隼雄와 니시카와 미쓰루西川滿의 추천을 받았다. 그러나 전후에는 '중화문화를 보존하고 있다'는 이유로 '국가문예창작특수공헌상國家文藝創作特殊貢獻獎'을 수상했다. 천샤오팅陳紹廷과 중짜오정鍾肇政은 「길」을 어쩔 수 없이 황민이 된 당시 타이완인의 고통과 모순, 충돌을 묘사하고 있는 '가련한 피압박자의 피비린내 나는 기록'이며 '저항문학'이라는 견해를 제기한다.

11 陳映眞, 『台灣鄉土文學・皇民文學的淸理與批判』, 台北 : 人間出版社, 1998, 10~11면. 인간출판사의 편집부에 의해 같은 호에 수록된 쩡젠민과 류샤오춘劉孝春 역시 한 입으로 황민문학을 비판한다.

이와 같은 격한 대립적 태도는 황민문학과 관련된 담론이 사실은 현재의 타이완인을 불안하게 만들고 있다는 점을 시사한다. 또한 타이완인의 역사 기억에서 제거되었던 강력한 일본 황민 아이덴티티와 국가의식이 드러나고 있음에 주의하게 한다. 이와 같은 제거의 의도는 각종의 '배척적인' 담론 구조를 만들어 내었다. 그것이 30년대에서부터 40년대에 이르는 '경사傾斜'의 과정을 가리키든[12] 양쿠이楊逵, 장원환張文環, 뤼허뤄呂赫若와 같은 일제강점 후기 타이완의 우수한 작가들이 황민화 논리의 함정에 빠져들지 않았다는 점을[13] 강조하든[14] 혹은 그 가운데 일부는 좌익계급의식을 견지하고 있었다고 주장하든, 이들 주장은 모두 타이완인의 반항과 거부 의식을 보여주고자 하는데 있다. 또 논자들은 일본학자 타루미 치에垂水千惠가 식민주의자들의 황민교화의 '여파'를 답습하고 있다고 지적했다. 그리고 그녀가 제기한 저우진보와 뤼허뤄에 대한 비판에 불만을 표했다.[15] 유성관游勝冠은 저항과 협력의 이분법적 사고에서 벗어나자는

12 陳芳明, 「皇民化運動下的四十年代」, 『聯合文學』, 2000, 156～165면.

13 呂正惠, 江自得 主編, 「殖民地的傷痕－脫亞入歐論與皇民化教育」, 『殖民地經驗與台灣文學』, 台北 : 遠流, 2000, 62면.

14 타이완문학이 반제와 반식민의 성격을 가지고 있었다는 점을 견지하고 있는 다수의 타이완 문학사론자들은 모두 이 견해를 지지할 것이다. 그러나 이는 자세히 검토해야 할 필요가 있다. 30년대와 40년대의 '세대 차이'를 간과할 수 없다.

15 각고의 노력을 기울여 황민문학을 창작한 천훠취안에 대한 타루미 치에의 비평은 풍자적이다. 그는 천훠취안이 작가적 명성과 신분 상승의 기회를 얻고자 한 '아첨꾼'이었다고 본다. 또 수많은 주변 자료를 제시하며 천훠취안의 '황민 경향'을 논증한다. 그리고 전후 학자들이 천훠취안에게서 '저항문학'의 흔적을 찾고자 하는 점을 반박한다.(垂水千惠, 『台灣的日本語文學』, 台北 : 前衛, 1998, 78～79면) 타루미 치에는 천훠취안이 당시 『타이완전매 台灣專賣』에 발표한 상당히 많은 글을 제시하고 있다. 예를 들면 다음과 같은 표현이 있다. "남녀노소 모두 일심 단결하여 시대적 조류를 맞이하자. 이러한 분위기는 일본 정신의 표출로 지고지순한 국민감정의 토로이다."(「근로부勤勞賦」, 1939.10) "순수한 야마토 민족과 이민족들은 혈통적으로 또 정신적으로 완전히 융합되고 동화되었음을 역사적 사실이 증명한다. 그리고 이러한 이민족들의 융합과 동화는 과거에 일어났을 뿐 아니라 현재에도 계속 진행되고 있다. 아마 미래에도 영원히 계속될 것이다. 지금의 조선민족과 타이완민족은 머지않아 일본민족

타이완 학계의 요구가 일종의 '타협적인 역사관'이라 하였다. 이러한 역사관이 '불공정하고 불의한 역사에 대해 침묵함으로써' '의롭지 않은 식민 통치자의 정당성을 긍정하는' 것이며 이는 일본 식민주의자들과 '같은 입장에 서는 것'이라고 지적한 것이다.[16]

그러나 식민지 경험과 주체 아이덴티티 정립 간의 연관성 및 아이덴티티 정립이 가져오는 정서적 구조는 결코 경시할 수 없다. 천광싱은 영화 『도우상多桑』과 『바나나 천당香蕉天堂』을 통해 식민지 경험과 냉전구조가 만들어낸 다른 주체 구조와 신분 정립에 대해 다음과 같이 지적한다. "식민주의와 냉전이라는 두 개의 다른 축선은 상이한 역사 경험을 만들어냈다." 그리고 이러한 구조적인 경험은 '정서적인 차원에서 각기 다른 방식으로' 아이덴티티와 주체성을 만들어냈다고 보았다.[17] 천광싱은 '본성인'과 '외성인'이 일본 경험에 대해 확연히 다른 정서적 태도를 가지고 있으며 그 원인은 그들이 겪은 이른바 '식민주의와 냉전'이라는 두 종류의 다른 역사적 경험 때문이라고 보고 있다. 천의 글에서 가리키는 '냉전'의 시간축이 국공내전과 태평

과 하나가 될 것이다."(「我的日本國民性觀」, 1941.4) 1944년 징병제가 실시되자 천훠취안은 「징병제에 대해談徵兵制」라는 좌담회에서 다음과 같이 말했다. "정신적으로 '존왕양이'의 정신을 누리기 위해서는 징병제가 실시되는 그 날을 기다려야 한다. 나는 더 이상 기다릴 수 없다! 나는 더 이상 기다릴 수 없다!" 이를 통해 타루미 치에는 천훠취안이 '황민화의 모범생이 됨으로써 일생의 벼락출세를 추구했다'고 본다. 이런 견해에 불만을 표시한 논자로는 呂正惠(앞의 글, 50면)와 陳建忠의 「배회하고 있는 식민주의 유령—타루미 치에의 '황민문학관' 徘徊不去的殖民主義幽靈—垂水千惠的皇民文學觀」, 『聯合副刊』(1998.7.8~9)이 있다.

16 이에 대한 游勝冠의 비판은 張文薰이 「장원환의 「부친의 요구」와 나카노 시게하루中野重治의 「시골집」에 대해—'전향문학'의 관점에서論張文環「父親的要求」與中野重治「村家」—'轉向文學'的觀點」에 제시된 논점이다. 游勝冠, 「전향? 아니면 반식민 견해의 견지?—장원환의 「부친의 요구」에 대해轉向?還是反殖民立場的堅持?—張文環「父親的要求」」, 張文環及其同時代作家學術研討會, 國家台灣文學館, 2003.10.18~19.

17 陳光興, 「爲甚麼大和解不 / 可能? 「多桑」與「香蕉天堂」殖民 / 冷戰效應下省籍問題的情緒結構」, 『文化研究月報』, 2001.6.

양전쟁을 포함할 수 있는지의 여부는 차치하더라도 여기에서 말하는 '본성인'과 '외성인'의 구분 범주는 지나치게 단순화된 것이다. '외성인' 집단 내에도 확연히 다른 역사 경험과 주체 구조가 있으며 '본성인' 집단에도 역시 전혀 다른 아이덴티티 체계가 있다.

타이완인의 복잡한 아이덴티티 체계와 관련하여 팡샤오첸은 『타이완민보』에 대한 연구를 통해 다음과 같이 지적했다. "일제강점기의 '우리'는 중화민족이고 또 한족이다. 또 경험적으로 동화되어 야마토 민족과 평등한 '우리'일 수도 있다." 팡샤오첸은 20년대를 예로 들면서 20년대에 식민지 민족주의가 타이완인, 한인漢人, 중국인, 일본인 등의 다른 주체에 유입되었다고 지적한다. 롄원칭連溫卿은 약소계급에 동정적인 사회주의자로 출발하였지만 최종적으로는 자유인 집단의 연합을 주장했다. 장웨이수이蔣渭水는 중국 한족의 계승자로부터 '타이완 원주민', '타이완인 전체'를 거쳐 최종적으로 피압박계급의 아이덴티티로 자리를 잡았다. 팡샤오첸은 "20년대 공적 영역에서 나타난 인민 담론은 유동적인 어투로 가득하며, 이것이 우리가 수용할 수밖에 없는 결론인 듯하다"'라고 본다.

20년대 타이완의 공적 토론장과 각종 문화운동은 팡샤오첸이 말한 것처럼 확실히 복잡하고 다양한 주체의 위치를 보여준다. 베네딕트 앤더슨은 타이완 강연에서 '일본의 타이완 식민통치 50년의 중요성을 지나치게 강조할 필요는 없다'고 말한 바 있다. 이에 대해 팡샤오첸은 '착오가 없는 견해'이므로 '받아들일 수 있다'고 했다. 그러나 그는 동시에 일제강점기 식민통치 경험이 여전히 주체의식을 구성하는 근본적이고 핵심적인 요소라고도 말했다.

'공적 토론장'의 엘리트적인 서술을 통해 타이완인의 아이덴티티 체계를 연구하려고 한다면, 주체 구조와 아이덴티티 체계의 복잡한 상태를 전반적으로 이해할 수 없다.[18] '공적 토론장'에 참여하지 않는 서민들이 연구대상에서 배제되며 연령 차이와 교육환경의 변화가 가져온 세대차이 역시 무시될 수밖에 없기 때문이다. 저우진보는 징병제도와 관련된 좌담회에서 20년대의 사람들은 '살을 베어내는 아픔 속에서 이른바 시대의 동향을 느꼈으며,' 이는 30, 40년대와 다르다고 말한다. 그는 또 당시 타이완 미래의 희망은 '일본인이 된' 젊은이들에게 달려 있었다고 말한다.[19] 여기서 세대차이가 야기한 커다란 세대 간 단절과 아이덴티티 전향을 알 수 있다.

그러나 더욱 근본적인 문제는 형식상의 교육체계와 근대적 규율 관리 체계를 통해서는 주체 구조와 아이덴티티 체계의 복잡한 스펙트럼을 충분하게 해석할 수 없다는 데 있다. 일제강점기 근대화 과정은 아이덴티티 형성의 내적 과정에 영향을 미쳤다. 특히 교육을 통해 형성된 정체성은 아동기로부터 시작되어 쉽게 흔들리지 않게 되었으며 감정적, 비이성적 측면과 연계되었다. 주체의 형성은 수용과 배제의 쌍방향적 효과를 포함할 수밖에 없다. 일본정신을 핵심으로 하는 일련의 가치체계의 방대한 규칙과 관리 메커니즘이 교육과 수신, 도덕, 법치, 효율 등과 같은 근대적 국민개념에 영향을 미친 것이라고 할 수 있다. 주체는 '동일한' 원칙에 순응하고 규칙체계에 복종하게

---

18 方孝謙,「一九二十年代殖民地台灣的民族認同政治」,『台灣社會研究季刊』第四十期, 2000.12, 1~46면.

19 「關於徵兵制」,『周金波集』, 台北 : 前衛出版社, 2002, 233~246면. 1943년 10월 17일 밤 쇼와昭和 탄광에서 진행된 징병제에 관한 이 좌담회는 나가사키 히로시長崎浩, 周金波, 陳火泉, 가미가와 키요시神川清 등이 참가했다. 이와 같은 아이덴티티 구조의 빠른 전이는 타이완에서 20세기 후반기 30년 동안 발생한 급속한 변화와 기본적으로 같다. 그러나 훨씬 격렬하고 전이의 폭도 컸다.

됨과 동시에 자연적으로 그 시스템에 속하지 않는 이물질을 배제하게 되었다. 이렇게 배제된 이물질은 주체의 부정적 상상의 기초가 되었다. 그 상상에는 남성 주체에 대한 정화, 완전성과 결핍, 불완전성이라는 대립적인 수사 등이 포함된다. '타이완에 대한 일본 식민통치 50년'의 효과는 롄원칭과 장웨이수이 등이 보여준 20년대 담론의 엇갈림과 같은 표면적인 것보다 더욱 깊고 모호한 형태로 확산되었다.

또 하나 주의해야 할 점은 일제강점기의 근대적 주체가 모더니즘과 모더니티 양자 사이에서 기이한 위치를 점하고 있었다는 점이다. 타루미 치에의 연구는[20] '타이완인이 어떻게 일본인이 될 것인가?'하는 것은 일제강점기 30~40년대 타이완문학에서 끊임없이 나타나는 주제라는 것에 주목한다. 그 밖에 타루미 치에는 저우진보가 초기에는 모더니즘으로부터 출발했지만 나중에는 모더니즘적 '형상과 일치하지 않는' 황민작가로 발전했음을 지적하고 있다. 모더니즘과 모더니티 사이에서 동요하는 갈등은 동시대의 다른 작가와 작품에서도 나타난다. 20~30년대의 타이완 작가 대부분은 일본 유학시기에 모더니즘 문학의 세례를 받았다. 하지만 현실 사회의 긴장과 압력에 직면하여 문자를 통해 인간 내면을 탐색하는 모더니즘을 버리고 직접적으로 현실을 해결하는 방법을 찾고자 했다.[21] 타루미 치에는 40년대 전쟁시기로 접어들면서 '근대화'와 '황민화-일본화' 사이의 관계가 더욱 밀접해졌다고 지적한다.

모더니즘과 모더니티 사이의 선택은 현실문제에 대한 실천과 시간적 유예 또는 해결 방안의 선택과 비선택의 문제를 부각시켰다. 이는

20 垂水千惠,『台灣的日本語文學』, 台北 : 前衛, 1998.

21 이와 같은 모더니즘으로부터 현실주의로의 전환은 중국에서도 유사한 과정을 찾을 수 있다.

주체가 처한 두 가지 어려움으로 모더니티에 대한 모더니즘의 저항과 모더니티의 실천 사이에 발생한 모순이었다. 모더니티의 구현을 선택한다면 선형線型 사유축의 진보와 낙후를 비교하게 되며 이로 인해 주체는 입장을 결정해야 하는 상황에 놓인다. 이와 같은 양자택일의 문제는 동시에 양자의 병존 가능성에 대한 거부이기도 했다.

'황민' 담론은 모더니티에 대한 선택과 이러한 모더니티 축선에서의 주체의 위치 선정 문제를 부각시켰다. 따라서 중요한 점은 어느 소설, 어느 작가가 '황민문학'이나 '황민문학작가'로 분류되는가에 있지 않다. 이것은 장르 구분의 문제가 아니다. '저항문학', '한간문학', 혹은 '일본의 식민지 군국주의 파시즘 이념에 대한 찬양'의 거부나 타협의 문제는 더더욱 아니다. '황민문제'가 밝히고 있는 것은 일제강점기 타이완인의 아이덴티티 상황과 주체의식의 복잡한 면모이다. 그리고 이러한 주체의 의식 상태는 태평양전쟁 발발 시에 시작된 것이 아니다. 식민지 정부의 근대화 관리는 이미 전면적으로 시행되고 있었다. 전쟁기간에는 그 주체의식의 극단적인 상태가 노출되었을 뿐이다.

그렇다면 '황민담론'을 통해 어떻게 당시 타이완인의 복잡한 아이덴티티 문제를 이해해야 하는가?[22] 이 주체 아이덴티티 메커니즘은 어떤 식으로 일상생활의 봉공수법奉公守法에서부터 가치판단의 측면

22 여기에서 논의하는 '황민서사'는 전체 타이완인의 주체의식 상황을 포괄하는 것은 아니다. 그러나 '황민담론' 혹은 '황민의식'은 계층적으로 위로는 지적 엘리트로부터 아래로는 서민에까지 확장되었다. 원인은 현대적 관리에 있는데, 학교교육에서부터 법치 개념까지 깊게 침투되었으며 서로 맞물려 있었기 때문이다. 40년대 작가들이 표현한 것은 단지 시대성을 갖춘 대표적인 징후적 현상일 뿐이었다. 그러나 이러한 주체의식 상태는 결코 40년대가 분수령이 아니었으며, 1895년에 시작되었다. 이때 식민지 정부는 교육제도와 전면적인 근대화 과정을 통해 다시 한 번 황민의식을 강화시켰다. 여기에서부터 이 문제에 대해 깊이 있게 논의할 것이다.

까지 침투하게 되었을까? 어떤 방식으로 그렇게 강렬하고 뿌리가 깊어졌으며, 자신의 초라한 면모를 부끄럽게 여기도록 만들었을까? 또 어떤 식으로 이물질 배제를 집행하는 위풍당당한 정의가 될 수 있었을까? 일신의 안위마저 돌보지 않는 격동적인 열정으로 출현할 수 있었던 이유가 무엇일까? 이처럼 자신으로부터 출발한 도덕적 원칙은 모더니티의 척도 위에 건설되었고 '마음'의 개조 과정으로 완성되었다. 이러한 '황민 주체'의 열정과 절박함을 마주하려면 30~40년대 타이완의 논술 맥락 특히, 이른바 '황민' 논술의 주관적 위치로 돌아갈 필요가 있다.

일제강점기 타이완문학작품을 읽다보면 상당히 주목을 끄는 부분이 있다. 타이완 남성에 대해 사내대장부답지 않으며 '불완전하다,'[23] '살아있는 송장', '추악하다',[24] '본도 사람은 사람이 아니다'[25] 등등의 개탄이 많이 나온다는 것이다. 이와 같은 불완전하고 더러우며 깨끗하지 않은 '나'라는 상태가 신체적 상상으로부터 문자화될 때 '형언할 수 없는 더러움', '썩어 빠진' 잇몸, '검고' '곪은' 입속, 더러운 피,[26] '심장의 곪은 종기에 기생하다',[27] '거리의 짓밟힌 작은 벌레', '구더기가 내 배와 가슴에 구멍을 뚫기를 기다리고 있다'[28]와 같은 감각적 이미지가 대량으로 출현한다.

이러한 불안전함과 불결함, 결핍된 신체적 상상과 함께 다음과 같

23 張文環, 「一群鴿子」, 『台灣時報』, 1942. 2, 104면. 일본어를 陳千武가 번역했다. 『張文環全集－隨筆集』 I, 102~105면에 수록.

24 龍瑛宗, 「植有木瓜樹的小鎮」, 『龍瑛宗集』, 台北 : 前衛, 1990, 48, 61면.

25 陳火泉, 「道」, 『台灣文藝』 第6卷 3號, 1943.7, 27면.

26 周金波, 「水癌」, 『周金波集』, 台北 : 前衛, 2002, 5~6면, 12면.

27 陳火泉, 「道」, 34면.

28 龍瑛宗, 「植有木瓜樹的小鎮」, 70면.

은 표현도 많이 보게 된다.

피를 '깨끗하게 씻고',[29] 정신으로 혈연을 극복하며 섬사람의 의식 정화가 시급함을 드높이자. 지원병에 참여함으로써 '완전한 사람'과 '정정당당한 사내'가 되는 감격을 맛보자.[30] '오랜 고독의 껍질'이 만들어낸 폐쇄적이고 몽매한 암흑의 상태를 털어버리는 기쁨,[31] '두 가지 피의 흐름이 하나가 되어 흐르며',[32] '자동적으로 전장에 뛰어드는 열정으로' '남자가 되고자 하는 의욕'을[33] 충분히 표현하는 신성하고 고양된 정신에 참여하자.

29 周金波, 「水癌」, 12면.

30 張文環, 「不沈沒的航空母艦台灣」, 『台灣公論』, 1943. 7, 158면. 『張文環全集－隨筆集』 I, 157~159면에 수록.
징병제도의 선포 후 타이완인 대다수가 감격했으며 기쁨을 표현했다. 장원환이 그 한 예이다. 1943년 5월 해군 지원병제도가 공포된 후 장원환은 바로 그 다음날 기자회견에서 지원병제도 실시의 '의의가 크다'고 말했다. 이유는 다음 세 가지였다. ① 진정으로 시의에 어울리는 현명한 판단이다. ② 본도인의 정신을 신속하게 드높일 수 있다. ③ 八紘一宇의 정신을 타이완에서 구체화시킴으로써 동아시아의 공영이 남방권에서 한층 더 확실하게 공고해질 것이다. 이 세 가지 기쁨이 '직접적으로 우리 젊은이들의 마음속으로 흘러가는 것은 정말 감격스러운 일이다' '육군 지원병제도가 실시된다면 어느 누구를 막론하고 완전한 인간이 될 수 있음에 기뻐할 것이다.'(「三種喜悅－張文環氏談」, 『張文環全集－隨筆集』 I, 67면・158면) 초기 일제강점기 타이완문학 연구자들은 장원환에 대한 완전한 자료를 갖고 있지 못했기 때문에 장원환의 글이 '간접적으로 황민화운동의 부당함을 암시하고 있다'고 보았다. 연구자들은 '마치 안개 속에서 물건을 찾듯이 조심스럽게 생각하고 마음으로 체득해야 비로소 그 의미를 알 수 있었다.'(許俊雅, 『日據時期台灣小說研究』, 台北 : 文史哲出版, 1994, 257면) 이와 같은 일제강점기의 타이완문학에서 직간접적으로 저항과 폭로를 찾으려는 시도는 도리어 연구자로 하여금 시대적 분위기의 전반적인 구조를 간과하게 만들었다.

31 周金波, 「水癌」, 281면.

32 張文環, 「燃燒的力量」. 원래 『新建設』(1943.10)에 실렸으며, 천첸우가 번역했다. 『張文環全集－隨筆集 I』, 台中 : 台中縣立文化中心, 2003, 173~183면에 수록됨. 혈연적 전통을 극복하기 위해 정신적 신앙이 핵심적인 지주가 되었다. 이러한 지주는 섬사람과 내지인의 유대를 강화시켰다. "지원병제도의 선포는 상황을 일변시켰다. 모두의 표정이 밝아졌고, 말이 많아졌으며 진실한 성정을 노출하게 되었다. 우리는 편안하게 상대적으로 '긴밀'해졌다."(周金波, 「水癌」, 281면)

33 張文環, 「一群鴿子」, 103면.

이처럼 완전하고 정당한 '남성'에게 부여된 특별한 열정이 피의 정화, 의식의 정화, 피의 융합 등과 같은 현실 초월적이고 존재의 실질을 감안하지 않은 상상 속에 구축되었다. 이 열정은 그 안에 깃든 낭만적이고 깊은 자기 투사를 회피할 수 없다. 그러나 이러한 정화와 완전함이라는 낭만적이고 깊은 자기 반영이 황민담론의 근본이다.[34]

때문에 또 다른 각도에서 본다면 '황민'담론은 본도인을 결핍에서 완전함으로,[35] 불순함에서 '정화'로, '아니다'에서 '이다'로, '다름'에서 '같음'으로 이르게 하는 논증 과정이라고 말할 수 있다. 또 이 논증 과정이 해결하고자 했던 핵심적인 문제는 일본인과 혈연이 다른 타이완 '본도인'이 어떤 방식으로 '일본인' 혹은 '황민'이 될 수 있을 것인가 하는 점이다.

주체는 어떤 방식으로써 하나의 상징체계에서 특정한 위치를(로) '차지하는가 / 귀속되는가?' 하이데거가 「동일률同一律」에서 분석한

34 파시즘의 낭만적이고 관념론적인 성격은 30년대 이래 서방학계에서 오랫동안 반성되고 비판되었다. 예를 들어 발터 벤야민과 테오도르 아도르노, 게오르그 바따이유, 20세기 중후기의 수잔 손탁, 앤드류 휴이트, 장 뤽 낭시, 나쿠-라바르트Lacoue-Labarthe 등이 있다. 필자는 「현대화와 국가 형식－중국의 진보적 간행물의 삽도에 나타난 시각적 모순과 문화시스템 번역의 문제現代化與國家形式化－中國進步刊物插圖的視覺矛盾與文化系統飜譯的問題」(『近代中國的視覺表述與文化構圖, 一六00迄今』, 中研院近史所, 2002)와 「30년대 중국 문화담론의 파시스트적 망상과 억압－몇 가지 텍스트의 징후적 현상으로부터三十年代中國文化論述中的法西斯妄想以及壓抑－從幾個文本徵狀談起」(『中國文哲研究集刊』 16期, 台北 : 中研院文哲所, 2000, 95～149면)라는 두 편의 글에서 깊이 있게 논의했다. 아시아 파시즘의 '낭만적이고 유심적인' 면모가 어떻게 타이완에서 홍성한 일본 파시즘의 맥락과 연관되고 전개되었는가 하는 점은 본고가 논의하려는 핵심문제이다.

35 류수친은 장원환의 지원병에 대한 서술이 "영웅적인 특징과 남성의 부활을 강조한다. 음으로부터 양을 회복하고, 남성을 결핍으로부터 완전함으로 나아가게 하는데, 이 역시 신분 동원의 한 책략이다"라고 지적한다.(柳書琴, 「殖民地文化運動與皇民化－張文環的文化觀」, 『殖民地經驗與台灣文學』, 江自得 主編, 台北 : 遠流, 2000, 1～43면) 이는 의미 있는 지적이지만 '身分動員'이 함유하고 있는 의의가 그 부분에서 서술하고 있는 문제를 지나치게 앞서가고 있다. 본고의 주요한 의도는 타이완인의 주체성이 어떻게 동원되었으며, 어떠한 주체가 부름을 받고 환기되었는가 하는 점을 깊이 있게 사고하는 데 있다.

것처럼 우리가 'A는 A이다'라고 말할 때 A는 이미 A 자체가 아니다. A와 A가 동등함을 증명하기 위해서는 '사상'의 개입이 요구된다. 그래서 파르메니데스는 '사상과 존재는 같은 것'이며 존재가 모두가 인정하는 통일적 질서 안으로 귀납되거나 귀속될 때 사상의 중개를 통할 필요가 있다고 말한다. 주체는 어떤 식으로 귀속되고 이 상징체계의 통일성은 어떤 식으로 소환되는가?

하이데거에 따르면 이러한 귀속은 일종의 도약이 필요하다. '다리가 없는 상태에서 갑자기 그와 같은 귀속으로 던져지며', 사람과 존재가 병존하면서 모종의 본질적 상태로 도약하게 된다는 것이다. 하이데거가 말했듯이 사람들이 지향하는 '구조座架, Gestell; Frame, rack'는 사람들을 향해 '호소'한다. 그리고 역사적 · 자연적 존재를 포괄하는 포괄적 시대는 이 '호소 가운데' 놓여 있어서 사람들은 곳곳에서 집단적 틀을 '찾도록 강요당한다.' 때로는 유희적으로, 때로는 억압적으로, 때로는 내몰리면서, 때로는 추동되어서 집단적 틀에 순응하게 되며 또한 '모든 규획과 계산에 힘을 쏟게 된다.'[36]

여기서 '동일성'과 '집단적 틀'에 대한 하이데거의 논점은 그가 주체의 위치가 구축되고 바뀌게 되는 현상에 주의를 기울였음을 보여준다. 그는 언어와 시대가 만들어낸 틀이 주체를 주조하여 주체로 하여금 '도약하여' '집단적 틀'로 들어가게 한다고 한다. 그 다음 주체의 의지에 따라 집단적 틀이 만들어낸 모든 규획과 계산이 집행된다고 지적한다. 이러한 이해에서 출발하여 타이완인의 아이덴티티 인식을 사고하면 다음과 같은 점에 주목하게 될 것이다. 타이완인이 '황

---

36 Heidegger, Martin, 孫周興 選編, 「同一律」, 『海德格爾選集』, 上海 : 三聯書店, 1996, 647~660면.

민' 아이덴티티로 향하고자 했을 때, '같음'은 두 사물의 자연적 동등함 혹은 동일한 기원 위에 세워지지 않았다. 때문에 사상과 정신의 도약을 통해 동등함에 이를 필요가 있었다. 이것이 바로 '마음 개조' 프로젝트가 요구된 이유이다.

어디로 도약할 것인가? '마음'을 어떤 방식으로 개조할 것인가? 이것이 황민담론을 이해하기 위한 첫 번째 질문이다. 이는 아이덴티티의 심층 구조와 관련된 통로를 제시해줄 것이다.

3. '마음의 개조'—황민 교화와 훈계

황민담론이 강조하고 있는 정신 고양과 그 가운데 언급되고 있는 교화의 규율로부터 논의를 시작해보자. '황민화' 정책의 역사적 의미는 전쟁기간에 진행된 더욱 철저한 동화 정책이었으며, '황국이 소유하고 있는 황토皇土의 인민에게서 추동되었다'고 할 수 있다. 1934년의 '타이완사회 교화협의회台灣社會教化協議會'의 교화 요강에는 '황국정신'과 '국민의식' 강화를 위한 몇 가지 항목의 지도 정신이 제시되어 있다. 예를 들어 다음과 같은 것이다. "황국 국체의 정화精華를 확인한다. 황국 역사 중의 국민정신을 깨닫는다. 신사참배의 본의를 깨닫는다. 국어를 상용어로 보급한다. 충군과 애국심을 발양한다. 황국 기원紀元을 사용한다."[37] 총독을 맡은 고바야시小林가 1936년에 반포한 법령은 '황민화 · 공업화 · 남진기지화'라는 세 가지 통치 원칙을 제시했다. 이를 통해 '황국정신'의 관철을 더욱 철저히 진행하고, '제국 신민의 소양'을 배양할 것을 강조했다.[38] 이는 타이완을 대동아 공영권의 남진기지로 만들려는 기도였다.

교육은 황민화 프로젝트의 철저한 수행을 위한 가장 기본적인 통로였다. 1937년 문부성은 『국체의 본의國體之本義』라는 소책자를 편찬하여 전국의 학교와 교화 단체에 배부했다. 책자는 '오랫동안 이어져온 천황을 중심으로 한 커다란 가족국가'가 일본의 국체임을 분명히 하면서 '군신일체'를 강조했다. 1941년의 문부성령 제4호 '국민학교 실시규칙' 제 1조 규정은 '교육칙어敎育敕語'의 뜻을 받들어 전면적으로 '황국의 도를 수련하며' '국체'에 대한 신념을 강화하자는 것이었다.[39] 이 교육령에 근거하여 개정된 초등교육제도하의 교재 편찬에 다음과 같은 원칙이 강조되었다. 성실, 근검, 순종, 규율 등을 중시하는 '수신' 교과서를 제외한 모든 학년의 교과서에 '천황폐하', '황후폐하', '나의 황실', '타이완신사', '진지한 국어 학습', '국기國旗' 등의 내용이 있어야 한다는 것이었다. 이러한 과목에는 '천황폐하가 일본을 다스리며 우리들 신하를 그의 아이-적자赤子처럼 아낀다'는 문장이 들어 있었다. 또 반복적으로 일본이 세계에서 가장 아름답고 좋은 나라라고 말하고 있다. 그리고 본도인을 '지나'와 대비시키고자 했으며 모든 아이들은 자라서 병사가 되어 천황에게 충성을 다할 수 있기를 희망하도록 하고 있다.[40]

---

37 井野川伸一, 『日本天皇制與台灣'皇民化'』, 台灣大學政治學硏究所碩士論文, 1990, 89면; 許極燉, 앞의 책, 421~430면 참고.

38 고바야시가 지방관으로 있을 때의 강연에서 한 말. 井野川伸一, 위의 책, 70면 참고.

39 杜武志, 「教育勅語與教育體制」, 『日治時期的殖民教育』, 台北 : 台北縣立文化中心, 1997, 33면.

40 위의 글, 78 · 80 · 88면 참고.

새로운 국가는 새로운 질서와 문화를 필요로 한다. 이와 같은 새로운 질서와 문화에 대한 요구는 황민담론에서 아주 절박하다. 장원환은 이러한 요구를 대중에게 호소한 인물 가운데 한 명이다. 그는 문화가 국가의 기초이며 문학운동이 국가적 역량이 될 수 있다고 보았다. 문화가 없는 곳에 '국가적 사상'이 있을 수 없다. 따라서 그는 타이완의 '신문화'를 건설하기 위해서 '섬사람의 사상을 국가적인 관점으로 바꿔야 한다'고 강조했다.[41] 장원환에게 타이완 문화는 일본 내지의 '줄기에서 뻗어 나온 타이완 가지'였다. 이때 타이완 지방 '문화의 임무'가 중대하기 때문에 적극적으로 '문화정책'을 강조해야 했다.[42]

신문화와 구문화의 차이는 황민화 담론에서 구체화되었으며 신성과 저속의 차이 위에 구축되었다. 장원환은 대도정大稻埕 영화관에서 어른이나 아이 모두 영화를 보며 음식을 먹거나 해바라기 씨를 까먹는 것이 황민정신에 전혀 어울리지 않는다고 비판했다. "섬의 수도島都(타이베이를 지칭)에 사는 사람으로서 이러한 일에 대해 수치심을 느끼지 않는가?"[43] 극장에서 황민화극을 볼 때 관객의 태도를 반성해야

41 「台灣文學的自我批判」은 원래 『신문화』 8월호(1943.08.16)에 일본어로 실렸으며, 陳千武가 번역했다. 『張文環全集－隨筆集』 I(69～70면)에 수록. 장원환이 말한 '국민정신의식'은 구마모토 시게키치隈本繁吉의 글에 쓰였었다. 그는 1915년에 '타이완인이 평등해지려면, '형식적으로 내지인과 같은 생활을 하는' 것을 제외하고, 또 모국인 국민 신분으로서 일본인과 동일한 국민정신을 갖추어야 한다'고 말했다(陳培豐, 「走ㄙ一視同仁的日本民族之'道'－'同化'政策脈絡中皇民文学的界線」, 『台湾文学史書寫國際学術研討會論文集』, 台南 : 成功大学, 2002, 8면에서 인용).

42 「我的文學心思」. 원래 『興南新聞』(1941.08)에 일본어로 실렸으며, 陳千武가 번역했다. 『張文環全集－隨筆集』 I(165면)에 수록.

43 근대화의 원칙하에서 타이완인이 문화적 차이를 자각하고 수치심을 느꼈다는 것은 매우 보편적인 현상이다. 陳虛谷, 蔡秋桐, 朱點人, 巫永福 등 작가의 필치에서 이러한 모순 심리로 가득한 타이완인을 볼 수 있다. 룽잉쭝의 「植有木瓜樹的小鎮」에서 陳有三은 본도인에 대해 '비루하고 교양이 없으며 저속하고 지저분하다'는 경멸감을 가지고 있다. 王昶雄의 「급류奔流」에는 일본정신을 흠모하고 자신의 모친을 비루하게 여기는 이토伊東가 있으며, 저우진보의 「지원병」에 나오는 인물 밍궤이明貴는 일본에서 귀향한 후 타이완 문화가 교양이 부족하

한다는 것이었다. 따라서 그는 '형식만 따를 뿐 정신생활은 변화시킬 수 없다는 논리를 거부할' 것을 요구했다. 이러한 구분의 논리에 따라 장원환은 수차례 타이베이의 감각적 '불일치', '사회 내부적 모순의 표출'과 '저속함'에 대해 비판했다. 그리고 타이베이의 예단藝旦(기생에 해당)과 공창公娼 및 사창私娼은 '외진 곳'에 모아 영업하게 해야 한다고 보았다.[44] 황민담론이 일본정신에서 모더니티에 대한 서사로 변이되었으며 도시공간에 대한 공사 구분의 준칙과 자발적 규율이 된 것이다.

이와 같은 '황민화' 담론은 전쟁이 개시된 1937년에 시작된 것은 아니다. 초대 타이완 총독인 카바야마樺山의 시정 방침에 '타이완은 비록 제국의 새로운 영토이지만 아직 천황의 은혜를 받지 못한 땅'이라는 언급이 있다. 고토 신페이後藤新平도 "성격이 다른 인민을 국어로 동화시키는 것은 아주 어려운 일이다. 그러나 타이완을 동화시키고 타이완인을 우리 황실의 백성으로 삼으며 그 은혜를 받게 하는 것에는 반대할 사람이 없다"고 말했다. 1895년에서 1898년 사이에 타이완 총독부 학무주임을 맡은 이자와 슈지伊澤修二는 통치 초기부터 분명하게 '국어'를 중심으로 한 교육을 천명하며 '본도인의 정신생활을 모국인 속으로 녹아들게' 하려고 했다.[45] 이러한 동화정책을 구체적으로 집행하기 위해 국어교육과 수신修身과정 이외에 매일 더욱 의식화된 형식으로 '교육칙어'에 대해 최상의 예를 표하게 했다. 학생들에게 이를 외우고 쓰게 하였으며 천황의 신성함과 충군애국의 중요

고 낙후되었다며 멸시한다. 이러한 것들은 더욱 구체적인 예가 된다.

44 「大稻埕雜感」. 원래 『台灣日日新聞』(1938.12.25~27)에 일본어로 실렸으며 陳千武가 번역했다. 『張文環全集－隨筆集』 I(21~26면)에 수록.

45 杜武志, 앞의 글, 10~17면 참고.

성을 강조했다.

특정한 역사, 문화 맥락에서 발생한 사회 관리기술이 어떤 방식으로 '주체'의 구성을 이끄는지 볼 수 있다. 장기간의 학습과 암기, 교양을 통해 주체는 황민화의 규훈에 복종하게 되고 자신을 변화시킨다. 또 자신의 생활과 생명을 통해 황도皇道 정신의 아름다움과 고귀함, 완벽함을 모범적으로 구현해낸다. 역사 속에서 주체는 문장에서 주어의 위치를 점하고 있는 주체subject처럼, 주동적으로 자신에게 주어진 역할을 집행한다. 따라서 역사과정의 특정한 권력관계와 규훈의 조작하에 만들어진 주체가 점유하고 있는 것은 이미 결정된 종속 관계의 신민subject이다.

이처럼 주체 구조는 푸코가 말하는 '주체화의 과정The process of subjectification'을 거쳐 역사 속에서 완성된다. 푸코에게 이른바 '주체'의 욕망과 윤리의 관계는 권력 메커니즘의 관리 체계 위에 세워진다. 푸코는 『쾌락의 활용*The Use of Pleasure*』에서 '개체가 자신과 타인의 욕망으로 향하게 되는 방식'과 이러한 욕망이 번역되고 제어되며 주조되는 방식을 고찰했다.[46] 나아가 그는 한 사람의 '윤리 주체ethical subject'가 자신의 도덕적 행위규범을 만들어내는 방식, 충성심을 통해 금령과 책임을 수행하는 방식, 규범에 복종하고 욕망의 충동을 제어하는 방식 등을 논하고 있다. 이러한 윤리적 지향은 개체와 '자아관계의 형식The forms of relations with the self'을 연루시키는데, 이것이 푸코가 말하는 '복종의 양식The mode of subjection'이다. 이러한 복종은 어떤 정신적 전통의 수호나 부흥을 실천하거나, 자신의 생활을 통해 특정한 규범의 아름다움을 모

46 Foucault, Michel, "Introduction to 'The Use of Pleasure'", Trans. Robert Hurley, *The Use of Pleasure-The History of Sexualty* Vol.2, New York : Pantheon Books, 1986, pp.1~32.

범적으로 구현해낸다. 심지어 오랜 학습과 암기를 수행하면서까지 기율에 복종하고 즐거움을 버리며 나쁜 행위를 공격하기도 한다.[47] 『자아의 기술*Technologies of the Self*』에서 푸코는 '자아의 기술'이 자아관리 기술 가운데 가장 중요하다고 말한다. 자아의 기술이 개체로 하여금 자신의 능력이나 타인의 협조를 통해 자신의 신체, 정신, 행동양식을 통제하게 하고 자신을 변화시킴으로써 즐거움, 순결함, 지혜, 만족의 상태에 이르게 한다는 것이다.[48]

이러한 '즐거움, 순결함, 지혜, 만족의 상태'가 '주체 / 종속'을 만들어내는 규훈적 관리 질서와 연계된다. 같은 방식으로 '일본정신' 역시 타이완인의 '신인일치神人一致'라는 완벽한 정신 상태를 보장하게 된다.[49] 이러한 '주체화 과정'은 황민 주체를 근대국가에 안착시키며, 유기적 구성 모드를 통해 주체를 황국 국체라는 몸통의 사지가 되도록 한다. 그리고 이러한 '수신'과 국가주의의 병합 담론이 알튀세가 강조한 이데올로기 국가기구가 소환한 주체의 조작이다. 알튀세는 이데올로기가 국가 기구를 통해 주체의 가치 표준과 행위 척도를 규범 짓는다고 한다. 주체는 자발적이고 자유롭게 복종의 계율을 수용하고 그러한 수용을 통해 비로소 완성된다. 주체는 주체로서 정립되기 전에 이 이데올로기의 소환을 '식별하며', 대주체에 의해 식별된다. 따라서 대주체의 존재는 소주체의 출현에 앞선다. 소주체는 우선 '유일하고' '절대적이며' '타자'인 대주체를 발견하고 나서야 자신의 위치를 정립

47 ibid., p.27.

48 Foucault, Michel, "Technologies of the Slef", Eds. Luther H. Martin, Huck Gutman, Patrick H. Hutton, *Technologies of the Self-A Seminar with Michel Foucault*, London : Tavistock Publications, 1988, pp.16~49.

49 저우진보의 「지원병」 속 明貴와 高進六의 논쟁을 예로 들 수 있다.

할 수 있으며, '도'의 '구체적인 일부분'이 될 수 있다.[50] 이러한 유기적인 조직과 기계적 개념을 통해 주체와 황국은 하나로 결합될 수 있다.

알튀세와 푸코가 논의한 주체는 타이완 '본도인으로서의 나(내)'가 '황국체' 아이덴티티와 '합일'되는 과정을 설명해준다. 이 '합일'은 황민 주체가 되고자 하는 욕망의 기초이다. 이와 같은 '자신의 자리 찾기'는 '도 / 황도'와 '신체 / 국체'의 은유 구조 속에서 실행된다. 자리 찾기의 욕망은 주체로 하여금 지속적으로 목표를 향해 매진하게 하고 엄격하게 수신의 기율을 집행함으로써 황민정신을 양성하게 한다. 나아가 쾌락을 버리면서까지 자신의 신체와 영혼을 바꾸고 순결함, 완벽함, 불후의 상태에 이르게 한다.

그러나 '자신 바꾸기'와 국체와의 '합일'은 모두 은유적 체계이다. 이러한 소환과 합일은 주체에게서 어떤 방식으로 발생하는가? 어떠한 심리적 메커니즘과 무의식적 동력, 그리고 '유순한 신체' 이외의 경험을 끌어들여야 하는가?[51] 일본이 타이완의 식민지배 시기에 진행한 규훈적 관리와 그 관리 과정이 만들어낸 국민의식과 신분 인식에 대해 논의하고자 한다면, 역사와 연계된 총체적 구조도를 그릴 필

---

50 Louis Althusser, "Ideology and Ideological State Apparatuses", Jessica Evans & Stuart Hall eds., *Visual Culture-the reader*, London, Thousand Oaks, New Delhi : SAGE Publications, 1999, pp.321~322.

51 스튜어트 홀은 푸코의 견해로는 신체의 '물질적 잉여'와 신체가 의미부호가 되는 현상을 충분히 설명할 수 없다고 본다. 홀은 마르크스, 알튀세, 푸코는 줄곧 개체가 소환되고 논의되는 구조적 위치를 해석할 수 없었으며, 주체가 구성되는 방식을 해석할 수 없었다고 본다. 비록 후기의 푸코가 자아규범과 자아체계의 자아기술에 대해 언급하기는 했지만, 스튜어트 홀은 여전히 자아 인식의(혹은 비인식) 소환 메커니즘의 무의식적 차원에 대해서는 논의되지 않았다는 점에 주목한다. 스튜어트 홀은 지식권력에 대한 푸코의 비판이 그로 하여금 정신분석으로 나아가지 못하게 했으며, 이로 인해 무의식에 대한 토론으로 나아갈 방법이 없었다고 말한다. Stuart Hall, "Who needs 'identity?'", Ed. Stuart Hall and Pall du Gay, *Question of Cultural Identity*, London : Sage, 1996, pp.1~18.

요가 있다. 일본의 사상사, 정치사, 근대화 과정, 천황체제의 형성, 타이완 교육제도 연혁, 타이완 총독부의 문화정책, 황민봉공회의 동원과정, 전쟁문학의 각종 활동 등과 같은 축적할 수 있는 자료를 다른 각도와 각기 다른 영역에서 무한히 확대하여 수집하면 서로 연계되고 객관적인 아시아 전체 역사를 세울 수 있다.

그러나 이러한 역사적 사실과 사회적 사실은 주체의 절박한 격정을 설명할 수 없다. 아이덴티티 메커니즘은 종교적 광풍에 가까운 절박함과 그 속의 무의식적 동력을 끌어들인다. 그 내부로 들어가려면 우리는 황민담론의 '정신적 현실'과 마주해야 한다. 여기에는 종교적 열정의 관념론적인 정신 에너지와 '우리'에게 속하지 않는 것을 없애고자 하는 무의식의 격렬한 폭력이 뒤섞여 있다. 뒤이어 여기에서 제기한 종교적 열정과 신비롭고 관념론적인 것의 흡인력에 대해 계속 논의할 것이다. 그에 앞서 이 신성담론의 조작기술을 처리해야 한다. 바로 '국어'의 문제이다.

황민담론의 맥락에서 '마음의 개조'는 핵심적인 단계이며 '국어 순화'는 필수적인 과정이다. 나가사키 히로시長崎浩는 '국어는 일본정신의 피로, 반드시 국어를 보급하고 순화해야 한다[52]고 말한다.[53] 천훠취안의 「길」은 복장, 주거배치, 종교의식, 다도, 화도花道, 검도 등 일본의 생활 패턴을 전면적으로 실행할 것을 주장했다. 그리고 구현되고 있는 '일본정신'이 여전히 충분하지 않다고 강조했다. 그중 '일본인의 생활 패턴을 계승하는' 것과 '국어'의 철저한 내면화가 더욱

52 『周金波集』, 台北, 前衛, 2002, 239～240면.

53 1943년 10월 17일의 나가사키 히로시長崎浩, 저우진보, 천훠취안, 가미가와 키요시神川淸 4인의 「징병제에 대해 關於徵兵制」라는 논단의 대화에서.

중요했다. 왕창슝의 「급류」에 등장하는 국어교사 이토伊東는 언어는 물론 행동도 완전히 일본인으로 변했다. 말투 역시 일본인인지 타이완인인지 식별할 수 없을 정도이다. 그래서 소위 '철저한 내면화'는 '국어로 생각하고 말하며 쓰는 것'이며 이를 통해 '국민으로서의 자신'을 실현할 수 있고 '국민 생명의 생장과 발전'을 기대할 수 있다.[54]

당시 보편적으로 국어가 '정신의 피'라고 인식되었다. 천페이펑의 연구는[55] 1941년 타이난사범대학교 국민학교연구회가 만든 『국민과 국어國民科國語』라는 논문집에 대량으로 '야마모토 정신', '조상', '일본인의 피와 살', '국민은 한 몸이다', '일본어를 사용한 후에 우리는 진정으로 일본인이 되었다' 등의 수사가 나타나고 있음을 지적하고 있다.[56] 그러나 국어의 보급과 국어의 정신화 문제는 전쟁기간에 시작된 것이 아니었다. 1927년의 『타이완교육』에 실린 「국어 보급 문제」라는 글에서 스즈키 토시노부鈴木利信는 '국어의 역량은 민족의 역량이다. 국어는 이민족 교화의 유일하고 가장 좋은 무기이다', 만약 국어를 자주 사용하지 않는다면 '국어는 영원히 자신의 피와 살이 될 수 없고 그 피와 살은 줄곧 불완전한 상태에 처하게 될 것이다'라고 했다. 타이완교육회 회원인 리빙난李炳楠은 1931년에 「국어 보급 문제와 관련하여就有關國語普及問題」라는 글에서 국어란 '같은 국민들이 소유하고 있는 것', '국민의 피와 살', '국민정신의 상징'이라고 했다. 천페이펑도 국어가 '정신의 피와 살', '국체의 표식'이라고 보았는

54 陳火泉, 「道」, 33면.

55 陳培豊, 「走向一視同仁的日本民族之'道'－'同化'政策脈絡中皇民文學的界線」, 『台灣文學史敍事國際學術研討會』, 台北 : 成功大學, 2002, 미출판 논문.

56 천페이펑의 「누구나 차별 없이 대하는 일본민족의 '도'로 나아가다－'동화'정책 맥락중의 황민문학의 경계走向一視同仁的日本民族之'道'－'同化'政策脈絡中皇民文學的界線」라는 논의에 보인다.

데 이는 우에다 카즈토시上田萬年가 1894년에 제기한 것이다. 우에다 카즈토시는 '국어, 국민, 민족'의 삼위일체라는 국어 사상을 구축하여 일본의 국어를 야마토 민족 '공동체 의식의 통합적인 상징'으로 만들었다. 이처럼 국어와 관련된 것은 '정신적 피와 살'의 관념으로 일제 강점기의 교육 담론과 인민 의식 차원에서 보편적으로 나타났다.

따라서 '국어'는 원래 기술적인 문제였지만 '정련'과 '순화'의 담론에서 강조된 '국어운동'은 관념론적인 원칙으로 진화했다. 이러한 수사의 배후에 국어가 본래의 사용가치를 넘어 정신적 의의를 부여받게 되었음에 주의해야 한다. 즉 국어운동 담론이 조작한 것은 국어의 기호적 의의에 이데올로기의 구조를 끌어들였다는 것이다. 여기에서 논의하고 있는 이데올로기의 속성은 신학에서 말하는 삼위일체의 신성담론을 내포하고 있다. 민족 / 천황 / 국가는 마치 성부聖父와 같은 지위를 가진 것이 되었고 국어는 성령이 되었으며 각 개체는 국어를 통해 정신적 혈액을 얻을 수 있다. 이렇게 하여 성령을 가지면 국민이 되고 일본민족의 신성체에 참여할 수 있는 것이다.

이러한 신학적 수사에서 더욱 주의해야 할 점은 신성담론을 구축한 동일화의 대상이다. 우에다 카즈토시가 말한 '공동체 의식'이 이에 해당한다. 이 동일화의 대상은 신성화되었다는 점에서 비실질적인 정신적 건축물이다. 그렇기 때문에 한계가 없으며 더욱 이상적이고 무한하게 확대될 수 있었다. 동시에 그 대상의 무한성과 절대성으로 인해 그 대상은 고정화되었으며, 변화와 생성의 이질적인 성분을 허용하지 않게 되었다.

이와 같은 정신적 구성이 드러내는 것은 정신적 상승, 즉 천훠취안이 「길」에서 말한 '신앙'의 문제이다. 천훠취안은 이 신앙을 '신의 세계'로 들어가는 일종의 '비약'이라고 말한다. 이 신앙의 신자는 '일본 신화를 믿고 아마테라스 오미카미天照大神에게 제사를 지내며 천황에게 헌신하고 귀의한다.' 그리고 이러한 신앙은 '자아의 소멸'을 요구한다. '인간 세상의 모든 것을 포기하고 신의 세계로 비약한다.' 이 비약은 '시간을 필요로 하지 않는다.' 과거의 것을 현재의 수중으로 들여와 그것들을 무시간적인 것으로 변화시키면 주체는 곧바로 황민이 될 수 있다. 천훠취안은 계속해서 '하늘의 이치를 깨닫는다念通天'는 원칙 아래 '정신적 계보를 통해 천부적 정신, 즉 야마토 정신과 교류하라'고 말한다. 이 정신적 계보라는 말은 혈연적 계보의 한계를 초월한다. 그러한 비약과 신앙이 요구하는 것은 '성심성의', 즉 '마음'의 문제이다. 여기에서 일본정신과 황민정신의 관념론적이고 신비한 면모가 드러나게 된다.[57]

이와 같이 민족 / 천황 / 국가와 '공동체 의식' 사이에 성립된 등식은 '신앙'과 '마음', '정신적 계보'에 대한 작업을 통해 만들어진 것이며, 일종의 신성 담론의 면모를 지닌 국가신화이다. 천훠취안의 「길」 역시 타이완의 황민운동이 '새로운 국가'와 '새로운 신화'를 향해 매진한 것이며, 참전은 필수적인 노정이었다고 지적한다.

> 오늘, 남방에서 새로운 '국가'가 만들어졌으며 새로운 '신화'가 전해 내려오고 있다. 이 때, 우리들 육백만 타이완섬 사람 전부가 '황군'이 되지 않으면 우리는 언제 '황민'이 되어 구제될 수 있겠는가? 바로 지금 천황을 위해 목숨을 바치자. 바로 지금이다.

57 여기에서 우리는 다시 한 번 고바야시 요시노리小林善紀가 어떤 방식으로 일본과 타이완 30, 40년대의 서사를 그의 『台灣論』에서 부활시키고 있는가를 보게 된다.

목숨을 바치는 것이 구원의 시작이다. 목숨을 바치는 것은 자신을 희생하여 황민이 되는 기회이기 때문이다.

희생은 생명을 바치는 것 이외에도 자신 내부의 불결한 마음을 깨끗이 함으로써 국가 신화의 논리를 증명하는 것으로 이루어진다. 따라서 대동아공영권은 '마음'의 정화를 통해 '일본정신'을 얻고, '새로운 국가'를 건설하며, 오랑캐를 없애는 성전聖戰이 된다. 그러나 이는 다른 민족을 없애는 것만이 아니라 자기 내부의 '오랑캐 심리'마저 없애는 것이다. "오랑캐를 토벌하고 물리치며 없애는 것을 멈춰서는 안 된다. 이러한 정신, 그렇다! 당대 천황을 위해 오랑캐를 물리치고 오랑캐의 정신을 씻어내는 것이 바로 일본정신이다." 장원환은 '황민을 키우는' 군사훈련이나 수련 활동이 여과기처럼 섬사람의 의식을 '깨우고 정화시킬' 수 있다고 말한다. '깔때기처럼, 깔때기를 통해 정화된 후 깨끗한 물이 되는 것처럼', 그렇게 '혼탁한' 물이 여기에서 '끊기고' '깨끗한 물'이 된다.[58] '끊김'이 자신을 바꾸는 필수적인 행위가 되고, '깨끗함'은 자아의 이상적 형식이 된다.

이렇게 하이데거가 말한 집단적 틀로의 도약, 알튀세가 말한 '도道'가 되는 '신체의 일부분', 푸코가 말한 '자신을 변모시켜 즐거움, 순결함, 지혜, 완벽함, 불후의 상태에 이른다'는 견해는 황민담론에서 모두 '마음'의 개조로 응집되었다. 오랑캐의 마음을 씻어내고 과거의 '혼탁한' 나를 '끊어냄으로써' 신성의 세계에 들어가고 국가 신화를 완성하게 되었다.

58 『燃燒的力量』. 원래 『新建設』(1943.10)에 실렸으며 陳千武가 번역했다. 『張文環全集—隨筆集』 I, 176면에 수록.

4. 황민화 신성담론 속의 공과 사, 청결과 배제

국가통치권의 신성화 담론이 유발한 마음의 개조와 희생은 나와 타자의 구분, 다시 말해 공과 사의 구분을 가져왔다. 따라서 황민화 담론은 자신의 개조를 통해 상승의 힘에 이를 것을 요구하였다. 황민화 담론은 '멸사봉공'의 개념을 통해 일본정신에 참여할 것을 강조했는데, 이는 고바야시 요시노리가 말한 바[59] 리덩후이李登輝[60]가 실천한 '공을 위해 사를 버리는' 것이었다. 여기에서 일본정신의 문제는 국민 주체의 아이덴티티 문제와 맞물려 있다. 고바야시 요시노리는 "나는 어떤 사람인가?", "나라는 존재의 기초는 어디에 있는가?"라는 문제가 '개인의 귀속 지점'의 문제이며 '자기 동일성'으로 번역되는 아이덴티티 문제라고 말한다. "개인의 귀속감이 없다면 인류는 어떤 방식으로 윤리적 행위를 파악할 수 있었을까?" 고바야시 요시노리에게 개인의 아이덴티티, 존재와 귀속, 개인과 사회의 윤리적 관계는 국가적 차원에서 비로소 의미를 갖는다. "개인의 사리를 찾는 이기적인 마음을 버리고, 공적인 정신을 배양하고 국가의 이익을 우선하는 것이 일본이 필요로 하는 민족주의이다!" 따라서 '일본정신'이 강조하는 '사'를 버리고 '공'을 받드는 것은 일제강점기에 타이완인이 선택한 '공'과 '국가'를 의탁처로 삼는 '근대적' 주체의 자리, 내가 없는 '나'를 드러낸다.

---

59 小林善紀, 賴青松・蕭志强 역, 『台灣論』, 台北 : 前衛出版社, 2001.

60 중화민국 7, 8, 9대 총통. 재임기간은 1988년에서 2000년까지이며 '타이완 민주의 아버지'로 불린다.

국가를 개인 아이덴티티의 유일한 대상으로 보는 고바야시 요시노리의 인식은 20세기 초 이래 지속되어 온 개인과 국가의 관계에 대한 일본인의 보편적 인식이었다. 사카이 나오키酒井直樹는 코야마小山와 코사카小坂가 1941년에 역사발전과 국가 도덕이라는 주제의 논단에서 국가에 종속된 주체의 개념을 말했다고 지적한다. 코야마는 주체의 도덕적 역량이 개인이 아닌 국가에 있다고 강조했다. 국가는 모든 문제의 관건이며 도덕 기준의 핵심이었다. 코사카 역시 이러한 견해에 동의하면서, 민족 자체는 아무런 의의가 없으며, 민족이 주체성을 갖게 되었을 때 자연스럽게 국가와 민족이 형성된다고 보았다. 그리고 주체성이나 자결 능력이 없는 민족은 아무런 역량도 없다고 하였다.[61]

이러한 주체와 국가의 연계는 '자아의 죽음'이라는 과정을 거쳐야만 한다. 이는 『타이완론』에 나온 리덩후이가 "개인이 의미 있는 생활을 하려면 수시로 죽음의 문제를 사고해야 한다. 내가 말하는 죽음은 결코 육체적인 '죽음'이 아니라 자아의 철저한 부정이다"라고 한 것과 같다. '자아의 죽음'을 통해 국가로 귀속되고 국가에 대한 인식에 이르기 위해서는 '혈연적' 요소를 초월하는 것이 필수 항목이다. 고바야시 요시노리는 오늘과 같은 일본을 형성한 주요한 요인이 혈연이 아니라 국토와 언어임을 강조한다.

---

61 Kosaki, Suzuki Shigetaka, Koyama Iwao, and Nishitani Keiji, "Sekaishiteki tachiba to Nibon"(The standpoint of world history and Japan); Chuo Koron(January 1942, p.185), Naoki Sakai, "Modernity and Its Critique-The Problem of Universalism and Particularism", ***Translation&Subjectivity-On "Japan" and Cultural Nationalism***, Minneapolis & London : University of Minnesota Press, 1997, p.167에서 인용.

혈연은 결코 민족 아이덴티티의 가장 중요한 요소가 아니다. 정신적 측면의 전승이 더욱 중요하다.[62]

고바야시 요시노리의 『타이완론』에 반복적으로 나타나고 있는 '일본정신', '멸사봉공', '혈연의 초월', '정신적 도약' 등의 표현은 30, 40년대 일본 국가주의 담론의 부활을 반영하고 있다. 그리고 이러한 국가주의 담론은 30~40년대 타이완에서 널리 활용되었다. 당시의 서사형태와 각종 문화교육정책을 돌이켜보면, 그러한 일련의 담론 체계 안에서 주체가 구성되어 간 과정을 이해할 수 있다. 더욱 주목을 끄는 것은 '공적' 영역에서 질문 불가능한 신성성, '공'적인 것 등과 대조되는 것은 폐기되고 배제되어야 한다는 담론이다.

천훠취안은 「길」 출간 전에 『타이완전매台灣專賣』라는 잡지에 여러 차례 어떻게 '황민'이 되고 '일본정신'을 발양할 것인가 하는 글을 발표했다. 다음과 같은 예가 있다.

일본정신의 본질은 가장 높고, 중심과 절대적인 목적적 가치를 가진 황위皇位를 핵심으로 발동된 후 이 핵심 가운데 통합된다. 이러한 정신적 본질의 주체는 청명한 마음이 아니면 소속될 수 있는 곳이 없다.

—「근로부勤勞賦」, 1939.10

성전을 위해 목숨을 버리고 생산에 임하자. 이러한 헌신 역시 순국이다.

사악한 기운을 정화하고 악마의 마음을 제거하자. 깨끗하고 뜨거운 피로 성

62 小林善紀, 앞의 책, 39·78면 참고.

스러운 업을 이룩하자.

천황폐하 만세 소리. 온 마음으로 칭송하는 것이 일본인이다.

—「일본국민성 찬가」, 1940.10

일본 국민으로 하여금 살고 죽을 수 있게 하는 사람은 천황뿐이다. 천황폐하 만세를 크게 외치는 강개하고 희생할 수 있는 사람은 황민뿐이다. 순국할 수 있는 사람은 일본국민뿐이다.

—「나의 자성 어록我的自省語錄」, 1940.11[63]

국가의 통치권은 '국체'와 '천황' 담론 위에 세워졌다. 천황은 그 핵심에 위치하고 있다. 이 핵심적 위치가 만들어내는 가치 시스템은 동질화 운동을 통해 국가로 통합된다. 황민담론의 자自/타他 구분은 신성 / 악마라는 대립적 수사의 양축에 붙어 있다. 또 청결함과 더러움, 바름과 그름, 공과 사, 신과 구, 질서와 혼란, 강함과 부드러움, 격렬함과 허약함 등의 이분법 시리즈의 구별 모드와도 연계된다. 대립축의 구분과 집행은 황민담론이 요구하는 정반正反 양면의 작업이다.

황민담론이 파시스트적인 전쟁 참여와 국체 참여, 집단과의 결합, 천황의 수족 되기의 갈망으로 가득 차 있음을 보게 된다. 집단과 결합하려는 이러한 갈망은 궈모뤄郭沫若와 같은 중국 20, 30년대 낭만적 이상주의자들을 상기시킨다.[64] 「징병제에 대하여」라는 글에서 가미

63 垂水千惠, 앞의 책, 79・81~82면에서 인용.

64 중국의 20, 30년대 진보적 간행물과 파시스트적 망상을 다룬 필자의 두 논문 「현대화와 국가 형식화—중국의 진보적 간행물 삽도의 시각적 모순과 문화 시스템적 번역의 문제現代化與國家形式化—中國進步刊物插圖的視覺矛盾與文化系統翻譯的問題」와 「30, 40년대 중국문화서사의 파시스트적 망상과 억압—몇몇 텍스트의 징후적 현상으로부터三,四十年代中國文化論述中的法西斯妄想以及壓抑—從幾個文本徵狀談起」를 참고.

가와 키요시神川清는 말한다. "1억의 국민이 선전宣戰의 성지를 받들 때 일본의 황민체제를 느끼게 된다. 그것은 정치적, 사상적 대립을 넘어서 모든 국민이 한 입으로 개인적 견해를 버리고 이룬 언행이다. 개인이 자신의 규율을 관리하는 것이 아니라 국민 전체가 지고지상의 일인이 지시한, 그가 내린 명령이 전체를 규율하는 이런 감동이다."

장원환은 샤푸군사학교霞浦軍校를 참관하고 일본인의 집단생활을 본 후 깊은 감동을 받아 '본도인은 집단생활의 규칙과 규제의 미가 부족하다'고 말했다. 그리고 신주저우新竹州와 양메이좡楊梅莊의 청년운동을 참관했을 때도 집단적 '군사 교련'의 생활 질서가 '사회 질서'로 발전하기를 바란다고 말했다.[65] 당시 사회에 만연한 좌익사상과 전쟁열의 관점에서 본다면, 장원환의 견해는 이해될 수 있다. 그의 주장이 파시스트적이라는 것은 분명하다. 그가 가리키는 '생활 질서'와 '사회 질서' 역시 유토피아적 성격이 강한 파시스트적 상상이다. 그는 유기체 통합을 관철시키는 방식으로 사회를 조직하고 질서를 세우고자 했다.[66] 나아가 장원환은 지원병제도가 단기간에 타이

---

65 『燃燒的力量』. 원래 『新建設』(1943.10)에 실렸으며 陳千武가 번역했다. 『張文環全集－隨筆集』 I, 176면에 수록. 류수친은 장원환이 제기한 '집단생활'이 '생활 질서'와 '사회 질서'로 발전한다는 의미를 이해하지 못한다고 하면서 천이쑹陳逸松이 구술한 "내가 만약 5천 명의 정신기율을 훈련시킬 수 있다면 언젠가 우리도 스스로 군대를 조직할 수 있을 것이다. 이는 좋은 연습 기회이다"라고 한 바에 근거하여 해석하고자 했는데 이는 충분하지 않다고 본다. 류수친은 또 "식민지화된 곳에서 식민통치자의 서사를 '모방'하도록 하거나 '암기'하도록 할 때 식민지의 '화자'는 종종 얼마쯤 다른 종류의 작은 서사를 끼워 넣는다"고 보았다.(류수친, 앞의 글, 22면) 류수친은 끼워 넣어진 다른 종류의 작은 서사를 찾고자 했지만 이는 아무런 소득도 없을 것이다. 장원환이 군사훈련의 집단생활에 대해 열정적인 동경을 품었다는 것은 확실하다.

66 일본의 파시스트에 대해서는 林正珍, 『근대 일본의 국족서사近代日本的國族敍事』, 台北 : 桂冠, 2002; 楊寧一, 『일본 파시스트의 정권 탈취의 길－일본 파시즘에 대한 연구와 비판日本法西斯奪取政權之路－對日本法西斯主義的硏究與批判』, 北京 : 北京師範大學出版社, 2000; 近代日本思想史硏究會, 馬采 譯, 『近代日本思想史』 第1卷, 北京 : 商務印書館, 1992 등을 참고.

완 '국민정신'을 고조시켰으며 '본도인 의식'을 일본 국가 의식으로 변모시켰다고 했다. 이와 같은 명확한 국가의식은 대중의 의지를 결집시키는 촉매로 작용했다. 집합체와 집단생활에 대한 갈망, 강철 같은 기율에 대한 선망은 근대 국가가 민중의 열정을 결집시키고 국가의식과 규범적 사회의 질서를 세우는 정신적 토대이다.

'국가'와 '일본 국체'는 모든 집단적 상상의 기초가 되었으며 천황은 집단적 역량을 결집시키는 축이 되었다. 장원환은 국가는 기계와 마찬가지로 '영혼'이 있어야만 움직일 수 있다고 말한다. '야마토 정신'이 바로 기계를 움직이게 하는 힘으로 그 힘은 일본인을 '강철과 같은 강인한 의지'를 갖도록 단련시켰으며 전쟁은 '영혼의 전쟁'이 되었다.[67] 개체는 열정적으로 '단체'와의 합일을 갈구하고 강철과 같은 역량에 가까워지기를 바란다. 또 '단체'의 의지를 활용하며 나아가 이 '단체'에 근거하여 구분하고 '단체'의 계열에 속하지 않는 잡동사니를 공격하고 없애버린다. 장원환의 글은 새로운 문화를 건설하려는 격정과 옛 제도를 파괴하려는 격렬한 쾌감을 드러내고 있다. "고치고 만들기 위해 파괴한다면 무너지는 비명을 들어야 하지만 이 원칙은 그래도 기쁨이다. 남성은 이로 인해 겁을 먹어서는 안 된다. 새로운 가정을 건설하려면 옛날 가정의 혼탁함을 일소해야 한다."[68]

장원환에게 이러한 파괴와 건설은 '남성'의 필연적인 책임에 속하

67 張文環, 「不沈沒的航空母艦台灣」, 158면.

68 전쟁의 파괴와 잔혹함에 대한 묘사는 황민문학에서 적극적인 의미를 갖고 있다. 저우진보는 「황민문학의 수립皇民文學之樹立」이라는 글에서 다음과 같이 말한다. "주지하듯 우리 타이완은 대동아공영권의 축소판이라고 할 수 있다. 야마토 민족, 漢민족, 高砂族이라는 세 민족은 천황의 위엄 아래 공평하게 공존공영하고 있다. 지금 이렇게 세 민족은 하나가 되어 성전을 완성하고 협력하며 전진하고 있다. 문학의 세계에서는 기존의 외지문학과 이국적 취미를 버리고자 하는데, 여기에서 잔혹한 결전을 벌이고 있는 타이완의 진정한 면모를 묘사하고자 하는 문학의 적극적인 태도를 볼 수 있다."

는 것이었다. 그는 "남성으로 태어나 침상에서 정신쇠약으로 죽거나 병사하는 것은 총을 들고 전장에 나가 순국하는 것만 못하다. 그것은 얼마나 영웅적이고 또 삶의 가치가 있는 것인가!"라고 말한다. 또 '전장에 뛰어드는 열정'은 '남성적 욕구'에 속하며 순식간에 영국과 미국의 군대를 '동양에서 쫓아낼 수 있는 우리나라 황군'은 분명 세계를 향해 '동양인의 과학과 정신력'을 보여주었다고 말한다.[69] 1942년 여성 문제에 대해 말할 때 장원환은 더욱 직접적으로 다음과 같이 말한다. 국가가 '국민 총동원'을 요구하고 문화개혁이 필요할 때 '여성의 문화운동은 어떤 것보다 중요하다.' '남성과 동일한 책임을 져야 하고' 또 '강인한 모성애'를 가져야 한다. '자신을 버리고 공공을 위해 봉사하며' '허영'에 탐닉해서는 안 된다.[70]

따라서 폐기하고 소멸시켜야 하는 것은 유약하고 사적이며 허영스러운 구세계가 되며 건설하고 받아들여야 하는 것은 강건하고 공적이며 남성적인 새로운 세계가 된다. 장원환은 징병제 실시 후 청소년은 더욱 강하게 단련되어야 하고 '거친 파도를 뚫고 돌진하는 방금 진수한 강철 군함의 위세가 있어야 하며' '세계 속 일본인의 사명을 통감'해야 하며 '하늘을 대신하여 불의를 공격하는 불꽃처럼 타올라야' 한다고 말한다.[71] 천훠취안의 「길」 역시 다음과 같이 말한다. "삶과 죽음 둘 사이에 하나를 선택하는 것이 바로 신속하게 죽음에 편안해지는 것이다." 이 선택은 '역사의 전환점'에 서는 것이며, '피의 역사'를 창조하는 것이다.

---

69 『一群鴿子』. 원래 『台灣時報』(1942.2)에 실렸으며, 일본어를 천첸우가 번역했다. 『張文環全集－隨筆集』 I, 105면에 수록.

70 「關於女性問題」, 위의 책, 122면.

71 「寄給朝鮮作家」, 위의 책, 190면.

여기에서 황민의식의 '남성담론'이 전쟁의 미학화와 희생미학의 사유 체계 위에 구축되었음을 알 수 있다. 이는 신성에서 혼탁에 이르는 구별의 스펙트럼이다. 황민담론이 신성의 수사를 이용했다는 것은 분명하다. '국민'이 천황을 위해 희생하고 목숨을 바쳐야 한다는 표현이 정당화되고 전쟁마저 미화되었다. 그 가운데 파괴의 서사와 전쟁에 대한 기대가 나타나기 시작했다. 그 파괴의 서사에서 전쟁은 새로운 세계, 새로운 조직과 통합, 문화적 혁신과 약진을 가져올 수 있는 것이었다. 천훠취안의 「길」 역시 파괴와 죽음이 가져오는 신생의 격정성을 드러내고 있다. '어떤 사람들은 전쟁이 길어질까 걱정하지만, 길어질수록 국내의 개혁은 더욱 완전하게 이루어질 것이다. 왜냐하면 그것은 단지 통치와 조직의 강화만을 가리키는 것이 아니라, 모든 국민을 '사람의 자질'을 갖춘 신체로 만들어 '인격의 통일'로 귀납시켜 통합을 가속화할 뿐 아니라 '문화적 혁신으로의 도약'이기 때문이다.' 죽음과 파괴는 동질적인 동일체의 통합으로 귀결되며 또 다른 신생을 가져온다.

이와 같은 전쟁의 미화와 낭만화 담론은 일본 파시스트파의 담론에 각인된 것이었다. 야스다 요쥬로保田與重郎(1910~1981)는 30, 40년대에 끊임없이 '예술적 전쟁'을 고취했다. 그는 전쟁을 일본의 '정신문화'로 보았으며 일본의 중국 출병을 20세기 일본의 가장 '장려하고' 가장 '낭만적인' 행위로 보았다. 그리고 대륙은 '황군의 대륙', '엄정한 일체', '새롭게 미래로 향하는 혼돈의 모태'로 보았다.[72] 같은 시기 무

72 야스다 요주로保田與重郎은 新日本雜誌社의 특파원으로 중국의 동북, 화북, 북경, 천진을 다니면서 여행기『蒙疆』을 썼으며 이와 같은 전쟁 미학의 논점을 발표했다. 王向遠, 「일본문단과 일본군국주의의 親華 '國策'의 형성日本文壇與日本軍國主義親華'國策'的形成」, 『'작가 부대'와 중국침략 전쟁'筆部隊'和侵華戰爭』, 北京 : 北京師範大學出版社, 1999 참조.

사노코지 사네츠武者小路實篤(1885~1976) 역시 『대동아전쟁에 대한 느낌大東亞戰爭私感』을 통해 죽음의 미학을 발표했다. “나는 죽음을 초월하여 기꺼이 사지로 나아가는 것을 찬미한다. 이것이 가장 아름다운 죽음이며, 삶을 초월한 죽음이다.”[73]

장원환의 글은 이와 같은 장려한 전쟁 미학을 명확하게 보여준다. 그 밖에 황민담론은 ‘정의롭지 않고 불완전한 영국과 미국’에 대비되는 도덕적 정당성을 강조함으로써 성전의 ‘격렬함’과 ‘화려함’을 부각시켰다.[74] 영국과 미국을 악의 위치에 놓으려는 담론, 선과 악을 명확히 하고 광명과 암흑을 구분하여 적군을 악마화하려는 담론은 40년대 우익 파시스트식 유토피아 사상의 특징이다. 당시 일본에서 한동안 성행한 반유태 사상의 ‘유태문제연구’ 역시 대표적인 파시스트 담론을 보여준다. 일본에서 유학한 타이완 학생 예성지葉盛吉가 메이젠료明善寮에 있을 때 쓴 일기에서 이러한 파시스트적 심리의 수사학을 볼 수 있다.[75] ‘유태문제연구’는 ‘사악한 것을 부수고 올바른 것을 떠받칠 것’과 ‘존왕양이’를 주장했다. 그리고 ‘세계관’의 건립과 개인, 사회, 국가, 세계의 관계 정립을 강조했다. 유태연구회는 유태교를 반드시 멸망시켜야 하는 어두운 적의 세력으로 보았으며 천황을 빛으

73 王向遠, 위의 글, 17면.

74 원래 『新建設』(1943.10)에 실렸으며, 천첸우가 번역했다. 『張文環全集－隨筆集』 I, 181면.

75 이와 같은 파시스트적 사고 체계는 동시기의 일본에서 사상적 주류였다. 당시 일본에서 유학한 타이완 학생 葉盛吉을 예로 들 수 있다. 葉盛吉은 1923년 台南 新營에서 태어났으며, 1941년에 일본으로 유학을 갔다. 히틀러가 그의 영웅이었다. 도쿄로 가는 열차에서 그는 다음과 같은 일기를 썼다. “나는 잘 할 것이다. 영웅 히틀러. 보아라. 10년 후 나는 큰일을 할 것이다.” 당시 그는 二高明善寮에 진학했다. 그때는 황민화운동이 일본에서 왕성하게 전개되던 시기였다. 중고등학생들은 열정적으로 읽은 책에 대해 사고하고 논의했는데 모두 神道와 나치와 관련된 책이거나 『皇國日報』였다. 楊威理, 陳映眞 譯, 『雙鄕記』, 台北 : 人間出版社, 1995. 원래 일본의 岩波書店에서 『어떤 타이완 지식인의 비극 某台灣知識人之悲劇』으로 출판되었다.

로 여겼다.

> 일본 신도神道의 체계를 알지 못하면 유태교의 면목을 알 수 없다. 유태교와 신도는 절대적으로 관계가 없지만 다른 종교들로는 파악이 안 되기 때문에 신도로부터 시작해야만 유태교의 진실을 볼 수 있다.

> 빛이 나타나면 어둠은 사라질 것이다. 어둠은 원래 존재하지 않는 것이라고도 할 수 있다. 빛과 어둠의 관계는 일본과 유태의 관계와 비슷하다. 이것이 하나의 근본적인 문제이다.

> 일본은 절대적인 존재이다. 그러나 유태는 부정적 존재이기 때문에 그것은 반드시 스스로 멸망의 길로 간다.

예성지의 일기에는 당시 오크츠 히코시게奧津彦重가 발표한 '이번 대전과 유태 문제這次大戰和猶太問題'라는 강연의 내용이 기재되어 있다.

> 유태인은 자신들이 신의 아들이며, 다른 민족들은 모두 악마의 자손이라고 믿는다. 유태인은 악마이고 사람이 아니다. 과거와 현재의 모든 나쁜 일은 유태인이 한 것이다. 태평양전쟁 역시 유태인이 획책한 것이다. 유태인은 공제회共濟會 등과 같은 비밀 조직을 통해 전 세계를 장악했다. 쑨원孫文, 장제스蔣介石는 모두 공제회 회원이다. 쑨원의 삼민주의는 단지 공제회의 중국판일 뿐이다.

'유태연구회'는 선악의 이분법적인 시각으로 세계를 바름과 사악함, 빛과 어둠으로 구분했으며 심지어 쑨원과 장제스마저 유태인과 서로 통하는 비밀 조직으로 귀납시켰다. 이러한 악마의 세계에 대해 메이젠료明善寮의 학생들은 분노를 품었다. 그들은 '신주神州의 정수'가 메이젠료明善寮에 모일 것을 바라면서 '대동아전쟁을 위해 목숨을 바치고자 했다.'

신성과 악마의 대립을 통해 진행된 청결과 배제의 작업, 낭만화와 미화 위에 세워진 전쟁 수사, 그리고 멸사봉공의 담론은 절대적 신앙의 논리나 스수施淑가 말한 '중세의 의의'와 관련된다. 스수는 만주국이 '전위적 역할'을 맡는 대동아문학을 언급했다. 여기에는 '선혈의 예찬, 민족의 복수심, 대지에 대한 사랑'의 열정이 드러나 있다.

> 모든 동아시아의 민족은 어제 숙적의 섬멸을 피로써 맹세했다! 미국과 영국을 타도하자! 백여 년 전 조상들이 품었던 복수심을 잊지 말자.[76]

그리고 '영미의 독'을 일소하고 '부패한 물욕'을 제거하며 '건강 질서'로 복귀해야 한다는 의지를 천명했다.[77] 그래서 스수는 자기 파멸을 심미적 즐거움으로 여기는 파시스트 정치가 '중세적 의의'를 갖고 있다고 말한다. 중세적 의의는 검토가 필요 없는 절대적이고 신성한 명령이다. 이와 같은 절대적인 명령은 신성을 승낙하고 희생을 요구할 수 있다. 전혀 이성적이지 않는 사유가 이와 같은 절대적 명령의 영역에 개입할 수 있다.

---

76 田兵, 「決戰詩特輯」, 『藝文志』 第1卷 第2期, 1943.12, 25~39면; 施淑, 「'大東亞文學'在'滿洲國'」, 『文學, 文化與世變』, 台北 : 中央研究院中國文哲研究所, 2002, 625면.

77 爵青 · 田瑯, 「談小說」, 『藝文志』 第1卷 第11期, 1944.09, 4~18면. 施淑, 앞의 글에서 재인용.

5. 신성담론의 희생과 교환

따라서 희생과 관련된 문제를 논할 필요가 있다. 역사 앞에 천황의 자손이라는 신체가 어떻게 하여 자신의 것이 아닌 군왕의 것이 되는 것일까? '일단 일이 발생하면 군왕을 위해 목숨을 바쳐야하는데, 이 몸으로 어찌 허송세월을 하겠는가?'(「길」, 23면) '자아의 죽음'이 필연적으로 발생하는 이유, 그와 같은 강렬한 열정이 정신적 상승을 촉진하는 방식, 주체가 숭고한 대상을 위해 희생해야 하는 이유 등에 질문을 던지면, 우리는 이 신성한 경험과 절대적 명령의 문제와 마주하게 된다.

이와 같은 신성에 대한 투사와 자신의 희생, 그리고 자신의 상실은 절대적인 흡인력을 가지고 있다. 모스Marcel Mauss는 증여하는 행위는 "겉으로 보기에 자발적이고 자신의 이익에는 관심이 없는 듯하지만 실질적으로는 어쩔 수 없는 의무에서 비롯되며 이기적이기까지 하다"고 말했다.[78] 황민의 희생과 죽음, 자신을 천황에게 주는 행위는 왜 어쩔 수 없는 일이었을까? 자신의 목숨을 내던지고 어떤 이익과 교환한 것일까?

종교적 감정의 신비롭고 격정적인 기쁨의 경험과 관련하여 오토Rudolph Otto는 『신성에 대해*The Idea of the Holy*』라는 책에서 이것이 상대적으로 아직 이름이 없으며, 이성의 언어로는 확정할 수 없는 '신비자thenuminous'에 대한 주체의 경험이라고 설명한다. 이 신비자는 '전혀 다

78 Maecel Mauss, *The Gift-Forms and Functions of Exchange in Archaic Societies,* 1954; 中譯本, 汪珍宜・何翠萍 譯,『禮物－舊社會中交換的形式與功能』, 台北 : 遠流, 1989, 12면.

른 자the Wholly Other'로 전반성과 완벽성, 이길 수도 저항할 수도 없다는 특징을 가지고 있다. 또 사람들에게 즉각적인 두려움과 자아 소멸감, 자기가 무화되는 느낌을 야기한다. 이렇게 사람을 질겁시키고, 놀라게 하며, 전율시키는 신비자는 인간이 아이덴티티 합일의 욕망에 집착하거나 고민하도록 만든다.[79] 오토의 논점이 독일 낭만주의 흔적을 반영하고 있기는 하지만, 또한 그는 각기 다른 정감적 현상은 각기 다른 시스템의 도식화schematization이고 도해elaborations라고 말한다. 황민담론에서의 도약과 희생도 특정한 문화 체계하에서 전개된 유사한 양식이다.

신성한 경험에서의 희생에 대해 바타이유는 더욱 정밀하게 분석했다. 그는 희생의 의의가 '증여'에 있다고 했다. 그리고 증여는 완벽한 자아를 신 / 군주에게 증여함으로써 세속을 벗어나 신 / 군주의 세계에 참여하고 완전한 합일을 이루게 한다고 말한다. 따라서 희생은 '상실'을 통해 '신성'을 붙잡는 것이 된다. 바타이유는 사람들이 추구하는 것은 실질적인 대상이나 성배聖杯 자체가 아니며 일종의 정신이라고 말한다. 사람의 근본적 상태는 허무 가운데 놓여있기 때문에 두렵고 외로우며 그래서 어떤 정신적 대상과의 소통과 연계를 갈구한다. 사람은 공간에 신성과 풍요의 이미지를 투사하는데 이는 갈구하는 바의 만족을 찾기 위해서이다.[80] 이렇게 '신성'은 더 큰 대상과의 결합을 통해 우주와 하나가 되는 기쁨의 순간이 되며, 전체가 떨

---

79 Rudolf Otto, *The Idea of the Holy*, 1917; 中譯本, 成窮・周邦憲 譯, 『論神聖－對神聖觀念中的非理性因素及其理性之關係的硏究』, 成都：四川人民出版社, 2003, 25면.

80 Georges Bataille, "Labyrinth", Edited and with an Introduction by Allan Stoekl, Trans. Allan Stoekl, *Vision of Excess-Selected Writings, 1927～1939*, Minneapolis：University of Minnesota Press, 1993, pp.171～177.

림을 경험하는 시각이 된다.[81]

이러한 맥락에서 통치자에 대한 주체의 승복과 희생이 이루어지고 종교적 희열이 발생하는 과정을 살펴봄으로써 타이완인이 자신을 황민의 자리에 위치시키는 정신 작용을 이해할 수 있다. 이와 같이 기능적이지 않고 비생산적인 선물의 증여, 특히 참전 행위로 자신을 헌신하는 일은 일종의 낭비이자 소모이다. 이는 파괴와 상실의 욕망이며 소비와 방치가 가져오는 쾌감이다. 자신의 희생과 상실은 신성의 출발점이며 얻게 되는 것은 신성과 결합하는 희열이다.[82]

따라서 황민화 담론에는 '멸사봉공'과 군왕을 위한 희생이 필요하다. 국가 신화의 구조에서 지원병에 지원하고 천황을 위해 희생하는 것은 타이완인에게 일종의 상징적 교환이었다. 그들은 이를 통해 은혜로운 '구제의 길'을 얻을 수 있었다. 장원환도 그것은 타이완인이 '가까스로 완벽한 사람이 되는' 기회였다고 말한다.[83] 지원병제도와 징병제도는 천황이 하사한 선물이었다. 천황이라는 기구가 타이완인의 '황민됨'을 식별해내자 타이완인 역시 이로 인해 승인을 받았었으며 고맙게 여겼다. 타이완인은 성전에 참여할 기회가 있었기 때문에 자신을 기증했다. 죽음을 통해 다시 얻게 된 것은 황민이 되어 신성에 참여하는 기회였다. '지도자' 혹은 '천황'은 모든 것을 다 주는 신

---

81 Georges Bataille, "The Sacred", ibid., pp.240～245.

82 ibid., pp.116～129.

83 「不沈沒的航空母艦台灣」은 원래 『台灣公論』(1943.7)에 실렸으며, 천첸우가 번역했다. 『張文環全集－隨筆集 I』(159면)에 수록됨. 대동아전쟁이 발발하자 대다수 사람들은 전황을 희망적으로 받아들였다. 왜냐하면 일본의 참전은 침략자에서 영국과 미국을 아시아에서 쫓아내는 성전으로 바뀌었기 때문이다. 일관되게 일본의 중국 침략을 반대한 다께우찌 요시미竹內好 역시 대동아전쟁에 지원했는데, 이것이 분명한 예이다. 孫歌, 「다께우찌 요시미의 모순竹內好的悖論」(『亞洲意味著甚麽』, 台北 : 巨流, 2001, 143～292면)에서 논의된 부분을 참고.

성하고 풍요한 이상의 화신이었다. '황민으로서의 나'의 정신 개조 작업은 이와 같은 신성 체험 속에서 이상적인 소통을 이루게 되었으며 주체의 아이덴티티 역시 여기에서 완성되었다.

황민문학 속의 정치적 상상*

쉬리팡許麗芳

1. 들어가며

정치적 분위기의 영향으로 인해 황민문학은 각 시대의 상이한 연구경향 속에서 서로 다른 평가를 받아왔다. 식민지의 역사적 조건과 민족의식은 황민작가 자신이든, 작품 속의 지식인이든 모두 자유로운 선택을 하기 어렵도록 만들었다. 오늘날까지도 작가와 작품들은 민족의식을 중심으로 한 평가에서 벗어나기 어렵다.[1] 일제시기 타이

---

* 이 글은 진혜정이 번역하였다.

1 관련 평론은 두 가지 경향으로 나타난다. 중국을 중심으로 하는 것으로는 陳映眞, 「西川滿與台灣文學」, 『文季』 1-6, 1984, 1～11면; 陳映眞, 「思想的荒蕪－讀「苦悶的台灣文學」敬質於張良澤先生」, 『中國時報』, 1981.2.22 부록; 陳映眞, 「以意識形態代替科學知識的災難」, 許南村 編輯, 『反對言僞而辯－陳芳明台灣文學論, 後現代論, 後殖民論的批判』, 台北 : 人間出版社, 2002; 王曉波, 『台灣意識的歷史考察』, 台北 : 海峽學術出版社, 2001; 曾慶瑞, 趙遐秋 共著, 『台獨派的台灣文學論批判』, 台北 : 人間出版社, 2003; 呂正惠, 『台灣文學問題－殖民地的傷痕』, 台北 : 人間出版社, 2002; 呂正惠, 「台灣文學與中國文學－台灣文學'主體性'評議」,

완의 신문학은 서로 다른 민족주의 집단의 경험과 서술 형식으로 인해 서로 다른 집단의 기억을 구성하게 되었다. 그러나 중국 중심이든 타이완 중심이든 간에 '황민문학'에 대한 평가에서 양자는 모두 황민문학에 '민족'적 의식이 없음을 소홀히 다루고 있다. '민족', '종족', '신민', '국민'의 개념들이 서로 뒤섞여 있어 '황민문학' 속의 민족 정체성에 대해서는 좀 더 검토가 필요하다.

본문은 당대 문학연구에서 많은 주목을 받으며 서로 엇갈리는 평가를 받고 있는 황민문학 작품을 대상으로 한다. 1937년 작품인 룽잉쭝龍瑛宗의 「파파야가 있는 작은 마을植有木瓜樹的小鎭」,[2] 1941년 천훠취안陳火泉의 「길道」,[3] 1943년 저우진보周金波의 「지원병」[4]과 왕창슝

『文學經典與文化認同』, 台北 : 九歌出版社, 1995 등이 있다.
타이완을 사유의 중심으로 한 논문으로는 葉石濤, 「四零年代的台灣日文文學」, 『台灣文學的悲情』, 台北 : 派色文化出版社, 1990; 葉石濤, 「新文學家的雙重性民族結構」, 『中時晚報』 副刊 「文學筆記」, 1992.4.12; 葉石濤, 「新文學作家的民族認同和階級意識」, 『文學台灣』 13, 1995, 9～11면; 羊子喬, 「歷史的悲劇, 認同的盲點－讀周金波「水癌」「尺的誕生」有感」, 『文學台灣』 8, 1993, 231～236면; 林瑞明, 「騷動的靈魂－決戰時期的台灣作家」, 『台灣文藝』 63-16, 1993, 20～43면; 陳芳明, 「皇民化運動下的四零年代文學」, 『聯合文學』 16-7, 2000, 156～165면 등이 있다.
또한 반성이나 동정적 견해를 제시한 것들도 있다. 예를 들어 游勝冠, 「轉向?還是反殖民立場的堅持?－論張文環「父親的要求」」, 江自得 編, 『殖民地經驗與台灣文學－第一屆台杏台灣文學學術研討會論文集』, 台北 : 遠流, 2000; 陳建忠, 「未癒的殖民創傷－再論台灣文學史上的'皇民文學'議題」, 『現代學術研究』 專刊XI 9-11, 2001, 142면; 王學玲, 「日據時期'皇民論述'的身分認同策略－以陳火泉「道」爲主的討論」, 『中外文學』 30-10, 2002, 172～195면; 垂水千惠, 「戰前日本語作家－王昶雄與陳火泉, 周金波之比較」, 『台灣文學的研究在日本』, 『台灣文藝』 16-136, 1993, 44～57면; 星名宏修, 「'大東亞共榮圈的台灣作家'(一)陳火泉之皇民文學形態」, 『台灣文藝』, 13-132, 1992, 4～24면; 星名宏修, 「'大東亞共榮圈的台灣作家'(二)另一種皇民文學－周金波的文學形態」, 『台灣文藝』, 13-133, 1992, 4～25면; 許明珠, 「近代與傳統的權衡－我讀王昶雄的「奔流」」, 『台灣文藝』 171, 2000, 28～37면; 鄭明珠, 「論'皇民文學'詮釋應有的態度」, 『東方人文學誌』 2-1, 2003, 151～174면. 塚田亮太, 黃硫婷 역, 「閱讀『讀周金波日語作品集』－一位台灣'皇民作家'的精神軌跡」, 『台灣文學學報』 3, 2002, 1～22면 등이 있다.

2 이 소설은 張恒豪 주편의 『龍瑛宗集』, 台北 : 前衛出版社, 1990을 근거로 하였다. 이하 같음.

3 陳火泉, 「道」, 『文藝台灣』 6-3, 87～141면.

4 中島利郎, 周振英 편저, 『周金波集』, 台北 : 前衛出版社, 2002. 이하 같음.

王昶雄의 「급류奔流」[5]를 토론하고자 한다. 이 네 편의 소설은 진보를 추구하던 지식인이 부패한 환경으로 인해 상심하여 퇴폐적인 심경에 점차 빠져든다는 이야기, 일본정신을 추구하며 천황을 위해 생명을 바쳐 희생할 결심을 하는 장뇌 기술자의 번뇌에 가득 찬 황민연성의 길, 일본에 유학하던 지식인이 자신이 천황을 위해 목숨까지 바치는 진심어린 마음을 가진 서민만도 못하다는 점을 반성하여 학업에 열중한다는 이야기, 일본에 유학을 간 의사가 일본화(근대화)와 타이완 전통 사이에서 취사선택을 하지 못해 겪는 분투와 실의 등을 다루었다.

본문은 이들 소설을 중심으로 정체성의 배후를 드러내고 '정체성'의 의의와 '정체성'과 결합된 두 가지 요소를 논의하고자 한다. 하나는 자아에 대한 반성, 분석, '서술'이고 다른 하나는 개인의 '정체성' 구성이 인간관계와 그가 속한 사회단체의 영향을 받는다는 점이다.[6] 동시에 본문은 환경이 개체의 결정에 미치는 영향에 주목한다. 특히 자아의식과 자아의식을 형성하는 권력조작의 상호 변증관계에 주목하여 특정한 역사적, 정치적 시공간이 주체에 미치는 영향과 조작에 대해 생각해 보기로 한다.

정체성 문제에 대한 사고는 스튜어트 홀Stuart Hall의 주장이 참고할 만하다. "모든 발언은 반드시 어떤 자리매김을 거친다"고 말한 데서 알 수 있듯이 그는 입장이 없는 발언은 아무런 의미가 없다고 주장한다. 때문에 모든 사람은 반드시 자신의 입장을 찾아내야 한다. 정체성의 형성과정은 변화가 복잡하다. 때로는 고통스럽고 상처받고 손

5 張恒豪 주편, 『翁鬧, 巫永福, 王昶雄合集』, 台北 : 前衛出版社, 2000. 이하 같음.
6 蔡英文, 「認同與政治――一種理論的反省」, 『政治科學論叢』 8, 1997.6, 53면.

해를 보거나 사라지기도 한다. 그러나 반드시 자신의 입장을 찾아야만 한다. 이는 자기 자신에 대해 거짓말을 하거나 조작을 한다는 것이 아니라 깊게 파고 들어가 판단을 내려야 한다는 뜻이다.[7]

이렇게 '정체성'을 사고의 전제로 삼는다면 정체성을 형성하는 사람이 누구인지도 생각해 보아야 한다. 중국 또는 타이완의식을 황민문학에 대해 논의하는 핵심으로 정한다면 상당히 다른 결론이 도출될 것이다. 왜냐하면 황민문학이 일본의 식민역사, 민족의 내용, 범위와 관련되기 때문이다. 논술과정에서 정치의 시공간적 변화는 가치관에 영향을 미치는 주요한 요소이다. 황민문학의 작가와 작품은 다양한 논쟁과 질의에 직면하게 되었다. 거기에는 일본 식민정부에서 국민당 정권으로의 변천을 거치며 나타난 각기 다른 민족적 입장, 정부건립과정, 논술 구축의 다양한 목적 등이 개입되어 있다. 그로 인해 작품 자체가 드러내고자 하는 내적 의미와 이데올로기는 도리어 중시를 받지 못하였다. 때문에 민족의식을 잣대로 황민문학을 검토하지 않음으로써 특정한 정치적 시공간이 만들어 낸 이 문학의 성과에 대해 다른 시각을 제공할 수도 있을 것이다.

7 「동경대화—마르크스주의, 정체성 구조와 문화형성東京對話－馬克思主義, 認同形構和文化研究」, 霍爾Stuart Hall・陳光興, 唐維敏 編譯, 『文化研究－霍爾訪談錄』, 台北 : 元尊文化, 1998, 178～180면.

2. 텍스트의 시공간적 맥락－전쟁동원과 신분담론

타이완에서 일본의 식민정책은 여러 방면으로 확대되었다. 특히 황민운동시기에는 언어와 교육에 치중하여 정신적인 면에서 철저하게 타이완을 개조하려 했다. 1930년대부터 일본 식민정부는 전쟁 수행을 위해 타이완을 전시체제로 편입시켜 전쟁에 동원하였다. 다양한 방식으로 '황민화 정책'을 추진함으로써 국가 권력이 전면 동원되어 타이완은 전쟁에 말려들게 되었다. 전쟁과 황민화운동으로 인해 진행된 사회운동은 어쩌면 '역설적 국민의 창조'라고 볼 수도 있겠지만 이는 각종 민족담론과 충돌을 유발했다.[8] 타이완과 일본 간의 각축은 정치권력과 문화 영향의 경쟁을 포함한다. 양자의 민족 정체성은 그 근거와 추구하는 가치가 있었으며, 민족주의 문화와 정치의 내적 구조를 구현하고 있었다.

1937년에서 1945년 사이에는 민족과 정치적 가치와 강제력이 언어와 문예 등에 더욱 분명하게 반영되었다. 7·7사변 후 타이완총독인 고바야시 세이조小林躋造는 전시체제에 부합하기 위해 타이완의 치안을 강화했다. 그리고 타이완인들이 전쟁에 자발적으로 참여하도록 하기 위해 '황민화', '공업화', '남진기지화'라는 세 가지 구호가 제기되었다. '황민화' 정책하에서 타이완 총독은 '국어운동'을 강하게 추진하여 일본어를 보급하고 국어강습소의 설립을 늘려 강압적으로 일본어를 학습시켰다. 1937년에는 신문, 잡지에서 중국어란을 금지하고 한

---

8 吳密察, 「台灣史的成立及其課題」, 『當代』 100, 1994, 84～85면.

문서당 및 타이완어 방송을 금지시켰으며 가정에서의 국어사용을 공포했다. 이러한 식민정책과 피식민자의 입장이 엇갈리면서 충돌이 생겼다. 거기에는 가치의 고하 및 우월감이 자리 잡고 있었다.

니시노 레이에이西野禮英는 일본이 타이완 식민통치에서 시행한 황민화가 식민지의 상처라며 교육에서의 고의적인 왜곡에 대해 주목했다.

> 일본인의 교육으로 인해 타이완 민중들은 상당히 큰 정신적 타격을 입었으며, 민족성을 지워버리는 우민화 교육의 폐해를 입게 되었다. 그 후에도 타이완인들의 고통이 수십 년 간 이어지게 되었다. 나는 일본이 타이완 식민정책 중 가장 자랑스럽게 여기는 교육제도가 타이완주민들에게는 가장 야만적인 행위였다고 생각한다. 이것은 어느 피비린내 나는 탄압보다도 더 야만적이라고 생각한다.[9]

일본 정부의 의도는 '식민교육체제'를 통해 일본 국가 정체성을 가진 타이완인을 배양해내는 데 있었다. 식민지 교육은 현대적 일본과 낙후한 타이완이라는 이원대립적 관념을 강화함으로써 타이완 서당의 몰락과 전통 풍속의 소실을 야기하였다. 일본어의 점진적인 보급으로 모국어가 상실 되었고, 일본식 생활이 현대적이고 진보적이라는 관념이 차츰 형성되었다. '동화형' 인물들은 이러한 식민문화 상황 속에서 탄생하였다.[10]

1945년 12월 17일 『타이완신생보』에 실린 사설 「사상의 독소를 숙

9 王曉波, 「'皇民化'的歷史與眞相」, 『台灣意識的歷史考察』, 台北 : 海峽學術出版社, 2001, 284~285면.
10 陳建忠, 앞의 글, 55면.

청하자肅淸思想毒素」[11]은 당시 지식인들이 사상과 문화를 개조하는 힘에 대해 고찰했다. 이 글은 일본의 타이완 통치수단을 다음과 같이 분석하고 있다. 식민 정책은 정치적으로 "백성에게 말을 듣게 하려면 그들에게 지식을 얻도록 해서는 안 된다"라는 우민화정책을 채용했다. 문화와 사상을 오염시켜 타이완 동포들의 국가의식을 모호하게 하고 이를 토대로 '일본화', '황민화'의 목적에 도달했다. 그리고 언어정책을 통해 강압적으로 일본을 모방하도록 학습시켰다. 뿐만 아니라 모든 도서, 잡지, 소설, 영화, 연극에서도 광범위하게 일본민족을 추켜세우고 군국주의의 논리를 주입시켜 타이완동포들이 부지불식간에 일본을 숭배하는 열등감을 가지도록 만들었다.[12]

황민화정책과 언어보급운동의 강력한 추진하에 한족의식은 타이완인의 역사기억 속에서 점차 사라져 가고 그 자리를 일본의식이 대체하기 시작했다. 일본의 신화에 대한 신앙과 아마테라스 오미카미天照大神에 대한 제사를 통해 타이완의 집단적인 역사 기억이 교체되었다. 이런 식으로 일본인들과의 공통된 역사적 기원과 담론이 창조, 주입되고 새로운 신분 정체성을 확립됐다.[13] 이러한 민족적 가치의 도입은 의식적이고 목적적인 것으로 진정한 종족적 동화가 아니다. 한스 쿤Hans Kuhn은 민족에 대해 다음과 같이 정의한 바 있다.

> 민족은 일종의 사상이다. 그것은 국가를 정치조직의 이상적인 형식이자 문

11 陳翠蓮, 「去殖民與再殖民的對抗－以一九四六年'台灣奴化'論戰爲焦點」, 『台灣史研究』 9-2, 2002.12에 인용된 사설 「肅淸思想毒素」, 『台灣新生報』, 1945.12.17을 재인용.

12 陳翠蓮, 「去殖民與再殖民的對抗－以一九四六年'台灣奴化'論戰爲焦點」, 『台灣史研究』 9-2, 2002.12, 152～153면.

13 王學玲, 「日據時期'皇民論述'的身分認同策略－以陳火泉「道」爲主的討論」, 192면.

화 창조력과 경제번영의 근원으로 인식한다. 이 때문에 인간이 지고무상한 충성을 국가에 헌납해야한다. 인간의 생명은 국가의 생명과 국가의 흥성 안에서만 존재할 수 있기 때문이다.[14]

그러나 식민지라는 시공간에서 국가란 서로 다른 정체성을 포함한다. 따라서 충성 역시 대상의 차이에 대한 고려가 필요하다.

해방 후에 사용된 '황민문학'이라는 말은 타이완이나 중국 민족주의 관점에서 등장한 것이었다. 이 용어는 식민전쟁과 황민화운동에 협력한 사람들의 작품에 대한 '멸시'와 '배척'의 의미를 지니고 있다. 일제시기 이후 '황민문학'으로 귀속된 작품들을 살펴보면 강압적이든 시대적 영향을 받아 쓰였든 간에 대부분 작가의 그림자가 반영되어 있다. 소설을 예로 들면 소설의 작가와 주인공이 어느 정도 중첩되면서 자전적 색채의 텍스트를 형성한다. 이를 통해 작가가 정체성에 대한 고민과 곤경을 겪고 있었기에 소설 속의 주인공과 분리될 수 없었고, 때문에 완전히 비판적인 입장을 가질 수 없었다는 것을 알 수 있다.[15] 상대적으로 그들은 자신들이 만들어낸 인물들과 연동되어 때로는 당혹감과 퇴폐적인 느낌을 갖기도 하고, 때로는 성스러운 전쟁에 대해 만세를 부르기도 하였다.[16] 자아 정체감의 추세에도 각자 차이가 있었다. 일본의 식민정권에 저항하거나 굴복하거나 동경하거나, 모두 작가의 개인적 주관이고 주장이며 선택이다. 그러나 그

14 水庚和, 「民族主義與中國政治發展」, 『當代』 17, 1987; Hans Kuhn, *Nationalism-Its Meaning and history*, New York : Van Nostrand Co., 1965, p.9.

15 張恒豪, 張恒豪 主編, 「反殖民的浪花」, 『翁鬧・巫永福・王昶雄合集』, 台北 : 前衛出版社, 2000, 372면에 수록.

16 陳建忠, 「未癒的殖民創傷－再論台灣文學史上的'皇民文學'議題」, 『現代學術研究」』 專刊XI 9-11, 2001, 142면.

인식의 내적 의미가 어떠하든 간에 그것이 형성된 배경은 일치한다. 그들은 일본 정권이 제공하고 선전하며 강제한 일체의 제도적 가치를 유일한 참조 좌표로 하였다. 황민문학의 작가들은 이것을 자기 힘으로 초월해 낼 수 없었던 것이다.

주체의 정체성은 특정한 시공간을 기반으로 한다. 문화 정체성은 집단의식이 소환하는 문화적 특징이 아닐 뿐더러 문화적 담론이 수사修辭상에서 야기하는 객관적 사실인 것도 아니다. 정체성은 본질적으로 일종의 연대이며 권력의 지배와 의미의 통로를 거쳐 사람들을 그 안에 망라해 넣는다.[17] 작가와 창작 역시 그러하다. 작가의 의식과 선택 취향은 종종 정체성과 같은 방식으로 정형화되거나 만들어진다. 또한 주관적인 중심 가치관이 되어 변경되지 않고 동요하지도 않는다.

문학에 영향을 미치는 정치적 요인은 하루아침에 바뀌지 않는다. 장쑹성張誦聖은 문학체제와 문학영역 구조의 변화와 정치적 세대교체는 핵심적 정책의 실시 여부에 관련되는 것으로 고정불변의 것이 아니라고 생각한다. 타이완이 일본에 할양된 후 일 이십년 간 문화체제는 여전히 전 왕조의 전통문인들의 것을 답습했다. 이러한 상황은 1920년대 공학교가 보급되고, '서당'의 수량이 감소할 때까지 이어지다가 신문학이 흥기하자 현저한 변화를 보인다. 1937년에 한문으로 된 도서와 신문이 금지되고, 제2세대 식민 지식인들이 문화의 무대에 올라서자, 문학체제의 변화는 또 다른 전환점을 맞이하게 된다. 많은 현상들이 보여주듯, 직접적으로 일본의 영향을 받은 문화전통

17 陳奕麟, 「解構中國性－論族群意識作爲文化認同之曖昧不明」, 『台湾社會研究季刊』 33, 1999, 118면.

과 체제는 이미 타이완이라는 식민지에 깊이 뿌리내려 있었다.[18] 이를 통해 당시의 지식인들이 일본이 수출하는 가치들을 받아들이지 않기가 실로 어려웠음을 알 수 있다.

황민문학 작가의 심리적 지도에서 그 안에 얼마만큼의 전통문화가 잔류해 있든 간에 일본식의 근대와 정신은 지울 수 없는 일부분이었다.[19] 또 한편으로 문자의 사용능력을 가지고 있었기에 지식인들은 근대적인 일본식 생활에 접근하고 이를 따를 수 있는 가능성이 있었다. 이 때문에 그에 대한 기대와 함께 그로 인한 고민과 분투도 함께 존재했다. 1937년 룽잉쭝龍瑛宗의 「파파야가 있는 작은 마을」에 등장하는, 차별대우하에서도 '진보를 추구하는' 소지식인의 형상은 신세대 일본문학 작가들이 식민교육하에서 갖게 된 정체성과 가치관의 변화를 예고하고 있었다. 이것의 원인을 연구하는 것은 '황민문학'을 연구하는데 있어서 필수적인 요소일 것이다.[20]

팡샤오첸方孝謙은 뤄청춘羅成純의 말을 인용하여 룽잉쭝의 이 소설이 식민통치에 대한 타이완인 작가들의 저항을 대표하지만 '굴종 및 경사'의 형세를 드러낸다고 지적했다. 이후 저우진보周金波(1941), 천훠취안陳火泉(1943), 왕창슝王昶雄(1943)의 주요 작품들은 '굴복'과 '순종'의 스펙트럼 사이에서 배회하며 타이완 지식청년들이 일본의 영향

---

18 張誦聖, 「'文學體制'與現當代中國 / 台灣文學」, 周英雄 劉紀蕙 主編, 『書寫台灣－文學史, 後殖民後現代』, 台北 : 麥田出版社, 2000, 35면.

19 方孝謙, 『殖民地台灣的認同摸索－從善書到小說的敍事分析, 1895～1945』, 台北 : 巨流出版社, 2001, 172면. 方孝謙은 찰스 테일러Charles Taylor가 '현대적 자아'를 발표했을 때 '현대성' 자아 정체성의 양산을 인용하여 만약 타이완이 일본 식민지배에 의해 강제적으로 왜곡된다면 이러한 정체성의 생성은 전통적 도덕질서를 버릴 수밖에 없는 잔여문화가 되며, 일본 식민정권의 한족 잔여문화에 대한 희석이 룽잉쭝 등 인물의 내면적 정체성을 형성한다고 말했다.

20 陳建忠, 앞의 글, 56면.

력 앞에 속수무책으로 휘둘리는 상황을 그리고 있다 보았다.

츠카타 료타塚田亮太는 저우진보周金波의 문학에 대한 연구에서 시대와 개인의 관계를 분석했다. 그는 시대가 이성에 얼마나 위배되든, 그들이 '황민화' 교육환경에서 황민사상을 무비판적으로 받아들였든 혹은 그들이 접촉했던 이성의 세계가 유한적이었든 간에, 그들이 일본인이 되어야 하는 운명에 대한 반성은 반드시 하게 되었을 것이라고 말한다. 그러나 이 또한 당시 지식인들이 일본인으로서 살아가는 것 외에는 다른 선택이 없었으며 그것이 꼭 이성적인 계산의 결과가 아니었다는 점을 시사한다.[21]

3. 텍스트의 이데올로기 – 전투연성戰鬥練成과 미학가치

「파파야가 있는 작은 마을」 등 4편의 소설은 모두 일본정신과 일본식 생활에 대한 갈망, 그러한 추구 과정에서 나타나는 고민과 타락을 보여준다. 일본은 정권의 통치자일 뿐 아니라 근대 지식문명의 제공자이자 지식인들 정신세계의 지도자로서 타이완 본도와는 극명한 대조를 이룬다. 추상적 측면에서의 일본 황민정신이든 구체적인 일본의 우아한 생활상이든 간에 모두 지식인에게 갈망과 추구 및 자기모순을 불러왔다.

21 塚田亮太, 「閱讀『讀周金波日語作品集』――一位台灣'皇民作家'的精神軌跡」, 『台灣文學學報』 3, 2002, 14면.

1) 만들어진 자아와 정체성

일본정신은 당시 지식인들의 정신적 지침이었다. 당시 청년들의 일본정신에 대한 지향은 「지원병」의 밍궤이明貴가 주장하는 자아 정체성이나 진류進六의 신비한 박수치기의 형태로 나타났다. 그 공통점은 일본정신에 대한 희열과 감동이었다. 밍궤이는 다음과 같이 말한다.

> 황제가 거주하는 니쥬바시重橋 앞에서 엄숙하게 머리를 조아리는 그러한 감격만 느낄 수 있어도 충분했다. 야스쿠니신사靖國神社에 가서 머리를 조아려 참배할 때 그 말할 수 없는 감격은 완전한 일본인이 되었음을 느끼게 해주었으며 또한 억지로 짜낸 눈물이 아니라 자연스럽게 흘러내리는 눈물이 이를 더욱 충분히 느끼게 해주었다.

「길道」에서는 천황에 대한 공경과 헌신이 더욱 분명하게 나타난다. 칭난靑楠은 다음과 같이 말한다.

> 당시 천황의 양이攘夷로 인해 이 이적夷狄의 마음이 깃든 정신을 깨끗하게 씻어냈는데, 내 생각에는 이것이 바로 일본정신이라고 설명할 수 있을 것 같다. 때문에 존왕양이의 정신을 가진 사람이어야만 비로소 일본정신을 지닌 사람이라고 할 수 있다.

「지원병」의 일본정신은 황궁과 야스쿠니 신사에 대한 감격과 감동이며 「길」의 일본정신의 핵심은 천황을 위해 목숨을 불사하는 것이다. 어떠한 대가나 이익을 따지지 않고 천황을 위해 죽으려는 이러한 신앙은 절대 흔들리지 않고 심지어는 사람을 구원해내는 힘으로까지 승화된다. 「길」에 나오는 "천황신앙에 있어서, 나는 '천황폐하 만세'라는 이 함성 속에서 구원의 길을 찾을 수 있었다"라는 문장은 통해 일본과 천황에 대한 신앙이 개인의 생명을 구할 수 있을 정도가 되었음을 보여준다.

당시의 타이완청년들은 일본정신과 천황을 위해 하는 모든 봉헌과 희생의 가치를 견고히 믿었다. 일본 식민정권의 강력한 간섭과 구축 과정에서 자연스럽게 일본식의 미학적 가치관이 주입될 수밖에 없었던 것이다. 일본의 전쟁담론은 낭만적 색채를 띠었으며 승화와 초월성을 지녔다. 전쟁담론은 타이완청년들이 지원병이 되고자 신청하는 것을 '일본 남자의 염원'이라고 묘사했다. '남자의 염원'이란 본래 남성들이 근본적으로 가지고 있는 포부와 열망을 지칭했지만, 이때부터 종군의 대명사가 되었다. 천황을 위해 헌신하고자 할 때 '천자의 선봉'과 '적을 죽이는 선봉'으로서 종군을 하는 것은 자신이 천황의 보잘 것 없는 방패에 불과해지는 것이었다. 아울러 '약앵若櫻(벚꽃과 같다)'이라는 단어로 타이완의 지원병이 '벚꽃'에 비유되고 파일럿은 '황취荒鷲' 즉 '독수리'로 비유되었다. '구단의 벚꽃九段之櫻'은 야스쿠니신사에 모셔진 사망한 전사들을 지칭한다.[22] 벚꽃이 떨어지는 것은 낭만적인 미적 감각을 지니고 있어, '꽃이 흩어지고' '옥이 깨진다'는 것은 국가를 위해 몸을 바친 군인들을 의미한다. 군인이 조난을 당했을 때 떨어지는 벚꽃이라고 상상되면서 그들의 죽음이 처량한 아름다움을 지닌 것으로 느껴진다.

---

22 周婉窈, 『海行兮的年代－日本殖民統治末期台灣史論集』, 台北 : 允晨出版社, 2002, 189～191면.

이를 통해 현실의 잔혹한 전쟁과 처참한 죽음은 가장 찬란한 순간에 표연히 져버리는 모습으로 자랑스러운 자아의 실현이자 인생의 극치에서 맛보는 승화와 초월로 묘사되었다.[23] 이것이 일본식의 미학적 가치이자 의도적으로 채택된 선전방식이었다. 일본의 전쟁담론은 미와 죽음의 결합이었다. 이러한 미화된 선전이 군인들에게 죽음을 두려워하지 않게 할 수 있었는지는 알 수 없지만 그 속에 들어있는 인생에 대한 미학과 태도는 그들에게 깊은 영향을 미쳤다.

일본의 전쟁선전, 학교 교육은 미학적 전통과 상호 융합되어 당시의 군인이나 지식인들에게 뚜렷한 지도적 역량을 발휘했다. 1943년 11월 타이베이 공회당에서 거행된 '타이완결전문학회의'에서 천훠취안은 다카야마 혼세키高山凡石이라는 이름으로 「황민문학에 대해 논함談皇民文學」이라는 글을 발표하면서 다음과 같이 말했다.

> 천자를 위해 조국을 위해 적군과 전투를 할 때 일본인의 마음속에는 늘 반드시 이기리라는 신념을 지니고 있어 용감한 정신을 발휘하는 감탄할 만한 자태를 보여준다. 이렇게 감동적인 모습을 묘사하고 승화시켜 더욱 완벽하게 하는 것이 문학가가 해야 할 일이 아니겠는가?
>
> 결론적으로 만약 문학가들이 모두 일본인들의 진심을 가지고 있다면 이 세상에 어려울 것이 하나도 없을 것이다. '진실'은 곧 '진실'일 뿐이다. 나 하나 죽고 사는 것에 연연해하지 않고 몸을 던져 전투에 나가는 이러한 정신이라면 이루지 못할 일이 없다. 그러나 이렇게 몸을 버리지 못하는 자는 자신이 문학가가 아니며, 일본인은 더더욱 아니라는 점을 느껴야만 한다.[24]

---

23 위의 책, 205~206면.

24 高山凡石, 「談皇民文學」, 『文藝台灣』 7-2, 1944.1.

이 발언이 작가의 본심인지 아닌지 단언할 수 없지만, 그 태도와 정신은 「길」의 내용과 일치하고 있다. 때문에 「길」에서 칭난이 미야자치 타케오宮崎武夫와의 만남과 그 이후의 서신왕래, 상사의 주목과 격려에 대해 여러 차례 그것들이 일본식의 인생미라 여기며 깊이 감동하는 것이다. 룽잉쭝의 「파파야가 있는 작은 마을」과 왕창슝의 「급류」에서 일본정신은 근대적 지식과 적극적인 창조와 개발이 지니고 있는 생명력을 통해 구체적으로 표현된다. 일본정신은 인생에서 반드시 지녀야 하는 생활의 모델과 행위의 모델이 되었다. 그것은 이성적 질서, 구습의 타파, 현대에 대한 추종 등을 대표하고 사람들에게 성장과 초월을 이루게 하며 우둔하고 통속적인 것에서 벗어나게 하는 수신修身의 방법이었다. 하지만 일본정신은 초월적인 정신지도 원칙은 아니었다.

「파파야가 있는 작은 마을」은 지식인이 부단히 노력하여 타이완 사람들과 구별되고자 하는 심리상태를 그리고 있다. 천유싼은 일본옷을 입고 일본어를 하며 자신의 하찮은 동족들과 구별되고자 애를 썼다. 작품 속에서는 다음과 같이 말한다.

> 천유싼은 늘 유카타를 입고 오비(넓은 천으로 된 허리띠)를 서툴게 매고는 목적 없이 거리를 산보하면서 바위 틈 속에서 피어난 잡초 같은 생명력을 지닌 사람들을 쳐다본다. 그들과 자신의 사이에 거리가 있다는 생각을 하면 점차 우월감이 생겨난다.

유미적인 정서는 적극적인 창조력과 전투력을 그 안에 품고 있다. 하지만 반드시 그것이 밖을 향해 공격한다고는 할 수 없으며, 더 많은 경우에 그것은 자아의 초월과 노력에 그친다. 「길」에서의 일에 대한 묘사에서도 그중 일부를 볼 수 있다.

> 동양, 특히 일본에서는 예부터 머리와 손발의 수련만이 아니라 심령과 정신의 연마를 존중했다. '일본 정신의 정수를 집성한' 일본 칼은 말할 필요도 없거니와 회화, 조각, 다도, 화도 그것이 지닌 예술들 역시 이러하다. 목욕재계를 하거나 고요히 앉아 좌선을 한 뒤에야 일을 하기 시작하는데 이것은 바로 경건한 태도이다.

자아를 단련하는 내면적 가치는 일본식의 미적 가치이다. 「길」에서의 칭난은 일에 집중하고 몰입하는 것과 반성적인 자아수련이 일본식 심령의 극치이며, 생활과 수련에서의 필수적인 태도라고 생각했다.

「급류」에서 재차 강조하는 것은 창조적이고 전투적인 인생의 가치이다. 마찬가지로 이러한 인생의 가치미학 역시 일본에서 유래한 것이었다. 이것은 근대문명과 청춘의 호방한 마음에 대한 구체적인 표현이었으며, 지식인들의 지식적 이상을 양성하던 곳이자 그들이 동경한 이상적 본향이었다. 때문에 「급류」와 「지원병」은 도쿄를 떠나는 것을 청춘의 자유로운 감상과 고별하는 장면으로 묘사한다. 소설 속의 지식인들에게 도쿄를 떠난다는 것은 청춘의 꿈, 우아하고 자유로운 생명과 이별을 고하는 것이었다. 도쿄는 지식과 문명이 모두 모인, 행복과 여유로 가득한 곳이다. 이곳을 떠난다는 것은 정신적으로 타락하는 것과 같다. 때문에 「지원병」과 「급류」 모두 유사한 심리묘사를 하고 있다. 저우진보의 「지원병」에서 등장하는 '나'는 지룽항구에서 밍궤이가 탄 선박이 정박하기를 기다리면서 지난 날 아름다운 청춘기의 추억으로 돌아간 듯 다음과 같이 회상한다.

> 8년 전을 회상해 보면 나 역시도 이렇게 고향으로 돌아왔었다. 그 당시는 비록 작은 '기노마루吉野丸(당시 일본의 우편화물선)'급의 배였지만, 학생시절의 금의환향에 대한 충만하고 달콤한 꿈을 지니고 있었다. 그것은 '기노마루'급의 최후의 항해였고 '아사히마루朝日丸'라는 이름으로 불렸던 것으로 기억한다. 당시 나는 왠지 모르게 마중 나온 이들의 열렬한 환영에 마치 다른 사람의 일인 양 스쳐지나가 어두운 심정으로 배에서 내렸다. 이것은 아마도 고독하지만 자유로 가득했던 오랜 기간의 도쿄생활이 남겨준 애수의 감정과의 고별이었던 듯하다.

「급류」에서도 청춘의 생명력 넘치는 심경에 대한 회고를 언급하며 "그곳에서 나는 생활의 가치를 느낄 수 있었다"고 말한다. 작품에서는 다음과 같이 말하고 있다.

> 10년 동안 살아 익숙해진 도쿄를 떠난 것은 3년 전의 봄날이었다. 지금도 눈을 감으면 그날 밤의 정경이 또렷하게 머릿속에 떠오른다. 긴 뱀과 같은 시외로 나가는 야간열차는 9시에 도쿄역을 떠나 가쿠마치樂町, 신바시新橋, 시나가와品川, 오모리大森를 경유했다. 가로등이 점차 시야에서 멀어질 때, 더 이상 감정을 억제할 수 없이 뜨거운 무엇인가가 가슴 속에서 용솟음쳤다. 이는 도쿄를 떠난다는 쓸쓸함 때문만은 아니었다. 일단 고향으로 돌아가면 언제나 다시 이곳 도쿄로 돌아올 수 있을까? 하는 심정에 참을 수 없는 적막함을 느끼게 되었던 것도 이유의 하나였다. 이것은 결코 젊은 날의 감상에 불과한 것은 아

> 니었다. 나는 S의대에서 전 과정을 마치고 부속병원의 임상 의사이자 해부학 교실의 연구생 신분으로 남게 되었다. 그러나 이 역시도 무척 짧은 기간의 일이 되어버렸다. 약 1년의 시간이 지난 후 고향에서 내과 진료소를 운영하시던 아버지가 갑작스럽게 돌아가셔서 어쩔 수 없이 고향으로 돌아가야 했던 것이다. 정형외과 부문까지 공부하고 싶은 생각과 북쪽나라에서 생활하고 싶다는 생각이 실현되기 일보직전에 완전히 좌절하고 말았다. 아버지의 가업을 계승하는 것은 일생을 시골의 병원에 묻혀 지내야하는 처지가 된다는 것으로 이것은 나에게 참기 힘든 일이었다.

아름다웠던 경험들과 완전무결함을 추구하는 적극성은 다 흘러갔다. 도쿄는 찬란한 청춘을 마음껏 누릴 수 있는 꿈의 터전이었기에, 현실에 떠밀려 어쩔 수 없이 떠나게 되었을 당시의 심정은 말로 다 할 수 없는 것이었다.

우아하고 낭만적인 사물에 대한 탐미와 감상은 「급류」에서 더욱 분명하게 표현된다. 아름다운 것들은 사실상 모두 일본의 이미지이며, 일본의 통치하에 있던 지식인들의 지식과 가치관 역시 모두 일본에서 유래한 것으로, 이것이 그들의 생활 규범과 정신을 형성하였다. 「파파야가 있는 작은 마을」의 랴오칭옌廖清炎과 막 일본에서 타이완으로 돌아온 「지원병」의 장밍궤이張明貴, 「급류」의 이토伊東, 「길」에서 하이꾸俳句 짓기를 위안으로 삼는 칭난 등의 인물은 그 정신적인 기질, 옷매무새, 환경에 대한 대처 등에서 모두 일본인과 같은 우월의식과 초연함을 가지고 있었다. 일본이나 도쿄는 당시 지식인들에게 있어 생활과 정서상의 모델이었고 청춘의 꿈의 토양이자 우아함의 상징이며 유일한 문명과 문화적 권력이었다.

소설 속 인물들에게 도쿄는 고향과 같은 곳이며 적어도 심리적 꿈의 토양이 되었다. 그들이 고등교육과 근대적 계몽을 교육받은 곳이기 때문에 도쿄에 가고자 하는 절실한 동경을 지니고 있었다. 관동평원의 기후와 아름다움에 대한 미련, 도쿄 여인들에 대한 미련, 일본의 신년 행사들, 숙소의 설비, 의대에서 수학하던 시기의 여유롭고 만족스러웠던 추억들이 타이완에서의 단조로운 현실과 비교되었다. 진심으로 터놓고 이야기할 사람 하나 없이 '나그네의 비통함과 같은 난폭한 감상에 빠져 있을 때' 이토 하루오伊東春生의 일본인 같은 분위기와 행동, 자신감 넘치는 모습을 보고 이국 타향에서 지음을 만난 듯 친밀함을 느낀 것이다. 비록 악랄한 현실생활에 직면해 있었지만 그에게 있어 일본식의 미학과 인생관은 여전히 정신의 초월적인 기반이자 생존의 목표였다.

2) 가치에 대한 추구와 고민

「지원병」에서 일본으로 유학을 떠난 청년인 '나'와 밍궤이, 「급류」의 일본 유학생 출신 의사의 동경에 대한 추억, 「길」의 칭난이 경험한 극도의 일본화 및 「파파야가 있는 작은 마을」의 유카타를 입고 동포를 멸시하는 천유싼과 홍톈숭, 이들은 모두 일본의 가치관을 마음 깊이 간직하고 있다. 이렇게 적극적으로 상승하고자 하는 동력은 종종 고민과 좌절을 동반한다. 소설 속의 주인공 역시 노력과 창조를 갈망하는 속에서 종종 승리의 성취감 대신 실망과 좌절, 그리고 그들의 선택으로 인해 생겨난 모순과 망연함을 맛보아야 했다. 그들이 인생에서 추구하는 모델은 일본식의 정신을 모방할 수 있겠으나 목표는 늘 예상하는 것과 똑같이 이루어지는 것이 아니다. 비록 지식과 마음속의 일본적 이미지는 쉽게 도달할 수 있다고 하더라도, 각종 현실은 그들이 초월하기 힘든 장애물이었다.

일본정신을 갖게 되는 방법에 대해 소설 속 인물들은 모두 자기 나름의 주장을 가지고 있지만, 신분적 입장에 따라 차이가 있었다. 밍궤이는 황민으로서의 단련이 타이완인들의 저급하고 보잘 것 없는 문화를 해결할 수 있는 가장 좋은 방법이라 생각했다. 하지만 서로 다른 지식을 통해 일본 정신을 획득할 수 있는 경로가 각각 다르다고 생각했다. 진류進六는 "내가 말한 것은 정신의 문제, 즉 일본 정신을 주입하는 것이다"라고 하며 인간의 열정으로 일본정신에 직접적으로 접촉할 수 있다고 생각했다. 그러나 밍궤이는 일본정신의 주입은 교육에 있다고 보았다. 그는 "나와 같이 일본식 교육을 받은 사람이라면 누구나 일본인이 될 수 있다. 나와 같은 상황에서도 나 자신이 바로 일본인이라고 단언할 수 있는데, 일본인이 되는 것이 그리도 어려운 것인가? 나는 전혀 그렇지 않다고 생각한다"라고 말한다.

밍궤이의 이러한 생각은 일본 교육제도 안에서 배양된 지식인의 신념이다. 일본의 모든 것이 그들의 정체성과 참조의 근원이 되며 실질적으로도 자아 정체성 면에서 다른 선택의 길이 없었다. 그러나 가까스로 공학교를 졸업한 서민계층에 속했던 진류가 새끼 손가락을 잘라 혈서를 쓰고 지원병으로 참전한 애국적 행위는 또 다른 계급이 선택한 격렬한 방식이었다. 이는 예전의 박수치기를 통해 일본정신을 느낀 것과 같은 것이었다. 밍궤이는 진류의 이러한 방식을 인정하며 자신의 방식을 뉘우친다. 이러한 변론과 실천이 일종의 보국이며 또 사회를 개선시키려는 사명감의 표현이라고 여겼기 때문이다. 더구나 그것은 인생의 목표에 대한 스스로의 선택과 기대이며, 이 역시 일본정신의 구체적인 발현이었다. 식민정권의 주도하에서 지식인들의 심리는 기존의 가치로 구성되고, 사람들의 생활과 신념에도 영향을 미쳤다.

추구와 단련의 과정에서 혈연적 신분의 한계에 직면하고 일본인에게 불평등한 대우를 받게 되자 지식인은 고민과 불안에 휩싸였다. 또한 이를 계기로 일본 혈통이 아니라는 사실을 극복해낼 방법을 적극적으로 모색하게 된다.[25] 천훠취안의 「길」에서 갈구했던 일본정신은 구체적인 목표인 동시에 인생의 가치에 대한 초월과 승화로 미화된다. 「길」은 어떻게 일본인이 될 것인가에 대해 다음과 같이 이야기하고 있다.

> 일본인의 혈통을 물려받았다고 해서 일본인이 되는 것은 아니다. 어려서부터 일본 정신의 전통적인 훈련을 받아 언제 어디서든 일본정신을 표현할 수 있어야만 일본인이라 할 수 있다.

일본인과 타이완인의 결혼을 통한 혈연적 교류로 타이완인들을 야마토민족으로 순화하고자 하는 것은 좋은 계책이 아닐지 모른다. 그러나 일본민족의 생활형태, 즉 아마테라스 오미카미天照大神에 제사지내며 일본신화에 대한 신앙생활을 하는 것이 가장 보편적인 지름길이라는 점에서는 의심의 여지가 없다. 이러한 신앙이 확립되기

25 方孝謙, 앞의 책, 2001,160면.

만 한다면 우수한 황민이 되어 구원을 얻게 될 수 있기 때문이다. 신앙은 자아의 소멸이며 희망의 성취이자 인간의 것을 버리고 신의 세계로 도약하는 것이기 때문이다. 또한 이러한 도약은 시간이 필요하지도 않다. 다시 말해 과거의 것들을 시간에 구애받지 않고 주체 안으로 용해시켜 현실에 스며들게 하는 것이다.

그것은 사상적인 의론이 아니며 말로만 얘기하는 웅변 같은 것도 아니다. 열정과 각오만 가지고서도 안 된다. 반드시 생활 속에서 실현되어야하며, 오로지 포화 속에서나 전쟁 중의 긴장된 분위기와 불타는 행동 속에서만 황민에 대한 신념이 체험되는 것이다.

혈통이 다르기 때문에 정신적 시스템을 주장하는 것이다. 정신적 시스템을 통해 신의 길로 가는 정신 즉 야마토정신과의 교류를 하는 것이 불가능하다고 할 수 있는가? 만일 누군가 부정한다면 그것은 본인 스스로의 노력이 부족해서일 것이다. 혈통과 정신 중 어느 것이 강할까? 언젠가는 밝혀질 날이 있을 것이다. 정성을 다하면 바위도 쪼개지기 마련이기 때문에 최후의 승리는 분명 정신으로 귀결될 것이다.

혈통적 차이를 극복할 수 없기 때문에 정신의 단련과 전쟁에의 투입으로 극복하고자 한 것이다. 여기서의 차이는 종족이지 민족이 아니었다. 「길」에서 칭난은 다음과 같이 한탄한다.

> 국화는 국화이고, 벚꽃은 벚꽃인데 모란은 꽃도 아니란 말인가? 타이완인은 결국 황민이 아닌 것인가? 사람이라고도 불리지 못하는구나.

그는 오랜 세월 병을 앓아 온 사람이 자신의 쇠약한 정도를 알아보기 위해 비쩍 마른 몸을 만져보는 것과 같이 자신의 비참한 신세를 사색하고 있었다. 버림받은 것 같은 고독감을 느끼지 않을 수 없었다. '차별 없는 대우' 안에 가려진 허위를 보았을지라도 차별대우 앞에서는 다른 반성을 하거나 주저하는 대신 끊임없이 노력했다. 그의 고민은 일본인이 되려는 목표를 이루지 못한 것에서 나온 것이지 목표 자체에 대한 반성은 아니었다.

타이완의 지식인들은 혈연의 운명을 초월할 수 없었고 후천적이고 외재적인 수단으로 자신을 격려했다. 「길」에서 말하고 있는 바와 같이 "타이완사람들 중에 그리고 조선인과 만주인들 중에는 분명 이러한 일본정신을 지니고 있는 사람들이 있다. 비록 그것은 선천적으로 가지고 온 것이 아니지만, 그것을 꼭 부여잡고 놓지 않는 사람들이 분명 있다." 일본정신은 물론 궁극적인 목표이지만 민족을 초월해 자각에 기대어 획득할 수도 있다. "그는 자신이 탁월한 일본인이라고 믿었다. 일본의 공민으로서 그는 자신이 어느 면에서든 절대 일본인에게 뒤지지 않는다고 믿었으며 자신이 그들 중 누구보다도 강하다고 믿었다. '내지인'이라는 단어와 그에 상대적으로 사용되는 '본도인'이라는 단어가 사람들에게 주는 '어감'은 무척 불쾌하다. 그는 '내지인이었다면……', '본도인이었다면……' 이러한 식의 사고방식은 하릴없는 것이라고 생각했다."

천훠취안이 「길」에서 보여주는 것은 일본정신에 대한 갈구였다. 하지만 작품은 이 목적을 달성하기 위해 행해진 '자학'의 과정을 더욱 강조하고 있다. 그리고 일본인들에게 인정받지 못하는 상황에 대해 자신의 노력이 불충분하거나 방향이 잘못된 탓으로 돌리는 '도덕적 책임전가Moral masochism'는 일본인들의 공감을 얻었다.[26] '황민봉공회' 중앙본부의 타이타쿠 데이키치大澤貞吉의 선문집은 이 글에 대해 "그는 황국 일본의 신하가 되는 길을 추구하기 위해 끊임없이 단련했다. 동시에 괴로워하고 고민하며 피 흘려 분투하고 모든 장애를 극복하여 진정한 일본인이 되고 싶어 했다"라고 했다. 그리고 일본인이 되고자 하는 집착으로 보건대 「길」에서 어떤 다른 등장인물도 칭난과 비교할만한 것이 없다고 했다. 일제시기 이후의 중화민국 국민정부의 정권 분위기 속에서 천훠취안 역시 이를 근거로 자신의 창작 취향에 대해 해설하였다.

「급류」에서의 '나'는 일본에서 공부를 하던 시기에 자신이 타이완인이라는 것을 인정하지 못하는 도피심리로 시고쿠인이나 큐슈인을 사칭하였으며 키무라 후미로쿠木村文六라는 가명을 사용했다. 이 내면의 독백에는 타이완인의 복잡한 심정이 들어있다.

> 너는 정말 비열한 놈이다. 그것은 분명 타이완을 멸시한 증거이기 때문이다. 타이완인은 절대 중국인이 아니며 에스키모인도 아니다. 뿐만 아니라 내지에서 태어난 사람과 전혀 차이가 없다. 명예로움을 가져야 한다. 동일하게 일본 신민으로서의 명예를.

일부러 타이완인 신분을 숨겨왔던 이유는 자아에 대한 부정과 불안 때문이었다. 근대적인 일본과 대조적으로 타이완은 '체면을 모르는 시골뜨기' 어머니와 같이 버릴 수도 없고 근대의 기대에 부합될 수도 없는 존재였다. 구보카와 쓰루지로窪川鶴次郎는 「급류」를 분석하면서 "작가는 이토와 린보녠 두 사람의 조합을 통해 본도 청년들의

26 垂水千惠, 「戰前日本語作家－王昶雄與陳火泉, 周金波之比較」, 『台灣文學的硏究在日本』, 『台灣文藝』 16-136, 1993.

심각한 번뇌를 제거하고 '누가 뭐라든 이토의 백발이 아무 것도 아랑곳하지 않고 뛰어든 전투에 대한 일종의 표현이 아니면 무엇이겠는가'라며 최종적인 판단을 내린다. (…중략…) 이 작가는 나에게 본도 지식인의 한 전형을 상상하게 만들어 주었다." "자신은 남방에서 태어난 한 일본인인 것을 달갑게 여기지 못하고 순수한 일본인이 되지 못해 마음이 불안하다. 이것은 자연히 내지화되기 위해 노력하는 것이 아니라, 무의식중에 내지인의 피를 자신의 혈관 안에 수혈하려는 심리로 자신도 모르는 사이에 변화했다."

이토는 '나'에게 있어 일본화된 교육과 생활방식만을 가진 존재가 아니다. 그는 적극적이고 전투적인 이데올로기를 가지고 있어 일본 여성과 결혼하고, 모든 방면에서 모두 '나'의 심리 속에서 완벽하게 모범적인 형상이 되었다. '나'는 단조롭고 무료한 타이완의 생활환경과 뿌리 깊은 고향의 정서에서 벗어날 수 없었다. 일본적인 청춘의 호탕함은 고향의 저속하고 단조로운 모습과 대조되며 현대적 문명과 전통적 정서가 어우러지지 못하여 고통스럽고 무력함만을 느끼게 하는 근원이었다.

낭만적이고 유미주의적인 일본식 정서를 가지고 전통적인 타이완 사람들과 초라한 공간에서 마주 대하고 일본에 대해 동경을 표시하던 개인의 심리는 조악한 현실과 너저분한 인간관계와 대면하면서 개인적 한계와 고민을 겪었다. 이로 인해 전통과 근대 사이의 불협화음이 생겨났다. 때문에 「급류」의 이토 하루오는 자신의 부모를 무시하고 냉대했다. 또한 이상과 현실이 충돌하고 그가 바라던 아름다움이 쉽게 깨어지면서 '내'가 본래 지니고 있던 꿈과 상상 역시 모두 도전을 받았다. "바로 그 순간 이토의 곤혹스러움은 도대체 어떤 의미를 표현하는 것일까? 이것은 막연한 행복에 빠져 있다가 체면을 모르는 본도인 어머니의 출현으로 인해 현실을 마주 대하고는 당혹스러워하는 것과 같은 것으로 해석할 수 있다." 이토 하루오는 부모를 버리고 일본으로 유학을 떠나 힘들게 공부했다. 그 경위에 대해 '나'는 그것이 자신의 꿈과 전투적인 삶을 추구하는 것으로 이해하려 했다. 나아가 이것이 이 세대의 본도 청년이 맞닥뜨린 이중의 모순이라고 결론지었다.

이토는 진정한 내지인이 되려면 고향의 쾌쾌한 흙냄새를 완전히 제거해야한다고 생각했다. 이를 위해 부모마저도 밟고 넘어서지 않으면 안 된다고 생각했다. 학교나 사회에서 순수한 일본화 청년교육을 받은 젊은이라도 집으로 돌아가면 전혀 다른 환경에 놓이게 된다. 여기서 본도 젊은이의 이중적 생활에 대한 심각한 고뇌가 생겨나는 것이다. 이러한 고뇌를 극복하기 위해 한쪽 방향만을 향해 정면으로 도전하고 다른 한쪽은 철저히 짓밟아야 했던 것이다. 또한 현재 세대가 기성의 낡은 관습으로부터 해방되기 위해 그것에 싸워 이기면 다음 세대는 자연히 그것을 물려받지 않겠는가? 이토는 비속한 부모를 버린 데 대한 죄의식과 격한 감정 때문에 성숙하지 못한 생활방식에 대해 전율하는 본도 청년이고 그래서 분골쇄신의 정신으로 교육에 종사했는지도 모른다.

그러나 일본에서 유학하던 보넨은 여전히 이토 하루오伊東春生를 용서할 수 없다. "나는 웅대한 야마토의 혼과 연계하여 묵묵히 우리의 솟구치는 피를 통해 묘사하지 않으면 안 된다고 느꼈다. 이것은 무엇보다 중요한 결심이다. 그러나 내가 당당한 일본인이 되기 위해서는 더욱 당당한 타이완인이 되지 않으면 안 되는 것이다. 남방에서 태어났다고 해서 자기 자신에 대해 비겁하게 굴 필요는 없다. 이곳의 생활에 물들기 위해 고향의 흙냄새를 부끄러워해야 하는 것은 아니다. 어머니가 얼마나 체면을 모르는 시골사람이든, 나에게는 여전히 그리운 존재이다. 설령 어머니에게 보기 싫은 면모가 있다고 하더라도 이곳에 와서는 절대 창피한 티를 내서는 안 된다."

비록 청년의 열정과 기대를 드러내 보이기는 했지만 지식인이 내재적 모순과 해결되지 못하는 난관에 봉착했음을 알 수 있다.

이토와 보넨은 '나'의 심리 속 저울의 양 끝을 상징한다. 이토는 일본과 근대화(황민화)를 대표하고, 보넨은 본토, 전통적인 것을 대표한다. 양자 간의 격렬한 충돌은 주인공의 심리 속에서 일어나는 전쟁과 같다. '나'는 이토의 생활과 강경한 태도가 마음에 들었다. 처음에는 보넨이 이토에게 불만을 품는 이유를 이해하지 못하고 다만 청년의 과도한 정의감으로 인한 편집증이라고 생각했다. 그러나 친아버지의 장례식에서 보인 이토의 태도를 본 이후에야 이토가 상징하고 있는 진보와 일본화에 대해 반성하게 된다. "일본 여성을 아내로 맞은 이토가 일본인 장모에게 효도하는 것은 옳은 일이다. 그러나 자신을 낳아준 부모에 대해 반역적인 행동을 하는 것은 절대 있을 수 없는 일이다." '나'는 이 전통과 현대의 충돌을 각오하고 있었다. 또한 주인공은 행복의 배후에 도사리고 있는 상처들을 꿰뚫어 보고 그로 인해 막막함을 느꼈다. '모든 희망을 빼앗긴 듯' 했지만 결국 얻는 바도 있었던 것이다.

그것은 의료업을 통해 당당하게 살아가는 것이었다. "의사라는 인종은 인간의 육체만을 돌보느라 사람에게 정신이라는 면이 있다는 사실을 잊어버리는 것은 아닐까? 나는 사람들의 몸을 진찰하면서 동시에 사람의 감정이나 심리적인 역량에 대해서 적당히 판단할 수 있는 능력이 없거나 그럴 자신이 없으면 안 된다는 것을 깨닫기 시작했다."

인간의 육체와 정신은 체제의 형식과 정신에 대비된다. 보넨이 이토에게 가졌던 불만은 모두 어머니에 대한 태도에 관한 것이지 그가 일본정신에 반대하는 것은 아니었다. 보넨은 검도를 배웠고 일본에서 공부를 했다. 이들의 충돌은 '어머니'에 대한 태도에서 발생했다. 일본화와 근대화를 추구하면 어머니마저 버려야 하는가? '어머니'는 타이완을 상징한다. '나', 이토, 보넨 세 사람의 어머니에 대한 태도는 각각 달랐다. 주인공은 "모든 것을 깨끗하게 버리고 싶지만 도쿄에 가기만 하면 홀로 계신 노모가 생각나 결단을 내릴 수 없었다." 이토는 비열하게 부모를 '짓밟았으며', 린보넨은 "어머니가 아무리 체면을 모르더라도 그에게 있어서는 무한한 그리움의 대상이었다."[27]

보넨은 반성적 사고를 지닌 신세대이다. 비록 일본에서 유학을 했지만 이토 하루오의 행위가 옳지 않다고 생각하고, 비록 남방에서 태어났지만 비겁하게 행동할 필요는 없다고 스스로에게 다짐했다. "설령 이곳(일본)에서의 생활에 물들었을 지라도 반드시 고향의 정취를 비겁하게 버려야 하는 것은 아니다." 린보넨은 이토와 대조적인 인물이다. 의사인 '나'는 황민의식을 지녔으나 이토와 린보넨의 다툼을 관찰하면서 그 사이에서 상호 조정을 해주려 한다. 이토를 변호해주려 하다가 마지막에 이토의 일본화된 언행이 허위적이고 교만한 것을 발견하고는 자신에게도 있는 그러한 면을 전면 부정할 수 없어 허무함에 직면하게 되는 인물이다. 「급류」에서의 이러한 허무함은 네 편의 소설 속 주인공 심리의 공통적인 요소이다.

27 許明珠, 「近代與傳統的權衡－我讀王昶雄的「奔流」」, 『台灣文藝』 171, 2000, 31～32면.

4. 소외와 비판의 핵심—종족 혈연의 인식 차이

「파파야가 있는 작은 마을」, 「지원병」, 「길」, 「급류」에 대한 분석에서 드러나듯 네 편의 작품은 각각의 글쓰기의 태도와 주안점을 가지고 있다. 하지만 그 안에는 당시 지식인들의 정서와 가치가 같거나 유사하게 나타나고 있다. 네 편의 소설 속 주인공들은 모두 현실에서 소외된 사람들로 고정적인 직업이 있지만 마음속으로는 더 고귀하고 완벽한 목표를 추구하고 있다. 자아의 수련과 상승은 그들 생활의 모델이 되었다. 지식이 그들에게 비교, 사고, 분발의 개념을 주었기 때문에 사색 속에서 쾌락과 희망을 얻는다. 그러나 이러한 지식 역시 인생의 꿈을 완성하거나 구원해줄 수 없다는 사실을 발견했을 때 그들은 잔혹한 현실의 제약과 그로 인한 타격에 직면하고 만다.

1) 공통적 상상의 곤경

소설 속의 서술자는 모두 '우리'가 아닌 '나'의 서술시점을 지닌다. '나'의 격리와 고립은 그 사람의 배후에 사회적 역량이나 대중들의 지지가 없음을 드러내고 있으며, 그 안에는 서로 다른 계층 간의 단절이 들어있다. 「파파야가 있는 작은 마을」에서의 지저분하고 교양 없는 본토인들과 「지원병」 속 밍궤이의 냉정한 시각에 들어오는 거리와 차들의 모습, 「길」 속 칭난의 숙소, 「급류」의 이토 하루오伊東春生가 버린 부모, 보녠이 인정한 촌스러운 어머니, '눈 뜨고 볼 수 없는' 전통 상례

들, 이것들이 소설 속 지식인들이 생활하던 배경이며 초월과 상승의 기회를 추구하는 시점에서 겪을 수밖에 없는 모순이기도 하다.

식민시기 일본이 대표하는 것은 '이성적인 것'이었다. 그들이 가지고 있던 문명은 과학과 진보였다. 그러나 이 근대적 특징은 자본주의 및 권력시스템과 결합했다. 지식인들의 인식 속에서 근대화된 문명은 인생에서 반드시 추구해야 하는 목표 내지는 따라가야 할 생활의 모범이었다. 그러나 일제시기의 '근대화'와 '일본화'는 역사의 시공간 속에서 하나로 결합되고, 거기에 식민적인 권력요소가 더해졌다. 타이완 지식인들은 그 모순 속에서 분투하거나 속수무책으로 우왕좌왕하게 되었다.[28] 이러한 인식이 일본의 식민역사와 정치에 연결되면 민족의식과 존엄이 연구에서 주목을 받게 된다.

당시의 작가와 지식인의 심리는 일본 정부가 건립해 놓은 가치관에 기대거나 때로는 그것에 기대하기도 한다. 예를 들어 천훠취안의 「길」의 주인공 칭난은 마지막에 일본어를 사용하여 생각을 해야만 진보와 초월을 이룰 수 있다는 것을 깨닫는다. 그리고 당시에 저항의식을 가지고 있었다고 평가되는 여타 작가들 역시 일본어로 저술하였다. 언어교육과 그 속에 포함된 가치가 너무나 방대하고 견고하여 작가들의 정체성과 선택에 영향을 미쳤음을 알 수 있다.[29] 저우진보

28 호미 바바가 말하는 두 가지 주체의 위치는 식민의 동일시가 근본적으로 지니는 정서적 모순을 드러내며 식민담론을 통해 형성되는 애매한 정체성의 가장 근본적인 비극은 바로 '적을 사랑하고 동포를 증오하는 것이다.'

29 杜維明, 「當代台灣的文化認同與爭取承認的政治」, 『中國文哲硏究通迅』 9-2, 1999, 225면. 이 글은 일본의 타이완 통치가 조선이나 싱가폴에서의 잔인하고 폭력적인 것과 다르다고 말한다. 아울러 타이완의 해방 후 주류담론은 일본 식민통치의 유산을 깨트리는 데 적극적이라고 주장한다. 이 글은 일본 식민정부가 타이완문화의 엘리트들의 생활방식을 일본식으로 전환시켰고 많은 사람들이 국어(일본어) 가정에서 자라났으며, 주요한 타이완 작가들은 중국어와 일본어로 저술이 가능했으며 1930년대에 교육을 받은 사람들의 일본어는 거의 모국어 수

의 「지원병」에서 밍궤이는 "나는 일본어 외에는 할 줄 모른다. 만약 내가 일본의 가타가나 문자를 쓰지 않으면 나는 편지조차 쓸 수 없다. 때문에 나는 반드시 일본인이 되어야 한다. 그 외에는 다른 방법이 없다"라고 말한다. 이 말에서 드러나듯 일본이 실시했던 언어교육은 당시의 타이완 지식인들의 정체성 형성에 중요한 기초를 제공했다.

천젠중은 전쟁 후 수많은 논쟁에 휘말렸던 저우진보에 대해 알기 위해서는 단순히 특정한 입장과 자의적인 면만을 근거로 '타이완을 사랑한' 혹은 '타이완을 배반한' 등의 위치에 놓을 수 없다고 말한다. 저우진보는 지금까지도 당시 타이완인을 위해 종군을 지원하라고 격려했던 점에 대해 후회하지 않으며, 피 흘린 희생이 있어야만 큰 소리 칠 자격이 있다고 생각한다.[30] 저우진보가 직접적으로 정치적인 태도를 표현한 것은 특정한 시대의 주관적 표현이다. 또한 주체 정체성이 반드시 혈연과 민족을 기초로 하는 것은 아니라 정치적 시공간과 개인이 속한 계층과 연관된다는 점을 보여주고 있다.

이 네 편의 작품에 대한 분석에서 알 수 있듯이, 지식인의 정신과 심리상태는 시대적인 요소로 인해 서로 다른 평가를 받고 있다. 새롭게 평가를 하고자 한다면 새로운 시대배경이 고려되어야 할 것이다. 프란츠 파농이 말한 것과 같이 식민지민과 그들 고유의 문화가 소원해지는 것은 식민통치가 적극적으로 그들을 설득하여 믿게 만든 결과이다. 그리고 식민정권의 도래는 암흑에 광명을 가져온다는 인식을 식민지민에게 주입하여 그들이 떠나가면 식민지민이 그 즉시 야

준이기 때문에 그들의 언론, 행위, 예술적 감수성, 교양적 행동, 생활방식이 모두 일본의 영향을 받았음을 알 수 있다고 밝히고 있다.

30 陳建忠,「未癒的殖民創傷－再論台灣文學史上的'皇民文學'議題」,『現代學術研究』專刊XI 9-11, 2001, 65면.

만과 저급한 생활로 돌아가게 될 것이라고 믿게 한다.[31] 일본문화에 대한 동일시가 타이완에 대한 인식을 완전히 벗어나게 하지는 못한다. 이에 따라 발생하는 고민은 자신이 일본인과 평등한 신분을 가질 수 없다는 것이다.

그러나 다른 한편으로는 그들은 선택의 여지없이 일본이 제공한 교육과 가치관을 학습하고 일체의 일본문화를 받아들여야 했다. 때문에 그 과정에서 목표 달성의 어려움으로 인해 생겨나는 초조함과 막막함은 피할 길이 없었다. 이러한 충돌은 지식인들에게 자신이 누구인지를 묻는 문제에 직면하게 했다. 지식인들은 자신들 동포의 일부가 되지 않았다. 예를 들어 네 편의 소설에 등장하는 주요 인물들은 모두 평민들과는 어느 정도의 거리를 유지하거나 멀리 떨어진 채 동포들과 외재적 관계만을 유지하고 있다. 때문에 그들은 동포들의 생활을 기억하는 데만 만족한다. 예를 들어 흘러간 어린 시절이나 옛날 옛적의 전설의 기억이나 어머니에 대한 그리움 등을 유미주의적 이론과 대조하고 식민자로부터 얻어낸 개념에 대비하여 새롭게 해석한다.[32]

소설 속 지식인들은 정체성의 곤경에 직면하여 있다. '종족'이 지칭하는 것은 객관적 혈연의 연대를 지닌 사람, 주관적으로 인정하는 종족, 그 후손 등이다. '종족 정체성'은 특정 종족에 대한 일체감을 형성한다. 종족 일체감은 '상상력'에 의해 창조될 수 있다. 예를 들어 베네딕트 앤더슨이 말하는 '상상의 공동체'와 같은 것이다. 이러한 상황이 가능한 것은 주로 문화정체성의 힘을 빌려서이다. '문화 정체성'이란 공동의 역사 전통과 습속, 규범 및 무수히 많은 집단기억을 나

31 法農, 「論民族文學」, 楊乃喬 외역, 『後殖民批評』, 北京 : 北京大學出版社, 2001, 162면.
32 위의 글, 170면.

는 일군의 사람들이 하나의 공동체에 대해 귀속감을 형성한데서 발생한다. 그런데 집단의 역사 기억은 어느 정도 내에서 주관적으로 만들어지거나 재생산되기 때문에 문화정체성은 때로는 변천과 분열의 국면에 처하기도 한다.[33]

때문에 고립된 개인인 '나'는 기타의 사회 군중이 생산한 '민족 상상'을 가질 수 없고, 그 안의 연계를 만들어 낼 수 없었다. 당시의 문학 환경은 매우 열악했다. 황민화 정책이 시행한 중국어 금지는 중국어문학에 대한 이해 감소와 독서인구의 감소를 야기했다. 이 네 편의 텍스트는 모두 일본어 글쓰기의 소설 형식을 지니고 있으며, 당시 문학단체의 문예 출판 부문에서 수상한 작품들이다. 그러나 독자의 수가 적었고 독자인 대중들과도 동떨어진 작품이었다. 이는 또 다른 형식의 격리와 고립이라고 할 수 있으니 이런 경우 어떻게 공통된 정치적 상상이 형성될 수 있었겠는가. 한편 이로 인해 문학이 객관적 이데올로기의 산물이 아니며 문학형식의 변화는 이데올로기의 변화를 반영한다는 사실을 알게 된다. 더불어 문학은 생산으로서의 문학과 이데올로기로서의 문학이 된다는 것을 알 수 있다.

2) 혈연계급의 단절

황민화운동은 주입식 교육, 전쟁동원을 통해 본토인들로 하여금 일본인이 될 수 있는 가능성과 희망을 지니도록 했다. 사실상 일본과

33 江宜樺,「自由民主體制下的國家認同」,『台灣社會研究季刊』25, 1997.3, 101면.

타이완의 진정한 골은 종족에 있지 민족에 있는 것이 아니었다. 네 편의 소설에서 보여주는 것은 일본인과 타이완인 사이에 존재하고 있는 극복할 수 없는 단절과 그로 인한 지식인의 곤경이다. 이 단절은 민족의 개념이 아니라 혈연 종족의 우열에서 비롯되었다. 이것은 자아의 확립이나 천황을 위한 전쟁 참여로도 극복할 수 없는 한계선이었으며 텍스트 속 지식인들의 초조함과 고민의 근원이기도 했다.

당시 지식인들은 황민화운동 중 '일시동인'이라는 구호에 따라 일본 국민의 일원이 되었다. 그리고 일본의 교육으로 인해 '타이완 콤플렉스'와 '일본 콤플렉스' 사이의 갈등을 느껴야 했다.[34] 이와 유사한 신분과 혈연에 대한 걱정은 「파파야가 있는 작은 마을」에서도 드러난다.

> 천유싼이 필사적으로 열심히 공부하는 원인 중 하나는 그가 본토인들을 경멸하기 때문이다. 인색하고 교양이 없으며, 저속하고 더러운 집단이 그의 동포들이 아닌가? 한 푼이라도 더 벌기 위해 입만 열면 욕을 하고 서로를 살기등등한 눈으로 째려보는 전족한 할멈들, 평생 털 끝 하나도 뽑지 않을 것 같이 인색하지만 혼인이나 장례 같은 애경사에는 돈을 빌리기까지 하며 물 쓰듯 쓰고 남 속이기 잘하며, 툭하면 소송을 거는 교활한 상인들. 중등학교를 졸업한 소위 지식인 계급에 속한 천유싼의 눈에 이러한 사람들은 진보를 모르며 음지에서 살아나가는 비굴한 잡초와 같이 보였다.
>
> 천유싼은 그들과 같은 인간으로 보이는 것을 혐오했다. 한눈에 보기에도 그렇게 보인다. 천유싼은 때로 일본사람들에게 '리자이狸仔'('너'라는 의미의 타이완 토속어로서 본토인에 대한 모멸의 의미를 지닌다)라고 불릴 때마다 미간

34 林瑞明, 「騷動的靈魂－決戰時期的台灣作家」, 『台灣文藝』 63-16, 1993, 24면.

을 찌푸려 불쾌한 표정을 드러내며 대답하지 않겠다는 의지를 보였다. 때문에 그는 항상 일본 옷을 입고 일본어를 사용하며 윗물에서 놀고자 애를 써 자신이 동족들과는 다른 존재라고 생각하며 스스로 위안을 얻었다.

「길」에서도 일본인은 타이완인을 경멸하거나 멀리하고자 했다. 그들은 타이완인과 바둑을 두거나 포커를 치다가 화를 내며 바둑판을 뒤엎거나 포커 패를 집어던져 난감한 상황을 만들기도 했다.

자신의 출신에 대해 영혼의 성장이 어때야 하는지 하는 것은 진지하게 생각해야 할 문제이다. 그러한 상황에서 그는 한편으로는 회오리바람처럼 그의 머릿속에 맴도는 생각들에 대해 연구하고, 또 한편으로는 "만일 상대가 자신이 아닌 그들과 같은 일본인이었더라도 바둑판을 뒤엎을 수 있었을까?"라는 생각이 계속해서 들었다.

칭난은 새로운 장뇌 제련 기술 개발에 공이 있었지만 본토인이란 제한 때문에 승진할 수 없었다. 그는 혈통적 신분은 초월하기 어려우며 일본인과 타이완인이 본질적으로 다르다는 것을 발견하게 되었다. 때문에 자신의 출신과 일본 정신의 성장에 관한 생각들에 더욱 매진했다. 1937~1945년의 8년간은 이전 40년간의 식민통치와는 판이하게 달랐다. 일본 당국은 황민화운동에 전력을 다하여 타이완인을 일본인으로 바꾸고자 했다. 이 목표를 달성하기 위해 정부의 각 부처는 각종 조직들을 동원해 각각의 계층에 대한 교육활동에 매달렸고, 애국정신과 황민사상을 제창했다. 이것은 일본이 타이완에서의 식민통치기간 중에 진행한 가장 전면적이고 집중적인 애국운동이었다.

타이완인과 일본인 모두 전쟁으로 인한 물자부족과 연합군의 공습을 겪었다. 이것이 내부 응집력을 강화하여 민족 간의 경계를 모호하게 만들었다. 또한 황민화는 '일본과 타이완의 일치'를 표방했다. 그러면서 타이완인에 대한 차별대우에 대해 '이러한 차별대우 속에 국가의 사랑과 진심이 포함되어 있다'고 합리화했다.[35] 그러한 논리에 따르면 타이완인은 특수한 과정을 거쳐야 일본인이 될 수 있고, 제도적으로 민족의 경계를 없애야 차별대우에서 벗어날 수 있는 것이었다. 공학교와 소학교를 국민학교로 바꾸고 의무교육과 징병제를 실시하며 보갑제도를 철폐하는 등의 정책이 모두 이러한 논리의 산물이었다.[36] 오자키 호츠키尾崎秀樹의 「전쟁시기의 타이완문학」에서는 "동화정책이 일본인이 되는 것을 지칭한다면 '황민화'의 의미는 '충성스러운 일본인이 되는 것'이다. 그러나 일본 통치자들이 소망했던 황민화의 실태는 타이완인이 일본인으로서 살아가는 것이 아니라 일본인으로서 죽는 것이었다. 때문에 충실한 일본인이 된다는 의미는 바로 일본인의 죽음의 도를 발현하여 그것을 위해 분투하는 것이었다"[37]라고 분석하고 있다.

---

35 竹內淸, 『事變與台灣人』, 『台灣新民報』, 1939. 여기에서 "차별 없이 대하라는 명령에 따라 '台灣統治方針'을 제정한 것이 황민화운동의 기초였다. 결론적으로, 본도인과 내지인은 모두 제국의 신민이며 어떠한 차별대우도 하지 않는다. 그러나 그들은 막 귀화한 사람들로서 성격이나 민심, 언어, 풍속, 교육 등의 방면에 있어서 내지인들과 상이한 부분이 많았다. 법률제도 등은 그 본래의 의도와 일치하나, 통치 방침은 기일 내에 완성할 수 없어 좋지 않은 결과를 낳았다. 이 때문에 법률이나 기타 방면의 제정에 있어 본래의 의도와 차별이 생겼다. 그러나 이러한 차별은 인격적인 차별이 아니며, 차별을 하기 위해 만들어낸 차별은 아니었다. 이것은 주로 타이완인들을 일본의 우수한 국민으로 만들기 위한 일종의 수단에 불과했으며, 때문에 이러한 차별대우 속에는 국가적인 애정과 진정성이 포함되어 있다."

36 周婉窈, 앞의 책, 3면.

37 尾崎秀樹, 蕭拱 譯, 「戰時的台灣文學」, 『台灣的殖民地傷痕新論』, 台北 : 海峽學術出版社, 2002, 302~303면.

타이완인과 일본인 간의 신분차이는 단순히 종족의 차이만은 아니었다. 이와 함께 매우 심각한 계급적 차이가 있었다. 자본주의 논리를 통해 타이완인들은 자신의 인종에 대한 주저와 의구심이 들 수밖에 없었다. 일제시기에는 오로지 지식인 계층만이 일본 식민정권이 주입시킨 문명, 문화, 가치관 등을 체험하고 이데올로기를 형성할 수 있었다. 이데올로기는 교의가 아니라 사람들이 계급사회 속에서 자신의 역할을 완성시키는 방식을 가리키는 것이다. 이데올로기는 그들을 사회의 직책에 속박하고, 그들이 전체 사회의 가치와 관념을 깊이 이해하는 것을 방해했다.

네 편의 소설 속에 등장하는 지식인들은 지식과 이성 등의 인생의 가치에 대한 지향점이 있었고 초월을 추구했다. 그러나 자신들의 출신의 한계에서 벗어나지 못하였으며, 상호간의 권력 충돌 속에서 생긴 고민과 근심으로 그 시대 지식인 특유의 내면 형상을 만들어 냈다. 황민화 시기의 전쟁동원 참여 여부는 사실상 굴종 혹은 비굴종일 뿐이었다. 텍스트 속의 주인공은 일본 문화와 일본 정신을 자기의 문화와 정신으로 동일시했다. 일본의 언어, 문화, 경제, 계층 등의 배경 속에서 자아 정체성이 형성되었기 때문이었다.

3) 황민 내용에 대한 검토

종족주의 몽상의 근원은 계급 이데올로기에 존재하는 것이지 민족 이데올로기에 존재하는 것이 아니다. 특히 통치자들의 신명, 혈통, 교양 등에 관해서는 더욱 그렇다.[38] 이런 상황 속의 타이완 지식인들은 일본 식민정권으로부터 계몽실현의 기회와 정체성의 근거를 얻었다. 하지만 민족 간의 차별과 모순은 문예창작으로 나타났다. 특히 황민화 시기의 특정한 창작 공간과 제한은 당시 지식인의 정체성 모순을 명백하게 드러냈다. 이를 도덕적 혹은 민족적 기준으로 평가해야 할지 여부는 재고의 여지가 있다 하겠다.

민족Nation과 종족Race의 개념은 다르다. 그러나 황민작가와 황민문학 관련 평론들 속에서 담론의 기초로서 두 개념이 병용되는 현상이 나타나고 있다. 민족의 정의에서 광범위하게 사용되어 온 것은 마르크스의 정의였다. 이 정의는 네 가지 공통성을 기초로 하는데, 언어의 공통성, 지역의 공통성, 경제생활의 공통성, 고유한 민족문화의 공통성 등이 그것이다. 마르크스는 이것들을 표현하는 공통의 심리상태와 이를 기초로 생성되는 역사 구조를 따르는 것을 민족이라고 정의하고 있다. 이러한 정의에서는 혈연이 중요하게 인식되지 않았다.

토오마 세이타藤間生大는 오늘날 우리들은 고대와 중세 사이에 '민족'이라고 불렸던 단어를 사용하고 있는데, 이 단어가 사실은 Nation(민족)이 아니라 Volk(민중, 인민, 기초집단)를 의미한다고 말한다. 그럼에도 두 어휘가 혼용되는 이유는 오늘날까지도 관용어 어휘가 완벽히 정리되지 못했기 때문이다. 자본주의가 출현하기 전에는 Nation이라는 단어가 존재하지 않았다. 예전에는 민족이 없었다기보다는 Volk만이 존재했다가 이후 구조적인 변화를 거쳐 Nation이 된 것이라고 할 수 있다. Nation은 공통의 언어, 지역, 경제생활, 문화 등을 토대로 심리적 동일성을 표현하는 것이며, 거기서 만들어진 집단이

---

38 Anderson Benedict, 吳叡人 역, 『想像的共同體－民族主義的起源與散布*Imagined Communities－Reflections on the Origin and Spread of Ntionalism*』, 台北 : 時報文化, 1999, 163면.

다. 그러나 분산성이 강한 Volk가 어떠한 조건 아래서 조합이 될 수 있었을까? 이는 Volk를 합쳐 Nation으로 만든 어떤 추동력이 있었기 때문이다.[39]

오스이 니쇼臼井二尙는 민족의 개념에 대해 분류할 때 Volk를 봉건제도 아래에서 미처 발달하지 않은 민족으로 구분할 수 있다고 말한다. 봉건 시기는 각지의 영주와 제후들이 중심이 된 자급자족적인 지역으로 세분화되어 있으며, 이에 따라 인민들도 이 지역에서 특수성과 폐쇄성을 견고하게 유지하였다. 당연히 각 지역의 상급계층은 서로 교류를 하였고 당시의 기독교와 라틴어는 오늘날의 민족의 틀을 초월한 보편성을 지니고 있었지만, 하층민인 대중들은 그렇지 못했다. 다음으로 중세 신분사회에서 상급계층과 하급계층의 공동체의식은 여전히 불충분했다. 물론 중세의 영주나 무사와 농민의 관계는 노비 사회와 비교할 때 계급간의 격차가 비교적 적었다. 그러나 상급계층과 하급계층 사이에는 매우 큰 단절이 있었으며 전체적으로 모두 하나의 민족 집단이라는 의식은 발달되지 않은 단계에 있었다.

이처럼 중세 유럽을 지역과 계층으로 구분하는 것은 수평과 수직 양방향으로 계급을 분할하는 것이었다. 때문에 민족적 문화공동체가 성립되기 어려웠다. 이 단계에 머물러 있는, 소위 아직 발달하지 않은 잠재적 민족은 일반적으로 모두 Volk라고 불린다. Volk는 부족을 결성한 후 몇 개의 부족들이 통합되어 형성된 것이었다. 그 속에는 적지 않은 방언의 차이가 있었으며 전체적으로 의사소통이 매우 명확하지 않았다. 때문에 그것은 우선 하나의 공통된 민족 집단에서

39 藤間生大, 歷史研究會 編, 「古代民族問題」, 『歷史中の民族問題－歷史學研究會1951年度大會報告』, 岩波書店, 1952.

부터 시작하여 점진적으로 응집하여 결성되었다.[40]

미헬스R. Michels가 지적한 바와 같이 "민중들에게 있어 루이 14세의 조국개념은 왕조국가와 왕조에 대한 충성의 의미로 환원될 뿐이다." 이 조국개념이 반영하고 있는 것은 바로 '짐이 곧 국가이다'라는 유명한 말이다. 여기서 민중들에게 자각적인 민족의식이 결핍되어 있음을 알 수 있다. Volk는 계급성이나 수직적 계급 구분을 충분히 배제할 수 없었다.

이러한 구분을 없애기 위해서는 민주주의 확립 이외의 방법이 없었으며 가장 상징적인 사례가 프랑스 대혁명이었다. 독재 국가 아래에서 지역적 동일화는 상당히 진보된 것이었지만 여전히 인민들은 국왕의 신민이었으며 사람들이 가질 수 있는 것은 Volk의 공동체의식 뿐이었다. 그들이 스스로 '우리의 집단'을 만드는 민족적 자각은 불분명했다. 미헬스는 '국가가 모든 국민에게 동일한 권리를 인정하고 이를 근거로 모든 국민에게 국가를 향한 동일한 애정을 요구할 수 있게 한다'는 의식이 만연하게 된 후에야 비로소 사회의 계급적 장애를 없앨 수 있다고 말한다. 이렇게 해야만 광범위한 지역에 살고 있는 모든 주민들이 자신들이 동일한 민족인 동포라는 사실을 자각하게 된다는 것이다. 이렇게 해서 Volk가 Nation으로 발전하게 된다. Nation은 Volk와 같은 발달되지 않은 잠재적 민족이 중앙집권 국가의 형성과 민주주의의 확립 등에 따라 자각적인 민족으로 탈바꿈한 것을 말한다. '우리'라는 동포의식과 '우리의 집단'을 적극적으로 지지하는 민족이 바로 Nation의 특징이다.[41]

40 臼井二尙, 「民族發達の諸段階」, 『哲學硏究』 362, 1947, 24면.

41 W. M. Korgman, 『社會學講座五－民族與と國家』, 東京 : 東大出版會, 1958, 17~20면.

일본민족은 메이지유신 이후 비교적 분명하게 성립되었다. 민족이라는 단어가 1870년 일본에서 번역될 당시에는 혈연의 의미를 지니고 있었다. 당시 일본에는 '종족'개념만 있을 뿐 '민족' 개념은 없었다. 타이완인에게도 없었고, 중국은 더욱 혼잡했으며 여전히 혈통주의 위주였다. 예를 들어 1909년 청나라의 선통宣統 원년에 발표한 『대청국적조약大淸國籍條約』과 1914년 위안스카이袁世凱 정부의 『수정국적법修正國籍法』 및 1929년 국민당 정부의 『수정국적법』은 모두 '태어날 당시 아버지가 중국인인 자'와 '아버지가 죽은 다음에 태어난 경우 아버지가 죽었을 때 중국인이었던 자'는 중국 국적을 지닌다고 규정하고 있다. 19세기 후기에 서구의 자본주의와 군사경제 및 사상문화가 유입될 때까지 이러한 규정이 유지되었다. 민주정치사조의 유입은 사람들로 하여금 군주정치를 부정하고 민주혁명을 진행할 중요한 조건을 형성했을 뿐 아니라 정치 관념의 갱신을 추진하도록 만들었다. 전통적인 신민관념과 공민과 공민의 권리와 의무에 대해서도 반성적 사고를 하게 만들었다. 양치차오梁啓超가 주장한 '국민'의 정의는 '공민'의식에 근접해 있었다.[42]

일본의 '신민'과 '국민'의 개념은 서로 뒤섞인 채 황민화운동의 선전에 동원되었으며 다이쇼 천왕 이후에 '신민'에서 '국민'으로 변화되었다. 일본은 '국민'을 '천황의 신민'으로 만들어 '천황에게 충성하고', '절대 복종하는' 국민의식을 형성했다. 천황과 절대복종을 연결하자

42 梁啓超, 『飮冰室文集』 4권. 양치차오가 '국민' 개념에서 제기한 "국민이란 국가를 그들의 공동재산으로 삼는 이들을 지칭한다. 국가란 국민이 모여서 만들어지는 것이며, 국민을 버리는 곳에 국가는 없다. 한 나라의 국민으로서, 국가의 일을 다스리고, 국가의 법을 제정하며, 국가의 이익을 도모하고 국가의 우환을 막아 그 국민들이 업신여김을 당하지 않고 그 국가를 망하지 않도록 하는 것이 국민이다."

국가와 군대가 자아와 개성을 상실하고, 국민 또한 개인의 개성, 가치관, 의식을 잃어버리게 되면서 국민과 신민은 상대적 개념이 되었다. 그래서 황민운동의 동원을 위한 논리는 타이완인을 신민으로 만드는 것으로 이는 천황을 위해 죽는 신민이지 국민의 개념은 아니었다.

때문에 전술한 정의로써 「파파야가 있는 작은 마을」 등 네 편의 소설에서 소위 민족주의를 검토해 보면 의심되는 부분들이 있다. 앞서 살펴본 네 편의 소설 속의 정체성에 대한 고민은 사실 일본의 교육을 받아들이거나 전쟁에 참여하는 것만으로 가볍게 극복할 수도, 쉽게 초월할 수도 없는 혈연적 한계에서 기인한 것이다. 또한 텍스트는 '우리'가 아닌 '나'를 서술자로 하고 있다. 그들은 일반 대중들과 동떨어진 채, 대중들과 정치적 상상을 함께 진행할 수 없었다. 특정한 민족의식을 형성할 수도 없었고 또한 그 안에서 민족의식이라는 것에 대해 반성이나 저항을 할 수도 없었다. 이러한 점으로 볼 때 황민문학에 대한 관련 평론들은 종종 민족 개념에서 출발하여 그 사고의 입장이 중국이든 타이완이든 또 그에 대한 의구심이든 보호의 입장이든 간에 이러한 인식이 내포하고 있는 차이를 간과하고 있다는 것을 알 수 있다.

당시의 지식인들은 일본정신에 경도되어 있었으며 개인의 주관적인 의식에 예속되어 시대적 배경과 개인이 선택한 의식 사이에 불일치가 존재했다. 서로 다른 입장에서 바라본 해석은 종종 단편적인 평가에 치우치기 쉽고 서로에 대한 이해를 실현하기 어렵다. 「파파야가 있는 작은 마을」, 「길」, 「급류」, 「지원병」 등이 추구하고 있는 것은 모두 정신적 승화와 초월이었다. 황민화시기에 살며 일본 통치의 강력한 독재적 분위기 속에서 자신의 혈연과 피식민이라는 신분에 직면해야 했고, 이로부터 벗어날 희망조차 품기 어려웠기에 작품 속 인물들의 내면심리에는 동일한 변화의 과정이 존재했다. 즉 그들은 추구, 창조, 노력, 그 과정에서의 막연함과 무력함을 느꼈다. 이것은 이 네 편의 작품에서 일괄적으로 드러나는 지식인들의 심리이다. 민족의식과 무관하게 평가한다면, 이러한 정신적 전투와 비타협은 지식인들의 이상과 현실 개혁의지의 표현으로 해석할 수 있다. 이는 황민화시대 뿐 아니라 어떠한 시대에서든 발생할 수 있는 것이다. 이렇다면 우리는 다른 시각으로 당시 작가들의 내면세계나 소설의 이데올로기를 검토할 수 있을 것이다.

5. 나가며

네 편의 소설에서 반복적으로 얘기하고 있는 것은 일본 교육이 만들어낸 정체성의 내면 풍경이다. 거기에서 신분의 확인 및 이에 상응하는 본래적 자아의 분열이 일어나고 있다. 이러한 충돌과 발버둥을 통해 습득한 지식, 가치, 앞날에 대한 기대 등은 이미 주어진 시대적 배경 아래에서 인생의 가치와 우아한 행복을 추구하는 구체적 목표로 표현되었다. 이를 민족의 대항이나 배반의 각도에서만 이해하는 것은 문제를 지나치게 간소화하는 것이다.

1) 주체의 인식과 해석 규범의 구조

정체성은 주관적 해석과 관련되며 본질적으로 선택성과 전략성을 가진다. 국가가 이러한 담론과 그에 대한 표상들을 끊임없이 합리화시키고 객관화시킨다고 할지라도 주체가 내린 결정이 어떠한 사회 혹은 국가를 동일시할 때, 주체는 이 사회나 국가가 유지하고 있는 공존의 가치와 생활방식을 인정하게 된다. 현대국가의 '상상의 공동체'는 어느 때든 변화할 수 있으며, 개인의 인식은 (전략적 선택을 통해) 끊임없이 '재생산'된다.[43] 황민작가의 인생을 살펴보면 그들이 일본, 중국, 타이완 중 어느 곳을 인정하든 그들이 받아들인 정체성을 어떤 식으로 개조, 규정, 조정, 유지하든 그들의 인식과 선택은 모두 유사한 과정을 거치고 있음을 알 수 있다.

개체에게 '정체성'이 생겼다는 것은 그가 '상황화'되었음을 의미한다. 또한 인식의 대상을 가진 사람이 그 맥락의 밖으로 나갈 수 없다는 것을 의미한다. 또 한편으로 정체성의 배후에는 권력이 만든 배경요소가 있다는 점도 알 수 있다. 일본의 가치만을 주입당하거나 일본으로부터 계몽사상을 받아들일 수밖에 없었던 지식인들은 근대화와 지식이성에 대한 동경을 갖지 않을 수 없었고, 그 자체로 비판적 능력을 지니지 못하여 왜곡과 모순을 만들어 냈다.[44] 그런데 해방 후의

43 陳奕麟, 「解構中國性－論族群意識作爲文化認同之曖昧不明」, 『台灣社會硏究季刊』 33, 1999, 119면.

44 羅成純・張恒豪 編, 「龍瑛宗硏究」, 『龍瑛宗集』, 台北 : 前衛出版社, 2000, 251면. 뤄청춘은 룽잉쭝을 연구하면서 비평적인 눈으로 자신의 고유문화를 검토하는 것은 근대화 과정에서 절대 빠질 수 없는 부분이라고 생각했다. 하지만 타이완의 근대화에는 일본의 식민지배와 연관되고, 근대화 정신 역시 식민정부의 제한을 받았으며, 천유싼의 근대적 정신과 개인주의는 통치자의 사상적 지배하에서 나온 산물이다.

연구자들은 각기 중국이나 타이완의 민족의식을 담론과 분석의 기초로 삼았다. 그리하여 일본의 영향을 과소평가하고 중국을 강조하거나 타이완을 주체로 하는 타이완문학사를 건립하고자 했다. 이 과정에서 다양한 연구가 나왔지만 이들의 내용은 서로 일치하지 않았다. 그러나 전체 정체성 형성의 원칙은 유사성을 가지고 있어 이에 대한 주의가 필요하다.

일제시기 황민 작가들은 그들이 처했던 역사와 정치적 시공간을 선택할 수 없었다. 그들은 해방 후의 국민당 정부시기에도 각자 자신들의 말과 행동에 대해 분석하고 입장을 표명했다. 시대에 대한 해석들 사이에는 이견이 있을 수 있고 어떤 해석들은 시대의 권위적 가치와 부합되지 않을 수도 있다. 그러나 시대에 대한 긍정이나 부정에는 일정한 근거가 있기 마련이고, 이것이 여기서 강조하고자 하는 점이다. 주체의 정체성이란 면에서, 황민시기의 작가는 각자 다른 어떤 것으로부터 영향을 받아 선택했을 가능성이 있다. 이러한 정체성의 형성은 일종의 중성적인 과정으로 볼 수 있다. 따라서 민족이라는 대의로 비판할 수는 없다.

민족의식은 그 건립에서의 특징과 영향 면에서 논자들의 주목을 받아왔다. 샤오아친蕭阿勤은 '일제시기'의 역사적 경험이 과거에 대한 집단의 기억을 만들어 냈다고 했다. 즉 일본 식민통치 경험이 그것의 의미, 특징, 문화, 정치적 의의, 역사적 위치 등에 관한 일련의 지식과 해석방식을 만들어냈다는 것이다. 또한 경험자들은 '우리', '중국인', '타이완인' 등과 같은 주체 개념을 주어로 하여 피식민 통치의 과거를 기억한다고 한다. 해방 후 타이완의 일본 식민통치에 대한 집단의 기억은 '항일'의 경험, 특히 일본 식민통치 초기의 무장 항일

전투가 핵심적 위치를 차지하고 있다고 할 수 있다. 이러한 피식민 집단의 경험서사 속에서 '항일'이라는 집단기억의 구성은 민족국가 정체성과 밀접한 관계에 있다. 국민당 통치의 공공영역 속에서 합리적이고 정당해 보이는 타이완인들의 항일 경험이 '표준화'되었다고 말할 수 있다. 또한 '중국화' 혹은 더 적당히 표현한다면 '중국민족화'가 진행되었다고 할 수 있다. 또한 이것은 그 집단경험 서사의 모델 중 가장 중요한 레파토리가 되었다.[45]

이러한 집단경험의 건립과정 중 중국적 민족의식이 집단담론의 참고의 틀이 되면서 항일서사는 반복적으로 표준화되었다. 이로 인해 황민문학 작가들의 주장과 정체성은 담론의 주권과 해석의 권리를 상실했다. 또한 충분한 검토 없이 작가들 고유의 복잡다단한 인식적 취향과 경험이 단순화 되었다. 나아가 이 표준적 정체성에 대한 논술은 민족의식과 도덕성을 가늠하는 기준이 되었다. 일본과 국민당 정부 모두 타이완의 역사와 종족의식을 재구성하여 한 국가의 종족이라는 새로운 정체성을 만들어 냈다. 하지만 이는 국가 성립과 유지를 위해 생산된 상상적 관념구조에 불과했다.[46]

2) 평론과 관련 맥락에 대한 반성

평론가의 눈에 항일작가든, 친일작가든 모두 일본 식민정권이 주

45 蕭阿勤, 「抗日集體記憶民族化－台灣一九七零年代的戰後世代與日據時期台灣新文學」, 『台湾史研究』 9-1, 2002.6, 185～186면.

46 陳奕麟, 「解構中國性－論族群意識作爲文化認同之曖昧不明」, 111～112면.

도하는 문학 환경 속에서 작품을 창조하고 문학 활동에 종사했던 사람들이다. 그들은 인적 네트워크와 우정으로 인해 자신을 중국인이나 타이완인이라고 제한할 수 없었으며, 일본인과도 상당부분 상호 연관되어 있었다. 더욱이 변할 수 없는 부분은 그들이 반드시 이 정치적 시공간 안에서 생존하고 문학 활동을 해야 했다는 점이다.[47]

신분은 문화적 감정과 현실적 전략이 뒤얽혀 만들어진다. 문화감정 속에는 말로 표현하기 어려운 천성적인 집착이 들어있다. 그러나 현실적 전략은 비교적 편향적으로 본질적 요소를 억압하고 복지나 손익을 강조한다. 신분의 형성은 이러한 두 태도의 변증적 발전 위에서 건립된다. 신분은 고정불변의 것은 아니다. 하지만 비교적 넓은 범위의 문화나 정치적 신분의 변화는 종종 중대한 사회 변동과 같은 특수 상황에서 비교적 흔하게 나타난다.[48] 식민시기에 자라고 활동한 작가가 받은 교육과 그로 인해 형성된 정치, 역사, 문화적 취향에는 그것이 형성되게 된 맥락이 존재한다. 취향은 개인의 처지나 계급 등의 사회적 요소에서 벗어날 수 없으며, 때로는 그 사람의 자아 정체성

---

47 張誦聖은 이렇게 말했다. 40년대 楊逵, 呂赫若, 張文環, 龍瑛宗 등 식민지 타이완의 우수한 작가 대부분이 일본문단의 체제와 일본어 서적을 통해 서구의 예술개념인 계몽에 대해 접했으며, 일본문학상을 받는 것이 당시 타이완 작가들이 추구하던 목적이었다. 이는 일본의 '중앙문단'이나 '타이완문학' 사이에 있었던 주종관계를 말해준다. 상대적으로 볼 때 해방 후 타이완의 문학영역의 변화는 극히 짧은 시간 안에 발생한 일이다. 1920년 중엽부터 계속해서 발전하던 타이완 신문학의 전통은 1945년에서부터 49년까지의 기간 동안 중국의 체계로 옮겨간 후에는 거의 다시 나타나지 않았다. 문학영역은 새로운 논리에 의해 통제되었고, 작가들이 일본 식민시기에 축적해온 문화적 자본(가장 기본적인 언어능력 포함)은 하루아침에 평가 절하되었다. 특히 49년 이후 이러한 논리는 국민당 정부의 반공 계엄시기에 '중국을 중심으로'하는 위협적인 권력체제와 긴밀히 결합하였기 때문에 계엄 해제 후의 연구자들이 정치나 인권의 입장에서 이 문학사를 관찰하지 않을 수 없었다. 張誦聖, 「'文學體制'與現當代中國 / 台灣文學」, 35면.

48 廖咸浩・張京媛 編, 「在解構與解體間徘徊－台灣現代小說中'中國身分'的轉變」, 『後殖民理論與文化認同』, 台北 : 麥田出版社, 1995, 194～195면.

에 영향을 미치기도 했다. 황민시기의 작가는 서로 다른 정치적 시공간을 표현하고, 다른 해설과 평가를 한다. 이 행위는 도덕, 시비와 관련을 갖는다. 그리고 민족인식의 내용이 해설과 평가의 전제가 된다.

그들은 소설 창작을 통해 특정한 시공간에서 만들어진 정치와 신분의 상상을 표현한다. 그 이후의 비평 역시 특정한 정치 인식을 평론의 근거를 삼는다. 때문에 각기 다른 시공간에서 상상된 내용들이 서로 충돌하게 된다. 텍스트의 창작이든 문자에 대한 비평이든 모두 하나의 서사이며 심층적 함의를 지니고 있다. 이것이 서술과 다른 점은 '평론과 묘사'가 기껏해야 '생활 질서 개념에 대한 순수한 대체'에 지나지 않는다는 것이다. 이는 다른 종류의 이데올로기에 대한 표현이라기보다는 이데올로기의 영향으로 인해 생겨난 의식의 억압이라고 할 수 있다. 서사담론은 중성적이고 객관적인 것이 아니며, 이데올로기 생산의 수단일 뿐만 아니라 일종의 의식의 모델이며 세계를 관찰하는 방법이고 이데올로기의 건립을 돕는다. 따라서 서사담론과 이데올로기는 상호작용을 하며, 이데올로기는 현실서사를 이해하기 위한 도구가 된다.[49] 이러한 점에서 볼 때, 문학 역시 이데올로기의 산물이며 일종의 제조업인 것이다.

따라서 주체 정체성과 정치적 분위기에는 허구와 변동성이 있다. 정체성이나 주체성의 개념이 다른 입장과 해석의 관점을 드러내는 것으로 보일 때에는, 소위 문화담론의 배후에 있는 인식 전제와 형성의 기능이 중요한 영향력을 가지는 것으로 보아야 한다. 만약 종족 정체성과 문화담론이 모두 구조성과 허구성을 가진다면 그 안의 진

49 Hayden White, 陳永國・張萬娟 譯,『後現代歷史敍事學』, 北京 : 中國社會科學出版社, 2003, 350면.

실과 시비는 어떻게 위치 지어지는가?[50] 권력의 통제와 문화적 패권의 신비화를 제거해야 개인이 자유롭게 선택을 할 수 있으며, 다중적 정체성multiple identities의 이념이 유의미한 실체가 될 수 있다. 동일시의 의도는 어떠한 정체성의 실제적 내용보다 중요하다. 이 의도는 지식과 정치담론 속에서 인식적 위기를 초래하는 미묘한 사회변천의 원인으로 작용한다. 정체성은 특정한 종족과의 관계이며 그 존재는 상대적으로 유사한 경계를 가진 사회에서만 의미가 있다.[51] 때문에 일본의 국책에 협조하거나 일본 식민정권에 굴복한 황민작가들이 정말 책망을 받아야 하는지 재고해 보아야 한다.

동시에 중국과 타이완이 서로 다른 민족 정체성을 지닌다는 관점 역시 일제시기 황민작가에 대한 평가에 영향을 미친다. 주체의 서로 다른 견해나 정체성의 생산은 특정한 교육에 의한 것이다. 예컨대 식민지 시기에는 일본 식민정권의 교육에 의해 정체성 형성이 영향을 받았으며, 일제 이후의 국민당 정부에서는 정치가 교육의 형태를 빌려 정체성을 형성했다. 이러한 각도에서 생각할 때 정체성과 그에 대한 해석은 상대적이지 절대적인 것이 아니다. 특정한 시공간적 요소가 반드시 고려되어야 한다. 피차간에 차이가 있지만 언제나 그것의 시비를 가릴 수는 없다는 것을 알아야 한다.

타이완문학은 창작활동, 작가, 주류적 가치 등 모든 면에서 매 시기 정치 환경의 영향과 통제를 받아 왔다. 이후의 문학 역시 도덕적·정치적 잣대로 분석될 것이며 이럴 경우 문학은 그 독자성을 확보하지 못할 것이다. 사실상 문학은 독립성을 지니기 어렵기 때문에 필

50 陳奕麟, 앞의 글, 123면.
51 陳奕麟, 앞의 글, 128면.

연적으로 당시의 정치적 분위기에 주도되기 마련이다. 그러므로 문예 연구자들은 이에 대한 경각심을 가져야 하며 다원적인 각도에서 사고하고자 노력해야 한다.

일제시기 '황민담론'의 신분 정체성 전략*

천훠취안의 「길」을 중심으로

왕쉐링王學玲

1. 들어가며

사회집단에서의 '신분'은 나면서부터 고유하게 지니는 것이 아니다. 신분은 '정체성' 담론과 집단의 기호표현을 통해 점차 창조되는 것이다. 본고는 일제시기 작가들이 '황민담론'으로 인한 신분의 위기 상황에서 정체성 전략을 통해 새로운 신분을 만들어 낸 방법을 논의하고자 한다.

1937년 7·7사변 후 타이완 총독부가 국민정신총동원본부를 설립함에 따라 황민화운동이 전개되었다. '황민문학'은 이에 호응하여 생겨났다. 이러한 유형의 작품은 대부분 본도인(타이완인)의 황민화를 제재로 하여 한족의식과 야마토의식의 충돌을 해결하고 황민이 될

---

* 이 글은 진혜정이 번역하였다.

방법을 이야기했다. 1945년 일본이 패전하기까지 8년의 시간동안 타이완 문단에서는 계속해서 '황민문학'이 등장했다. 장원환張文環은 "타이완에는 황민문학이 아닌 것이 없다. 만약 누구든지 황민문학이 아닌 것을 써낸다고 한다면 모두 총살당할 것"[1]이라고 말했다. 이렇게 '황민문학'은 일제시기 작가들의 주요 주제 중 하나였다.

최근 본토의식의 흥기에 따라 그간 외면당하던 작가와 작품들이 주목을 받게 되었다. 특히 일제시기의 작품에 대한 토론이 많아져 장원환, 뤼허뤄呂赫若, 룽잉쭝龍瑛宗, 양쿠이楊逵 등의 대작들이 그에 합당한 존중과 지위를 획득하게 되었다. 그러나 이러한 열기 속에서도 '황민문학'에 대한 관심은 현저히 적었다. 그 원인은 일제의 야마토 민족론을 긍정한 '황민문학'이 해방 후 민족의식이 드높아지던 시기에 금기시되거나 부정되었기 때문이다. 이러한 점은 원경출판사遠景出版社에서 펴낸 『광복전 타이완문학전집光復前台灣文學全集』과 전위출판사의 『타이완 작가전집台灣作家全集』에 저우진보周金波, 천훠취안 등의 작품이 수록되지 않은 것에서[2] 알 수 있다. 『광복전 타이완문학전집』의 「출판주지 및 편집체례出版宗旨及編輯體例」에서 장항하오, 린판林梵 등은 "좋고 나쁨을 평가하여 수록작을 선별하는 과정에서 황민화의 의미가 짙게 깔린 어용작품들을 싣지 않음으로써 무언의 비판을 숨겨두었다"라고 밝히고 있다.

그러나 예스타오와 중짜오정은 '황민문학'이 그 이름과 달리 피식

---

1 이 말은 張文環이 1943년 11월에 台北公會堂(현재의 中山堂)에서 거행한 '台灣決戰文學會議'에서 발언한 것이다. 林瑞明, 「騷動的靈魂－決戰時期的台灣作家與皇民文學」, 『台灣文學的歷史考察』, 台北 : 允晨, 1996, 296면.

2 周金波의 「志願兵」, 「水癌」 및 본문에서 토론하고 있는 陳火泉의 「道」은 '황민문학'의 대표작으로 꼽히고 있다. 이 작품들이 『光復前台灣文學全集』과 『台灣作家全集』에 수록되어 있지 않은 것은 '황민문학'이 받아들여지지 못했다는 사실을 보여주는 것이다.

민자들의 선혈이 낭자한 기록이며 타이완인들의 황민화에 대한 저항과 심리적 분투를 표현한 것이라고 말하고 있다.[3] 1970년대 타이완문학 연구가 흥성한 이후 천훠취안의 「길」에 대해서 여러 방면의 서로 다른 평가와 토론이 격렬하게 진행되었다. 이러한 토론은 대부분 「길」의 항일적 의지의 유무를 둘러싸고 일어났다. 즉 이 작품을 '항의문학'의 범주에 넣을 것인가, 아니면 작가가 권력에 굴복하여 창작한 작품으로 볼 것인가에 대한 토론이었다.

「길」을 황민화에 대한 저항으로 보는 사람은 예스타오, 중짜오정 외에도 일본인 연구자인 호시나 히노로부星名宏修가 있다. 그 역시 '일시동인一視同仁'의 이중구조로부터 접근하여 「길」이 가진 저항적 성격에 동의하고 있다.[4] 그러나 린루이밍林瑞明은 「소란한 영혼－결전시기의 타이완 작가와 황민문학騷動的靈魂-決戰時期的台灣作家與皇民文學」에서 천훠취안의 「길」이 황민문학의 대표작으로서 동정은 가능하나 그 책임을 져버릴 수는 없다고 지적하였다.[5] 타루미 치에垂水千惠는 작자의 일생과 작품의 내용을 비교 연구했다. 그는 천훠취안이 「길」에서 "일본인들이 만족할만한 모범적인 황민형상을 묘사해내고자 했으며, 이로써 작가로서의 명성도 얻고 직장에서도 승진을 하게

3 葉石濤는 「皇民文學」이라는 글에서 陳火泉의 「道」에 대해 다음과 같이 말하고 있다 "만약 당신들이 작가의 입장에 서서 본다면 아마도 이 소설은 황민화에 저항하는 한 타이완인의 심리적 몸부림에 대한 기록으로 볼 수 있을 것이다." 鍾肇政의 「日據時代台灣文學的盲點－對皇民文學的一個考察」에서도 "그렇다. 우리는 모두 피해자들이다. 식민지의 피해자이다. 우리도 그렇고, 굴종형의 작가도 그렇고, 맹목형의 작가 역시 그렇다. (…중략…) 나는 그것을 불쌍한 피해자의 혈흔이 낭자한 기록이나 혹은 선혈이 뚝뚝 떨어지는 한 시대의 역사적 증언으로 보고자 한다."(『聯合報』, 1998.12.27, 14版. 副刊)

4 星名宏修, 「大東亞共榮圈的台灣作家(一)－陳火泉之皇民文學型態」, 『台灣文學硏究在日本』, 台北 : 前衛, 1994, 33～57면.

5 林瑞明, 앞의 책, 322면.

되었다"[6]고 하면서 전혀 '항의'의 의도가 없다고 주장했다.

분분한 토론들을 종합하여 볼 때 민족주의의 도덕적 잣대가 관건임을 알 수 있다. 즉 민족적 대의로 말하자면 「길」은 민족을 배반한 작품이 된다. 문제는 "정체성의 위기가 반드시 대역무도한 것인가? 결전의 상황에서 타이완인들은 다른 선택이나 또 다른 정체성을 가질 수는 없었을까? 이러한 선택과 정체성도 마찬가지로 용서받지 못할 죄악인가?" 등이다.[7] '식민통치 / 황민문학'의 도덕적 비판에 치우쳐 '황민문학'의 시대적 의미를 분석하지 않는다면 '일제시기와 이차대전 말기 타이완인들의 혼란과 불안, 무력했던 정신세계'를 이해될 방법이 없게 된다.

이런 점에서 본다면 '황민문학'은 식민통치하의 고통과 분투, 애정과 결혼생활 등을 반영한 다른 작품들과 마찬가지로 단지 문학 주제상의 차이에 의한 분류법에 불과하게 된다. 본문에서는 황민작가들이 신분 정체성의 전략을 통해 '진정한' 황민을 표현하고 구성해 낸 방식을 논하고자 한다. 이를 위해서 먼저 황민문학에 대한 가치판단의 시선을 배제하기로 한다. 그럼으로써 보다 정확하게 일제시기 타이완문학의 발전맥락을 바라볼 수 있으며 더욱 포괄적으로 피식민하에서 지식인들이 정체성 구성을 위해 시도했던 전략들을 파악할 수 있을 것이다.

베너딕트 앤더슨은 '정체성'이란 '상상의 공동체'의 건립이며 사회화의 근원이라고 생각했다.[8] 알박스Maurice Halbwachs 역시 집단의 기억

6 垂水千惠, 「日本統治與皇民文學－陳火泉的例子」, 『台灣的日本語文學』, 台北 : 前衛, 1994, 78면.
7 張恒豪의 문장은 민족주의적 틀을 벗어나 신분 정체성이 사실은 다원적이고 개방적인 것임을 인정하고 있어, 요즘 드물게 보이는 「道」에 대한 공정한 평론이다.
8 廖咸浩, 「在解構與解體之間徘徊－台灣現代小說中'中國身分'的轉變」, 『後殖民理論與文化

을 소환하는 것은 사회 집단의 특징 중 하나라고 말한다.[9] 바꿔 말하면 집단의 신분 상상은 어떤 근거에 따라 집단이 창조한 것이며 새로운 의미 생산의 결과이고 모든 사회조직, 도덕적 근거, 문화규범에 대한 새로운 인정과 창조를 포함한 것이다. 말하자면 신분 정체성은 일종의 새로운 '형식form'에 대한 갈구이며, 새로운 '담론 시스템'의 구축이라고 하겠다.[10] 미셸 푸코의 말에 따르면 담론 시스템은 '하나의 조합으로 이루어지는 문자가 표현하는 총체성을 통제하는 성명聲明의 표현 시스템'이다.[11] 이렇게 볼 때 신분이란 고유한 것이 아니라 '정체성' 담론을 통해 총체적인 기호로 표현되어 점차적으로 만들어지는 것이다.

일제시기 지식인들의 식민주의 비판 의식이 날로 강화되면서 이전의 신분 정체성이 동요되기 시작했다. 이런 가운데 새로운 신분을 확정하지 못한 상태에서 정체성의 형식이나 담론 시스템에 대한 요구는 주체의 신분을 고정시키기 위한 중요한 전략이 되었다. 언어기호의 '성명聲明' 작용을 통해 그들은 반복적으로 자아 정체성에 대한 사고를 변증해냈으며 이를 통해 신분을 재건하고자 했다.[12] '담론 시

認同』, 台北 : 麥田, 1995, 195면.

9 王明珂, 「集體歷史記憶與族群認同」, 『當代』 91, 1993, 14면.

10 陳淸僑, 「離析'中國'想像－試論文化現代性中主體的分裂構形」, 『認同・差異・主體性』, 台北 : 立緖, 1997, 242면.

11 Michel Foucault, 「聲明的描述」, 『知識的考掘』, 台北 : 麥田, 1997, 230면.

12 '이데올로기의 기호학적 가치'는 바흐친의 초언어학의 주요한 명제이다. 그는 기호의 중개를 이데올로기를 고찰하는 관건으로 보고, 그것의 물질적 현실성과 사회성을 강조하였다. 이로써 다시금 인류의 의식과 정신생활에 대해 설명하고 있다. 바흐친은 의식의 발생과 실현은 반드시 기호를 통해야만 한다고 생각했다. 이를 참고하여 보면, 일제시기의 작가들이 각종 '성명'을 통해 반복적으로 사색한 것이 바로 그 신분의식의 구축이었음을 알 수 있다. 바흐친의 이론은 劉康, 「對話性－文化理論的基石」, 『對話的喧聲－巴赫汀文化理論述評』, 台北 : 麥田, 1995 참고.

스템'은 이렇게 만들어졌으며 '황민담론'도 그중 하나였다. 많은 작품 중에서 저우진보와 천훠취안의 작품은 줄곧 황민문학의 대표작으로 분류되었다.[13] 둘 다 황민문학의 대표작을 써냈지만 이 둘의 삶은 상당히 달랐다.

저우진보는 1920년 지룽基隆에서 태어났다. 그의 어머니는 태어난 지 얼마 되지 않은 그를 데리고 니혼대학 치의과에서 유학중이던 아버지를 찾아 일본으로 떠난다. 이후 관동대지진이 닥쳐 잠시 타이완으로 피난을 왔다가 13세 때 다시 일본으로 건너가 유학한다. 니혼대 부속 3중학교 시절부터 니혼대 치의과를 졸업하기까지의 9년 동안 줄곧 일본에서 지냈다. 1941년에 타이완으로 돌아온 후 2년째 되던 해에 「지원병」을 창작했다.

천훠취안은 1908년에 장화彰化 루깡鹿港에서 태어났다. 아버지는 한의사, 어머니는 장사하는 집안의 딸이었다. 1914년, 7살이 되던 해에 루깡의 원카이학당文開書塾에 입학하여 3년 동안 한문을 공부했다. 1918년 11세 때, 루깡제이공학교에 입학하여 일본식 교육을 받기 시작했으며, 1925년에 18세의 나이로 타이베이 공업학교 응용화학과(지금의 台北科技大의 전신)에 합격했다. 처녀작인 「길」을 발표했을 당시 그는 36세의 장년이었다.

저우진보가 일본에서 성장한 것과 달리 천훠취안은 식민치하에서 성장한 타이완 지식인이다. 저우진보가 야마토의식을 추구하여 황민의 일부분이 되고자 마음먹었다면 어려서부터 일본에서 성장하고

13 周金波는 「志願兵」과 「水癌」 등의 작품을 발표했으며, 葉石濤는 「『文藝台灣』 및 그 주변」이라는 글에서 직설적으로 周金波의 작품을 "의심의 여지없이 완전한 황민화 문학이다"라고 말하고 있다. 陳火泉의 「道」는 1943년 7월에 『文藝台灣』 제6권 3호에 발표되었는데, 西川滿과 濱田隼雄에 의해 황민문학의 대표작으로 표방되었다.

일본식 교육을 받은 것과 무관하지 않을 것이다. 천훠취안은 장기간의 식민통치를 경험한 후 점진적으로 식민지 정부를 인정하게 된 타이완지식인의 모습을 보여준다. 또한 그의 작품 「길」은 진정한 일본을 경험하지 못한 지식인으로서 '상상의 집단'을 창작한 것으로 신분정체성을 건립하는 과정을 보여준다. 다시 말해 천훠취안의 「길」에서 식민지 통치로 인해 피식민자들의 신분의식이 붕괴되는 현상과, 지식인이 제 몸을 바쳐 식민정부가 만들어낸 '상상의 집단'을 인정하게 되는 과정을 살필 수 있는 것이다.

「길」은 1943년 7월 『문예타이완』 제6권 3호에 발표되었다. 이 작품 전체가 "한 회에 실렸으며 55페이지의 지면 할당은 『문예타이완』 사상 처음이었다."[14] 이 소설은 처음에 일본어로 쓰였다가 『광복 전의 타이완문학 전집』이 편찬될 당시 중짜오정의 요청으로 천훠취안이 중국어로 번역했다. 그러나 책에 수록되지 못하자 1979년 7월 7일부터 8월 18일까지 단독으로 『민중일보』 부간副刊에 게재하였다. 작가의 회고에 의하면 "이 작품은 원문에서 한 글자도 누락시키지 않고 그대로 번역하였으며 '원문' 고유의 맛을 살리기 위해 타이완인들이 알아볼 수 있는 일본어 용어들은 그대로 유지하였다. '7·7사변'을 '지나사변'으로 표기한 것이 그러한 예이며 또 필요한 경우 '하이꾸俳句', '나니와부시浪花節(일본 전통음악)', '라쿠고落語(만담)'와 같은 것에는 주석을 달았다. 일부 삭제되었던 부분도 이번에는 되도록 보정하였다." 소설이 작자에 의해 번역, 발표되었기에 본문에서는 『민중일보』에 게재된 「길」의 내용으로 토론할 것이며, 글 속의 소설 원문 인용

14 林瑞明, 앞의 책, 298면.

도 모두 이를 기준으로 한다.

일반적으로 신분의 충격은 대부분 신분적 위기가 형성되면서 시작된다고 한다. 피식민자들의 신분적 위기감은 식민자들의 통치정책과 불가분의 관계를 지닌다. 때문에 본문에서는 먼저 황민작가가 살았던 시대환경에 관해 검토할 것이다. 주로 통치계층의 황민화와 언어 동화정책에서 피식민자들의 신분 위기감을 촉발시킨 원인을 찾고자 한다. 그 다음으로 다시 작품분석을 통해 일제시기 지식인들이 어떤 신분 정체성의 전략으로 '진정한' 황민을 구성하고 표현했는지 분석할 것이다.

2. 황민정책, 언어 동화, 신분 위기

천훠취안의 「길」에 대한 연구자들의 해석과 그 안에 들어있는 역사의식은 매우 다양하다.[15] 기존 논의들과 거리를 두면서, 본 절에서는 황민화운동과 국어(일본어) 보급 운동이 각각 언어동화와 황민정책하의 신분적 위기감에 어떤 영향을 미쳤는지를 고찰해 보겠다.

일본은 타이완을 통치한 직후부터 점진적인 동화정책을 통치 방침으로 삼았다. '황민화'는 그러한 동화수단의 하나였다. 그 목적은 타이완인들을 '순량한 일본인'으로 만들고 '이해관계가 일치하는 일

15 해방 후 「길」에 대한 여러 관점과 그 속에 드러나는 서로 다른 역사의식에 대한 내용은 施懿琳, 楊翠의 『彰化縣文學發展史』의 내용을 참조할 수 있다.

본 국민'으로 변화시키고자 하였다. 이러한 정책을 관철시키기 위해 일본은 여러 정책들을 추진했다. 예를 들어 '풍속의 개량', '복장 및 달력의 개정', '미신 타파', '국어 보급' 등이 그것이다. 이를 통해 타이완인의 언어, 풍속습관, 종교, 사회조직 등을 변화시키고자 했다. '국어보급운동' 역시 황민화 정책의 일환이었다. 이에 대해 본문은 따로 한 절을 마련하여 이데올로기가 기본적으로 기호와 언어로 구성됨을 설명할 것이다.

> 담론은 내면생활 및 의식 부호의 재료이다. 의식의 발전은 반드시 가소성可塑性이 뛰어나고 신체기관을 통해서도 표현해 낼 수 있는 어떠한 재료를 통해야만 하는데 언어가 바로 이러한 재료이다.[16]

바흐친은 이데올로기가 하나의 기호이며 의식의 발생과 실현이 반드시 언어를 거쳐야 하므로 기호가 없으면 이데올로기도 없다고 했다. 때문에 언어가 이데올로기의 핵심이라고 보았다. 황민화 작가는 '담론 시스템'의 알리는 기능을 통해 새로이 주체의식과 정신을 구축하였다. 언어의 어떠한 변화도 작가의 신분 집단의식에 구체적으로 영향을 미친다. 이것이 통치자들이 '국어보급운동'의 추진에 신경을 썼던 이유이다. 또한 본고가 언어 전략에 특히 주목하고 있는 이유이기도 하다.

---

16 劉康, 앞의 책, 159면.

1) 황민화 정책[17]

1937년 7월 루꺼우챠오蘆溝橋사변이 시작되면서 일본은 타이완에서 언론 통제를 강화하고 황민화운동을 추진하여 적극적인 전시체제를 확립해나갔다. 1938년 4월 1일 총독부는 국가 총동원법을 공표하고 '동아시아의 새로운 질서를 건설한다'는 성명을 발표였다. 타이완을 '남진'기지의 발판으로 삼기 위해 문관출신인 총독 나카가와 겐조中川健藏의 직위를 해군대장 고바야시 세이조小林躋造에게 넘겨주었다. 대대적으로 군국주의 정책을 실시하였으며 타이완에 대한 군사적 통치체제를 강화하였다. 이후 전시체제를 정비하기 위해 타이완의 치안을 강화하였으며, '황민화', '공업화', '남진기지화'라는 '타이완 통치의 세 가지 정책'을 제시하며 타이완인을 침략정책에 동원하였다.

글자 그대로의 의미로 본다면 '황민화'는 타이완인들을 '황민'으로 만드는 것이었다. '황민'이란 '천황의 백성'이나 '황국의 신민'을 지칭하는 것으로 일본의 천황제도하에서 양자 간의 의미는 모순이 생기지 않는다. 간단히 말하면 '황민화운동'은 식민지인들을 '진정한 일본인'으로 개조하고자 하는 철저한 '일본화운동'이었다. 그 주요한 내용은 ① 종교와 사회 풍속의 개혁 ② 국어운동 ③ 창씨개명 ④ 지원병제도[18]의 4가지 부분으로 나눌 수 있다. 이중 두 번째의 국어운동은 다음 절에서 상세히 논하도록 하겠고 본 절에서는 나머지 세 가지 항

17 본 절에서 다루고 있는 내용은 주로 葉石濤, 『台灣文學史綱』; 彭瑞金, 『台灣新文學運動40年』; 施淑, 『日據時期台灣小說選』; 許俊雅, 『日據時期台灣小說研究』; 周婉窈, 「從比較的觀點看台灣與韓國的皇民運動(一九三七 ~ 一九四五)」를 참조하였다.

18 周婉窈, 「日本在台軍事動員與台灣人的海外參戰經驗(1937~1945)」, 『新史學』 5-2, 1994, 124면.

목에 대해서 간단히 살펴보겠다.

황민화운동의 종교개혁은 두 가지 목표를 겨냥했다. 하나는 일본의 신앙을 타이완에 보급하는 것이었다. 이를 위해 신사가 증건되고 천신에 대한 제사와 신사참배가 강요되었다. 또 하나는 타이완 고유의 불교, 도교와 민간신앙을 억압하는 것으로 이를 위해 지방 사원이 정리되었다. 차이진탕蔡錦堂은 그 결과 "전통적인 불교신앙을 중심으로 했던 타이완 가정의 생활양식이 전쟁기간에 이르면 적어도 '표면적'으로는 일본 황가의 조상신인 아마테라스 오미카미를 중심으로 하는 일본식 생활양식으로 대체된다"고 말한다.[19]

1940년 2월 12일, 타이완총독부는 창씨개명법을 공표하였다. 창씨개명을 원하는 사람들은 '국어를 상용하는 가정' 및 '자나 깨나 황국백성의 자질과 소양을 갖기 위해 노력하며 공공의 정신이 충분해야 한다'는 조건에 부합해야만 했다.[20] 또한 다음과 같은 네 종류의 성명 사용을 금지했다.

① 역대 천황의 휘호와 이름

② 역사적으로 유명한 인물의 성명

③ 본래 성씨와 관련된 중국 지명

④ 당시 주요인물의 성명이나 기이한 성명과 같은 기타의 부적당한 성명[21]

---

19 蔡錦堂,「日據末期台灣人宗教信仰之變遷－以'家庭正廳,改善運動'爲中心」,『史聯雜誌』19, 1991, 44면.

20 周婉窈,「從比較的觀點看台灣與韓國的皇民運動(一九三七～一九四五)」,『中央研究院員台灣史研究』2-1, 1995, 137～138면.

21 위의 글, 138면에서 재인용.

여기서 주목할 점은 3번 항목이다. 이는 타이완인의 한문화 정체성을 끊고자 하는 것이었으며, 이것은 타이완인들을 진정한 일본인으로 개조하는데 상당히 중요한 부분이었다.

'지원병제도'를 살펴보자. 타이완에서 '육군특별지원병제도'를 실시한 것은 1942년이었으나, 1937년 가을에 타이완인은 이미 중일전쟁에 참전했었다.[22] 저우완야오의 「타이완에서의 일본의 군사동원과 타이완인의 해외참전 경험(1937~1945)」에 의하면 지원병제도하에서 "상당히 특이한 현상이 나타났다. 그것은 타이완의 청년들이 '혈서'를 쓰고 군대에 자원하는 열기가 생겨난 것이다." 어째서 혈서까지 쓰면서 종군하기를 원했을까? 저우완야오는 타이완 전쟁시기의 '혈서문화'에 대해 '의미는 풍부하지만 연구가 부족한 주제'라고 말한다. 본고는 이 질문에 간접적으로 대답할 수 있다. 장편소설 「길」에서 '혈서를 쓰고 지원하는 것'은 타이완청년들이 만들어낸 피로써 피를 바꾸는 새로운 신분 전략이었다. 이를 통해 타이완청년들은 순조롭게 일본 천황의 '정치적 신체'의 영역으로 들어갈 수 있었다. 이로써 '정신의 구도'와 '혈통과 종족'의 현실적인 모순을 초월하여 일본에 받아들여지는 '진정한 일본인'이 될 수 있었다. 이에 대해서는 아래에서 상세히 살펴보겠다.

황민화운동의 확산에 따라 문학도 큰 영향을 받았다. 타이완 작가들은 일본 작가 위주의 문단에 의지할 수밖에 없었다. 1939년 9월에

---

22 周婉窈의 연구에 따르면 "타이완인이 최초로 군역의 신분으로 일본군대에 참여한 것은 대략 1937년 7월 7일 일본이 루꺼우챠오사건을 일으킨 바로 얼마 뒤부터였다. (…중략…) 당시의 신문보도에 의하면 타이완의 최초 지원병들은 9월 19일에 '적진 앞으로 상륙'하였고, 군부대의 수송을 담당하였다." 周婉窈, 「日本在台軍事動員與台灣人的海外參戰經驗(一九三七~一九四五)」, 85면.

성립된 '타이완시인협회'나 1940년 1월에 확대 개편된 '타이완문예가협회'와 같은 것들이 모두 니시카와 미쓰루西川滿를 중심으로 하는 단체이다. 1941년 12월 태평양전쟁이 발발하자 타이완은 본격적인 전시체제 돌입하게 되었다. 이때 '황민봉공회'가 설립되어 잡지 『신건설』을 발행하고, 타이완인의 '일본화'를 적극적으로 강화하였다. 1942년 10월에는 장원환, 룽잉쭝, 니시카와 미쓰루, 하마다 하야오濱田隼雄가 도쿄에서 열린 제1회 '대동아문학가대회'에 참가한다. 1943년 1월 10일에는 '일본문학보국회 타이완지부'가 성립되고 황민문화를 선양하였다. 8월에는 양윈핑楊雲萍, 저우진보, 나가사키 히로시長岐浩, 세이토 유우齊藤勇 등이 도쿄에 가서 제2회 '대동아 문학가대회'에 참석했다. 11월 13일에는 '타이완문학봉공회'가 타이베이 공회당에서 '타이완 결전시기문학회의'를 거행했으며 이 회의에서 니시카와 미쓰루는 '문예잡지를 바쳐' '전시 배치할 것'을 건의했다. 이로 인해 '타이완문학봉공회'는 1944년 5월에 새로운 기관지인 『타이완문예』를 창간하게 되고 타이완의 신문학은 '황민화' 운동의 '결전'시기 체제로 진입하였다.

1944년 총독부는 '황민연성練成의 규칙'에 따라 50여 곳에 황민 연성소 설립을 결정하고, '타이완문학봉공회'의 작가들을 각 지역의 농장, 공장, 군영, 철도, 광산소 등으로 보내 참관하고 보고문학을 쓰도록 하였다. 이로써 황민화운동이 절정에 달했다. 그 결과 오자키 호츠키尾崎秀樹가 말한 것처럼 "충실한 일본의 황민은 일본인으로 죽는 것"이 되었다.[23]

---

23 尾崎秀樹, 「戰時的台灣文學」, 『台灣的殖民地傷痕』, 台北 : 帕米爾, 1985, 212면.

2) 언어보급운동[24]

일본은 타이완인의 민족의식과 국가 관념을 재설정하기 위해 가장 기본적이고 중요한 정책이 '국어의 보급'이라고 생각했다. 1895년 6월 17일 타이완총독부는 시정행사 다음날 학무부를 설치하고 이자와 슈지伊澤修二를 학무부장으로 임명했다. 그는 가바야마 스케노리樺山資紀 총독에게 제출한 타이완교육 의견서의 첫 구절에서 "타이완교육은 신영토의 인민들에게 빠른 속도로 일본어 학습을 시키는 것이 그 첫 번째이다"[25]라고 했다. 그 이유는 다음과 같았다.

> 나라를 얻기 위해서는 인민을 얻어야 하며 인민을 얻기 위해서는 인심을 얻어야 한다. 인심을 얻고자 한다면 우선 서로간의 의사를 전달할 수 있는 언어적 도구의 힘을 빌리지 않으면 안된다. (…중략…) 때문에 지금 본 교습소를 설립하여 국어를 가르침으로써 시정의 편리함을 도모하고, 더 나아가 교화의 기초를 닦고자 한다.[26]

'국어교습소' 설치는 식민지 행정 업무의 추진과 타이완인들의 '교화'를 도모하고 있다. 여기서 '교화'란 1903년 민정장관 고토 신페이後藤新平가 학생사무 자문의회에서 말한 '동화'를 의미했다. "국어의 보급으로 서로 상이한 성격의 민족을 동화시키는 것은 결코 쉬운 일이

---

24 본 절에서 다루는 내용은 주로 葉石濤, 『台灣文學史綱』; 施淑, 『日據時期台灣小說選』; 梁明雄, 『日據時期台灣新文學運動研究』; 吳文星, 『日據時期台灣社會領導階層之研究』; 黃宣範, 『言語·社會與族群意識』을 참고하고 있다.

25 梁明雄, 『日據時期台灣新文學運動研究』, 台北 : 文史哲, 1996, 22~23면.

26 吳文星, 앞의 책, 307면.

아니다. 하지만 타이완인을 동화시켜 우리의 국민으로 만들어야 하기 때문에 그들에게 은혜를 베풀어야 한다는 점에서는 아무도 이의를 제기하고 있지 않다"[27]라는 고토의 발언에서 알 수 있는 것처럼 '동화'는 국어보급의 본래적인 의도였다.

1898년 7월에 '타이완 공학교령'을 제정한 후에는 지방정부의 경비로 타이완 각 현과 시에 6년제 '공학교'를 설립하여 '국어 교습소'를 대체하였다. 11월에 다시 '서당 및 서원에 대한 규정'을 발표하여 정식으로 서당을 관리하였으며, 서당에 일본어 교과를 개설하도록 규정하였다. 서당을 공학교 교육의 보조적인 기관으로 만들고자 한 것이다. 이로써 공학교는 일본어를 보급하는 가장 중요한 기구가 되었고 '국어보급' 정책이 이로써 정식으로 확립되었다.

1931년 12월에 총독부는 적극적으로 각 지역에서 일본어 보급교육을 강화하기 위해 '타이완공립특수교육실시령'을 공표하고 시市·가街·장庄에 '국어강습소'를 설립하여 공립 특수교육의 일부로 편입시켰다. 국어강습소 제도는 과거의 '국어 연습회'나 '국어보급회' 등과 비교하여 보다 조직적인 상설기구였다. 경비가 풍족하여 교육내용이나 방법도 비교적 정밀했다. 이로 인해 일본어를 알아들을 수 있는 타이완인들의 수가 빠르게 증가했다. 총독부는 이러한 상승세를 타고 1933년에 다시 '국어보급 10개년 계획'을 제정하여 전 타이완의 모든 향鄕과 진鎭마다 강습소를 하나씩 세우는 것을 원칙으로 했다. 10년 이내에 일본어를 알아들을 수 있는 인구를 50%로 올릴 예정이었다.

이 외에도 서당이 '동화정책'에 방해가 되지 않도록 총독부는 한학

27 吉野秀公, 『台灣教育史』의 내용. 洪惟仁, 「日據時代的台灣教育」, 『台灣風物』 42-3, 1992, 56~57면에서 재인용.

을 가르치는 서당을 폐쇄하는 정책을 채택했다. 1918년에는 공학교 교과과정의 기준을 수정하여 한문수업 시수를 매주 4~5시간에서 2시간으로 단축했다. 1922년에는 '타이완 교육령'을 공포해 한문을 선택과목으로 개정함으로써 일본어 중심으로 타이완의 언어문화를 개편하려 했다.

1937년, 중일전쟁 발발 후 타이완이 전시체제에 돌입하며 '황민화 운동'은 더욱 활발히 전개되었다. 총독부는 철저하게 일본어를 보급하고 공학교 규칙을 단호하게 수정하였다. 공학교에서의 한문교육을 전면 폐지하였으며 4월에는 한문사용을 금지하였다. 신문과 잡지의 한문란도 폐지하였고, 한문 잡지는 간행이 중지되었으며, 한문 서당은 강제적으로 전면 철폐되었다. 동시에 총독부는 대대적으로 '국어상용운동'을 추진하여 타이완의 공공직무를 수행하는 사람들은 공적인 자리에서든 사적인 자리에서든 일본어를 사용해야 했다. 동시에 각 주, 청사 및 각 교화단체들이 가정, 부락, 거리에서 국어사용에 힘을 쏟을 것을 지시했다. '국어가정', '국어모범부락'들이 이로 인해 생겨났으며, 타이완의 언어 환경은 점차 일본어가 독식하는 상황이 되었다.

> 통계에 따르면 1937년 4월 말에는 전 타이완에서 일본어를 이해하는 사람이 37%에 불과했지만 1942년 4월 말에 이르면 60% 정도로 급격히 증가했다.[28]

> 일부의 일본어 교육을 받지 않은 사람들을 제외하고 중년층 대부분 일본어

28 梁明雄, 앞의 책, 24면.

를 할 수 있었다. 일본어 책을 읽고, 일본어를 쓸 수 있었으며, 어떤 이들은 일본 교육을 받아 일본어로 사고했다. (…중략…) 일부 청년층은 일본어만을 알 뿐 타이완어를 하지 못했다. 이들이야말로 일본어에서 벗어나기 가장 어려운 세대이다.[29]

대대적인 황민화정책의 추진과 국어보급운동의 결과 50여 년 간의 식민지 통치는 타이완인과 중국인의 관계를 느슨하게 만들어 놓았다. 일본어 중심으로 개편된 언어 환경은 타이완인의 한족의식을 동요시켰고, 이러한 불안함과 곤혹스러움이 황민시기의 문학 속에 여러 군데 나타난다. 황민담론과 무관해 보이는 작품들에도 신분적 위기로 인한 불안감이 존재하고 있었다.[30] 여기서 황민정책과 언어동화가 피식민자들의 신분적 위기감을 불러일으켰음을 분명히 알 수 있다.

다시 초점을 「길」의 작가에게로 돌려보자. 1908년에 출생한 천훠취안은 일곱 살에 서당에 들어가 한문을 배웠다. 하지만 이미 1896년 11월부터 총독부는 '서당 및 서원에 대한 규정'을 발령하여, "서당을 관리체제하에 두고 점진적으로 일본어, 산술 과목을 개설하여 공학교 교육의 보조기관으로 변화"[31]시키려 해왔다. 1918년, 11세 때 그는

---

29 黃宣範, 『語言・社會與族群意識』, 台北 : 文鶴, 1993, 96면.

30 1943년 7월 『台灣文學』 3권 3호에 발표된 王昶雄의 「奔流」는 陳火泉의 「道」와 대척점에 있는 것으로 평가된다. "『台灣文學』 진영은 고의적으로 황민화운동 단계의 타이완인들이 느끼는 영혼의 혼란을 드러내고자 「奔流」를 게재하여 「道」와 비교한 것이다."(林瑞明, 앞의 책, 298면) 그러나 「奔流」에서 서술자인 '나'와 또 다른 주인공 '伊東'은 모두 신분 정체성에 직면하여 분투하는 모순을 가지고 있다. 전자의 경우는 황민의식을 지닌 채 본도인(타이완인)과 일본인 사이에서 방황하고 있고, 후자의 경우는 일본인 부인을 얻고 완전히 일본화된 생활을 한다. 이로써 알 수 있듯, '신분 정체성'은 이 당시 모든 타이완 지식인들이 반드시 대면해야 했던 난제였다. 다만 사람들마다의 '최후의 선택'이 달랐을 뿐이다.

공학교에 입학하여 일본식 교육을 받기 시작하였다. 이후 그가 진학한 타이베이 공업학교는 1919년 타이완 총독부가 선포한 '타이완교육령'에 의해 설립된 3년제 공업전문학교였다. 이 학교는 타이완에서 공학교 이후 진학하는 고등교육 기관 가운데 하나였다. 하지만 명분만 고등교육기관이고 실제는 타이완인에게 중등 이상의 교육을 제공하는 기관이었다. 야나이하라 다다오矢內原忠雄는 이에 대해 다음과 같이 비판하고 있다.

> 이러한 결과는 당연히 고등교육기관이 대부분 일본인 학생에 의해 점유되어 있었기 때문이었다. 교육제도라는 이름의 동화는 사실 타이완인이 고등 전문교육을 받을 기회를 박탈한 것이다. (…중략…) 지금은 제도상으로 평등하다고 말하지만, 타이완인이 고등교육을 받는 데 실제로는 여러 가지의 제약이 있으며 이는 일본인들의 지배적 지위를 확보하는데 더욱 유리하게 작용했다.[32]

적어도 11살부터 일본식 교육을 받기 시작한 천훠취안은 '일본인'으로 교육되었다. 따라서 그가 받은 교육과 언어가 '나는 일본인이다'라는 인식을 끌어냈을 것으로 생각할 수 있다. 문제는 그가 받았던 3년간의 한문교육, 한족 풍의 루깡에서 나고 자란 점, 그의 아버지 또한 한문 시서時書를 충분히 공부하고 한의사에 합격한 점 등으로 미루어 볼 때 자신이 '본래는 타이완인'이라는 신분관념이 낯설지 않았을 것이라는 점이다. '나는 일본인이다'와 '본래는 타이완인'이라는 신구의 신분 가운데 끼어있는 그 내면의 충돌을 상상하기란 어렵지

31 吳文星, 『日據時期台灣社會領導階層之硏究』, 台北 : 正中書局, 1995, 310면.
32 위의 책, 100면.

않다. 특히 고등교육과정 중 여러 가지 제한에 직면하고 피식민자로 차별 대우를 받았던 점 역시 작가가 주체의 신분적 위치에 대해 다시금 생각하도록 만들었을 것이다.[33] 「길」에서 이러한 과정을 볼 수 있다. 작가는 야마토의식과 한족의식 사이에 놓인 채 담론 시스템의 언어 성명聲明 기능을 빌어 자신의 '진정한' 황민 신분을 만들어내고자 했다.

3. 신분 정체성 전략–'정신의 구도'와 '혈연종족'의 변증법적 합류

「길」에서, 전매청 장뇌과樟腦課 직원인 타이완청년 칭난青楠은 자신을 '본도인(타이완인)'에서 진정한 '일본인'으로 변화시킬 방법을 고민한다. 칭난이 일본인이 되고 싶은 이유는 일본문화를 동경하기 때문이다. 그는 수기 「황민의 길」을 써서 황민의 혈통은 선천적인 것이 아니라 '정신적 구도求道'를 통하여 이룬다는 점을 반복적으로 증명한다. 그러나 결국 본도인은 '일본의 백성'으로 인정될 수 없음이 드러난다. 직장에서의 성과로 당연히 승진할 것이라 생각했지만 도리어 누락되는 경험을 하면서 칭난은 타이완인은 인간도 아니라고 몸

33 소설 「道」의 주인공 青楠이 직면했던 것이 이러한 '나는 일본인'과 '본래는 타이완인'이라는 신분적 충돌이었다. 타이완에 사는 청년이었던 그는 자신이 '진정한' 일본인이라고 굳게 믿었다. 하지만 현실적인 실패와 좌절 속에서 부득이 자신이 어디에서 태어났고 어디에서 자랐는지, 그의 영혼의 성장은 어떻게 될 것인지에 대해 생각하지 않을 수 없었고 주체적 신분 정체성을 다시 구축하지 않을 수 없었다.

으로 느끼게 되었다. 이러한 타격은 그를 살고 싶지 않을 만큼 고통스럽게 했다. 신분을 인정받지 못하는 고통은 결국 그를 신경쇠약에 걸리게 만들었다. 꿈에서 국화를 삼켜 뱃속에 집어넣는다 할지라도 그의 핏줄 속에 일본 황실의 표지가 낙인찍힐 리 없었던 것이다.

칭난이 절망에 빠져있을 때, 우연히 떠오른 한마디의 모국어(타이완어)가 그를 정신 차리게 만들었다. 사실 자신은 의식적으로 순수하지 못하며, 아직 진정한 일본인이 되지못했다는 사실을 깨달은 것이다. 때문에 그는 지원병에 자원함으로써 '정신적 구도'를 통해 야마토 정신에 합류한다.

간단하게 「길」의 내용에 대해 서술했다. 이야기의 주제는 명확하고 분명하여 그 신분 정체성 확립의 과정이 잘 드러난다. 혈연종족의 경계를 초월하는 것은 이전의 신분을 뒤집기 위해 가장 먼저 필요한 전략이다. 이어지는 것은 신화를 만들어내는 것과 집단적 역사의 기억을 소환하는 시도이다. 마지막으로 '정신적 구도'가 다시 '혈연종족'과 반복된 대화와 변론을 거쳐 새로운 신분이 탄생하게 된다. 바꾸어 말하면 이 신분 본질론과 사회화 이론의 경쟁에서 작가는 신체의 '신성성'을 내세워 신분관의 이원적 대립을 벗어나게 되는 것이다.

1) 혈연과 유전을 초월한 '일본정신'

신분은 천성적인 것일까, 아니면 사회화의 결과일까? 이것은 소설 속에서 타이완청년 칭난이 직면했던 근본적인 질문이었다. '극단주의적 종족' 이론을 근거로 한다면 "한 인간이 위대하고 고귀하고 도덕성을 지니는 것은 그의 행동을 근거로 한 것이 아니라 그의 혈통을 근거로 한 것이다."[34] 한족 출신인 타이완인이 어떻게 혈통이라는 천성적인 운명에서 벗어나서 야마토 민족인 일본인이 될 것인가? 칭난의 직장 상사인 촉켄直拳은 어릴 적부터 칭난이 자라는 것을 봐 왔고 칭난과 '마음과 마음, 영혼과 영혼이 서로 통하는' 사람이었다. 하지만 그도 신분 본질론적인 시각에서 벗어날 수 없었다. 그는 수차례 칭난에게 '혈연이라는 것을 반드시 고려해야 한다'고 했다. 왜냐하면 혈연이 인식상의 정당성과 합리성을 가지고 있기 때문이라는 것이다.

부인할 수 없는 것은 혈연과 유전이 지니는 정당성과 합리성이 신분적 배타성과 자아폐쇄적인 특징을 부여한다는 것이다. 그가 어떻게 변명하든지 일본 혈연이 아니라는 사실은 여전히 존재한다. 혈연과 유전을 벗어날 수 있는 방법은 다른 길을 개척하여 신분을 새롭게 정립하는 것이다. '일본 혈연'이 아닌 '일본 정신'이 그 방법으로, 그것은 소설 속 인물들에게 주체의 신분을 재구성할 수 있다는 희망을 안겨주었다. 칭난은 구체적 현실과 역사적 상황이라는 두 가지 맥락에서 각각 자신의 '일본 정신'의 근거를 찾아냈다. 그는 '체득해 낸 진실성'에 대해 말한다.

> 종종 일본 정신이 결여되어 있는 상황을 보이기도 하지만 그들은 어차피 일본인으로 태어났으니, 그들의 혈관 속에 일본인의 피가 흐르는 것은 사실이다.

---

34 이것은 고비노Gobineau의 주장이다. 그는 『인종의 불평등에 관한 에세이*Essai sur L'inegalite des races humanies*』에서 '종족'이란 역사의 영역 속에서 유일한 주인이자 통치자이며, 혈통과 유전적인 순수함이 일체의 위대한 문명과 고귀한 종족을 유지하기 위한 필수 수단이라는 점을 적극적으로 증명하고 있다. 한명의 사람이 태어나는 것은 신이 내려준 은혜로부터 나온 도덕적 확정성이며 사람의 힘으로는 좌우할 수 없는 것이다.

때문에 그들이 만약 '피의 전통'을 자각해 낸다면 그들은 본래적인 일본인으로 돌아가는 것이다. 내가 말하고자 하는 것은 일본인의 피를 계승해야만 일본인이라는 점이 아니라, 어려서부터 일본정신 전통의 훈련을 받아 언제 어디서든 일본의 정신을 표현할 수 있어야만 진정한 일본인이라는 점이다.

여기서 칭난은 혈연과 신분의 본질적 관계에 대해서 부정하고 있지는 않다. 그러나 일본 혈통을 지녔다고 해서 그것이 곧 일본인 신분을 보장하는 것은 아니라고 생각했다. 때문에 단순히 '일본정신을 일본인이 가진 정신으로 해석'할 수 없었다. 사실 "선천적인 일본인 중에 일본정신을 어머니 뱃속에 두고 나온 이도 있다." 만약 혈연이 유일한 결정 요소라면 일본정신은 선천적 일본인이라면 모두 가지고 있는 근본정신일 수도 있다. 그러나 유감스러운 것은 그는 항상 이런 정신이 결여되어 있는 일본인들을 보았다는 점이다.

또한 혈연의 불안정성을 역사에서도 발견할 수 있었다. 칭난은 도요토미 히데요시豐臣秀吉가 조선에서 데리고 들어온 조선인들과 헤이안시대平安朝의 지식인 등의 사례를 증거로 하여 혈연을 초월할 수 있는 가능성에 대해 설명했다. 그러면서 '역사적 단련'이야말로 근본적인 정체성의 전략이라고 제시하고 있다.

도요토미 히데요시가 조선에서 많은 조선인들을 데리고 일본으로 돌아갔지만 그 다음 대에 그들은 함께 '메이지 유신'을 창조하지 않았는가? 이것이 혈연을 초월한 역사로부터 단련하여 만들어진 가장 좋은 예이다. 왜구가 많은 중국인과 조선인을 데리고 일본으로 돌아간 것 역시 사실이다. 그러나 무로마치室町(1392~1572) 중엽이 지나자 일본의 국내에 타국인이 존재하고 있다는 것을 생각하는 사람이 없었다. 다시 말해 헤이안시대(794~1192)로 거슬러 올라가면 지식계급과 유식계급의 약 1 / 3이 바로 귀화한 자들의 자손이라고 한다. 사카노우에타무라마로上田村麻呂나, 오우치 가문大内氏, 고지마 다카노리兒島高德 등등이 모두 귀화한 사람들의 자손이라고 한다. 이러한 사실이 바로 혈연을 초월하여 역사 속에서 단련한 것이라고 생각한다.

신분 정체성이 혈연을 초월하여 역사 속에서 단련된다면 타이완이 일본 영토로 귀속된 지 곧 50년이 되니[35] 이 기간의 역사적 단련이 일본 전통정신에 대한 훈련일 수 있었다. 때문에 타이완인들은 당연히 '진정한' 일본인이 될 수 있다는 것이다.

본질론과 사회화의 논쟁은 여기서 답을 얻는다. 역사로 단련을 하여 만들어진 '일본정신'은 '현실생활 속에서 고민하는 본도인'들을 구해낼 수 있다. 그러면 일본정신이란 무엇인가? 칭난의 해석에 의하면 이는 '존왕양이의 정신이다. 이는 일단 일이 생기면 군주를 위해 몸을 바치는 정신이다. 촉켄直拳 입장에서 말한다면 "행동하는 대로 결과가 나온다는 것을 분명히 알고, 해도 되는 일과 해서는 안 되는 일을 아는 것이 바로 포기할 수 없는 야마토의 혼이다." 타이완청년이든 일본의 혈연을 가진 이든 모두 '천황을 향한 신앙'과 '멸사봉공'이 '일본정신'의 특징이라고 생각한다. 이와 같이 혈연적 신분관념과 무관한 표현 속에는 어떠한 편견과 의도, 사전 안배도 없다. 역사적 단련을 통한 성심성의만이 있을 뿐이다.

35 「道」가 발표된 시점은 1943년으로, 타이완이 일본에 할양된 1895년부터 48년이 지난 후이다. 때문에 작가는 일본의 타이완 통치가 약 50년에 달한다고 말하고 있다.

2) 집단적 역사 기억의 소환—새로운 신화의 창조

'집단의 기억'이란 개인의 기억을 사회 속에 포함시키고 토론하는 것이다. 알박스는 "기억이란 일종의 집단적 행위이며 현실의 사회 조직이나 집단들이 모두 그에 대응하는 집단의 기억을 가지고 있다"고 말한다.[36] 때문에 집단은 공통의 역사기억을 중심으로 응집하며, 그들의 정체성의 변화 역시 새로운 집단의 역사기억과 이전 기억에 대한 망각이 응집하여 만들어진다.

이러한 신분 정체성 변천의 사례로 중국 역사에서 한족화 되기를 희망한 몇몇 종족이 있다. 예를 들어 춘추전국시대의 초나라가 그러했다. 초나라는 춘추오패 중의 하나로 적극적으로 중원을 통일하려는 야심을 가지고 있었다. 남방에 거주하고 있던 초나라 사람들은 반드시 중국華夏의 후예라고 공언해야 했다. 『국어・정어國語・鄭語』와 『사기・초세가史記・楚世家』에 기록된 내용에서 초나라 사람은 축융祝融의 후손이었다. 축융은 제곡帝嚳-帝俊, 帝舜을 위해 불을 관장하던 신으로 속칭 화신火神이라고도 한다. 그래서 불은 초나라 사람들이 사는 마을의 토템이 되었다. 그러나 고고학자들은 초나라의 백성들이 바람을 토템으로 삼았다는 것을 발견해냈다. 초나라 사람들에게 바람은 진실과 선, 아름다움에 이른 신의 새였다. 초나라 문물 중에 바람을 다룬 조각과 그림들이 절대적으로 많았다. 초나라 사람들은 바람의 인도만 있다면 사람의 정신과 영혼이 하늘에 이를 수 있다고도 생각했다.[37] 그러나 춘추전국시대에 이르면 초나라 사람들의 의

36 王明珂, 앞의 책, 7면.

37 초나라의 토템문화와 그 연원에 대해서는 張正明, 『楚國文化史』, 上海 : 人民, 1991에서 상

식 속에 바람의 토템은 몽롱한 기억으로만 남게 되었다. 마찬가지로 중국의 후예임을 공언한 흉노匈奴나 동호東胡 등의 종족이 본래 지녔던 집단의 역사기억도 그들 후대의 기억 속에서 점차 소실되었다. 이후 새로운 집단의 기억이 그들을 다른 중국인들과 함께 응집시킬 수 있었다.

> 민족이란 집단의 역사기억의 응집과 전달로 서로 뒤엉킨 사람들의 무리인 것 같다. 한편으로는 민족체를 통해 공동의 역사기억을 창조하고 추적해 올라가며 끊임없이 집단의 경계를 유지하고 고쳐나가며, 또 한편으로는 어떠한 개인이나 단체든 명확히 드러나는 외면적 체질의 차별 이외에는 모두 하나의 역사기억을 빌리거나 하나의 집단의 기억을 잊어버림으로써 하나의 민족체에 진입되거나 퇴출된다.[38]

「길」에서 칭난은 본도인을 야마토 민족으로 순화하기 위한 지름길이 새로운 집단적 역사 기억을 만들어 내는 것이라는 점을 알고 있었다. '일본민족을 계승한 생활양식은 일본의 신화를 믿는 것이며', '옛것이지만 새로운 것 같은 신화'가 그들의 행동을 만들어내는 것이다.

'일본정신'을 갖춘 우수한 황민이 되기 위해 칭난은 ' 일본정신은 역사를 계승하는 가장 생명력 있는 형식'이라고 생각했다. 때문에 집단적 역사 기억의 소환이 일본인의 숭배 대상인 '아마테라스 오미카미에 대한 신앙'에서 시작되는 것이다. 그는 같은 신화를 지닌다면 혈연과 종족의 차이가 잊혀져버리고 차별이 없는 존재로 변화될 것

세히 다루고 있다.

38 王明珂, 앞의 책, 16면.

이라 생각했다.

어째서 '아마테라스 오미카미'를 믿는가?『고사기古事紀』에 나온 내용에 따르면 일본 역사는 아마테라스 오미카미에 대한 신앙에서부터 시작된다. 이는 일본의 건국 역사가 '이즈모계出雲系' 신화에서 유래했기 때문이다. 고대의 일본인들은 아마테라스 오미카미에 대한 신앙을 천황에게 투영했다. 천황이 인간세상에서 아마테라스 오미카미의 대변인 역할을 한다고 생각하여 이로 인해 '천황신앙'이 형성된 것이다.[39] 이러한 영향으로 '천황신앙'은 점차 일본의 전통적 태도이자 일본인의 구체적인 감정이 되었고, 나아가 일본인의 생명이 되었다.

일본의 신화를 믿고 아마테라스 오미카미에게 제사를 지내는 것은 타이완인이 일본인과 공동의 역사적 기원과 집단의식을 창조해 내는 것이었다. 이를 통해 타이완인이 순조롭게 야마토 민족에 포함될 수 있다고 기대되었다. 타이완인이 가지게 된 황민이라는 새로운 신분 정체성 역시 이러한 새로운 집단의 기억을 소환하거나 갱신하는 과정 속에서 확립되었다.

3) '정신적 구도'와 '혈통 종족'에 대한 변론과 합류

이론적으로 보아 역사를 통한 단련과 신화 창조를 끈기 있게 지속하기만 한다면 집단이 혈연의 전통을 극복할 수 있으며 새로운 민족으로 영입되어 들어갈 수 있을 것 같았다. 그러나 현실은 달랐다. 혈

39 고대 일본인의 신화의식에 관한 상세한 내용은 葉渭渠,『日本古代文學思潮史』, 北京 : 中國社會科學, 1996 참조.

통, 신분에 대한 요구는 계속해서 한인이 야마토 민족으로 동화되려는 시도를 방해하고 결국 본도인이 '일본의 백성'으로 인정될 수 없도록 만들었다. '자신이 탁월한 일본인이라고 믿었던' 칭난은 승진 탈락의 좌절로 인해 '타이완인은 결국 사람이 아니었다'라고 생각할 정도의 절망에 빠졌다. 특히 마음이 통하던 촉켄直拳조차 어째서 '창씨개명을 하지 않았냐'며 '무참하게 버릴 때' 그의 '천명天命', '천성天性'이 좋지 않다는 이 본질론이 되살아났다.

타이완인이 일본인과 동종이 아니라는 생각은 시종일관 신분 정체성 속에서 극복할 수 없는 장애로 작용했다. 소설 속에서 계속해서 이런 경고들을 보게 된다. 낯선 사람이 칭난에게 "당신, 언젠가는 내지인(일본인)들에게 두들겨 맞을 거야"라며 충고한다. 뒤 이어 평소에는 '지식과 사려가 넘치고', '사리에 밝은' 일본인 직장 동료 다케다武田가 그를 때린다.

"만약 상대가 내가 아니라 그들의 동족인 일본인이었더라도, 그 인간이 바둑판을 뒤엎었을까? 그리고 그 인간이 내게 패를 집어던졌을까?" 일본인의 우월감과 민족적 차별은 나와 같지 않다는 혈연의 차이에서 온 것이 아닐 수 없어 보였다. 때문에 타이완청년들은 '방황하는 사색자'라는 희롱을 당해야 했다. '버림받음', '고독감'은 그들에게 피할 수 없이 '비참한 신세'를 느끼게 했다. 결국 칭난은 차별로 인한 고통으로 신경쇠약에 걸리게 되고 이러한 정신적 충격과 피로로 인해 폭발하고 만다.

천성적인 본질과 역사를 통한 단련 사이에는 정말 어떠한 틈도 없을까? 만약 이 소설이 여기서 끝나버린다면 칭난은 혈연적 신분이라는 운명과 타협할지도 모른다. 그러나 소설의 결말부에서 칭난은 '신성한 신체'로 신분정체성의 이원 대립을 극복하고자 시도한다. 칭난은 표면적으로는 야마토 정신과 교류한다고 주장하며 '일본정신'으로 혈연적 유전을 극복하려는 전략에 머물러 있는 듯 보인다. 그러나 "함께 피를 흘리지 않으면 황민이 될 수 없다"라고 생각하여 지원병에 참가한다. 이렇게 해야만 진정한 '황민'의 신분을 지닐 수 있다고 여겼기 때문이다. 칭난이 지은 「교카狂歌」에서 그러한 의식이 분명하게 드러나고 있다.

> 비록 스스로 일본국이라고 생각하는 이 몸 안에는
> 슬프도다. 그 태생적인 혈액이 없음이여.
> 섬사람인 나는 흐르는 눈물 속에서 스스로를 위로할 뿐,
> 섬사람인 나는 흐르는 눈물 속에서 스스로를 위로할 뿐!
> 오늘 나는 성상을 위해 화살을 막는 방패가 되길 기다리니
> 용감히 벌판에서 죽어지리!
> 굳은 결의로 몸을 버리기로 했으니 아무런 욕망도 없이
> 그저 다음 생에 황민이 되기만을 바랄 뿐이네!

'신체의 신성함'은 13세기 말 '정치적 신체'의 이론가들이 제시한 개념이다. '정치적 신체'의 의미는 "하나의 왕국은 마치 인체와 같이 서로 구분되면서 서로 의지하는 각 부분들이 모여서 만들어진 온전한 한 덩어리이다. 국왕은 머리로서 이성과 방향의 근원이 되며, 기타의 사회 군체들이 신체의 각 부분을 차지한다. 귀족은 심장이요, 기사는 손이며, 행정 관리들은 눈과 귀이며, 농민은 다리와 발이다."[40] 이 복잡한 상징의 연결은 매우 중요한 함의를 만들어낸다. 왕국이 하나의 몸

이라면 국왕은 자연히 예수와 마찬가지로 순결해야하며 이로 인해 '신체의 신성성'에 대한 요구가 생겨난다. 마찬가지로 기타의 사회 집단이 신체의 각 부분을 차지하며 국왕과 마찬가지로 '신체적 신성성'을 갖게 된다. 칭난은 최후에 자신의 몸을 '천황에 헌신, 귀일하는 신앙생활'에 바쳐 천황의 '정치적' 신체에 예속되고자 했다. 이렇게 해야만 치츠키코稚月女가 말한 것처럼 '일본 국민이라고 믿고 있는 이 몸'이 '본도인인 나'를 벗어나 '황민으로서의 나'가 되는 것이다.

소설은 피로써 피를 바꾸는 정체성 전략으로 '정신적 구도'와 '혈통 종족' 등의 변증법적 합류의 가능성을 제시했다. 뿐만 아니라 "신분이란 문화적 정감과 현실적 전략이 서로 뒤섞여 생겨난 것"이라는 사실을 보여주고 있다.[41] 이로부터 "새로운 '국가'가 탄생하고 새로운 '신화'가 이어지며" 새로운 신분정체성 역시 성공적으로 받아들여지고 만들어졌다.

「길」이 발표되던 당시 하마다 하야오는 이 작품이 '타이완 특유의 황민문학'이며, "마음속에서 솟구치는 현상이 황민의 열정이 되었고, 강렬하고 솔직한 묘사는 그에 필적할 자가 없다"라고 격찬했다. 니시카와 미쓰루 역시 '대단한 문학'이라고 평가했다.[42] 이러한 칭찬은 이후 이 작품과 작가에 대한 민족주의적 비판의 근거가 되었다. 그러나 「길」은 신분정체성 형성을 향한 굳센 의지를 드러내고 있다. 운명적 '신분'에 굴복하지 않으려는 이 의지는 '도덕적 가치'를 떠나 이 작품에 대한 정당한 재평가의 필요성을 제기한다.

---

40 Geoffry Kozio, 「假想敵人和後期中古時代國家－俊秀菲力普四世的失敗」, 『當代』 95, 1994, 126면.
41 廖咸浩, 앞의 글, 194면.
42 濱田隼雄와 西川滿의 말은 『文藝台灣』 제6권 3호에 실려 있다. 본고는 星名宏修, 「'大東亞共榮圈'的台灣作家－陳火泉之'皇民文學'型態」, 42～43면에서 재인용.

4. 나가며

오랜 시간동안 황민문학 작가들은 민족적 죄인으로 간주되었다. 그들은 온갖 궁리를 다하여 과거에 했던 일들에 대해 적극적으로 항변해야만 했다. 타이완문학 연구가 무르익은 오늘날이라 할지라도 '황민담론'은 여전히 역사의 한 구석에 묻혀있다. 본문은 가치판단을 배제한 입장에서 가장 논쟁적인 '황민소설' 「길」을 예로 들어 일제시기 '황민담론'의 신분 정체성 전략에 대한 분석을 시도했다.

'나는 일본인이다'와 '본래는 타이완인'이라는 모순은 식민통치 50년 무렵에 타이완인의 신분적 위기를 가져왔다. 황민정책과 언어보급운동의 강력한 추진 속에서 한족의식은 점차 타이완인의 기억 속에서 사라져가고 그 자리를 야마토의식이 대체하기 시작했다. 「길」에서 작가는 담론 시스템의 언어부호를 통해 자신의 '진정한' 황민신분을 구축하려 했다. 먼저 그는 역사적 단련으로 만들어진 '일본정신'으로 태생적인 혈연의 유전을 대체하고자 했다. 타이완청년이든 일본의 혈연을 가진 사람이든 모두 '천황에 대한 신앙'과 '멸사봉공'의 정신을 지닐 수 있다고 생각했다.

그 다음으로는 일본 신화에 대한 신앙을 통해 타이완의 집단적 역사기억을 재구성하려 했다. 일본인의 역사적 기원을 공유하고자 한 것이다. 이를 통해 타이완인이 야마토 민족으로 합류해 들어가 '일본황민'이라는 새로운 신분정체성을 확립하도록 했다. 마지막으로 혈연 조건을 극복하기 위해 타이완청년들은 피로써 피를 바꾸는 것도 불사했다. 그들은 '신성한 신체'로 '정신적 구도'와 '혈연종족'의 변증법적인 합류의 가능성을 증명하여 신분 본질론과 사회적 신분의 이원 대립을 봉합했다.

'황민담론'과 식민주의의 관계는 잠시 제쳐두고 '신분 정체성'을 구축하기 위한 그들의 노력과 고통에 주목해보자. 소설 「길」에서의 운명적 '신분'에 굴복하지 않으려는 의지는 '도덕적 가치'의 잣대에서 벗어나 역사를 바라볼 수 있는 새로운 시야를 제공해줄 것이다.

결전시기 타이완청년의 심령心靈 초상*

저우진보의 「지원병」을 중심으로

장야후이張雅惠

1. 들어가며

우리는 누구인가? 우리는 어디에서 스스로를 찾을 것인가? 우리는 어느 누구와의 동질감을 통해 스스로의 정체성을 인정하고 자신의 역사를 말할 수 있게 될 것인가? 일단 누구에게 먼저 말을 털어놓겠는가? 우리는 자아를 만들어내야 한다. 이제까지 전례가 없는, 약속된 청중이 하나도 없는 상황 하에서 또 하나의 자신을 만들어내야 한다.

—자크 데리다[1]

오늘날 '기미가요 소년君が代少年'이나 '사용의 종サヨンの鐘'이 일제

* 이 글은 장동천이 번역하였다.

1 데리다Jacques Derrida, 張正平 譯, 『他者的單語主義－起源的異肢*Monolingualism of the Other-Or, the Prosthesis of Origin*』, 台北 : 桂冠, 2000, 58면.

강점기 타이완에서 세살박이 꼬마도 훤하게 꿰는 이야기였다는 사실을 아는 이가 몇이나 될까? 식민자들이 만들어낸 이러한 신화가 수많은 타이완 사람들을 감동시켰다고 한다면 그것을 믿는 사람이 있을까?[2] 젊은 세대의 한 사람으로 우리는 겨우 반세기 이전의 타이완에 대해서 왜 이처럼 아는 것이 없을까? 그 이야기들은 아직도 노인세대의 기억 속에 남아 있으며 그들에게는 젊은 세대가 아는 것 이상으로 또렷하다. 이것은 역사의 단절이 초래한 것이다.

단절된 타이완의 역사를 다시 들춰내보면 타이완이란 작은 섬은 줄곧 피지배자의 지위에 있었다. 언어와 문화, 역사서술과 정체성 인식 등을 막론하고 여러 차례의 단절과 망각과정을 거쳐 왔다. 타이완의 역사 또한 그에 따라 부단히 새롭게 만들어지고 또 다른 문화와 관련 맺도록 강요받아 왔다. 그중에도 특히 일제강점시기의 타이완 사람들은 더더욱 일본이라는 이민족의 강력한 개입하에 일본의 일부가 되기를 강요받았다. 겉으로는 '동화주의'를 주창했지만 일본의 식민자들이 타이완 사람들을 동일한 민족으로 생각한 것은 아니었다. 때문에 타이완 사람들은 시종 한족과 일본의 두 정체성 사이에서 갈등해야 했다.

전쟁기로 접어들어서 일본은 대동아전쟁에 따라 황민화정책을 실시했고 타이완 사람들의 일본 정체성을 더 강화하고자 했다. 그런데 역사의 기만성은 다름 아닌 타이완 사람들이 부나비 떼처럼 더 철저하게 일본화 되고 있을 때, 일본이 패전하고 정권이 바뀌었으며 타이완 사람의 역할 또한 전도될 수밖에 없었다는 데 있다. 바로 이런 난

2 周婉窈, 『海行兮的年代－日本殖民統治末期台灣史論集』, 台北 : 允晨文化出版, 2003, 1～31면.

감한 역할 변화의 상황에서 타이완 사람들은 우줘류吳濁流가 비유한 '아시아의 고아'로 전락하였던 것이다.

완전한 식민지 교육을 받은 타이완청년들이 자신들의 정체성에 대해 의문을 가졌을 그때 그들은 어떤 생각을 하고 어떤 동질감을 느꼈을까? 그런 민족모순 속에서 자신의 정체성을 설정해야 했던 그들에게 어쩌면 '아시아의 고아'야말로 그들의 처지를 설명해 줄 수 있는 유일한 말이 아니었을까? 필자는 모든 사람의 자아 정체성에는 취사선택의 여지가 있으며 한 시대의 정체성을 이해하기 위해서는 그 시절로 돌아가서 판단해야 한다고 생각한다. 정체성은 사람이 자기가 처한 상황을 이해하고자 하는 노력과 상황에 대한 반응의 산물이다. 그러기에 정체성은 인간의 창조물이고, 인간이 자신과 타인 또는 사회를 사고하는 가운데에서만 존재할 수 있는 것이다.[3] 룽잉쭝龍瑛宗이 「파파야가 있는 작은 마을植有木瓜樹的小鎭」에서 제시한 그 가망없는 식민지적 분위기이건, 아니면 천훠취안陳火泉과 저우진보周金波가 생각한 식민지로서의 희망적인 미래이건, 모두가 그 당시로 돌아가 생각할 때에만 비로소 의미가 있다.

여기에서 필자는 저우진보의 소설 「지원병」을[4] 중심으로 전쟁기 타이완 사람들의 역사적 기억에 대해 탐색하고자 한다. 나는 「지원병」이 보여주는 타이완 사람들의 정체성 문제로부터 시작하여 어째서 1941년 6월 이후 타이완에서 실시된 지원병제도가 식민지 청년들

3 蕭阿勤, 「民族主義與台灣一九七〇年代的「鄉土文學」——個文化(集體)記憶變遷的探討」, 『台灣史研究』, 6-2, 2000, 80~81면.

4 周金波의 1941년 9월 발표작. 「지원병」은 처음에는 『文藝台灣』 제2권 제6호에 일본어로 발표되었다. 후일 周振英의 번역으로 詹秀娟 等 譯, 『周金波集』, 台北 : 前衛出版社, 2002 13~35면에 수록.

을 지속적으로 끌어들였는지, 심지어 같은 기간에 '혈서지원'의 붐까지[5] 일어나게 되었는지 분석할 것이다. 그것은 반세기 이전 타이완 청년들이 일본이라는 천황제 군국주의 국가와 맞닥뜨린 뒤 보여준 집단적인 심리를 더 깊이 이해하는 데 도움이 될 것이다.

필자는 또한 역사적으로 단절된 그러한 편린을 통해 당시 타이완 사람들의 의식의 흐름을 살펴볼 것이다. 이를 통해 그 시대 사람들의 '논리와 감성'을 밝혀내려는 것이다. 그들의 논리와 감성에 선택의 여지는 없었는지, 만일 선택적이었다면 그 기준은 어떤 것이었는지 하는 문제들을 다룰 생각이다. 본고는 이처럼 식민 타자가 타이완 사람의 자아 속에 부단히 개입하는 관계들 속에서, 당시 타이완청년층의 심리형상을 통해 일련의 단서들을 추적해갈 것이다.

이상의 관점을 서술하기 위해 필자는 당시의 시대상황을 저우진보의 「지원병」과 대조해 가면서 「지원병」 속의 '밍궤이明貴'와 '가오진류高進六'라는 두 인물이 '나'의 사고에 어떻게 작용하는지를 세밀하게 고찰할 것이다. 그럼으로써 저우진보의 서술 속에 등장하는 어떠한 생각이 결전시기 타이완청년들을 좌우했는지 규명할 것이다. 카미카와 쿄오시神川淸가 말한 대로 저우진보와 천훠취안이 자기 소설 속 인물의 사건들을 직접 체험했을 것임은 분명하다. 그렇기 때문에 니시카와 미쓰루西川滿가 「적감기赤崁記」 이후 일련의 작품 속에서 더 이상 써내지 못했던 궁극의 상황을 그들은 써낼 수 있었다.[6] 이

---

5 周婉窈, 「日本在台軍事動員與台灣人的海外參戰經驗」. 원본은 『台灣史研究』 제2권 제1기, 1995.6에 수록. 여기에서는 『海行兮的年代－日本殖民痛治末期台灣史論集』, 台北 : 允晨文化出版, 2003, 135～150면서 인용.

6 「徵兵制のついて」. 원래는 『文藝台灣』 제37기, 1943.12.1에 발표되었다. 여기에서는 『周金波集』, 2002, 242면에서 인용.

'궁극의 상황'은 필자가 탐색하고자 하는 바이기도 하다.

그 밖에 「지원병」을 통해 '일본정신'이 어떻게 타이완 사람들에게 '주체' 상실의 상황 속에서 '정체성의 혼란'을 초래하도록 했는지 살펴볼 것이다. 소설 속의 인물들이 식민지 인민으로서 가치관을 세워가는 것이 '자아와 타자' 관계의 변증법에서 나온 것인지 아니면 '타자와 타자' 관계의 변증법에서 비롯된 것인지를 논하게 될 것이다. 더 나아가 '지원병 제도'가 식민지 청년에 끼친 의미를 분석하게 될 것이다. 마지막으로 저우진보의 소설 「지원병」에 근거해, 모호하게만 알려지고 있는 결전시기 타이완청년들의 형상을 다시 그려보고, 그들의 심리 상황을 상상해볼 것이다. 그럼으로써 그들이 결국 정신을 정복당하기만 한 것인지, 아니면 어떤 특수한 주체성이 형성되었던 것은 아닌지를 살펴볼 것이다.

2. 동화주의의 실시와 영향

1896년 일본이 타이완을 통치하기 시작한 지 두 해 째, 타이완 총독부의 첫 학무부장인 이자와 슈지伊澤修二는 토쿄 간다神田에 소재한 킨키칸錦輝館이라는 극장에서 한 연설 가운데 "교육을 하는 목적은 타이완 사람들의 정신을 정복하기 위함이며 타이완 사람들의 일본화가 성공하기 전에 절대로 그만두어서는 안 된다"[7]고 밝힌 바 있다. 이사와가 그 같은 포부를 제시하기는 했지만 그것은 아직 무장항일투쟁이 빈번했던 당시의 타이완에서는 요원한 꿈에 불과했다. 그렇지만 완전한 식민지 교육을 받은 식민지 청년세대가 결전시기에 쓴 글들을 보면 이사와가 말한 '일본화'는 확실히 결전시기에 타이완에서 상당부분 실현된 것으로 보인다.

필자는 저우진보의 「지원병」과 천훠취안의 「길道」 속의 소설 주인공이 그 성과에 대한 구체적인 증거라고 생각한다. 물론 이자와 슈지가 말하는 식민지의 일본화가 어느 정도에 이른 것을 의미하는 지는 확실치 않다. 하지만 일제강점기 말기에 식민지 타이완의 일본화는 일본 당국자들을 만족시킬 만한 수준이었다. 그렇게 일본화된 인물들이 당시 타이완에 얼마나 있었는지 구체적인 통계를 낼 수는 없지만 많은 이차적인 자료들을 통해 그것을 가늠해 볼 수는 있다. 예컨대 전쟁기에 국책을 지지한 유일한 한문잡지였던 『남방南方』(전신은 『풍월보』)은 당시 발행량이 6천 부 이상 되었다.[8] 이 수치는 독자수와 구독률이 상당한 수준에 달했음을 보여주는 것이다. 그 밖에 1941년 6월 이후 지원병 모집의 신청자 수치 통계와 당시 신문의 '열렬한 반응'에 대한 보도 또한 그런 예로 제시될 수 있을 것이다.[9] 그 밖에 당시 많은 작가들은 맹목적이건 굴종적이건,[10] 일본 당국과 전쟁에 대해서 일정한 정도의 지지를 보냈다.[11]

---

7 陳培豐, 「殖民地台灣同化教育的誕生－伊澤修二關於教化文明與團體的思考」, 『新史學』, 12-1, 2001, 122면.

8 잡지의 판매 상황만을 가지고 말한다면 이전의 잡지들은 1천부 이상 판매되지 못했다. 판매에 주력한 경우에도 절반을 넘어서지 못했다. 요즘 듣자하니 많은 것은 5, 6천부라 하고 적은 것은 2, 3천부라 한다. 판매가 용이해졌고 판로의 범위도 넓어져 일본 내지와 조선, 만주, 중국대륙까지 판매된다고 한다. 毓文, 「島內文人應負的任務」, 『南方』 제163기, 1942.11.1.

9 周婉窈, 「日本在台軍事動員與台灣人的海外參戰經驗」. 여기에서는 周婉窈, 『海行兮的年代－日本殖民痛治末期台灣史論集』, 台北 : 允晨文化出版, 2003, 135~141면에서 인용.

10 鍾肇政, 「日據時期台灣文學的盲點－對皇民文學的一個考察」, 『民衆日報』 副刊, 1979.6.1.

이런 현상에 대해 부연하자면 사실 그 시대의 시대적 분위기를 벗어날 수 있었던 사람은 거의 없었다고도 할 수 있을 것이다. 그렇기 때문에 양쿠이楊逵나 양원핑楊雲萍처럼 강렬한 민족의식을 지닌 사람들조차 전시에 '증산보국增産報國'의 기치하에 강요된 보도문학에 동원되는 것을 피할 수 없었다.[12] 앞에서도 언급했듯이 정체성의 형성은 이처럼 사람들이 자신들이 처한 상황에 대해 반응한 산물이다. 그러므로 필자는 저우진보의 「지원병」이야말로 시대에 반응한 특색을 지닌 작품이라고 생각한다.

「지원병」은 1941년 9월 『문예타이완』에 발표되었다. 전쟁시기 황민문학의 선두로서 신호탄을 쏘는 듯한 작가의 행위는 시대적인 의미가 있었다. 창작 전후의 맥락과 「지원병」 소설 속의 인물역할을 이해하기 전에 우선 일본의 타이완 통치방침에 대해 알아볼 필요가 있다. 그중에서도 타이완 사람들과 밀접한 관련을 갖는 것은 '국어' 동화교육 정책이다. 이 정책은 일본의 재타이완 초대 학무부장이었던 이자와 슈지가 우에다 카즈토시上田萬年의 국어관[13]에 근거하여 제기한 것이다. 천페이펑陳培豊의 연구에 따르면 그것은 문명화를 주된 내용으로 하고 국어 교육을 매개로 하며 '일본' 민족이 되게 하고 '일시동인一視同仁'하는 데 목표를 두고 있었다. 이 정책은 통치상의 실

---

11 李文卿, 「殖民地作家書寫策略研究－以皇民化運動時期『決戰台灣小說集』爲中心」, 南投 : 暨南國際大學碩士論文, 2000, 135～136면.

12 위의 글, 140～149면.

13 천페이펑은 이렇게 말한다. "근대 일본 언어정책을 만들어낸 가장 중요한 인물인 우에다 카즈토시의 견해에 의하건대, 언어는 사용하는 사람에게 정신적인 혈액이며, '국어'는 국가라는 몸을 순환하는 혈액이다. 전 일본에 거주하는 모든 사람들이 국어를 배우고 사용한다면, 일본이라는 국가의 순수 혈통은 순조롭게 달성될 것이다." 천페이펑, 「重新解析殖民地台灣的國語同化教育政策－以日本的近代思想史爲座標」, 『台灣史硏究』 7-2, 2001.6, 26면.

질적인 필요 외에도 매우 중요한 목적과 임무가 있었다. 그것은 근대 일본 천황제 국가 원리와 식민지 통치 사이의 평형을 유지하고 그럼으로써 '국체론'의 빈틈을 막아 보자는 것이었다.[14]

이후의 통치자들은 통치 방침에서 이 틀을 벗어나지 않았다. 1918년 제7대 총독 아카시 겐지로明石原二郎가 '동화주의'를 시정의 방침으로 선포한 바 있고 이듬해 첫 문관출신 총독으로 부임한 텐 켄지로田健治郎도 '내지연장주의'를 부르짖었다. 통치 후기의 고바야시 세이조小林躋造가 제창한 '황민화운동'도 '동화주의'의 대원칙을 벗어난 것은 아니었다. '동화주의'는 각 단계마다 내포된 의미의 차이가 있었지만 일본의 타이완 식민통치에 일관되게 적용되었다고 할 수 있다.

필자는 '동화주의'의 배경을 대략 다음과 같이 언급하고자 한다. 그것은 내면의 의미나 실시 상황에 따라 당시 타이완의 청년 인텔리들에게 깊은 영향을 끼쳤다. 그것이 식민치 청년에게 가져다 준 갈등은 저우진보의 소설 「지원병」에서도 의미 있게 나타난다. 이에 대해서는 나중에 다시 다루게 될 것이다. 여기에서 제기하고자 하는 것은 시대에 따른 국어동화정책의 변화이다. 메이지明治(1868~1912), 다이쇼大正(1912~1926) 기간의 '동화' 교육은 '국어' 학습을 통해 타이완 사람들을 '일본민족화', '야마토민족화'하고자 하여, 문명화와 근대성 향상에 강조점을 두었다. 반면 쇼와昭和(1926년 이후)시기 이후 국어동

---

14 "천황제 국가원리의 형성은 근대 일본의 건국 논리로서, 일본인의 순수혈통을 강조하는 것이다. 시정에서의 일률평등 원칙도 순수혈통이라는 전제 위에서 수립된다. 그렇지만 이러한 논리를 타이완에 적용하여 타이완사람을 천황의 신민이자 후손으로 간주하고 나아가 '하나의 정체성'을 갖도록 선양하였을 때 모순과 빈틈이 생길 수밖에 없다. 왜냐하면 현실 속에서는 타이완의 주민과 야마토 민족 사이에 어떠한 혈연적인 관계도 존재하지 않기 때문이다." 천페이펑, 「走向一視同仁的日本民族之道－同化政策脈絡中皇民文學的界限」, 台南 : 成功大學, 台灣文學史書寫國際學術研討會, 2002.11.

화정책은 일본정신을 집중적으로 강조한 것 외에 '하나의 정체성 갖기'를 구체화하는 것으로 연결되었다. 그리하여 '국어'운동의 중점이 근대문명이 아니라 일본정신의 수혈에 자리하게 되었다.[15] 전자는 '일본의 문명 근대성'과 '국어의 정신적 혈액 수용'이라는 이론에서 나온 것으로, 식민지 타이완이 진일보해서 일본제국의 통치를 합리적으로 여기도록 한다는 것이다. 후자는 식민지 타이완을 참전에 동원하기 위해 극단적이고 극렬한 동화주의, 즉 '황민화운동'을 통해 타이완 사람들이 일본에 충성하게 한다는 것이다. 이를 통해 알 수 있듯이 일본 식민주의는 '동화'라는 미명 아래 자신들의 이익만을 생각하고 있었다.

당시의 타이완 지식인들은 이를 어떻게 생각했을까? 기본적으로 중일전쟁 발발 이전 즉 일본이 국민정신 총동원을 획책하고, '팔굉일우', '거국일치'의 정신을 내세우기 이전 타이완 지식인들은 근대문명의 수용과 진보라는 개념을 통해서 일본 식민자들에게 평등을 요구했다. 예컨대 장웨이수이蔣渭水 등이 문화협회를 조직하여 타이완문화를 선양하고 민지를 계발하고자 했던 것이나, 린셴탕, 차이페이훠 등이 발기한 '타이완의회설치청원운동' 등이 있다. 저우진보를 포함한 그들은 타이완 사람들의 교화를 통해 타이완을 일본화, 근대화 하고자 바랐던 것이다.[16] 그렇지만 부인하기 어려운 것은 식민지 2, 3세대인 이들이 여전히 일본이라는 식민모국의 틀 속에서 식민지인의 돌파구를 모색하는 데 머물렀다는 점이다. 예컨대 연구자인 차이진

---

15 위의 글, 8~10면.

16 저우진보가 타이완에서 쓴 처녀작 「수암水癌」을 보면, 타이완의 지식인들이 낙후된 타이완 사람들을 교화시켜 궁극적으로는 일본 내지를 따라잡기를 바라는 심정을 읽을 수 있다. 『周金波集』, 2002, 3~12면.

탕蔡錦堂의 말에 따르자면 차이페이훠를 포함한 그들은 모두가 진정한 동화란 무망하다는 사실을 간파한 뒤에야 비로소 자치주의로 돌아서서 타이완 사람만을 위한 돌파구를 찾게 되었다.[17]

전쟁이 격화되면서 일본의 사상 통제가 더욱 심해졌다. 마침내 그 시대 사람들의 논리와 사고는 시종 일본이라는 식민모국에서 벗어나지 못하게 되었다. 그러나 당시 타이완 사람들의 일본에 대한 애증 또한 심각한 모순을 드러내게 되었다. 이로써 결전시기 황민화운동하에서 타이완 사람들이 보여준 다양한 경향을 살펴보면, 일본에 점령당한 지 근 반세기나 지난 타이완 사람들의 정신적 면모에 대해 이해하지 못할 것은 없다. 당시로 생각해보면, 국책에 찬동하거나 지원병 붐이 일거나 하는 등의 부일협력 현상은 그처럼 황당한 일만은 아니었다. 그렇기 때문에 더욱 다양한 층위에서 결전시기 타이완을 읽어내고 마주해야 할 필요가 있다.

3. 지원병의 길, 저우진보의 「지원병」을 중심으로

결전시기 타이완에서 창작된 저우진보의 소설 「지원병」에 황민문학의 특징만이 나타나는 것은 아니다. 이 소설이 제1회 '문예타이완상'을 수상한 까닭은 휴머니티가 담겨 있음을 심사자들이 크게 인정

17 蔡錦堂, 「日本治台時期所謂同化主義的再檢討－以內地延長主義爲中心」, 『台灣史蹟』 36, 244~255면.

했기 때문이다.[18] 뿐만 아니라 이 작품이 완전히 지원병문제에만 집중하고 있는 것도 아니다. 오히려 이 작품은 그 세대 타이완청년들이 황민사상의 근저에 대해 지니고 있던 다양한 생각의 방식들을 이끌어냈다. 소설은 주로 인물의 대화를 통해 생각을 전달했다. 그들의 대화는 당시 타이완청년들이 장기간 동안 극복하고자 했으나 결국 해결하지 못한 민족 정체성 문제와 귀속의 난점을 드러냈다. 또한 소설은 '지원병 제도'가 자신들의 미래를 향한 희망의 길을 열어주기를 바라는 심정을 표현했다. 때문에 필자는 이러한 소설이 단순히 황민정책을 긍정만 하는 것이 아니라 식민지 청년이 특수한 시대적 분위기 속에서 갖는 생각을 보여주고자 했다고 본다. 이를 전제로 소설 「지원병」에 대해 텍스트분석을 진행하여 그 속에서 대동아 전쟁 시기 식민지 청년의 음영을 탐색해볼 것이다.

소설 「지원병」의 주요 인물은 서술자인 '나'와 '내지'에서 방금 돌아온 '밍궤이明貴', 그리고 밍궤이의 공학교 동창인 '가오진류高進六' 등 세 명으로 구성된다. '나'는 서술자이자 관찰자의 신분으로 등장하며, 밍궤이와 가오진류의 언쟁 가운데 자신의 생각을 드러낸다. 때문에 밍궤이와 가오진류의 견해는 '나'가 가진 분열된 자아인식의 양축을 보여주는 것 같다.

방금 '내지'에서 돌아온 밍궤이는 타이완의 문명화와 근대성에 대해 낙관적인 인텔리 청년이다. 반면 가오진류는 정확하게 국어(일어)를 구사하며, 일본 전통 옷도 능숙하게 입고 '高峰進六'로 창씨개명까

18 "세 명의 심사위원 중 하나인 濱田隼雄은 저우진보의 작품 배후에 휴머니티가 있다고 했고 또 다른 심사위원인 龍瑛宗도 문학의 귀결점은 역시 휴머니티라고 했다." 周振英, 「我的父親ー周金波」, 『周金波集』, 2002, 373면.

지 한 타이완 출신의 청년이다. 「지원병」이 발표된 시기는 1941년 타이완 총독과 군사령관이 공동으로 성명을 내고 '지원병제도'를 실시한 지 3개월 정도 되는 시점이었다. 그야말로 동화주의가 정점에 달한 황민화시기였다.[19] 당시의 시대 배경에 맞게 밍궤이와 가오진류는 이전과 이후 양 시기 타이완 사람들의 '일본화'에 대한 태도를 보여준다.

그 하나는 타이완의 문명 근대화를 위해 점차적으로 일본에 대한 정체성을 갖도록 하는 것이고 또 다른 하나는 '국어의 정신적 혈액'을 극한까지 심화하고 황민정신의 단련을 통해 더 노골적으로 민족과 혈액을 초월한 일본화에 이르고자 하는 것이다. 이런 두 가지 발상은 모두가 일본화에 대한 추구와 일본에 대한 동일시의 문제를 내포하고 있다. 이는 또한 그 당시 타이완 사람들의 돌파구에 대한 탐색의 일환이었다고 할 수 있다. 따라서 필자는 소설 인물들의 서로 다른 사고를 통해서 당시 타이완청년들의 정체성에 대한 선택 방식을 찾아낼 수 있었다.

소설은 육중한 '타카사고마루高砂丸'호가 일본에서 사온 선물을 가득 싣고 항구에 들어서는 것으로 시작된다. '나'는 '타카사고마루'호를 응시하면서 감상에 젖어든다. '나'는 무한한 기개를 품고 고향 타이완으로 돌아오던 때의 자신을 회상한다. 순식간에 삶의 질곡으로 인해 붉은 벽돌 집 안에서 스스로를 구속하고만 있는 '나'는 도쿄 시

19 "황민화에 관해서 일본정부는 단지 문화 체제상의 개편만을 시도하지 않았다. 창씨개명운동, 한문교육 폐지, 한자와 중국어 사용금지, 복식개혁, 사찰과 민간종교 폐지 등 구체적 정책도 시행했지만 이데올로기 면에서도 타이완 사람들이 일본식의 이름과 일본어, 문자, 의복을 받아들이도록 강요했다. 또 황민조직에 가입하게 함으로써 '국체를 바로잡자國體明徵'는 천황중심 사상과 황민정신을 주입하였다." 李文卿, 「殖民地作家書寫策略研究－以皇民化運動時期『決戰台灣小說集』爲中心」, 暨南國際大学碩士論文, 2000, 16면.

기의 고독하면서도 자유로웠던 분위기에 생각이 미치자 무한한 감회에 젖어든다.

왕창슝王昶雄의 소설 「급류奔流」에서도 시작부분에 그와 같은 설정이 등장한다. 이 소설 역시 '나'가 동경에서의 삶을 떠올리는데 그도 타이완으로 돌아와서 좌절을 느낀다. 당시 타이완의 지식인들에게 타이완은 낙후된 곳이며 도쿄라는 현대 메트로폴리스는 근대적 진보 문명의 상징이었다.

짝을 이루기라도 한 듯, 두 소설은 문장의 서두부터 타이완 사람들의 일본 내지에 대한 동경을 강조한다. 그런데 이런 인텔리겐챠 형상은 1933년 우융푸巫永福가 「머리와 몸首與體」[20]을 발표할 때 이미 타이완 문단에 등장한 바 있다. 소설은 아래와 같이 말한다.

> 이것은 머리와 몸뚱이의 상반 대립되는 상태이다. 왜냐하면 그는 도쿄에 머물고 싶어 했지만 그의 집은 그의 '몸'을 요구하고 있었기에…….[21]

인텔리겐챠의 이 같은 몸과 머리가 분리되는 현상은 전쟁시기에만 나타나는 특수한 것은 아니었다. 연구자인 스수施淑가 말한 것처럼 동일한 상황은 식민시스템이 작동하면서 '내지'와 '섬', 개화와 야만이라는 이분법적인 지위와 정체성을 받아들인 지식인들에게서 발생되었다. 그러므로 일본 내지 생활의 정체성과 경험을 가진 타이완 지식인들은 비로소 머리와 몸뚱이의 대립 속에서 사상과 현실, 자아와 전

20 巫永福, 「首と體」, 『複爾摩沙』 창간호, 1933.7. 巫永福, 李鴛英 譯, 『巫永福全集』 소설 권 II, 台北 : 傳神福音, 1995, 1~18면에 수록.

21 위의 책, 12면.

통, 정신과 육체 사이를 갈등하며 전전하게 되었다.[22] 그래서 소설 「지원병」의 지식인들이 겪는 모순적인 생각은 타이완의 이전 지식인들과 유리된 것이 아니라, 오히려 이전의 지식인들에게서 이미 시작된 머리와 몸뚱이의 분리 현상이 더욱 심화된 것이라고 할 수 있다.

「지원병」에서 문득 감회에 젖는 이 '나'가 부두에서 발견한 것은 열정이 충만하고 타이완의 개혁에 대해 기대감으로 가득한 밍궤이와 적극적이고 행동력이 넘치는 가오진류이다. '나'와 비교해봤을 때 밍궤이와 가오진류는 처음부터 희망이 넘치는 모습으로 나타난다. 이처럼 강렬한 모습으로 '나'의 눈앞에 등장하는 것이야말로 형상이 뚜렷한 이 두 인물의 간과할 수 없는 특성 중의 하나이다. 작가 저우진보는 시작부터 이 두 인물의 특징을 의도적으로 부각시키려 했으며, 그들의 대립적인 측면을 부각시켜, 독자가 자연스럽게 그들 둘 사이의 언쟁으로 빠져들게 만든다. 하지만 '나'는 단지 밍궤이와 가오진류 두 사람이 쟁론하는 목소리를 따라서 때로는 강하게 때로는 약하게 존재하고 있을 따름이다.

밍궤이와 가오진류의 논쟁은 타이완의 변화에 관한 대화로부터 시작된다. 두 사람은 타이완에서 진행되는 황민단련皇民鍛鍊, 생활개선 등에 대해 의견을 제시하고 일련의 대화를 나눈다. 그중에 '환경론', '황민단련의 방법', 그리고 '일본정신' 등이 언급된다. 밍궤이와 가오진류가 가장 불일치하는 견해는 황민단련에 관한 것이다. 밍궤이는 황민단련 활동이 문화향상과 생활향상 운동을 의미한다고 말하지만 가오진류는 보국청년대에 가입해서 경신숭조敬神崇祖의 박수치는 의식

22 施淑, 「日據時代台灣小說中頹廢意識的起源」, 『兩岸文學論集』, 台北 : 新地文學出版社, 1997, 117면.

을 통해야만 신인일치神人一致의 경계에 이를 수 있다고 생각한다. 그리고 이러한 황민단련은 '방법이 아니라', '우리가 반드시 가야할 길'이라고 주장한다. 가오진류는 박수치는 의식에 대해서 깊이 공감하고 있으며, 경신숭조의 박수치는 의식과 황민사상이 일치하는 것이라고 생각한다. 이에 대해서 그는 다음과 같이 상세하게 변론한다.

> 이것은 자네가 충분히 이해하지 못했기 때문이야. 박수를 칠 때, 신명神明은 우리를 신명에 다가가도록 인도하고, 신명에게 정성을 다해 기도를 드리는 것은 신인일치의 경계에 이르는 것이야. 고대의 제사가 바로 이러한 신인일치의 이념이고, 축제는 그중에 시작된 것이며, 정교일치政教一致가 황도일치皇道一致의 근원인 셈이지. 우리 대원들은 박수치는 의식을 통해 야마토大和 정신에 닿게 되고 야마토 정신을 체험하려고 노력하는데 과거의 타이완청년들 중에 이런 체험을 깨달은 사람은 많지 않았지.(27면)[23]

1936년 9월에 취임한 타이완 17대 총독인 고바야시 세이조小林躋造는 '황민화・산업화・남진기지화'라는 타이완 통치의 3대정책治台三策을 제시하였다. 그중 타이완 사람들의 일상생활에 가장 직접적인 영향을 끼친 것은 황민화운동이었다. 황민정신의 주입은 일본 식민자들이 타이완 사람들을 일본화하기 위한 가장 핵심적인 전략이기도 했다. 「지원병」에서 가오진류는 바로 이 정책에 부응하는 인물이다. 하지만 이 같은 정신상의 도약은 고등교육을 받고 어느 정도 판단력이 있는 지식인 청년이 보기에 비합리적이었다. 때문에 식민지

23 周金波, 「志願兵」, 『周金波集』, 2002. 본절에서는 소설 「志願兵」의 인용에 대한 쪽 표시를 인용문 뒤에 달고 따로 각주에 표기하지 않기로 한다.

지식인 청년으로서 밍궤이는 이런 방법이 타이완의 미래에는 맞지 않는다고 생각한다. 그는 다음과 같이 말한다.

> 자네의 신인일치에 관한 생각도 일리는 있어. 하지만 이러한 편협한 생각은 타이완의 미래에는 결코 도움이 되지 않아. 그런 생각에 빠져버린다면 정말 견딜 수 없을 거야. 내 개인적인 생각으로는 타이완의 중견 청년들이 이런 방법으로 배출된다면 끔찍할 것 같아.(29면)

밍궤이는 일본총독부가 타이완에서 제창하는 식민지적 근대성이 미래에 내지와 타이완간의 평등, 정체성의 통일 등을 실현할 것이라고 믿는다. 이런 생각은 일본 통치자들이 식민 초기에 내놓은 동화이론과 흡사하다. 지식인인 밍궤이는 초기 식민 통치자들의 동화 논리를 받아들여, 타이완의 수준을 내지와 동일하게 끌어올리기만 한다면 일본화는 성공적으로 달성될 수 있기 때문에 박수치는 의식 따위는 필요치 않다고 생각한다. 그렇지만 황민화 정책을 신봉하는 가오진류는 그에 대해 이렇게 말한다. "네가 말하는 것은 문화적인 문제에 불과해. 게다가 네가 오해하는 게 있는데 내가 말한 정신적 문제는 바로 일본정신을 주입하는 것이야!" 그래서 그들은 한 발짝 나아가 '일본정신'에 대해 이야기하지만 일본정신의 추구에 대해서도 마찬가지로 서로 다른 입장을 보여준다. 밍궤이는 일본정신의 주입은 신명神明에 의존해야 하는 것이 아니라 일본인이 되면 자연스럽게 형성되는 것이라고 생각한다. 그는 다음과 같이 말한다.

> 그렇지만 일본정신의 주입은 결코 네가 생각하는 것처럼 신명에 의존해서

되는 것은 아니야. 자네나 나처럼 일본 교육을 받은 사람은 누구라도 일본인이 될 수 있어. 내 상황을 보건대 나는 내가 바로 일본인이라고 단언할 수 있어. 일본인이 되는 게 그렇게 어려운 거야?(30면)

「지원병」의 작가 저우진보는 사상 형성의 황금기를 일본에서 보냈다.[24] 그래서 그는 타이완에서 자라고 교육을 받은 일반적인 지식인들과 차이가 있었다. 그는 기본적으로 일본에 대해서 정체성 문제 같은 것을 느껴본 적이 없었다. 그렇기 때문에 상술한 인용문은 작가 자신의 일본에 대한 정체성을 고백하는 것 같다. 그가 자신의 일본인 신분을 의심해본 적이 없는 것은 사실이다.

그러나 타이완 사람으로서 민족적으로 일본인과 같지 않다는 점 또한 시종 버릴 수 없는 엄연한 사실이었다. 이러한 점은 「지원병」을 발표하기 전에 쓴 「타이완산과 타이완제灣生與灣製」 속의 일부분에서 발견된다. 작가는 여기서 "당시에 그가 타이완에서 온 내지인이란 사실을 알았을 때 어떤 본능적인 반응이 나왔다. 경계신호가 켜진 것이다. 숙명적으로 나는 피동적인 위치를 견지하려 했다"[25]라고 묘사한다. 저우진보는 이 말에 대해서 다음과 같이 해석했다. "타이완에서 온 일본인들은 타이완과 일본의 생활 차이를 잘 알고 있기 때문에 일본인 앞에서 잰 척을 한다고 해도 결국 쓸모없는 짓이라고 생각하는 심리

24 저우진보는 1920년 1월 22일 태어났다. 1921년 도쿄에서 유학하던 아버지를 좇아 어머니와 함께 일본으로 건너간다. 1924년(5세 무렵) 타이완으로 돌아와서 공학교 졸업 후 1933년(14세 무렵) 재차 도쿄에 가 니혼대학 부속 제3중학에 입학하고 후일 니혼대학 치과의학부에 입학한다. 그 사이에 일본인과의 교유도 빈번하였고 聖劇硏究會 등의 활동에도 참여하였다. 1941년 3월(22세 무렵) 졸업과 함께 타이완에 돌아온다. 周金波 著, 中島利郎 編, 「周金波年譜」, 『周金波集』, 2002, 307~314면.

25 周金波, 「灣生與灣製」, 『文藝台灣』 第9期, 1941.6(『周金波集』, 2002, 195면).

가 작동한 것이다."[26] 이것은 일종의 민족적 자존심이 작동한 것이다. 저우진보 자신이 일본을 동일시하는 데 아무런 장애가 없었다고 할지라도 자신의 타이완인 신분을 부인할 수는 없었음을 의미한다.

여기에 모순이 존재한다. 그가 타이완과 일본 사이의 민족문제를 배제한다 하더라도 양국 간 근대성과 낙후성의 차이는 여전하다. 이로 인해 타이완에 와보지 못한 내지인들은 타이완에 대한 남국 상상을 가질 것이며 타이완 출신의 일본인들은 더더욱 일본인의 타이완에 대한 우월의식을 뚜렷하게 드러낸다는 사실을 그는 잘 알고 있었다. 작가는 일본과 타이완 사이의 넘어설 수 없는 다양한 거리들을 인식하고 있었다. 그렇기 때문에 저우진보의 묘사 속에서 '가오진류'의 견해는 밍궤이와 같은 지식인들의 심리 속에서 화학작용을 일으킬 수 있었다. 그리고 밍궤이가 "진류가 말하는 것처럼 오로지 신명의 힘만 주장한다면 내 머리는 받아들일 길이 없네"라고 말하게 되는 것이었다.

가오진류의 방법은 합리적이지 않다. 하지만 그가 밍궤이에게 한 말은 간접적으로 타이완 사람과 일본인 사이의 넘어설 수 없는 '혈연'의 문제와 그로 인해 황민화시기에 제창된 '국어의 정신적 혈액'이 가오진류에게 작동한 결과를 환기시켰다. 애초에 문화적 향상과 근대화를 통해 일본화에 도달할 수 있다고 생각했던 밍궤이는 정신적 분열을 경험하기 시작한다. 그 원인을 보다 깊이 들여다보면 다음과 같다. 일본이 처음부터 제기했던 동화정책은 단지 통치상의 고려에서 비롯된 것이었다. 그중 '육삼법六三法'은 일본이 타이완을 절대로 동

26 저우진보 선생이 '중국문예연구회'의 월례회 초청에 응해 행한 강연기록 「我走過的道路－文學・戲劇・電影」, 1992.12.2~10(『周金波集』, 2002, 297면).

일시 할 수 없음을 보여주는 구체적인 증거였다. 일본 정체성을 가지고 있던 타이완의 젊은 인텔리들에게 그러한 기만성은 그들을 더욱 공허하게 만들 뿐이었다. 그리하여 자신들의 '일본화'에 대한 신념이 동요하기 시작했을 때, 가오진류처럼 합리성을 무시한 채 식민주체의 논리를 그대로 받아들이려는 생각이 오히려 당시 타이완청년들의 심리 속에 싹 트고 더 나아가 실행으로까지 옮겨질 수 있었다. 이것은 밍궤이와 같은 지식인들을 초조감에 빠뜨린다.

밍궤이와 가오진류가 관념상의 극단적인 충돌을 벌일 때 관찰자인 '나'는 둘 사이에 개입하여, 다음과 같이 말한다.

> "어찌된 것인가! 두 사람은 처음에는 일본인들의 생각과 완전히 일치했었잖아? 어디 논쟁할 게 있었나!" 나는 일부러 애매하게 말을 꺼냈다. 그것은 방법이 다른 것 뿐이었다.(30면)

'나'는 '문제'를 발견하였다. 밍궤이와 진류는 비록 줄곧 논쟁을 하고 있지만 그들의 목표는 일치하고 있었다. 즉 그들은 똑같이 일본화를 추구하고 있으며 일본에 대한 동일시의 문제를 생각하고 있으며 타이완 사람들의 미래를 위해 노력하고 있었다. 두 사람의 가장 큰 차이점은 '방법의 다름'에 있기 때문에 '나'는 두 가지 생각에 대한 견해를 제시한다. 여기에서 '나'는 처음에는 가오진류의 손을 들어주는 듯하다. '나'는 이렇게 말한다.

> 나는 나 자신의 그런 불명확한 추론에 대해 잠시 생각을 접고 정리하기로 했다. 나의 뇌리 속에서 밍궤이가 말한 받아들일 수 없다는 생각은 어쩌면 공감

할 수 있는 것이다. 그렇지만 진류의 그런 격식 없는 생각도 공감할 수 있을 것 같다. (31면)

주목할 만한 것은, 이때 '나'는 지식인의 이성적 사고에서 멀어져 가오진류에게 설복당하기 시작한다는 점이다. 타이완 사람이라는 '나'의 정체성과 동화정책이 폭로한 기만성에도 불구하고, '나'는 일본에 대한 동일시를 포기할 수 없기 때문에 그러한 사상의 전환을 맞게 된 것이다. 그러나 이때에도 밍궤이는 굴복하지 않고 입을 굳게 다문 채, '그러나'라는 말로 대화를 이어가려 한다. '나'는 이것이 일종의 자기애에 대한 표현이라고 생각하지만, 그렇다고 밍궤이가 가진 생각을 완전히 부정하지도 못한다. '나'는 단지 조금 뒤에 '밍궤이는 툭 던지는 말투로 열세를 만회하고자 했다'고 하여 밍궤이의 입장이 더 이상 만회할 수 없는 '열세'에 있음을 서술한다.

더 진행이 되면서 밍궤이의 초조감은 고조된다. 그는 더 이상 가오진류를 대면할 수가 없어 도피의 심리를 드러낸다. 그는 "진류가 눈을 가리고 마구 덤벼들 듯 해서 더 이상 참을 수가 없어"라고 말한다. 밍궤이는 부지불식간의 상황에서 일본 식민자들이 타이완 사람들의 정신에 끼친 해악을 비판한다. 그러나 이런 해악은 더더욱 가오진류로 하여금 진짜 눈이 가려진 듯이 마구 날뛰도록 만든다. 밍궤이는 그런 사실을 받아들일 수 없어 초조감을 느낀다. 어쩌면 이것은 저우진보가 의도한 것이 아닐 수도 있다. 그렇지만 그 속에서 당시 타이완청년들이 그런 모순과 고통스런 생각 속에서 어떻게 자신들의 돌파구를 모색했는지, 그리고 내지와의 일체를 부단히 강요하는 식민주체의 논리들이 어떻게 '정체성의 혼란'을 야기하게 되었는지를 발견해낼 수 있다.

이야기가 여기까지 전개되었을 때, '나'는 관찰자의 입장에서 묵묵히 밍궤이와 가오진류의 언쟁을 살펴보고 있지만 독자는 문장을 통해서 '나'의 내면의 싸움을 감지하게 된다. '나'의 의식의 흐름은 밍궤이와 가오진류 사이를 오가고 있다. 하지만 독자는 '나'의 관찰하는 시선을 따라가며, 도리어 '나' 자체가 정체성의 전환을 겪고 있음을 분명하게 느낄 수 있다. 이야기가 끝나고 가오진류가 더 이상 등장하지 않을 때에도 '나'는 가오진류를 대신하여 밍궤이와 대화를 이어간다. 가오진류는 이야기의 시작 때와 마찬가지로 여전히 적극적으로 황민단련을 강조하는 타이완 섬의 청년이다. 이 부분의 대화에서 그는 일말의 혼란도 느끼지 않으며 상당히 견고한 입장을 가진 채 퇴장한다. 그러나 밍궤이와 '나'는 이와 대조적으로 결론을 고민하고 있는 것 같으며, 부단히 자신의 생각을 수정하는 가운데 둘 사이의 대화를 시작한다. 밍궤이가 다음과 같이 말한다.

> 물론 우리 타이완 사람들은 일본인이 옳지 않다고 여길 수는 없지. 하지만 나는 진류처럼 눈을 가린 채 마차를 끄는 말처럼 되고 싶지는 않아. 왜 일본인이 옳지 않다고 하면 안 되는지는 내가 우선 고민해야 할 점이야. 나는 일본의 영토에서 출생했고 일본의 교육을 받으며 자랐고 일본어 말고는 다른 말을 할 줄 몰라서 일본의 가타카나를 쓰지 않으면 편지를 할 줄도 모르기 때문에 나는 일본인이 될 수밖에 없어. (33면)

'나'는 다 듣고 나서 혼란에 빠진다. 밍궤이의 목표가 확고하기는 하지만 그 목표 때문에 고통스러워하는 것을 목도하고서, '나'는 일종의 '풍자'적인 심정이 든다. 어쩌면 자신도 똑같은 생각을 하고 있다는 사실을 의식했기 때문일 터이다. 그래서 '나'는 반성하기 시작한다. 그는 이제까지 밍궤이를 연약한 사람이라고만 여겼다. 그러나 목표를 향해 돌진할 길이 없다는 것은 그 내부에 결정적인 요소가 존재하기 때문이라는 사실을 발견한다. '나'는 밍궤이가 이전에 했던 말을 상기하고 자기가 이전에 그에게 기대했던 것이 무엇이었던가를 생각한다.

> 그는 태어나서부터 줄곧 일본인이었고, 일본인처럼 교육 받았다. 그 뿐 아니라 태어나기 전에 벌써 일본인이 되는 것이 결정되어 있었다. 그러나 이러한 불행한 운명을 도쿄에서 얻은 지식계층의 주판으로 계산해 보면 바로 내가 기대했던 그의 위험한 곡예가 아닐까? (34면)

저우진보는 "나의 「지원병」 속에는 그 동세대 사람들의 서로 다른 생각이 있다. 개괄적으로 말하자면 그중 하나는 세심하게 재어보고 고려하는 생각이고 다른 하나는 무슨 이론 따위는 관계없이 자기는 일본인이라는 생각이다. 이 두 유형이 당시를 대표하는 타이완청년이다"[27]라고 말한 바 있다. 밍궤이는 그가 말한 '세심하게 재어보고 고려하는' 청년이다. 태어나면서 일본인으로 규정된 그는 근대지식의 세례를 받은 이후 타이완의 근대문명화만이 '일본인화 되는' 첩경이라고 생각했다. 이런 견해는 '사상통제가 강화되는' 전쟁시기가 되면 이유를 따질 것 없이 직접적으로 행동에 의존하고 정신적 혈액을

27 「徵兵制について」, 『周金波集』, 2002, 236~237면.

통해 일본인으로 도약하려 하는 가오진류의 생각보다 못한 것이었다. 그러한 세심하게 재어보고 고려하는 생각은 타이완 사람으로서의 정체성에 대한 고민에서 나올 수 있는 것이다. 가오진류의 표현은 반대로 타이완 사람으로서의 정체성을 대담하게 포기해버릴 때 가능한 것이었다. 그러나 가오진류건 밍궤이건, 그들은 시종 타이완 사람으로서의 정체성이라는 족쇄에서 벗어나지 못한다. 그들의 모든 행위들은 그렇기 때문에 역설적으로 그들이 타이완 사람이라는 사실을 더욱 분명하게 한다.

「지원병」의 인물들은 식민주체의 기준에 따라 자신을 주시한다. 그들은 자신들을 '타자'의 신분에 놓고 타자로서의 한계를 보지 못한 채 순수하게 식민주체의 가치관에 따라 생각한다. 때문에 밍궤이와 '나'는 마지막에 '혈서지원'을 하는 가오진류에게 설복당하고 만다. 그러나 저우진보는 소설의 말미에 영예롭지 못한 결말을 남겨둔다. 그는 전쟁이 너무나 오랫동안 지속된 후, 타이완이 그제야 반 박자 늦게 지원병제도를 공표하게 되는 상황을 상상했다. 그렇게 된다면 국가의 존망이 걸린 성전聖戰에서 타이완은 일본의 역사 바깥으로 망각될 것이었다. 이로 인해 일본으로 통하는 계단이 사람들에게 아주 길게 느껴질 것이라고 보았다.

'나' 역시 "맨살 드러낸 붉은 벽돌 벽이 전등을 내걸고 있는 오늘은 특히나 어두워서 내 가슴은 답답했다." 왜냐하면 이러한 상황에서 타이완은 일본에게 단지 이민족 또는 식민지에 불과하기 때문이다. 그렇게 된다면, 일본과 동일시되는 상황은 더더욱 기대하기 어렵게 되고, 그렇기 때문에 지원병제도가 그토록 대단한 반향을 불러일으키고 있는 것이라고 '나'는 생각한다. 지원병제도는 타이완의 일본을 향한 길을 열어놓았다. 타이완사람들은 그 길을 통해 이른 바 대동아 성전에 참여하여 그들과 함께 공동의 역사경험을 만들어낼 수 있을 것이었다. 또한 대동아공영권의 완성에 기여할 수 있기 때문에 타이완은 비로소 일본의 일등 식민지라는 신분을 벗고 순식간에 도약할 수가 있다는 논리가 성립한다.

음성화陰性化된 식민지 남성에게 식민지의 군사동원은 그들을 음지에서 양지로 나오게 하는 의미가 있었다.[28] 특히나 목숨을 나누는 운명 공동체가 될 수밖에 없는 군대는 통치자와 피통치자 사이에서 가장 손쉽게 평등한 입장을 쟁취할 수 있는 곳이다. 일본의 한 연구자는 조선청년들이 '혈서'를 씀으로서 자신이 일본인보다 더 일본인다움을 증명하고자 했다고 말했다.[29] 장기간 동안 비교적 낮은 지위에 있던 식민지 청년에게 전장에 나가는 행위는 자신이 식민주체에 비해 결코 손색이 없다는 것을 증명할 수 있는 기회가 될 수 있었다. 그리고 이러한 피와 피를 교환하는 공동의 역사 경험을 세우는 기회는 식민지의 음성화 경향을 상당한 정도로 전환시킬 수 있었다.

그 밖에 당시 타이완청년들은 어쩌면 대동아공영권의 완성을 통해 타이완 사람과 일본인 사이의 모순을 해결하고자 시도했을지도 모른다. 결전시기 타이완의 인텔리 청년이었던 예성지葉盛吉가 자신의 일기에 썼던 것처럼, 그는 '좋은 일본인'도 되고 싶고 '좋은 타이완사람'도 되고 싶어 했다. 그는 그런 자신에 대해서 줄곧 양자 사이의

---

28 柳書琴,「殖民地文化運動與皇民化－論張文環的文化觀」, 1998.12.19・20. 원래는 제1차 台杏台灣文學學術研討會에서 발표. 江自得 主編,『殖民地經驗與台灣文學－第1屆台杏台灣文學學術研討會論文』, 台北 : 遠流出版社, 2000, 21면.

29 周婉窈,「日本在台軍事動員與台灣人的海外參戰經驗」,『海行兮的年代－日本殖民痛治末期台灣史論集』, 2003, 147면.

평행점을 찾지 못하다가 두 길 사이의 거리가 너무 멀어져 하나의 길을 선택할 수밖에 없었다고 했다. 그렇지 않으면 더 이상 나아갈 수가 없기 때문에 그는 '좋은 일본인'이 되는 길을 선택했다는 것이다. 그는 다음과 같이 말한다.

> 나는 오카쿠라 텐신岡倉天心이 말한 Asia is one(아시아는 하나다)이라는 말을 상기했다. 우리나라가 지금 걸어가는 길은 온 세상이 한 집인 듯八紘爲宇, 뿌리들이 땅을 향하듯歸根結柢, 두 개의 길이 하나로 모이는 길인 것이다. 그렇게 보았을 때, 나 개인의 고뇌는 우리나라가 나아가는 방향과 일치한다. 나 스스로는 아직 그다지 '팔굉위우'의 정신과 그 구체적인 표현을 잘 알지 못한다. 그렇지만 이 '팔굉위우'의 이상에 따라 정말 그렇게 말하는 것처럼 자신이 확고하기만 하다면, 나뉜 두 개의 길은 틀림없이 하나로 합쳐질 수 있을 것이다. 내가 이렇게 생각하고 있을 때 나는 마치 목표가 눈앞에 있는 것처럼 느껴졌고 일종의 아주 강력한 힘을 느꼈다. 설령 어느 날 두 길 중 한 길에 쓰러지더라도 상관없다. 나는 또 느낀다. 두 길은 나뉘어지는 것이 아니라 평행해야 하며 더 이상 그 거리가 멀어져서는 아니 된다는 것을.[30]

때문에 타이완 사람들이 일본인의 대동아성전을 위해 적극적으로 전쟁에 임했다고 한다면 그것은 사실상 '역사의 단련'을 통해 식민지 타이완의 운명을 바꾸고자 시도한 것이었다고 해야 할 것이다.

저우진보의 소설 「지원병」에서 보여주는 결전시기 타이완청년들의 심리적 몸부림은 통치자인 일본인들은 이해할 수 없는 것이었다.

30 楊威理, 陳映眞 譯, 『雙鄉記－葉盛吉傳－－個台灣知識份子之青春彷徨探索實踐與悲劇』, 台北 : 人間出版社, 1995, 93면.

그 문장이 드러내는 깊이는 카미카와 쿄오시神川淸나 니시카와 미쓰루西川滿가 「적감기赤崁記」 이후 일련의 작품 속에서 끝내 표현하지 못한 '궁극의 상황'이라고 할 수 있다. 이는 또한 필자가 「지원병」 같은 소설이 지닌 가장 값진 가치라고 생각하는 점이다. 통치자들이 묘사한 황민문학과 비교했을 때 타이완 사람의 황민문학이 지닌 내포성과 복잡성은 국책을 옹호하는 것이라고 간단하게 치부될 수 없다.

4. 국어정책하의 동상이몽

저우진보의 소설 「지원병」은 일제시기에는 황민문학으로 분류된 적이 없지만, 해방 후에는 '더도 덜도 없는 황민문학'으로 간주되었다. 그 원인은 소설의 일본에 대한 동일시 경향이 강하다는 것 때문이었다. 그렇지만 당시 타이완 사회가 일본 제국에 편입되었고, 타이완 사람들의 생활과 문화공간이 그에 따라 자연히 억압당하거나 왜곡되어 있었다는 사실을 감안하면, 일본에 대한 동일시가 드러난다는 것은 사실상 그렇게 특별한 일은 아니었다. 이데올로기의 입김에 의해 황민문학으로 분류된 작품들은 장기간 경색되어 있었다. 필자는 그 이데올로기의 틀을 걷어낸다면 소설 속에서 보여주는 타이완 청년들의 의식의 흐름과 반세기 이전 타이완청년들의 심리적 초상이 더욱 심도 있게 탐색될 수 있다고 생각한다.

결전시기 일본의 식민주체가 타이완 사람들을 동화시키기 위해 실시한 황민화운동에서 가장 중심이 되는 것은 타이완과 일본의 민족 혈통 문제를 해결하는 것이었다. 통치 초기부터 일본은 '국어교육'이라는 동화방침을 확립하였고 '국어의 정신적 혈액'이라는 논리로 이민족 사이의 혈연문제를 교묘하게 해석했다. 그렇지만 일본 통치자들은 통치 말기에 이르기까지 그런 관점에 대해 동의한 적이 없었다.

일제 말기에 추진된 '표준국어'를 예로 든다면 일본 본토에서조차 일찍이 많은 방언이 존재했고, 순수성의 기준이 되는 에도江戶의 구어를 쓰는 사람이 많다고도 할 수 없었다. 때문에 그들은 자신의 국어를 철저하게 검증받아 일본인임을 증명해야 할 필요가 없었다. 하지만 룽잉쭝龍瑛宗이나 황펑쯔黃鳳姿처럼 식민자들의 서술 언어에 능통한 사람들, 아니면 저우진보처럼 식민자들의 표준언어에 통달했던 사람들은 하나같이 식민자들의 과찬을 받았고 그로 인해 더욱 돌출되는 이민족이라는 꼬리표를 뗄 수가 없었다. 남의 언어를 쓰기 때문에 식민자들의 인정, 즉 식민주체의 검증을 받을 필요가 생겼던 것이다.[31]

이러한 사실은 민족적 혈액이 단순히 국어의 정신을 통해 대체될 수 없다는 것을 간접적으로 시사한다. 그래서 「지원병」에서의 밍궤이가 자신이 "받은 것은 일본의 교육이요, 일어만 할 수 있고 오직 일본의 가타카나로만 편지를 쓸 수 있지"만 그럼에도 불구하고 자신은 여전히 일본인이 아니란 사실을 호소하게 되는 것이다. 그렇게 해서 전쟁 말기 타이완 사람들에게 광범위하게 받아들여진 '피와 피를 나누는 지원병의 길은 일본으로 향하는 길'이라는 논리가 가능하게 된

---

31 周婉窈, 「台灣人第一次的國語經驗」, 『海行兮的年代 — 日本殖民痛治末期台灣史論集』, 2003, 107면.

것이다.

민족 혈통의 문제에 대해서 저우진보는 「황민문학의 수립」이라는 글에서 자신의 견해를 밝힌 적이 있다. 그는 "쇼오지 소오이치庄司總一가 쓴 『천씨부인陳夫人』은 정면으로 민족혈통문제를 비판했다. 그것은 이전에는 과거의 상처를 건드릴까봐 감히 말하지 못한 문제를 단번에 해결하려 한 것이다. 이런 현상은 타이완에서는 보지 못한 대단한 도약이다"라고 말한다.[32] 쇼오지 소오이치의 『천씨부인』[33]은 일본인과 타이완 인의 혼혈아인 천칭쯔陳清子가 내지와 타이완 사이의 일체화를 추구해가는 과정과 정청궁鄭成功이 중일 혼혈아라는 역사적 사실을 통해 '일중협동체'의 구현자로서 천칭쯔의 정체성을 인정했다. 그럼으로써 이민족 사이에 존재하는 거북한 혈연의 문제를 정면으로 거론할 수 있었다. 때문에 저우진보가 슬픈 현실로 여기면서도 피할 수밖에 없었던 민족 혈통의 화두가 일본에서도 오랫동안 인정받을 수 없었다는 사실을 다시 한 번 입증한 셈이다.

저우진보가 『천씨부인』에 기술된 정청궁의 신분상의 질적인 도약을 인정했다 할지라도 이 작품에 대한 언급은 일본과 타이완 사이의 이민족 혈연이 해결하기도 어려울 뿐 아니라 쉽게 거론할 수조차 없는 예민한 문제라는 사실을 암시한다. 더욱이 호시나 히로노부星名宏修가 이러한 도약은 반드시 대동아공영권의 틀 안에서만 성립할 수 있다고 말한 것에서 알 수 있듯이[34] 전술한 '국어의 정신적 혈액'이나

---

32 周金波, 「皇民文學の樹立」, 『文學報國』 제3기, 1943.9.10; 周金波, 앞의 책, 231면.

33 庄司總一의 『陳夫人』은 1940년에 제1부, 1942년에 제2부가 완성되었다. 이 해에 제1차 대동아문학상 '차상'을 수상했다. 黃玉燕이 번역한 중국어판은 『타이완 신랑에게 시집 온 일본 여자 嫁台灣郎的日本女子』로 제목이 바뀌었다. 黃玉燕 譯, 『嫁台灣郎的日本女子』, 台北 : 九歌出版社, 2002.

34 星名宏修, 「植民地の混血兒－內台結婚の政治學」, 藤井省三・黃英哲・垂水千惠 編, 『台灣

'일중 협동체의 사명'에 관한 논리는 모두가 대동아전쟁하에서 성립 가능한 것이고, 일본의 합리적인 참전에 타이완 사람들을 동원하기 위한 기만에 불과한 것이었다.

5. 나가며

머리와 몸의 분리를 시작으로 많은 타이완 지식인들은 시종 일본과 타이완이라는 두 개의 의식 사이에서 유리되었다. 그들은 거대한 격변의 강요에 의해 식민주체의 담론을 부단히 내화시켰으며 식민주체가 기만적으로 구성한 대동아공영권 속으로 한 발 한 발 들어섰다. 그들은 대동아전쟁이 일본으로 통하는 다리를 놓아줄 것이고 타이완 사람과 일본 사람이라는 분리된 두 개의 길을 하나로 합칠 것이며 그럼으로써 타이완이 식민지 신분에서 벗어나게 될 것을 기대했다.

이자와 슈지伊澤修二는 교육을 통해 타이완 사람의 정신을 정복해야 하며 타이완의 일본화가 성공하기 전까지 그것을 중단해서는 안 된다고 했다. 어쩌면 전쟁 시기의 타이완에서는 상당한 정도로 그런 여망이 실현된 것만 같았다. 그렇지만 조금 더 깊이 들여다보면 타이완에서 실현된 일본화는 그렇게 단순하지 않다는 것을 발견할 수 있다. 저우진보의 소설 「지원병」에서 '일본화'라는 이러한 외투 안에

の大東亞戰爭』, 東京 : 東京文學出版會, 2002, 273면.

많은 목적과 기대가 감춰져 있음을 볼 수 있다. 그리고 일본화의 주요 목적이 식민주체가 장기간 동안 실현하지 못한 동일시의 문제를 해결하는 것이었음을 발견할 수 있다. 그래서 이처럼 단순하지 않은 일본화는 일제 치하 타이완청년들이 어떻게 정신적으로 정복당했는가 하는 문제 외에도 전후 타이완의 황민문학에 대한 논의에 왜 양극단의 평가가[35] 출현하게 되었는지의 문제를 해석해줄 수도 있다.

이 작품을 통해 전쟁 시기의 몇몇 타이완청년들의 초상을 분석하고자 시도한 것은 일제 말기 타이완에서 일본식 교육을 받은 식민지 2, 3세대들의 정체성 혼란이 초래한 의식의 흐름과 변화를 다시 한 번 살펴볼 필요가 있기 때문이다. 연구자인 류수친柳書琴은 어떤 것을 과도하게 강조한 결과 또 다른 편견을 낳게 될 수도 있다고 말했다. 장원환張文環에 대한 그의 연구에 따르면 장원환은 '식민 타자와 피식민인 자기 민족 사이에' 존재했다. '영국과 미국의 일본에 대한 공습이 지속되는 쓸쓸한 시대에' 그의 '목숨과 미래'는 '불확실성으로 가득'했다. 그런 장원환에 대해 "후세 사람들은 너무나 단순하고 쉽게 생각하며 그 평가 또한 과도하게 일치되어 있다."[36] 복잡하고 다원적인 역사를 하나의 '단일함'으로 무리하게 규정하는 것은 과거에 대한 올바른 인식을 방해한다. 결전시기 타이완청년들의 심리적 초상은 식민과 피식민, 상하, 진보와 낙후, 권력과 지식 등 다중적인 시대의 짐을 지고 있었다. 그것이 보여줄 수 있는 얼굴은 매우 복잡하고

---

35 예를 들어 王昶雄의 「奔流」와 陳火泉의 「道」은 전후 타이완에서 모두 긍정과 부정 양극단의 평가가 있었다. 그 원인은 작품의 양면적 성격이 단순히 '일본의 국책을 지지한' 황민문학으로 단정하기 어려웠기 때문이다.

36 柳書琴, 「殖民地文化運動與皇民化－論張文環的文化觀」, 江自得 主編, 『殖民地經驗與台灣文學－第1屆台杏台灣文學學術硏討會論文』, 2000, 3면.

모순적이며 불확실성으로 충만해 있었다.

역사의 구조는 다원적이고 복잡하다. 호미 바바Hommi K. Bhabha에 의하면 일련의 보이지 않는 사건과 소서사체小敍事體 안에는 별 의미와 가치가 없이 공허하고 기이하며 커다란 역사 사건 바깥에 있는 기호들이 존재한다. 시대적 상황을 코드로 읽어내는 것은 그 기호의 경관을 탐색하는 것이다.[37] 본고는 「지원병」이 보여주는 기호의 경관을 통해서 결전시기 타이완청년을 살펴보았다. 그 내면에서 일어나는 교전의 치열함은 결코 일본이 고군분투하던 대동아전쟁의 전황에 못지 않았다. 일본은 패전했기 때문에 전쟁을 일으킨 죄를 짊어질 수밖에 없다. 하지만 타이완 사람들은 일본인의 신분으로 중국에 반환되어 이도 저도 아닌 회색지대로 떨어져버렸다. 패전국도 승전국도 아닌 난처함이 환기한 것은 더욱 많은 모순과 몸부림이었다. 결전시기 타이완청년의 심리적 초상은 전쟁이 끝남에 따라 사라져버렸을까? 어쩌면 또 다른 모습으로 지속되고 있는 것은 아닐까?

37 廖炳惠, 「後殖民與後現代－Hommi K. Bhabha的訪談」, 『回顧現代－後現代與後殖民論文集』, 台北 : 麥田出版社, 1994, 31면.

초출일람

1부

감각세계 – 30년대 타이완의 또 다른 소설들

施淑,「感覺世界－30年代台灣另類小說」,『兩岸文學論集』, 台北 : 新地文學出版社, 1997, 84～101頁.

양츠창 · 풍차시사 · 일본시조 – 해방 전 타이완 신시의 모더니즘 고찰

陳明台,「楊熾昌, 風車詩社, 日本詩潮－戰前台灣新詩現代主義的考察」,『強韌的精神』, 高雄 : 春暉出版社, 2005, 3～29頁.

30년대 타이완 퇴폐의식의 보이는 것과 보이지 않는 것 –'진보의식'과 '음울한 관찰'을 다시금 탐색한다

劉紀蕙,「台灣三〇年代頹廢意識的可見與不可見－重探進步意識與陰翳觀看」,『中外文學』34卷3期, 2005.8, 113～145頁.

상처 입은 영혼 – 전쟁기 우신룽의 사상과 문학

陳祈伍,「挫傷的心靈－吳新榮戰爭時期的思想與文學」,『南榮學報』第7期, 2003.11, 157～191頁.

2부

동화와 황민화의 사이 – 식민 계획에서 제국 신민까지

荊子馨,「同化與皇民化之間－從殖民計畫到帝國臣民」,『成為日本人－殖民地台灣與認同政治』, 台北 : 麥田出版社, 2006, 129～181頁.

'다름'에서 '같음'으로 – 타이완 황민 주체의 '마음' 개조

劉紀蕙,「從「不同」到「同一」－台灣皇民主體之「心」的改造」,『20世紀台灣文學專題 I－文藝思潮與論戰』, 台北 : 萬卷樓出版社, 2006, 69～111頁.

황민문학 속의 정치적 상상
許麗芳,「皇民文學中的政治想像」,『文與哲』5期, 2004.12, 343～379頁.

일제시기 '황민담론'의 신분 정체성 전략 – 천훠취안의「길」을 중심으로
王學玲, 「日據時期「皇民論述」的身份認同策略－以陳火泉「道」為主的討論」, 『中外文學』 30卷10期, 2002.3, 172～195頁.

결전시기 타이완청년의 심령 초상 – 저우진보의「지원병」을 중심으로
張雅惠, 「決戰時期台灣青年的心靈圖像－以周金波「志願兵」為主的討論」, 『台灣人文』 9號, 2004.12, 1～14頁.

핵심어

작가 / 인물

고바야시 세이조小林躋造(1877~1962) : 제17대 타이완 총독(1936~1940). '황민화, 공업화, 남진기지화'를 내걸고 황민화운동을 추진하였다.

고토 신페이後藤新平(1857~1929) : 타이완 총독부 민정장관, 도쿄시장, 남만철도회사총재, 외무대신과 내무대신 등 요직을 두루 역임한 일본 기술 관료의 대표적 인물이다. 타이완 민정장관 임기(1898~1906)내에 농업, 공업, 위생, 교육, 교통, 경찰제도 등 기간시설과 제도의 완비에 힘써 타이완 근대화의 주역으로 평가받고 있다.

궈수이탄郭水潭(1907~1995) : 필명은 郭千尺. '염분지대' 주요시인이며 가족 간의 정을 표현한 시로 긍정적인 평가를 받았다. 주요작품으로는 「고향의 편지—옥중의S군에게故鄕的書簡—致獄中的S君」(1934), 「연무꽃蓮霧之花」(1937) 등이 있다.

니시카와 미쓰루西川滿(1908~1999) : 일본 시인, 소설가. 타이완의 역사와 풍토를 특유의 낭만적인 색채와 이국적이고 탐미적인 정조로 그려내 일본인 '외지문학'의 대표로 알려져 있다. 1939년 '타이완시인협회台灣詩人協會'를 결성하고 잡지 『화려도華麗島』를 발간했다.

라이허賴和(1894~1943) : 본명은 賴河. 필명으로 懶雲, 甫三, 安都生, 灰, 走街先 등이 있다. 의사 겸 근대초기 문학가로 소설, 산문, 시 등 장르를 불문하고 근대문학의 기초를 마련하였을 뿐 아니라 『타이완민보台灣民報』의 문예란을 통해 작가들을 발굴하고 초기 문학의 발전에 힘을 써 '타이완 신문학의 아버지'로 불린다. 주요작품으로 「야단법석鬥鬧熱」(1926), 「'저울' 하나一桿'稱仔'」(1926), 「남국애가南國哀歌」(1931) 등이 있다.

롄헝連橫(1878~1936) : 자는 武公. 호는 雅堂, 劍花. 고전한문작가로 『타이완통사台灣通史』, 『타이완어사전臺灣語典』, 『타이완시승臺灣詩乘』, 『검화실시집劍花室詩集』 등이 있다. 신구문학논쟁 시 구문학의 대표로 전통고문의 중요성을 역설하고 신시체를 비판하였다.

룽잉쭝龍瑛宗(1911~1999) : 본명은 劉榮宗. 1937년 「파파야가 있는 작은 마을植有木瓜樹的小鎮」로 일본 잡지 『개조』의 공모에 가작으로 당선하여 등단하여 일제 말기까지 활동하였다. 그의 소설은 농후한 자연주의 경향으로 알려져 있다. 1940년 西川滿이 성립한 '타이완

문예가협회台灣文藝家協會'에 참여했고 이 협회의 기관지인 『문예타이완文藝台灣』의 편집인으로 활동했다. 주요작품으로는 「파파야가 있는 작은 마을植有木瓜樹的小鎮」(1937), 「오전의 낭떠러지午前的懸崖」(1941) 등이 있다.

뤼허뤄呂赫若(1914~1951) : 본명은 呂石堆. 1935년 일본 문학잡지 『문학평론』 2권 1호에 첫 소설 「소달구지牛車」를 발표하면서 문단의 주목을 받았다. 그의 소설은 대부분 식민지의 현대화 모습부터 봉건적 요소가 잔재한 전통가정에 자본주의 논리가 스며들면서 일어나는 각종 비극, 그리고 황민화 시기의 국책문학요소를 포함한 작품 등 매우 다양하다. 주요작품으로는 「소달구지牛車」(1935), 「재자수財子壽」(1942), 「풍수風水」(1942), 「옥란화玉蘭花」(1943), 「청추清秋」(1944), 「산천초목山川草木」(1944) 등이 있다.

린셴탕林獻堂(1881~1956) : 타이완 중부의 대지주 집안 출신으로 일제시기 타이완 비폭력 반일운동의 대표적 인물. '신민회新民會', '타이완문화협회台灣文化協會', '타이완 민중당台灣民衆黨', '타이완 지방자치연맹台灣地方自治聯盟' 등 조직에서 요직을 담당했으며 '타이완 의회의 아버지'로 불린다.

사토 하루오佐藤春夫(1892~1964) : 일본 소설가, 시인, 평론가. 1920년 타이완 여행을 마치고 일본으로 돌아간 후 『여계선기담女誡扇綺譚』(1926), 『우서霧社』(1936) 등을 발표했다. 그의 작품은 일본인의 식민지에 대한 상상과 남방의 이국적인 정조에 대한 동경을 드러내어 일본인 작가의 타이완 글쓰기 전범으로 평가된다.

셰춘무謝春木(1902~1969) : 필명은 追風. '타이완문화협회台灣文化協會'와 '타이완 민중당台灣民衆黨' 성원. 1922년 『타이완台灣』잡지에 일본어로 첫 근대소설로 알려진 「그녀는 어디로 갔나她將往何處去」와 1924년 역시 첫 근대시로 알려진 신시 「시의 모방詩的模仿」을 발표하였다.

야나이하라 타다오矢內原忠雄(1893~1961) : 일본 경제학자, 식민정책 연구자. 1927년 타이완에서 개인적으로 실제 조사한 통계를 토대로 타이완 경제상황을 분석한 『제국주의하의 타이완帝國主義下的台灣』(1929)을 발간했으나 총독부에 의해 출판규칙 위반으로 발행이 금지되었다.

양서우위楊守愚(1905~1959) : 본명은 楊松茂, 필명으로 守愚, 村老, 洋, 翔, Y生 등이 있다. 근대작가와 전통시인의 이중신분으로 대량의 한시작품도 남기고 있으며 그의 근대소설은 선명한 사회주의 경향을 보여준다. 주요작품으로 「흉년에는 죽을 수밖에凶年不免於死亡」(1929), 「취醉」(1930) 등이 있다.

양츠창楊熾昌(1908~1994) : 필명으로 水蔭萍, 南潤 등이 있다. '풍차시사風車詩社'의 주요 성원으로 일본을 통해 초현실주의 사조를 타이완 문단으로 들여왔으며 일본문단의 신감각파 영향을 받은 것으로 평가받고 있다. 주요작품으로 「말리화茉莉花」(1943), 『타오르는 얼굴燃燒的臉頰』(1979) 등이 있다.

양쿠이楊逵(1906~1985) : 본명은 楊貴. 필명으로 伊東亮, 公羊, SP, 狂人 등이 있다. 타이완의 대표적인 좌익작가로 일본유학시기 사회주의 사상을 접하고 타이완으로 돌아온 후 농민운동에 적극 참여하였다. 1934년 그의 「신문배달부送報伕」가 일본 잡지 『문학평론』 공모에 2등으로 당선되어 일본문단에 진출한 최초의 타이완 작가가 되었다. '타이완문예연맹台灣文藝聯盟'에도 참가했으나 이념적 문제로 따로 나와 『타이완신문학台灣新文學』을 창간하였다.

양화楊華(1906~1936) : 본명은 楊顯達. 필명으로 楊位, 楊華, 揚花, 器人 등이 있다. 1926년 『타이완민보台灣民報』의 시모집에 「작은 시小詩」로 2등을 하면서 등단했다. 그의 시와 소설은 저항정신으로 충만하며 타이완의 고난에 대한 비탄과 동정심이 돋보인다. 시집으로 『흑조집黑潮集』이 있고 소설로 「한 노동자의 죽음一個勞動者的死」(1935), 「박명薄命」(1935) 등이 있다.

예스타오葉石濤(1925~2008) : 일제시기에 등단하여 해방 후에 주로 활동한 소위 '언어전환 세대'의 선두주자이며, 산문과 소설, 일본어 작품의 번역으로 잘 알려져 있다. 일제시기 西川滿이 주도한 『문예타이완文藝台灣』의 편집을 맡았고 해방 후에는 타이완문학사인 『타이완문학사강台灣文學史綱』(1987)을 펴냈다.

왕바이위안王白淵(1902~1965) : 미술교사, 평론가, 시인. 1931년 시집 『가시발길荊棘之道』이 일본 프로문단의 호평으로 주목을 받게 되었다. 1932년 동경의 타이완 유학생들과 문예동인조직 '타이완 예술연구회台灣藝術研究會'를 조직하고 기관지 『폴모사フォルモサ』를 창간했다.

왕창슝王昶雄(1916~2000) : 본명은 王榮生. 치과의사이며 소설가. 1943년 『타이완문학台灣文學』에 「급류奔流」를 발표했다. 지식인의 정체성에 대한 갈등과 고민으로 가득한 이 작품은 황민화 시기 당국의 정책에 부합하는 면이 있어 황민작품으로 평가된다.

우신룽吳新榮(1907~1967) : 시인으로 자는 史民, 호는 震瀛, 兆行 등이 있다. '염분지대鹽分地帶' 주요시인으로 그의 시는 대부분 고향의 대지를 노래하고 자본주의를 비판하는 내용으로 좌익경향을 보여주고 있다. 주요작품으로 「고향과 봄잔치故鄉與春祭」(1935), 「망처기亡妻記」(1942) 등이 있다.

우융푸巫永福(1913~2008) : 시인, 소설가. '타이완 예술연구회台灣藝術研究會' 회원. 1979년 타이완 최초의 문학평론상인 '巫永福 평론상'을 제정했고 1993年에는 재단법인 '巫永福 문화기금회'를 설립, '巫永福 문학상'을 제정하는 등 타이완문학의 이론건설과 창작을 위해 힘을 기울였다. 주요작품으로 「머리와 몸首與體」(1933), 「동백꽃山茶花」(1935) 등이 있다.

웡나오翁鬧(1910~1940) : '타이완 예술연구회台灣藝術研究會' 성원. 문학기교와 심리묘사에 치중한 작품으로 타이완 모더니즘 소설의 선구로 평가받고 있다. 작품의 주요경향은 도시의 퇴폐와 사악함, 그리고 이와는 이질적인 향토적인 색채로 나뉜다. 주요작품으로 「잔설

殘雪」(1935), 「동트기 전의 연애이야기天亮前的戀愛故事」(1937) 등이 있다.

이자와 슈지伊澤修二(1851~1917) : 일본 교육가. 1895~1897에 타이완총독부의 학무장을 역임. 임기 내에 일본어교육을 통한 동화정책을 추진하였다.

장원환張文環(1909~1978) : 1941년 황더스黃得時 등과 '계문사啟文社'를 조직하고 『타이완문학台灣文學』을 창간하여 일본인 작가 西川滿이 주도한 『문예타이완文藝台灣』과 대립하였다. 그의 작품은 농후한 사실주의와 향토색채를 가진 것으로 평가되고 있다. 주요작품으로는 「예단의 집藝旦之家」(1941), 「거세한 닭閹雞」(1942) 등이 있다.

장워쥔張我軍(1902~1955) : 본명은 張清榮. 필명으로 一郎, 劍華, 以齋, 四光, 大勝, 廢兵, 野馬, M.S. 老童生 등이 있다. 1924년부터 『타이완민보台灣民報』에 발표한 「타이완청년에게 보내는 편지致台灣青年的一封信」, 「엉망진창인 타이완 문학계糟糕的臺灣文學界」, 「타이완문학계를 위해 통곡한다爲臺灣的文學界一哭」 등의 신문학주장 문장은 '타이완신구문학논쟁'의 발단이 되었다.

저우진보周金波(1920~1996) : 치과의사이며 소설가. 1942년 「지원병志願兵」으로 제1회 '문예타이완상' 수상. 황민화 시기 타이완인의 정체성 문제를 다룬 이 소설의 친일입장으로 인해 황민작가로 불린다. 작품으로 「수암水癌」(1940), 「지원병志願兵」(1942)이 있다.

주뎬런朱點人(1903~1951) : 본명은 朱石頭. 朱石峰으로 개명. 필명으로 朱點人, 描文, 文苗 등이 있다. 그의 소설은 식민자와 피식민자의 관계 및 자본주의하 타이완인의 인간관계 변화를 주로 그리며, 주요작품으로는 「기념수紀念樹」(1934), 「가을편지秋信」(1936) 등이 있다.

차이츄통蔡秋桐(1900~1984) : 필명으로 愁洞, 秋洞, 蔡落葉, 匡人也, 元寮 등이 있다. 보정保正을 맡으면서 식민자, 자본가, 농민 등 각 계층과 교섭하고 이들 사이를 주선한 경험을 제재로 하여 사실적인 소설을 썼다. 주요작품으로는 「신흥의 비애新興的悲哀」(1931), 「흥형興兄」(1935) 등이 있다.

천쉬구陳虛谷(1896~1965) : 자는 虛谷. 호는 一村. 필명으로 一村, 依菊, 醉芬 등이 있다. 한시, 신시, 근대소설 등 많은 작품을 남겼는데 일본 경찰의 횡포와 타이완 서민들의 이야기를 주로 그렸다. 주요작품으로는 「금의환향榮歸」(1930), 「그가 부자가 되다他發財了」(1928) 등이 있다.

천훠취안陳火泉(1908~1999) : 1943년 자전적 소설 「길道」을 『문예타이완文藝臺灣』에 발표. 일본인의 차별적인 시선 속에서 타이완인이 직면한 정신적인 압박감과 일본인이 되기 위한 눈물겨운 노력을 보여주는 내용으로 대표적 황민문학으로 불린다.

소설

가을편지秋信 : 朱點人 지음. 『타이완신문학』 3월호(1936)에 게재. 1935년 타이완 박람회를 배경으로 전통문인의 가치관과 현대화를 표방하는 식민 상황 사이의 간격을 보여주면서 식민정부가 문명진보를 전시하는 배경에 깔려있는 식민자의 문화우월성과 차별대우에 대해 비판적인 시각을 보여주고 있다.

견양화犬羊禍 : 柳裳君(謝星樓) 지음.『타이완台灣』 제4년 제7호(1923)에 게재. 장회소설의 체제로 당시 타이완 어용신사들의 행위와 지주계급의 개량주의적 성격을 비판한 내용이다.

교차로十字路 : 王詩琅 지음. 『타이완신문학台灣新文學』 제1권 제10호(1936)에 게재. 한 은행말단직원과 공산주의운동에 참가했다 검거된 그의 친구들 이야기를 중심으로 현대화된 도시의 번화함 이면에 자리하고 있는 허무, 퇴폐의 정조와 억압된 내면을 그려내고 있다.

귀가歸家 : 賴和 지음. 『남음南音』 창간호(1932)에 게재. 학교를 졸업하고 귀향한 청년이 고향의 서민들에 대해 느끼는 강렬한 소외의식, 즉 지식의 무용과 자신의 무력함 등에서 오는 유기된 공포를 그리고 있다.

급류奔流 : 王昶雄 지음. 『타이완문학』 제3권 제3기(1943)에 게재. 황민화운동하에서 타이완 지식인이 느끼는 심리적 갈등과 민족 정체성에 대한 고민이 주요내용이다.

길道 : 陳火泉 지음. 『문예타이완』 제6권 제3호(1943)에 게재. 1940년대 황민화운동과 전쟁동원의 상황에서 타이완 지식인이 겪는 내면갈등을 매우 자세하게 묘사한 작품이다.

머리와 몸首與體 : 巫永福 지음. 『폴모사』 창간호(1933)에 게재. 동경 유학 중인 두 타이완 청년의 대화를 통해 이상과 현실, 정신과 육체간의 모순된 심리를 머리와 몸을 대립시켜 드러내고 있다.

모범촌模範村 : 楊逵 지음. 1948년 『타이완문학총간』 제3집에 처음으로 중국어로 발표되었다. 선량한 백성들이 일본이 추진한 의무노동에 시달리는 내용으로 비록 모범촌의 명예를 얻지만 주민들의 생활은 개선되지 않고 모범촌의 건설과정에서 더욱 더 가난해지는 아이러니한 상황을 보여준다.

몰락沒落 : 王詩琅 지음. 『타이완문예台灣文藝』 제2권 제8호(1935)에 게재. 주인공의 집안은 1차 대전 후 세계적인 경제공황으로 몰락하고 이로 인해 일찍이 학생운동에도 참여하고 상해대학에서 사회주의 사상과 접촉하면서 사회개혁의 포부를 가졌던 주인공 청년은 옥중에서 고초를 당하고 전향하면서 모든 일에 환멸을 느낀다.

무거운 짐重荷 : 張文環 지음. 『타이완신문학台灣新文學』 창간호(1935)에 게재. 산촌에서 바나나를 따서 시장에 내다파는 모자의 이야기로 시장과 도시에 대한 두 모자의 상반된 기대와 인식을 보여준다. 식민지 신식교육에 대한 동경을 가지고 있던 어린 아들은 상인들의 교활함과 가혹한 세금제도에 대해 알게 되면서 학교에 대해 기대가 환멸로 바뀌고 생활을 위해 애쓰는 어머니의 고통에 대해 이해하게 되면서 같이 산중의 집으로 돌아온다.

바둑판에서棋盤邊 : 賴和 지음. 『현대생활』 창간호(1930)에 게재. 그러나 당시에는 전문이 삭제되었고 해방 후 李獻章이 편집한 『타이완소설선』에 수록되었다. 대량의 타이완 본토언어를 사용하였으며 대화위주로 1929년 총독부가 실시한 아편특허문제를 둘러싼 구신사들의 의론을 보여준다.

뱀선생蛇先生 : 賴和 지음. 『타이완민보台灣民報』 제293, 295~296호(1930)에 게재. 두꺼비를 잡아 생계를 유지하는 관계로 뱀에 대해서도 박식한 뱀선생을 주인공으로 하여 식민지 법률의 임의적인 적용과 전통 비방에 대한 비판적 시각을 보여주면서 동시에 진정한 근대성에 대한 질문을 던지고 있다.

신문배달부送報伕 : 楊逵 지음. 1932년 『타이완신민보台灣新民報』에 발표되었으나 전반부만 실리고 나머지는 삭제되었으며, 1934년 10월 전문이 일본의 문학잡지 『문학평론』 제1권 제8호에 실렸다. 타이완에서 동경으로 공부하러 온 양군이 신문배달을 하면서 느끼는 경제침체와 계급차이를 그리고 있다. 그의 고향 타이완은 대기업인 제당회사가 농민들의 토지를 강제로 매수하면서 부친의 죽음과 모친의 자살 등 집안이 몰락하는 비극을 맞게 되고, 동경에 온 양군 역시 신문보급소의 사장의 착취에 시달리는 내용을 통해 무산계급의 국제적 연대를 통해 현실을 개선하고자 하는 취지를 보여준다.

신비한 자치도神秘的自制島 : 작자 미상. 전통 우언소설의 특징을 가진 단편소설로 『타이완台灣』 제4년 제3호(1923)에 게재. 당시 타이완 인민들이 식민자의 고압적인 정책하에서도 반항하지 못하는 상황과 새로운 문명을 받아들이지 못하는 실정을 풍자한 내용이다.

야단법석鬥鬧熱 : 賴和 지음. 『타이완민보台灣民報』 제86호(1926)에 게재. 작가는 신지식인의 관점으로 타이완 구사회의 전통신앙행사에서 벌어지는 낭비와 시대착오적이고 의미없는 경쟁에 대해 비판을 가하고 있다.

소달구지牛車 : 呂赫若 지음. 일본 잡지 『문학평론』(1935)에 게재. 현대화된 교통과 기계가 전통적인 우차와 물건들을 대체하면서 주인공 일가의 생활이 점점 어려워지는 상황을 통해 1930년대 타이완 농촌의 모습을 보여준다.

의사가 없는 마을無醫村 : 楊逵 지음. 『타이완문학台灣文學』 제2권 제1기(1942)에 게재. 민중의 의학에 대한 상식의 결핍과 환자의 생활궁핍과 비위생적 환경을 통해 당시 타이완 민중의 생활상을 그리고 있다.

'저울' 하나一桿 '稱仔' : 賴和 지음. 『타이완민보台灣民報』 제92~93호(1926)에 게재. 주인공 秦得參이 당하는 일련의 비극적인 사건을 통해 일본 식민체제가 타이완 서민에게 가하는 경제적 약탈과 일본경찰의 잔혹한 행위를 강렬하게 비판하고 있으며 동시에 약자에 대한 무한한 동정을 보여준다.

지원병志願兵 : 周金波 지음. 『문예타이완』 제2권 제6호(1941)에 게재. 타이완인 지원병을 제재로 황민화운동 아래 세 명의 청년이 일본인이 되는 방식을 둘러싸고 토론을 벌이며, 각자의 논리에 의해 지원여부를 결정하는 내용이다.

타이완낭자 비사臺娘悲史 : 施文杞 지음. 『타이완민보台灣民報』 제2권 제2호(1924)에 게재. 우언형식을 빌어 일본이 폭력을 통해 중국으로부터 타이완을 탈취한 과정을 그리고 있으며 이 밖에도 경제적인 탈취 위주의 식민정책과 타이완 민중에 대한 우민정책 실시에 대해서도 비판적 시각을 보여준다.

파파야가 있는 작은 마을植有木瓜樹的小鎭 : 龍瑛宗 지음. 일본 잡지 『개조』 제19권 제4기(1937)에 게재. 중등학교를 졸업하고 면사무소 회계 조리로 일하는 한 타이완청년의 일상을 통해 식민통치 40년 후의 타이완 사회의 전반적인 모습을 보여주고 있다. 지식무용론과 취직의 어려움, 개선되지 않은 구사회의 악습과 활기를 잃은 작은 읍내의 모습과 청년의 이상이 환멸로 바뀌어 가는 궤적이 잘 드러나고 있다.

단체, 문학잡지

남음南音 : 일제시기의 한문문학잡지이며 1931년 葉榮鐘, 郭秋生, 賴和, 陳逢源 등이 조직한 '남음사南音社'의 기관지로 모두 12기를 발행했다. 사상과 문예를 대중화를 목적으로 했으며 1930년대 향토문학과 타이완화문논쟁의 토론과 실험에 지면을 제공했다.

사람들人人 : 1920년대 발행된 초기의 타이완문예잡지. 楊雲萍과 江夢筆이 창간인이며 1925년 3월 창간호와 4월호 2기 발행에 그쳤으나 타이완 신문학운동의 첫 문예잡지이며 백화문을 사용한 첫 문학잡지이기도 하다.

선발부대先發部隊 **제일선**第一線 : 1933년 廖漢臣, 郭秋生, 朱點人, 黃得時 등 타이베이 문예애호가들이 조직한 '타이완문예협회 臺灣文藝協會'의 기관지. 『선발부대』는 백화문 잡지이며 일본어 문장은 싣지 않았으나 관방의 요구로 제2기 『제일선』은 중일문을 병용했다. 회원 대부분이 전국적 문예조직인 타이완문예연맹의 회원과 중복되지만 연맹에 비해 비교적 농후한 좌익성향을 보여주고 있다.

오인보伍人報 : 1930년 6월 타이완공산당원 王萬得이 주도하고 陳兩家, 周合源, 江森鈺, 張朝基 등이 함께 조직한 '오인보사伍人報社'의 간행물. 초기에는 좌익연합전선의 색채를 띠었으나 갈수록 농후한 공산주의로 전환되어 갔다. 『오인보』는 창간초기부터 여러 차례 발행금지 등 탄압을 받았으나 15기(『공농선봉』으로 개명)까지 나왔으며 좌파청년들의 지지를 받았고 일본의 나프, 전기사戰旗社, 법률전선사法律戰線社, 농민전선사農民戰線社, 플로레타리아과학동맹 등과 관계를 맺고 있었으며 타이완 프로문학운동의 선봉으로 평가되고 있다.

타이완 대중시보台灣大衆時報(1928)와 **신타이완대중시보**新台灣大衆時報(1930) : 타이완 일제시기 좌익운동단체의 대표적 언론매체. 『타이완대중시보』는 1927년 문화협회 분열 후의 신문협의 기관지로 공산주의 사상의 선전에 목적을 두고 있었으며 1928년 4월 성립한 타이완공산당과도 밀접한 관련을 가지고 있다. 주요 참여자는 楊逵, 蔡孝乾, 黃石輝, 賴和, 簡吉, 連溫卿 등이며, 『신타이완대중시보』는 타이완공산당의 지도를 받은 더욱 좌경화한 문협의 기관신문이다. 이 두 신문의 발행경과와 게재된 논술은 타이완 좌익운동의 이데올로기와 운동전략의 추이와 깊은 관련을 가진다.

타이완신문학台灣新文學 : 1935년 楊逵와 葉陶 부부가 '타이완문예연맹'으로부터 따로 나와 진보적 문학을 주장하며 창간한 중일문 병용의 문학잡지. 중국어 창작을 제창하고 민간문학, 향토적 색채의 작품게재를 통해 예술대중화를 실천했으며, 타이완의 노동대중의 현실생활을 제재로 한 농후한 사회주의 색채와 민족의식을 보여준다. 1936년 쇠퇴해가는 중문창작을 제고하기 위해 기획한 '한문창작특집'이 금지되었고, 1937년 중일전쟁의 시국에서 정간되기까지 모두 15기가 발간되었다.

타이완문예가협회臺灣文藝家協會 : 1939년 12월 '타이완시인협회'에서 개편된 조직으로 타이베이에서 성립. 黃得時, 西川滿 등이 준비위원이며 당시 참여한 타이완 작가로는 王育霖, 王碧蕉, 郭水潭, 邱永漢, 黃得時, 吳新榮, 周金波, 莊培初, 張文環, 水蔭萍, 楊雲萍, 藍蔭鼎, 龍瑛宗, 林精鏐 등이다. 1940년 1월 기관지 『문예타이완文藝台灣』을 창간했으며 일본인 작가 西川滿이 주도한 잡지로 낭만적, 탐미적인 예술지상주의적 작품으로 일본 외지문학의 상징이 되었다. 1941년 2월 이 협회는 일본 제국주의의 침략 체제와 황민화운동에 부응하기 위해 또 다시 개편되었다.

타이완문예연맹臺灣文藝聯盟 : 1934년 5월 6일에 성립한 일제시기 타이완의 최대 민간문학조직으로 노선과 파벌이 다른 문인들의 총단결이며 기관지 『타이완문예台灣文藝』를 발간하였다. 嘉義, 埔里, 佳里, 東京 등에 지부를 두었으며 곧 台北, 台南 등으로 확대하여 전국적인 문인조직으로 발전하였고 각 지부에서 문예좌담회를 개최하는 등 신문학운동을 추진했다. 그러나 노선이 다른 문인들의 결합으로 인해 문학이념, 잡지운영과 관련된 내부분쟁을 거쳐 1935년 좌익성향의 楊逵가 연맹을 탈퇴하여 따로 『타이완신문학台灣新文學』을 간행하였다.

타이완문예台灣文藝 : 1934년 결성된 전국적인 문인조직인 '타이완문예연맹台灣文藝聯盟'의 기관지. 월간으로 백화문, 일본어, 타이완화문 을 병용했으며 내용은 평론, 소설, 희곡, 시, 수필 학술연구 등 6개 부문으로 나뉘어 문장을 실었으며, 광범위한 타이완신문학의 창도를 내걸었다. 특정한 이데올로기를 표방하지 않고 좌우합작의 연합전선 성격을 띠었지만 문예대중화 논의의 구체적인 무대가 되었다. 1936년까지 모두 15기를 발행했다.

타이완문예협회臺灣文藝協會 : 1933년 10월 타이베이의 문인들이 조직한 문예단체로, 자유주의와 타이완문학의 건전한 발전을 목표로 내세웠지만 좌익성향으로 인해 기관지 『선발부대先發部隊』와 『제일선第一線』은 규제를 받았다. 주요성원으로 郭秋生, 廖漢臣, 朱點人, 林克夫, 蔡德音, 黃得時, 王詩琅, 陳君玉, 李獻璋, 吳逸生, 黃啟瑞, 黃湘蘋, 林月珠, 徐瓊二 등이 있다.

타이완문학臺灣文學 : 1941년 張文環, 黃得時, 中山侑 등이 西川滿 주도의 『문예타이완文藝臺灣』에서 나와 '계문사啓文社'를 성립하고 발행한 문학잡지. 분열의 원인은 『문예타이완』의 낭만주의와 이국정조 및 경영권을 둘러싼 주도권 갈등이며 『문예타이완』과는 달리 사실주의를 제창하고 일본문인이 제기한 타이완문학의 식민지 특수성을 부정하였다. 『타이완문학』은 일제 말기 일본인 주도의 문학계에서 유일하게 타이완 작가들이 주도한 문학잡지로 알려져 있다.

타이완민보계열台灣民報系列 : 일제시기 타이완 지식인들에 의해 발행된 신문과 잡지. 신문화의 보급과 민지의 계발을 목표로 한 비판적인 입장의 본토언론으로 '타이완인의 유일한 언론기관'으로 지칭된다. 1920년 林呈祿, 蔡培火, 彭華英 등 동경유학생들이 '신민회新民會'를 조직하고 잡지 『타이완청년台灣青年』을 발간하였다. 그러나 식민정책에 대한 비판 내용이 많아 타이완으로의 이입과 판매에 많은 규제를 받게 되자 1922년 『타이완臺灣』으로 이름을 바꾸었고, 1923년에 다시 『타이완민보臺灣民報』로 개명하여 발행, 타이완으로 이입하였고 1927년 신문사를 타이완으로 옮겨와 현지에서 발행했으며, 1929년 『타이완신민보臺灣新民報』로 개칭하였고 1932년 정식으로 일간신문이 되었다. 그러나 1937년 한문란이 강제적으로 폐지되고, 1941년 전쟁시국의 압력하에서 국책에 부응하여 『싱난신문興南新聞』으로 다시 이름을 바꾸었으며 1944년 『타이완신보臺灣新報』로 합병되었다.

타이완시인협회台灣詩人協會 : 1939년 재타이완 일본인 작가 西川滿, 北原政吉, 中山侑 등과 楊雲萍, 黃得時,龍瑛宗 등 타이완 작가들이 설립한 조직으로 기관지 『화려도華麗島』를 간행하였다. 황민문학운동의 개시와 더불어 1939년 12월 '타이완문예가협회台灣文藝家協會'로 개편되었다.

타이완예술연구회臺灣藝術研究會 : 1933년 일본 동경 유학생이던 張文環, 王白淵, 吳坤煌, 蘇維熊, 劉捷, 巫永福, 施學習 등이 성립한 문화조직으로 그 전신은 1932년에 張文環, 王白淵, 吳坤煌, 葉秋木 등이 조직한 '타이완인 문화동호회台灣人文化同好會'로 일본의 좌익인사들과 관련이 있다고 알려져 있다. '타이완예술연구회'의 기관지 『폴모사フォルモサ』는 3기 발간에 그쳤지만 침체된 타이완 도내의 문화, 문학운동을 활성화하는데 영향이 컸다.

폴모사フォルモサ : 1932년 3월 蘇維熊, 張文環, 吳鴻秋, 巫永福, 黃波堂, 王白淵, 劉捷, 吳坤煌 등이 동경에서 조직한 '타이완예술연구회'의 기관지로 타이완 신문예의 창조를 종지로 내세웠다. 3기로 막을 내렸지만 선명한 사회주의 사상과 당시 타이완문예에 대한 평론, 장래 방향에 대한 제안을 내 놓는 등 타이완 도내의 문학운동에 영향을 미쳤다.

사건, 개념

공학교公學校 : 일제시기 타이완인 자제를 위한 6년제 초등교육기구로 일본인 자제를 위한 소학교와 달리 주로 수신, 도덕 교육과 일본인으로서의 국민성을 함양하는 일본어를 위주로 교육하였다. 1941년 일본 내지의 '국민교육령' 반포에 따라 타이완의 150개 소학교와 820개 공학교가 국민학교로 개칭되었으며 1943년에는 의무교육이 실시되었다.

루꺼우챠오 사건盧溝橋事件 : 7・7사변이라고도 하며, 1937년 북경부근에서 군사 연습 중이던 일본의 중국주둔군이 야간에 일어난 일본군 병사의 실종사건을 조사하기위해 중국 경내 宛平縣으로 진입하기를 요구하자 이에 중국이 거절한 것을 구실로 8일 새벽 宛平縣과 盧溝橋에 군사행동을 개시하였다. 이에 중국군이 저항하게 되면서 대규모 군사충돌로 이어졌는데 7・7사변은 일본의 대중국 전면 침략전의 기점이며 제2차 세계대전의 아시아지역 전쟁의 시작이 되었다.

보갑제保甲制 : 1989년 타이완 총독부가 '보갑조례保甲條例'를 반포하고 10가구를 1甲, 10甲을 1保로 하는 보갑제를 부활시켰다. 保에는 保正이 甲에는 甲長을 두었는데 모두 무급직이며 보갑원들간에는 연좌제의 책임을 물어 사회통제의 수단이 되었다. 보갑민에게는 호구조사에 응하고, 전염병 예방, 도로와 다리의 보수, 의무노동의 추진 등 의무가 주어졌다.

신구문학논쟁新舊文學論爭 : 신구문학논쟁은 1920년대 문화계몽기에 일어난 문학논쟁으로 주로 일제시기 타이완 신구세대의 신문학과 고전문학의 특색, 기능과 가치, 미래방향에 대한 의견이 개진되었다. 신문학의 대표적인 주장자는 張我軍으로 구문학에 대한 비판을 가한 일련의 문장을 통해 신문학의 정당성을 주장했고 이에 張梗, 蔡孝乾, 賴和 등도 가담해 구문인의 보수적인 면을 비판했으며, 구문학 진영은 連橫, 鄭坤五, 黃文虎 등이 대표자로 나서 구문학의 가치를 옹호했다.

신문화운동과 타이완문화협회臺灣文化協會 : '타이완문화협회'는 타이완 문화의 계발을 내세우고 1921년 17일 타이베이에서 성립되었다. 당시 의사, 지주, 공학교 졸업생, 유학생 등 신지식인 계층이 주도하였는데 주요 인사로 林獻堂, 王敏川, 林呈祿, 蔡惠如, 李應章, 林幼春, 蔣渭水, 蔡培火, 連溫卿 등이 있다. 문협은 『타이완민보台灣民報를 선전 수단으로 하여

台北, 新竹, 台中, 員林, 台南 등 십여 곳에 讀報社를 설치하고 강연과 강습회를 통해 대중에 대한 문화계몽과 민족자각을 일깨웠다. 정치운동을 내세우지는 않았지만 문협의 신문화운동은 향후 타이완의 농민운동과 노동운동의 태동에 깊은 영향을 주었다.

악법철폐운동惡法撤廢運動 : 1918년 총독부에 지나친 권한을 부여한 육삼법 철폐를 요구하며 타이완을 일본제국의 헌법체제로 편입시키려는 운동. 육삼법의 규범 아래 타이완은 일본 법률에 완전히 적용되지 않고 총독이 각종 특별법을 제정해 타이완에서만 단독으로 시행하였다. 이 운동은 1920년대에 '타이완의회설립청원운동台灣議會設置請願運動'으로 전환되었다.

양문회揚文會 : 타이완 신사계급을 회유하기 위해 1900년 3월 총독 兒玉源太郎이 타이완 각지의 문사들을 초청해 개최한 문학활동. 모두 72명이 참가했으며 창작활동 이외 타이베이의 신식 관아와 학교 등 근대적 문물, 제도를 참관하게 했다. 일본은 이 밖에도 '饗老典', '詩會' 등 활동을 통해 타이완 전통문인들의 지지를 얻고자 했다.

염분지대문학鹽分地帶文學 : 1930년대 台南州 北門郡 에서 형성된 자생적인 문학단체. 佳里街를 중심으로 한 몇 명의 문학청년이 창작한 작품을 일컫는데 농후한 향토색채와 염촌의 정경을 제재로 하여 '염분지대鹽分地帶문학'이라 일컫는다. 1934년 타이완문예연맹이 결성될 때 염분지대 작가들은 佳里지부에 소속되어 문예잡지와 신문에 작품을 발표하였다. 대표적 작가로 郭水潭, 吳新榮, 王登山, 莊培初 등이 있으며 프로문학과 사회주의 사상경향을 보여준다.

우서사건霧社事件 : 1930년에 일어난 원주민들의 일본에 대한 무장저항사건. 사건의 발단은 일본당국의 폭정으로 인한 것이며 이에 불만을 품은 원주민족이 연합하여 일본인을 살해하자 총독부가 비행기, 폭탄, 독가스 등 대량의 살상무기로 무자비하게 진압하여 더욱 격렬한 저항을 불러왔다. 이는 타이완 총독부의 원주민정책에 대한 광범위한 실패를 의미한다.

타이완박람회台灣博覽會 : 일본이 타이완을 통치한 지 40년이 되는 1935년 시정40주년기념 타이완 박람회가 성대하게 개최되었다. 일본은 식민지배의 치적을 선전하기 위해 대규모의 자금을 들여 1935년 10월 10일부터 11월 28일까지 50일에 걸쳐 타이베이의 세 장소에서 박람회를 거행했는데 참관인수는 275만에 달했다고 하며, 진열회장은 각종 산업관, 임업관, 교통토목관, 남방관, 조선관, 만주관, 일본제철관, 동경관 등등이 있었다.

타이완의회설립청원운동台灣議會設立請願運動 : 1920년대 타이완 자산계급의 자치운동. 일본입헌정치의 정신에 입각해 타이완 의회를 설치하고 타이완 총독부의 입법권을 인민에게 교부할 것을 요구하였다. 1921년부터 1934년까지 14년에 걸쳐 15차례 제국의회에 운동단을 파견하고 타이완의회설치청원서를 제출하였으나 끝내 받아들여지지 않았고 제3차 청원 시 타이완의회기성동맹회가 조직되어 추진했으나 총독부의 탄압으로 치경사건治警事件

으로 비화되었다.

타이완화문논쟁台灣話文論爭**과 향토문학논쟁**鄉土文學論爭 : 1930년 黃石輝의 "어찌 향토문학을 제창하지 않는가"라는 문장에서 제기한 '타이완문학은 타이완화문으로 타이완의 사물을 그리는 것이어야 한다'는 내용에서 시작된 논쟁으로 일제시기 일본어 환경에서 타이완문학의 내용과 사용 언어를 둘러싸고 갖가지 의견이 개진되었다. 이 논쟁은 동시에 타이완문학의 특수성과 문예대중화 등 의제와 관련되어 많은 문인들이 참가했다. 郭秋生, 賴和, 莊遂性, 李獻璋 등 타이완화문의 주장자들은 타이완화문을 통해 문예보급은 물론 타이완 민족의식을 제고할 수 있다고 주장했고, 이에 대해 廖毓文, 林克夫, 朱點人 등 중국 백화문 주장자들은 타이완화문이 표기문자가 없어 문학 언어로써 부적합하며 장래 광대한 중국 노동계층과 교류가 가능한 중국 백화문의 보급에 힘을 써야 한다고 주장했다. 이 논쟁은 2년여에 걸쳐 진행되었으나 별다른 진전이 없었으며 곧 이은 중일전쟁의 발발, 황민화정책과 한문금지정책으로 인해 타이완화문운동은 더 이상 진전되지 못했다.